◎ 高等院校经济与管理核心课经典系列教材 ◎
人力资源管理专业

组织设计与岗位管理

ZUZHI SHEJI YU GANGWEI GUANLI

（第二版）

朱勇国 ◎ 主　编
孔令佳 ◎ 副主编

首都经济贸易大学出版社
Capital University of Economics and Business Press
·北　京·

图书在版编目(CIP)数据

组织设计与岗位管理/朱勇国主编.--2版.--北京:首都经济贸易大学出版社,2019.8

ISBN 978-7-5638-2964-4

Ⅰ.①组… Ⅱ.①朱… Ⅲ.①企业管理—组织管理学 Ⅳ.①F272.9

中国版本图书馆CIP数据核字(2019)第153165号

组织设计与岗位管理(第二版)

朱勇国 主编 孔令佳 副主编

责任编辑 王 猛

封面设计 砚祥志远·激光照排 TEL: 010-65976003

出版发行 首都经济贸易大学出版社

地 址 北京市朝阳区红庙(邮编100026)

电 话 (010)65976483 65065761 65071505(传真)

网 址 http://www.sjmcb.com

E-mail publish@cueb.edu.cn

经 销 全国新华书店

照 排 北京砚祥志远激光照排技术有限公司

印 刷 唐山玺城印务有限公司

开 本 710毫米×1000毫米 1/16

字 数 484千字

印 张 27.75

版 次 2015年1月第1版 **2019年8月第2版**

2021年12月总第4次印刷

书 号 ISBN 978-7-5638-2964-4

定 价 49.00元

第二版前言

职位分析与职位管理在组织管理和人力资源管理中占据着重要的地位，一直被誉为是“人力资源体系的基石”，为其他人力资源管理活动提供基础和支持。随着经济全球化进程的不断深入，作为市场竞争基本要素的组织，为了适应竞争环境的激烈变化，纷纷实施组织结构的变革和流程的再造。组织内外部环境的变化带来工作性质、内容、工作方式的变化，职责的不确定性大大增加，这一系列变化对传统的职位管理提出了巨大的挑战。

传统的职位分析只是对某一职位的职责和任职资格加以界定，没有关注组织设计，而组织设计恰恰是职位分析的基础，是职位分析向前的延伸，或者说是在组织层面的职位分析。通过组织设计，可以建立适宜的组织结构和联系机制，使其良好地运行，以达到支撑组织战略、实现组织目标的目的。设计一个运行良好的组织至关重要，它关系到组织的生存和发展、内部运营以及核心竞争力的培养，是组织管理者开展各项组织活动的基础，同时组织设计和引领组织变革也成为人力资源管理者的一项重要职能，有助于人力资源管理者从组织战略、组织管理层的高度开展人力资源管理活动。然而，传统的职位分析书中没有体现组织设计的内容，人力资源管理者在工作中不知道如何操作这部分工作，学生们也只是在学习管理学过程中接触到这块内容，但只是一个大概的了解，无法深入理解，更不能接触到组织的实际需要和实践操作。

与此同时，传统的职位分析只是对单一职位的分析，没能将一个组织内职位形成体系，这就制约了职位分析的作用和各项应用。职位管理是对职位分析的向后延伸，通过职位管理，将职位界定清楚，并纳入职位体系中，建立每一序列、每一层级的任职资格等级标准，从而在组织内部构建起动态的员工职业发展管理机制，使组织的发展壮大与员工个人成长协调起来，为员工提供多重职业发展通道，引导员工持续提升自身的胜任素质，创造高绩效，提升组织的核心竞争力，也为人力资源的招募、培训、考核、晋升提供依据，使得人力资源资源管理成为一个系统的管理过程。人力资源管理者需要了解职位管理体系，学生们需要学习这方面的知识，但目前还缺乏这方面的专业教材和课程。

为了弥补传统的工作分析的缺陷，使其发挥更大的作用，本书开拓性地将组织设计和职位管理的知识融合，提供了从组织设计——组织结构和联系设计、组织变革，到工作设计——工作流程、职位设置、职位说明书的编制，再到职位管理——职位体系、任职资格等级标准体系在内的组织设计和职位管理的整体性解决方案。

本书作为校级精品教材，是本人在多年教学研究以及企业人力资源管理咨询的基础上，结合国内外相关教材的经验，根据学生的反馈以及各类企业管理的实际需求编写而成的。本书将组织设计和职位管理的内容编制成体系，理论结合实际，反映了国内外最新的理论发展和实践情况。本书不仅适合作为管理类专业高年级本科生、研究生、MBA 的教材，同时还可供企业中高层管理人员培训以及人力资源管理者工作实践参考使用。

（一）本书特点

1."先进"——本书采用的均为国内外组织设计和职位管理的新理论、新知识、新技术、新方法、新经验、新成果、新案例。

2."全面"——本书的内容从组织设计到工作设计再到职位管理体系设计，贯穿了一个组织从无到有、从无序到有序的全过程，涵盖了组织和职位管理的各个方面。

3."实用"——本书各章节的内容都是从实际出发，强调对实际工作的指导意义，强调操作程序与步骤，具有可操作性和实际的使用价值。

4."形式灵活"——本书使用了大量表格和图示的表现形式，灵活多样，形象易懂，便于读者理解理论知识和掌握实际操作方法。

（二）本书结构

本书分为三篇，共十章。

1. 第一篇：组织设计和组织变革。组织设计是一个从无到有的过程，通过职能设计、组织结构框架的设计以及组织联系的设计，将组织的战略、目标分解到各个部门，使组织结构能够很好地运行，完成既定目标。另外，在组织结构及其运行出现问题的时候，组织要善于识别问题，对组织进行变革，以适应新的战略、环境等。

2. 第二篇：工作设计和职位分析。工作设计是在组织设计的基础上，将任务组合成一套完整的工作方案，即确定工作的内容和流程安排，其结果为工作在职位层次上的拆分与整合。通过职位分析来编制职位说明书，为职位管理奠定基础。

3. 第三篇：职位管理体系和任职资格等级标准设计。职位管理，首先是建立职位体系。在职位体系建立的过程中，需要通过对这些职位的集合进行横向的分类和纵向的分层级来形成，即"职位分类分层"。然后对分类分层形成的职位体系中的各个职位进行定义，即"任职资格等级标准设计"。这些内容可以应用到招募、培养、考核、晋升等人力资源管理工作之中。

（三）再版修改说明

1. 将原书中工作设计的内容精简。合并原书稿中第五章、第六章的内容为现书稿第五章。

2. 增加职位分析和职位说明书编制的内容。增添了“第六章职位分析概述”和“第七章职位分析技术”，以及“第八章职位说明书的编制”。

3. 调整了个别章节的内容。删减了原书稿“第七章第二节职位界定”的内容，将原书中“第七章第一节职位设置”的内容合并到现书稿第九章。删减了原书中“第十章职位等级薪酬”的内容。将原书中第九章变更为现书稿第十章。

4. 修改了书中个别用语。

本书由朱勇国任主编，孔令佳、王海斌、尹晓明、黄丽霞、张帆、赵伟、张雪菲参与了本书的编写，在此对他们的辛勤劳动表示特别的感谢。

在写作过程中，我们参考和引用了国内外学者的大量著作，在此向著作者深表谢忱。由于作者的知识和经验有限，书中难免出现一些不足之处，恳请读者批评指正。

目　录

第一章

组织设计概述

本章重点介绍了组织设计的概念和组织设计的理论，读者应着重掌握组织设计理论的发展演变和各阶段理论的主要观点。

第一节 组织设计的概念

一、组织的概念

（一）组织的含义

所谓组织（Organizations），是指这样一个社会实体，它具有明确的目标导向和精心设计的结构与有意识协调的活动系统，同时又同外部环境保持密切的联系。[①]

这一定义包含以下三方面的内容：

1. 组织是一个有明确目标导向的实体。战略的制定就是要确立组织的目标，并决定怎样通过各种战术来实现目标。

2. 组织有一个精心设计的结构，并且是有意识地进行横向和纵向的协调，使组织结构与组织的目标相融合。

---

① 理查德 L 达夫特. 组织理论与设计[M]. 10 版. 北京：清华大学出版社，2011.

3. 组织不仅内部的子系统相互联系,而且组织与外部环境也是有机结合的统一体。组织的内部是分工有序的子系统,组织的外部又是开放的、反馈的系统,组织不断地从外界接受资源、能源和信息,经过转换后又将产品或者服务输送到外界环境。

（二）组织的分类

组织以各种各样的形式存在,其功能、特性也不同,要深入了解组织及其发展的规律,有效地对组织进行分类是十分有必要的。但划分组织类型的标准很多,面对社会生活中复杂多样的社会组织,人们可以从不同角度对它进行分类。

1. 按照组织的规模程度划分,可分为小型组织、中型组织和大型组织。比如,同是企业组织,就有小型企业、中型企业和大型企业。

2. 按照组织目标与受益者关系的不同来划分,可分为互利组织、商业组织、服务组织、公益组织。互利组织,如工会、俱乐部、政党等;商业组织,如工厂、商店、银行等;服务组织,如医院、学校等;公益组织,如研究机构、消防队等。

3. 按照组织在社会结构中所处的不同活动领域和活动内容,即按社会职能来分类,可将组织划分为经济组织、政治组织、文化组织、群众组织和宗教组织五大类。经济组织是最基本的社会组织,它担负着向人们提供衣、食、住、行和文化娱乐等物质生活资料的任务,它要实现其所有者和经营者的经济利益。政治组织包括政党组织、国家政权组织、国家武装力量组织和国家司法机关等。文化组织以满足人们的文化需求为目标,以从事文化活动为其基本任务。群众组织的任务是,广泛团结社会各阶层、各领域的人民群众,代表他们的利益,了解他们的意愿,反映他们的诉求,组织他们开展多种社会活动。宗教组织是以某种宗教信仰为宗旨而形成的组织。

4. 按照组织内部是否有正式分工关系将组织分为正式组织和非正式组织。如果一个社会组织内部存在着正式的组织任务分工、组织人员分工和组织制度,那么它就属于正式组织,如政府机关、军队、学校、工商企业等。非正式组织是组织内若干成员由于生活接触、感情交流、情趣相近、利害一致,未经人为的设计而产生交互行为和共同意识,并由此形成自然的人际关系。非正式组织可以是一个独立的团体,比如学术沙龙、文化沙龙、业余俱乐部等,也可以是一种存在正式组织之中的无名而有实的团体。

5. 按照是否以营利为目的将组织划分为营利组织和非营利组织。营利组织即通过销售产品或服务为组织所有者带来利润的企业组织;非营利组织即不以营利为目的的组织。在我国,非营利组织主要有两大类:一类是群众团体组织,如专业学术团体、业余爱好者协会、消费者协会、个体经济协会、工会、妇女权益保护协会、退休人员协会、退伍军人协会、宗教协会、校友会、同乡会等;另一类是事业性组织,包括学校、医院、图书馆、新闻媒体、出版社、文艺团体、科研院所、体育机构等。

二、组织设计的内容和原则

为了完成组织的目标和发展战略,综合考虑组织的外部环境和组织的规模、技术、文化、发展阶段等因素,对组织结构及其运行方案的设计过程,称作组织设计。

(一)组织设计的内容

1. 职能设计:确定为了完成组织任务、目标而需要哪些基本职能,其中对于实现组织战略具有决定意义的关键性职能是什么;把各项职能由粗到细地一级一级地进行分解,成为一项一项独立的、可以操作的业务活动,使得各项职能得以落实。

2. 组织结构的框架设计,即设计承担这些管理职能和业务的各个管理层次、部门、岗位及其权责。这是组织设计的主体工作。从设计内容看,组织结构的框架设计可以分为层次结构设计和部门化设计两个方面。前者主要是确定组织的管理层次以及上下层次之间集权与分权的关系,从而把组织的管理体制确定下来。后者主要是确定各个管理层次的部门设置及其相互关系,解决适合组织具体条件的部门化方式的问题。

3. 联系方式的设计。这一步是设计各管理层次之间、各部门之间的协调方式和控制手段。这一步工作很重要,它是要把各个组成部分再联结成为一个整体,即实现组织的一体化,从而使各层次、各部门之间相互配合、步调一致,整个组织结构协调运转,使组织管理的整体功能得以有效实现和不断强化。

(二)组织设计的一般原则

1. 任务目标原则。这一原则指的是,任何一个组织,都有其特定的目标和任务,组织设计是一种手段,一方面它的目的是为了更好地完成组织的战略任务与目标;另一方面,组织战略任务与目标实现的程度,又是衡量组织设计是否正确有效的最终目标。

这一原则表明,组织设计必须服从和服务于组织战略任务与目标;同时,检验组织设计效果如何的标准,最终要看它是否有效地促进和保证了组织战略任务与目标的实现。

2. 精干高效原则。这一原则指的是,在完成任务目标的前提下,组织机构越精简越好,用人越少越好,所谓最好的组织结构,就是能够保证实现组织任务目标的最简单的组织结构。

这一原则表明,组织机构一定要力求精简,因为这是提高组织效率的条件和保证。但是,在精简机构的过程中一定要注意,精简机构本身并不是最终目的,它归根到底只是实现组织任务目标的手段与途径。因此,如何精简机构,哪些部门要压缩,哪些部门应砍掉,哪些部门需要增设或者充实,这些必须区别对待。否则,为了精简而精简,只是从数量上压缩机构、减少人员,反而可能扰乱和削弱管理工作,降低管理效能。

3. 分工协作原则。这一原则指的是,组织机构设置要实行专业分工,以利于提高管理工作的质量和效率;在实行专业分工的同时,又要十分重视部门间的协作配合,加强横向协调,以提高管理的整体效能。

这一原则表明,组织设计不能把专业化分工和横向协调配合这二者割裂开来,孤立地、片面地只考虑其中一个方面。也就是说,只要实行专业化分工,就一定会产生某些矛盾与摩擦,因而必须研究解决如何协作配合的问题;反之,为了加强彼此间的协作配合,可以采取多种多样的措施,包括合并某些部门或岗位,但是,不能因此而否定合理的专业化分工,因为取消了分工,也就同时取消了以分工为前提的协作配合的现实性和必要性。

4. 有效监督制约原则。这一原则指的是,部门间的分工,不仅是为了提高管理工作质量和效率,也是相互制约、有效监督的需要。特别是组织中的执行机构和监督机构(如质量监督、财务监督、安全监督等)一般应当分开设置,不应合并成一个机构或者归属同一个主管人员领导。分开设置后,监督机构既要执行监督职能,又要加强对被监督部门的服务。这就是有效监督制约原则的含义。

这一原则表明,有些部门、岗位和业务活动按照效率原则本来也许可以合并,但是,如果合并起来由一个部门或人员承担,则可能丧失制约机制,削弱相应的管理职能。例如,如果生产部门既自己生产又负责检验自己生产出来的产品,遇到质量瑕疵,为了保证按时完成生产任务,就有可能蒙混过关。因此,生产和质量监督在一般情况下适宜分开设置,以防止质量监督形同虚设。此外,像会计与出纳、采购与检验等岗位要分开设置,其道理也是如此。

需要注意的是,有效监督制约原则在强调监督机构一定要履行好监督职能的同时,也提醒监督部门要加强对被监督部门的服务。所谓服务,就是要帮助被监督部门及时有效地解决发生的问题,并采取措施预防类似问题重复发生。这样,监督部门和被监督部门才能真正围绕着共同的战略目标而协同作战,达到设置监督部门的最终目的。

5. 统一指挥原则。这一原则指的是,组织设计应当保证行政命令和生产经营指挥的集中统一,避免多头领导、多头指挥。这是社会化大生产的客观要求,否则,就会造成生产经营活动的混乱,造成各级责任制的落空。长此以往,下级将感到无所适从,积极性严重受挫,整个组织就会陷于瘫痪。

这一原则表明,组织设计要注意贯彻以下几点要求:一是实行首脑负责制,即一个部门、一个生产经营单元只能由一名领导者负总责。二是明确正职与副职之间的领导与被领导的关系,副职是正职的助手,要对正职负责,遇有分歧意见时,必须服从正职的决定。三是一级管一级,逐级指挥,不要越级命令,否则,下级领导就被架空，统一指挥的链条就遭到破坏。四是实行直线—参谋制，即区分两类机构和人员，一类是直线机构与人员，对下拥有指挥权，另一类是参谋机构与人员，它们协助同级领导进行管理，对下不能直接发号施令。

6. 责权一致原则。这一原则指的是，组织设计要使每一层次、部门和岗位的责任和权力相对应，防止权大责小（有权无责）或者权小责大（有责无权）。组织设计之所以要贯彻责权一致的原则，这是因为权力是履行责任的条件与手段。所以，如果责权不对等，责任大而权力小，那就难以有效开展相关管理业务活动，责任势必落空；反之，如果权力大而责任小，那就颠倒了权力与责任的关系，把作为手段的权力变成了追求的目的，只享受权力带来的种种利益，却可以不承担错误行使权力而造成的损失责任。

这一原则表明，组织设计在操作过程中，要做到“责字当头、以责定权”。这就是说，组织设计要按照科学程序办事，先把各级各部门各岗位的职责研究确定下来，再赋予相应的职权。

7. 稳定性与适应性相结合原则。这一原则指的是，组织结构及其运行要有一定的稳定性，以利生产经营活动有序进行，提高效率。同时，组织结构及其运行又必须有一定的适应性，能迅速适应企业外部环境和内部条件发生的变化。

这一原则表明，对于组织的稳定性与适应性之间的关系，不要把二者完全对立起来，它们其实是互为条件、相互依赖的。因为组织如果没有一定的稳定性，各个组成部分、各项业务活动的处理程序与办法等都在变化之中，这样的组织就会陷于混乱和低效，无法适应环境变化；反之，组织若缺乏适应环境变化而及时调整的能力，各方面都处于僵化状态，这样的组织就会被激烈的市场竞争所淘汰，所谓稳定性也就不可能继续存在了。

三、机械式组织和有机式组织

机械式组织（Mechanistic Organization）是一种刻板的严密控制的结构。其特征是：高度专门化、广泛的部门化、窄管理跨度、高度正规化、有限的信息沟通（大多是下行沟通）、基层员工很少参与决策。机械式的组织结构犹如高效率的机器，以规则条例、工作的标准化和同一模式的控制作为润滑剂。

与机械式组织构成鲜明对比的是有机式组织（Organic Organization）。这是一种灵活的具有高度适应性的结构，而机械式组织则是僵硬的、稳定的。因为不具有标准化的工作和规则条例，所以有机式组织具有灵活性，能根据需要迅速地做出调整。有机式组织也进行劳动分工，但人们所做的工作并不是标准化的。员工经过良好的训练，并被授权开展多种多样的工作和处理各种问题。他们高水平的技能和训练，以及来自其他团队成员的支持，使正规化和严密的管理控制成为不必要。

现实中并不存在某种纯粹的机械式组织或者纯粹的有机式组织,所有组织都会具备机械式和有机式的某些特点,但是可能会更倾向于有机式,或者更倾向于机械式。比如,大型公司和政府机构在一定程度上更倾向于机械式组织,小型企业或者高科技企业更倾向于有机式组织。最近的研究在创新激发和创新应用的关系上探索出了一种将有机式结构与机械式结构结合起来的方法。有机式结构的特征,如分权和员工自主,对于激发创新是有益的,但对于创新的应用来说,它却给组织带来了困难。因为在这样的结构下,员工可能不遵从管理层的指挥;由于分权和结构松散的缘故,员工可能对组织中产生的创新构想视而不见。解决这一两难问题的策略就是两栖组织法——将适于激发创新和应用创新的两类组织结构及管理过程结合到一个组织中。另一种考虑两栖组织法的方式是关注两类组织设计要素:一类对探索新构想十分重要,一类对充分利用现有能力最为合适。探索意味着鼓励创造力和开发新构想,充分利用意味着实施这些构想以生产常规产品。因此可以把组织设计成:当需要探索新构想时按有机方式运行,当需要充分利用这些构想时按机械方式运行。研究表明那些应用两栖组织法(从既有利于探索创新又有利于利用创新两方面来设计)的组织在开发创新型产品和服务方面明显更为成功。表 1-1 是两种组织形式的比较。

表 1-1　机械式组织与有机式组织

机械式组织	有机式组织
▪ 高度的专门化 ▪ 僵硬的部门划分 ▪ 指挥链明确 ▪ 窄管理幅度 ▪ 集权化 ▪ 高度正规化	▪ 跨职能团队 ▪ 跨层级团队 ▪ 信息自由流动 ▪ 宽管理幅度 ▪ 分权化 ▪ 低度正规化

第二节　组织设计理论的发展演变

综观组织设计理论的发展历史,大致可以将组织设计理论划分为三个重要的发展阶段,即古典组织设计理论、行为组织设计理论和现代组织设计理论。

一、古典组织设计理论

古典组织设计理论的出现，最早可以追溯到亚当·斯密在其《国富论》中率先提出来的劳动分工理论，它构成了组织设计理论的基础。然而，系统研究组织设计的古典组织设计理论则正式产生和盛行于19世纪末到20世纪初这一历史阶段，其主要的代表人物有泰罗、法约尔、韦伯和厄威克等人。古典组织设计理论侧重于对静态组织结构的研究，重视组织效率的提高，并在一定程度上揭示了组织的性质，为组织设计理论的产生和发展奠定了基础。但是，由于其在很大程度上忽略了正式组织中个人性格的相互作用、非正式群体的存在、部门之间的矛盾以及组织的决策过程等种种因素，因而具有很大的局限性。

（一）古典组织设计理论的主要观点

1. 组织是一个分工的体系。组织结构中的每一个部门或单位，无论是横向的各职能部门，还是纵向的各高、中、低级单位，都是根据劳动分工的原则来进行区分和设计的。

2. 组织是一种权责分配的体系。组织结构中的每一个部门或单位都有其明确的职责，而且部门或单位内的每一个工作岗位都有其明确的工作任务。因此，要求组织中每一个部门或单位的主管以及每一个工作岗位上的员工都必须按照规定的职责和任务去努力完成各自的工作。

3. 组织是一个层级管理体系。在一个组织中，上级与下级之间具有层层的领导关系，上级对下一级下达的指令，下一级必须接受和执行。只有这样，组织最高层的管理指令才能得到有效地贯彻和执行。

4. 组织是一种由规章制度构成的体系。组织中的每一个成员，无论其岗位的高低，都必须依照组织的规章制度办事，这是保障组织能够正常运行和发挥作用的基础。

5. 组织是一种协调的体系。由于组织内部各职能部门之间存在不同的分工，而且各分工之间又存在相互依赖的关系。因此，为保证组织内部各职能部门步调的一致，就必须协调部门与部门之间、个人与个人之间的关系和活动，使它们能够保持一致。一般而言，组织的上下级之间可以通过指令来协调，而同级之间则需要通过构建某种机制来协调。

6. 组织是一个目标的体系。任何一个组织都有其需要实现的总目标，为了实现总目标，就必须将其具体分解为组织中每一个职能部门，甚至每一个工作岗位需要完成的各个分目标。因此，组织整体目标的实现，有赖于组织中每一个职能部门和每一位员工的努力。否则，组织的整体目标就难于实现。

在这种思想的指导下，泰罗、法约尔和韦伯等人提出了他们各自关于组织设计的一些基本看法和模式。

（二）泰罗的科学管理理论

弗雷德里克·W. 泰罗（Frederick Winslow Taylor）被誉为“科学管理之父”，他根据劳动分工的理论，在组织设计方面主张实行职能管理制。他不仅提出要在组织中单独设置职能机构，主张把“计划职能”（相当于现在的管理职能）与执行职能（即工人的生产职能）分开，而且还主张各个管理职能要实行专业化和标准化，使所有的职能管理人员只承担一到两项管理职能，其职能管理专门部门化的思想在后来的组织设计理论中得到了继承和发展。

另外，泰罗还提出了组织管理的例外原则，主张实行分权管理，即在管理的上下级之间实行合理的分工，上级把一般的日常管理事务授权给下级管理人员去处理而只保留对例外的和特殊的管理事务的决策权以及对下级管理人员工作的监督权。管理的例外原则是泰罗对组织设计理论的一大贡献，根据这一原则，后来的组织理论发展出了分权管理体制，如事业部制等。

泰罗花了 20 年的时间，倾注了全部热情来追求完成每项工作的最佳方法。他明确地定义了改进生产效率的指导原则。他强调，这四条管理原则（表 1-2）不仅将给管理当局也将给工人带来财富。

（三）法约尔的行政管理理论

亨利·法约尔（Henry Fayol）是法国科学管理专家，管理学先驱之一。他 1841 年生于土耳其伊斯坦布尔，1925 年卒于巴黎，早年曾为采矿师，是一位在理论上有特殊发现的地质学者。1885 年起法约尔任法国最大的矿冶公司总经理达 30 年。他在实践和大量调查研究的基础上，提出了重要的组织理论。

表 1-2　泰罗的四条管理原则

1. 对工人工作的每一个要素开发出一种科学方法，用以代替老的经验方法
2. 科学地挑选工人，并对他们进行培训、教育和使之成长（而在过去，则是由工人自己挑选工作，并尽自己的可能进行自我培训）
3. 与工人们衷心地合作，以保证一切工作都按已形成的科学原则去办
4. 管理当局与工人在工作和职责的划分上几乎是相等的，管理当局把自己比工人更胜任的各种工作都承担下来（而在过去，几乎所有工作和大部分责任都推到了工人头上）

资料来源：斯蒂芬 P 罗宾斯. 管理学[M]. 7 版. 北京：中国人民大学出版社，2006：32.

1. 提出了管理的五个职能，即计划、组织、指挥、协调和控制，明确指出组织职能在整个组织中的地位和重要性，认为组织职能包括设计组织结构、制定相互关系和行为规范的规章制度以及员工的招募和培训等。

2. 提出了 14 条管理的原则（表 1-3），迄今仍然是许多组织在实际工作中所奉行的基本原则。

表 1-3 法约尔的 14 条管理原则

1. 工作分工:通过专业化使雇员的工作更有效率,从而提高工作的产出
2. 职权:管理者必须有命令下级的权力,职权赋予管理者的就是这种权力。但是,凡行使权力的地方,都应当建立责任
3. 纪律:雇员必须遵守和尊重组织的规则
4. 统一指挥:每一个雇员应当只接受一位上司的命令
5. 统一方向:组织应当具有单一的行动计划来指导管理者和工人
6. 个人利益服从整体利益:任何雇员个人或雇员群体的利益不应置于组织的整体利益之上
7. 报酬:对工人提供的服务必须付给公平的工资
8. 集中:集中是指下级参与决策制定的程度
9. 等级链:从最高层管理到最底层管理的直线职权是一个等级链
10. 秩序:人员和物料应当在恰当的时间处在恰当的位置上
11. 公平:管理者应当和蔼和公平地对待下属
12. 人员的稳定:管理当局应当提供有规则的人事计划,保证有合适的人选接替岗位的空缺
13. 首创精神:允许雇员发起和实施计划将会调动他们的极大热情
14. 团结精神:鼓励团队精神将会在组织中建立起和谐与团结

资料来源:斯蒂芬 P 罗宾斯. 管理学[M]. 7 版. 北京:中国人民大学出版社,2006:34.

3. 提出了"跳板"原则。为了保证指挥的统一性,组织上下级之间应当根据权力执行的路线,即不中断的指挥链来建立信息传递的渠道。但是,这样的信息传递渠道往往伴随着信息传递速度的迟缓。为了解决这一矛盾,法约尔提出了允许横跨权力等级链进行交往联系的"跳板"原则,又称法约尔桥,如图 1-1 所示。

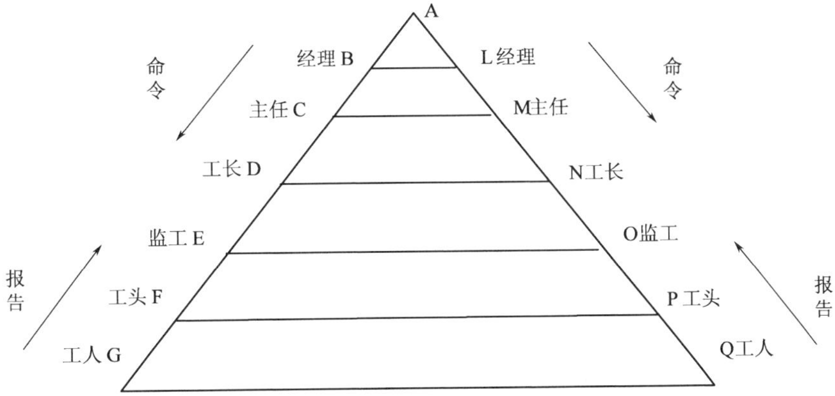

图 1-1 法约尔"跳板"原则

资料来源:任浩. 企业组织设计[M]. 上海:学林出版社,2005:6.

A 代表这个组织的最高领导,按照组织系统,F 与 P 之间发生了必须两者协商才能解决的问题，F 必须将问题向 E 报告，E 再报告 D，如此层层由下而上，由上而下到达 P，然后 P 将研讨意见向 O 报告，层层上报到 A，再经过 B、C……最后回到 F。这样往返一趟，既费时又误事，所以法约尔提出“跳板”，使 F 与 P 之间可以直接商议解决问题，再分头上报。

如果工头 F 想同工头 P 联系，他可以直接进行联系，而不用向上级报告（F 通过 E 到 A），以及按顺序 A 向下传递给 P。但是这种联系只有等级中所有各方都同意而且上级人员随时都了解情况的时候才能进行，E 与 O 同意各自的下属 F 和 P 直接联系，这就“捍卫了等级原则”；F 与 P 分别向各自的上级汇报了情况，“整个情况就完全合乎规则”。因此，“跳板”原则使得侧向联系可以迅速有效地进行，而且既不使路线负担过重，又维护了统一指挥原则、捍卫了等级原则。法约尔的等级制度倾向于所有的员工安排均有明确的等级机构，但他也意识到上下级之间存在沟通问题，因此，他也提倡适当的横向联系。

（四）韦伯的官僚行政组织理论

马克斯·韦伯（Max Weber）是德国社会学家，主要研究组织活动。韦伯是现代社会学的奠基人，他在组织管理方面有关行政组织的观点对社会学家和政治学家都有着深远的影响。他不仅考察了组织的行政管理，而且广泛地分析了社会、经济和政治结构，深入地研究了工业化对组织结构的影响。他提出了所谓理想的行政组织体系（Bureaucracy）理论，其核心是组织活动要通过职务或岗位而不是通过个人或世袭地位来管理。他的理论是对泰勒和法约尔理论的一种补充，对后世的管理学家，尤其是组织理论学家有重大影响，因而在管理思想发展史上被人们称为“组织理论之父”。

行政组织体系又被称为官僚政治或官僚主义，与汉语不同，它并不带有贬义。韦伯的原意是通过职务或岗位而不是通过个人或世袭地位来管理。要使行政组织发挥作用，管理应以知识为依据进行控制，管理者应有胜任工作的能力，应该依据客观事实而不是凭主观意志来领导，因而这是一个有关集体活动理性化的社会学概念。

韦伯的理想行政组织结构可分为三层，其中最高领导层相当于组织的高级管理阶层，行政官员相当于中级管理阶层，一般工作人员相当于基层管理阶层。组织无论采用何种组织结构，都具有这三层基本的原始框架。

至于“理想的行政组织体系”中所谓“理想的”，并不是指最合乎需要的，而是指组织“纯粹的”形态。在实际生活中，可能出现各种组织形态的结合或混合，但韦伯为了进行理论分析，需要描绘出一种理想的形态。作为一种规范典型的理想的行政组织体系，有助于说明从小规模的创业性管理向大规模的职业化管理的过渡。韦伯的官僚行政组织思想的特征可概括在图 1-2 中。

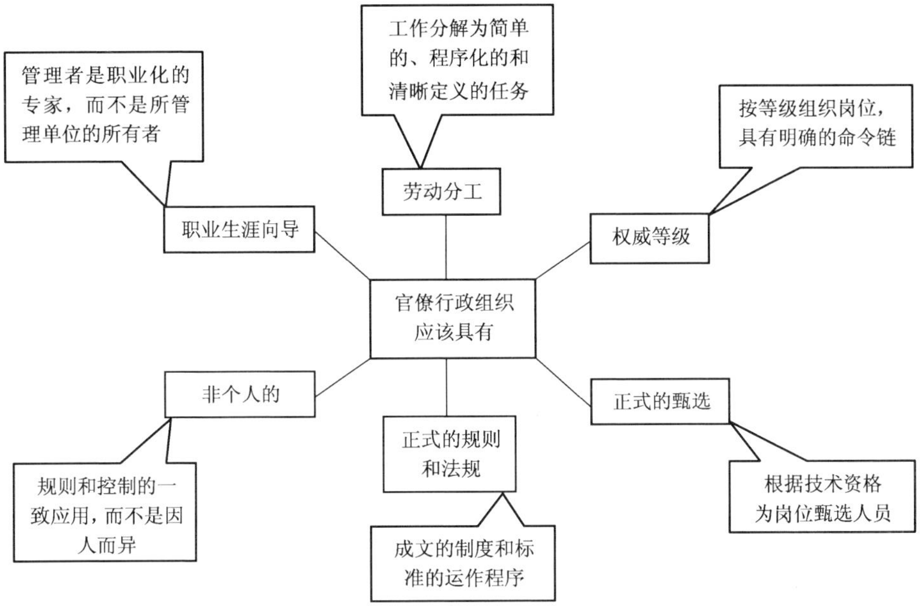

图 1-2　韦伯理想的官僚行政组织

资料来源:斯蒂芬 P 罗宾斯．管理学[M]．7 版．北京:中国人民大学出版社,2006:35.

韦伯认为,合法型统治是官僚组织结构理论的基础,因为它为管理的连续性提供了基础,担任管理职务的人员是按照他对工作的胜任能力来挑选的,具有其合理性;领导人具有行使权力的法律手段;所有的权力都有明确的规定,任职者不能滥用其正式权力。合法型统治是以一种对正规形式的“法律性”以及对那些升上掌权地位者根据这些条例发布命令的权力的信任作为基础的。这种组织的管理制度不仅具有合法的公认权威性,并且具有“理性”,即能够实现最佳管理目标。

二、行为组织设计理论

行为组织设计理论盛行于 20 世纪 30 年代至 60 年代期间,以注重研究组织中的人际关系为标志。行为组织设计理论承认古典组织设计理论的基本原理,但是,与古典组织设计理论不同的是,行为组织设计理论认为组织在很大程度上要受人的影响,这些人以个人或非正式组织的形式活动着。行为组织设计理论的主要贡献之一,就是将行为科学融进了组织理论,其主要代表人物有梅奥、马斯洛、巴纳德、赫茨伯格和麦克格雷戈等人。他们运用行为科学理论阐明了古典组织设计理论的基本原理是如何受到人的行为影响的,而且还系统地研究了组织内部的非正式群体,从而说明了非正式群体对正式组织的影响。

（一）行为组织设计理论的主要观点

1. 组织是一种心理与需求平衡的系统。构成组织的各个成员的心理以及由个别成员构成的团体心理对组织结构的设置及其有效运行都是有很大影响的。而且,一个人之所以要参加一个组织,无非一方面是希望从组织中力求获得自己物质和心理上的需要与满足;另一方面也希望自己能够为组织的生存和发展作出一定的贡献,以保持组织内部组织双方各自需求的平衡。

2. 组织是一种影响力系统。组织内部由于各成员之间的交流而产生了相互之间的影响力,致使不但上级人员可以影响下级、同级人员可以相互影响,而且下级人员也可以影响上级;而组织权力则只是构成影响力的一个方面的因素。

3. 认为组织是一个沟通的系统。组织内部成员之间的沟通,不只是循着命令或权责系统或协调的途径进行,更会循着人际关系的途径进行。因而,整个组织也可称之为一个沟通网络。

4. 组织是其成员性格综合的系统。由于各组织成员心理性格的不同,对于同一事物的认识也会不同,因而在组织内部就会产生各种矛盾和冲突,而组织的任务之一就是要协调这些矛盾和冲突,使每一个组织成员都能够接受组织对这些冲突和矛盾的统一与调和,从而顺利实现组织目标。

5. 组织是一个人机配合的系统。构成组织的要素有人、事、时、物和财五个方面,其中事、时、物、财四个方面均属于机械方面的因素。组织应使这五种构成要素之间获得最适当的协调与结合,否则,组织就无法正常地运转,无法有效地实现其组织目标。因此,可以说组织是一个人机配合的系统。

6. 在正式组织中存在非正式组织或团体。一个组织中除有正式的组织外,尚有因人际关系等因素而产生的各种非正式组织或团体。管理人员对这种非正式的组织或团体处理得当,就会使它对正式组织的运行产生助力,反之,它就会成为正式组织正常运行的阻力。

（二）巴纳德的组织协作体系设计理论

社会系统学派从社会学的观点来研究管理,认为社会的各级组织都是一个协作的系统,进而把组织中人们的相互关系看成是一种协作系统。切斯特·巴纳德(Chester Barnard)是社会系统学派的代表人物,他在继承古典组织设计理论的基础上,运用社会学的方法来研究管理问题,提出了组织协作体系设计理论。

巴纳德认为组织是人与人的合作系统。人们单独干活将受到主观和客观条件的限制,例如搬石头,一个人的体力可能不够,为此就需要两人或更多人的合作,从而产生了组织。因此,他给组织下的定义是"两人以上有意识的协调和活动的合作系统"。这就突破了古典组织理论把组织单纯看成是一个权责结构的框框,从而使组织理论能够把组织结构特性与人类行为特性结合起来分析组织问题。

巴纳德认为，作为正式组织的协作系统，不论其规模大小或级别高低，都包含了以下三个基本要素：

1. 协作的意愿。组织是由个人组成的，组织成员愿意提供协作条件的劳动和服务是组织程序所不可少的，协作的意愿意味着个人自我克制、交出对自己的控制权，个人行为的非个人化，其结果是个人的努力结合在一起。没有这种意愿，就不可能对组织有持续的个人努力，就不可能将不同组织成员的个人行为有机地结合在一起，协调组织活动。

但是，不同组织成员协作意愿的强度是不同的，同一成员在不同时期的协作意愿也是不断改变的，个人协作意愿强度的高低，取决于自己提供协作而导致的“牺牲”与组织因为自己的协作而提供的“诱因”这两者之间的比较。由于诱因与牺牲的尺度通常是由个人主观所决定，而不是客观的，比如有人重视金钱，而另一些人则可能更重视威望，所以组织为了获得和提高成员的协作意愿，一方面要提供必要的金钱、威望、权力等各种客观的刺激；另一方面要运用说服力来影响成员的主观态度，培养他们的协作精神，号召他们忠于组织，相信组织目标等。

2. 共同的目标。共同的目标是达到协作意愿的必要前提。协作的意愿没有共同的目标是发展不起来的。没有共同的目标，组织成员就不知道要求他们提供何种努力，同时也不知道自己能从协作劳动的结果中得到何种满足，从而不会进行协作活动。

由于组织成员对共同目标（即组织的目标）的接受程度影响到对组织提供的服务，同时由于个人之所以愿意为组织目标做出贡献，并不是因为组织目标就是个人目标，而是因为意识到实现组织目标有助于实现他的个人目标。因此，管理人员的一项非常重要的职责，就是帮助组织成员加深这种认识，并努力避免组织目标和个人目标的不一致或理解上的背离。

3. 信息的沟通。组织的共同目标和不同成员的协作意愿只有通过信息沟通才能相互联系，形成动态的过程。没有信息沟通，不同成员对组织的目标就不可能有共同的认识和普遍的接受；没有信息沟通，组织就无法了解组织成员的协作意愿及其强度，也无法将不同成员的努力形成协作劳动。因此，组织的存在及其活动是以信息沟通为条件的。为了有效地进行信息沟通，巴纳德列出了几个必须遵守的原则：

（1）信息交流要使每个成员都明确了解，并明确规定每个成员的权利和责任，公开宣布每个成员所处的地位。

（2）每个成员要有一个正式的信息联系渠道，每个人只能有一个直接的顶头上司。

（3）信息联系的渠道要直接而迅捷，要经常进行信息交流，以避免矛盾和误解的产生。

(4)经理人员是信息联系的中心,经理人员必须称职并配备必要的助手。

(5)当组织在执行职能时,信息联系路线不能中断。

(6)每一个信息联系必须是有权威的。

同时,巴纳德认为,经理人员的职能是由协作系统组织的本质和特征决定的。经理人员在组织中的作用,就是在信息沟通系统中作为相互联系的中心,并通过信息沟通来协调组织成员的协作活动,以保证组织的正常运转,实现组织的共同目标。经理人员的职能主要有三项:

一是建立和维持一个信息沟通系统。组织活动的复杂性亦即协调不同成员劳动的重要性,决定了有必要建立一个正式信息沟通系统,即经理人员(或管理人员)组织,这项工作包括:确定和阐明经理人员的职务,以及找到适合的人担任这一职务。

二是从不同的组织成员那里获得必要的服务,包括:招募和选聘能够提供适合服务的工作人员,维持组织的诱因,以保证协作系统的生命力。

三是规定组织的共同目标,并用各个部门的具体目标来加以阐明。

(三)梅奥的人际关系理论

乔治·埃尔顿·梅奥(George Elton Myao)1924—1932年间在美国芝加哥的西方电器公司霍桑工厂进行了长达9年的“霍桑实验”,提供了有史以来最著名的管理研究成果。霍桑实验的初衷是试图寻找改善外部条件与环境以提高劳动生产率的途径,但结果表明,影响生产率的根本因素不是外部工作条件,而是工人自身因素和被团体接受的融洽感和安全感。

他们否定了“经济人”假设,提出了自己的“社会人”假设,并在社会人假设的基础上建立了人际关系理论。

他们指出,工人是“社会人”,而不是单纯意义上的“经济人”。组织中除了存在着古典管理理论所研究的为了实现组织目标而明确规定各成员相互关系和职责范围的正式组织之外,还存在着非正式组织。这种非正式组织的作用在于维护其成员的共同利益,使之免受其内部个别成员的疏忽或外部人员的干涉所造成的损失。为此,非正式组织中有自己的核心人物和领袖,有大家共同遵循的观念、价值标准、行为准则和道德规范等。梅奥指出,非正式组织与正式组织有重大差别。在正式组织中,以效率逻辑为其行为规范;而在非正式组织中,则以感情逻辑为其行为规范。如果管理人员只是根据效率逻辑来管理,而忽略工人的感情逻辑,必然会引起冲突,影响组织生产率的提高和目标的实现。因此,管理当局必须重视非正式组织的作用,注意在正式组织的效率逻辑与非正式组织的感情逻辑之间保持平衡,以便管理人员与工人之间能够充分协作。

他们还指出,在决定劳动生产率的诸因素中,置于首位的因素是工人的满意度,而生产条件、工资报酬只是第二位的。工人的满意度越高,“士气”就越高,从而产生效率就越高。高的满意度来源于工人个人需求的有效满足,不仅包括物质需求,还包括精神需求。

(四)马斯洛的需求层次理论

美国心理学家和行为学家亚伯拉罕·马斯洛(Abraham H. Maslow)的需求层次理论(Hierarchy of Needs Theory)假设每个人都存在着以下五种需求层次:

1. 生理需求:包括食物、水、住所、性,以及其他的生理需求。

2. 安全需求:包括安全和保护,以免受身体和情感受到伤害的需求。

3. 社会需求:包括情感、归属感、接纳和友谊等方面的需求。

4. 尊重需求:包括内部的尊重因素,比如自尊、自主和成就感需求,以及外部的尊重因素,比如地位、他人的赏识和关注需求。

5. 自我实现的需求:指自我完善、最大限度发挥个人潜能的内驱力,包括成长、发挥潜力、自我实现的需求。

(五)赫茨伯格的双因素理论

美国心理学家弗雷德里克·赫茨伯格(Frederick Herzberg)在 1966 年首次提出双因素理论(Tow-factor Theory)理论。他把组织中的有关因素分为满意因素和不满意因素。满意因素可以使人得到满足,它属于激励因素。这是适合人的心理成长因素,如成就、赞赏、工作的本身、责任感、上进心等。激励因素如能得到满足,可以激励个人或集体以一种成熟的方式成长,使工作能力不断提高。不满意因素是指缺乏这些因素时容易产生不满和消极的情绪,即保健因素。所谓保健因素,包括金钱、管理水平、地位、个人生活、安全、工作环境、政策和人际关系等,在实践中员工的不满都是属于工作环境或工作关系方面的问题。如果改善这些情况,就能消除不满,维持原有的工作效率,但不能激励个人有更好的表现或提高劳动热情。

(六)麦格雷戈的 X-Y 理论

道格拉斯·麦格雷戈(Douglas McGregor)提出关于人性的两个观点:一种对人性整体持负面评价,称为 X 理论(Theory X);另一种则基本上是正面评价,称之为 Y 理论(Theory Y)。大量观察了管理者对待员工的方式之后,麦格雷戈得出总结:管理者对人性的看法是基于一系列假设之上的,他们对待员工的行为方式则深受这些假设的影响。

1. 在 X 理论下,管理者持有以下假设:

(1)员工天生不喜欢工作,他们一旦有机会就会逃避工作。

(2)既然员工不喜欢工作,那么只有强迫、控制和威胁他们才能达到目标。

(3)员工一有机会就会逃避责任,他们宁愿被别人领导。

(4)多数工人把安全性置于其他工作因素之上,他们缺乏雄心壮志。

2. 在Y理论下,管理者持有以下假设:

(1)员工把工作看成跟休息和娱乐一样自然。

(2)人们一旦明确目标就愿意自我约束、自我控制。

(3)一般人都可以学会承担,甚至主动承担责任。

(4)并非只有管理人员才有能力做出创新的决策,人群中并不缺乏富有创新能力的个体。

三、现代组织设计理论

现代组织设计理论的特点是它吸纳了古典和行为组织设计理论的观点,但是更多考虑外部环境、组织战略目标,注重经验分析,将组织作为一个系统来加以研究。每个学者在研究组织系统时都有各自的重点,从而形成了不同的学派,主要有决策理论学派、经验主义学派、系统管理学派、权变理论学派和新组织学派。

(一)决策理论学派

决策理论学派着眼于合理的决策,即研究如何从各种可能的抉择方案中选择一种"令人满意"的行动方案。赫伯特·西蒙(Harbert A. Simen)是决策学派的主要代表人物。西蒙认为,组织设计要有利于组织决策,以及为决策所必需的信息传递、信息处理工作。

1. 组织结构的设计首先要从建立组织目标体系入手,这既是规定组织结构的重要依据,又是影响组织决策环境的重要因素。

2. 强调的组织分工是将整个决策系统的组织分解为彼此相对独立的子系统,以尽量减少子系统之间的依赖性,使其有充分的决策权,以便最大限度地分散决策,而不仅是指业务内容的分工。

3. 现代组织所处的环境是"信息丰富"的环境,然而由于组织成员的能力有限,组织必须把自己的有限能力花在重要决策即工作重心的任务上。

4. 从组织的决策角度看,集权和分权各有利弊,因此要适当地分权和集权而不应绝对分权和集权,因为组织活动是集体活动,要顺利实现组织目标,必须有一定的集中协调机制。但若过分集权,又会导致决策者负担过重,无法集中精力考虑重大决策问题,还会造成下级人员无所作为和决策脱离实际等问题。

(二)经验主义学派

经验主义学派是以总结管理实践经验为主要任务,从中归纳和概括出一些理论和原则,或者给从事实际管理工作的人以某些有用的建议。这一学派的代表人物主要有德鲁克、戴尔等,他们在组织设计方面的主要观点有:

1. 认为古典和行为组织设计理论各有所长、各有所短，单独运用不能完全适应组织的实际需要。从组织方面来看，古典组织设计理论的指导思想是以工作为中心，行为组织设计理论的指导思想是以人为中心，而经验主义学派组织设计理论的指导思想则根据实际经验把两者有机结合起来考虑。

2. 归纳和总结出一些适合于组织高层管理和创新工作的组织结构。德鲁克指出，由古典组织理论提出并实行的集权职能性组织结构，是适应当时历史条件的产物，而现在随着组织规模扩大、产品品种的多样化、跨国公司的出现、人们对组织高层管理和创新工作的重视等，又出现了许多新的组织结构类型。他把这些新出现的组织结构概括为集权的职能性结构、分权的“联邦式”结构、模拟性分权结构、矩阵结构和系统结构五种结构，并分析了这五种类型的组织结构各自的特点、优缺点及适用条件等。

3. 提出了目标管理方法。目标管理方法最早是由德鲁克提出来的，其基本精神是要把以工作任务为中心的管理方法和以人为中心的管理方法综合起来，使得组织既能调动职工完成工作任务的积极性和创造性，从工作中满足其自我实现的需要，同时也能沟通上下左右的意见，从而促进组织目标的实现。后来，奥迪奥恩进一步发展了目标管理的方法，把目标管理的范围从各级管理人员扩大到全体职工。他认为，所谓目标管理制度可以描述为如下一个过程：

(1)组织目标、各级管理目标、个人目标密切结合，形成目标连锁以利于实现总体目标。

(2)组织中的上级和下级管理人员一起制定共同目标，实现目标管理主要采取职工自主管理、自我控制的方法，以利于发挥职工的主动性、创造性。

(3)根据预期目标规定个人的主要职责范围、应达到的成果，并作为评定、考核个人贡献的标准，以利于调动职工的积极性。

（三）系统管理学派

系统管理学派的主要代表人物是卡斯特和罗森茨韦克等，他们在组织设计方面的主要观点有：

1. 组织是一个人造的开放系统。开放系统必须与环境相互作用才能生存，它不仅消耗从环境输入的资源，也向环境输出其产出的资源。它不能将自己同外界隔绝开来，而必须不断地变革和适应环境。

要了解整个组织，就必须将它看作一个系统。所谓系统(System)，是一组相互作用的要素的集合体，它需要从环境获得投入，经转换后再向外部环境输出。输入和输出的需要反映了系统对环境的依赖性。要素的相互作用意味着组织中的人或部门是彼此依存的，必须协同工作。

图 1-3 所展示的就是一个开放系统。组织系统的输入包括员工、原材料和其

他有形资源、信息和财务资源。转化过程将这些输入资源转变为有价值的、可以重新输出到环境中的资源。输出包括给消费者和客户的特定产品和服务。

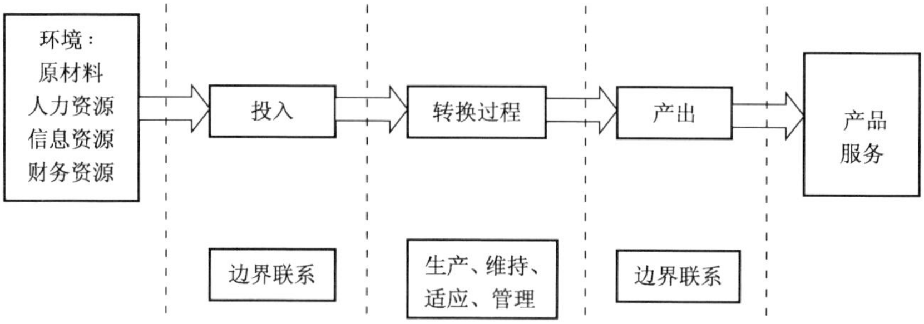

图 1-3　开放系统的组织模型

系统是由若干子系统(Subsystems)组成的,如图 1-3 所示。这些子系统完成组织生存所需要的特定功能,如生产、边界联系、维持、适应以及管理等。生产子系统负责生产组织的输出——产品和服务。边界联系子系统负责与外部环境的交换,包括采购供应品和销售产品等活动。维持子系统负责保持组织的顺畅运行以及物力和人力资源的维护。适应子系统负责组织的变革和调整。管理子系统是一个独特的子系统,负责协调和指导组织的其他子系统。

2. 组织是整个社会系统的一部分。组织与社会环境各部分之间有着相互依赖和相互影响的关系,社会环境的重大变化,致使组织结构必须作相应的调整,以保持组织与社会环境的适应与平衡。

3. 组织是一个维持适应的系统。组织不但与外界社会环境之间要维持高度的适应关系,与内部各个部门之间也要保持高度的适应关系。因此,组织结构不是固定的、静态的,而是需要经常调整的、是动态的。

（四）权变理论学派

权变理论认为,每个组织的内在要素和外在环境条件都各不相同,因而在管理活动中不存在适用于任何情景的原则和方法,即:在管理实践中要根据组织所处的环境和内部条件的发展变化随机应变,没有什么一成不变的、普适的管理方法。成功管理的关键在于对组织内外状况的充分了解和有效的应变策略。权变理论以系统观点为理论依据,从系统观点来考虑问题,权变理论的出现意味着管理理论向实用主义方向前进了一步。该学派是从系统观点来考察问题的,它的理论核心就是通过组织的各子系统内部和各子系统之间的相互联系,以及组织和它所处的环境之间的联系,来确定各种变数的关系类型和结构类型。它强调在管理中要根据组织所处的内外部条件随机应变,针对不同的具体条件寻求不同的最合适的管理模

式、方案或方法。其代表人物有卢桑斯、钱德勒、豪斯等人,权变理论学派在组织设计方面的主要观点是:

1. 组织是社会大系统中的一个开放型的子系统,受环境的影响。因此,必须根据组织在社会大系统中的处境和作用,采取相应的组织管理措施,从而保持对环境的最佳适应。

2. 要使组织设计与环境联系起来,不能用单一的模型来解决所有组织设计问题,只能提出在特定的情况下有最大成功可能的方案。而且认为,不管是现代的还是古典的,只要这种模型适应环境情况,就是有效的组织设计。只要在服从组织的总目标下,完成各自的目标,同一组织的各个部门可以采取不同的组织设计。

3. 组织的活动是在不断变动的条件下以反馈形式趋向组织目标的过程。因此,必须根据组织的近远期目标以及当时的条件,采取依势而行的管理方式。

4. 影响工作效果和效率的因素是复杂的,它不仅包括直接影响组织行为变化的因素,还包括间接影响组织行为变化的因素,这些因素源于组织内部和内部各个部分之间的相互作用,以及外界条件的不同方面。

5. 组织为了在管理活动中更有效地实现组织目标,避免在激烈的竞争中被淘汰,就必须根据组织所处的内外部环境随机应变。随机应变的目的在于取得较好的管理效果,而效果又完全取决于组织对环境的适应性。因此,要实现管理活动的有效性,就需要发挥管理主体的主观能动性,只有对管理活动的各种关系及变化的环境有深刻的认识才能凭借经验、知识和胆略,采取相应的策略,使组织适应环境的变化,进而实现组织目标,达到随机应变的目的。

(五)新组织学派

加拿大著名组织学家亨利·明茨伯格(Henry Mintzberg)是新组织学派的主要代表人物,他提出的组织理论被普遍认为是对组织理论的杰出贡献。新组织学派在组织设计方面的主要观点有①:

1. 提出了组织结构的五种协调机制:相互协调、直接监督、工作流程标准化、工作输出标准化、员工技能标准化。

2. 提出了组织结构的五个基本构成部分:运营核心、战略高层、中间线、技术结构、支持人员。

3. 提出了组织结构的五种流程:正式的权力流、受控活动流、非正式沟通流、工作群集、临时决策流程。

4. 提出了组织结构的五种类型:简单结构、机械式官僚结构、专业式官僚结构、事业部制结构、变形虫结构。

---

① 亨利·明茨伯格. 卓有成效的组织[M]. 魏青江,译. 北京:中国人民大学出版社,2007:6.

本章扩展

案例分析

20世纪60年代，布朗公司曾经几乎被公认为是唯一的生产专业机械工具的工厂，80年代发展成既生产又销售，而且维修多样产品，如电力机械工具、民用工具和其他省力的家庭工具以及小型的机械工具的公司，占据了世界市场的大部分份额。

可是，在1980年前后，情况发生了变化。世界性的经济衰退波及布朗公司。该公司的机械工具销售量下降，收入降低。此外，世界经济的其他问题也增加了该公司的困难。例如，美元的比价和利率使得该公司的产品在与其他国家产品的竞争中处于劣势，降低了它在国际市场上的竞争能力。

就在这些不利因素产生之时，日本的一些电子工业公司开始抢占布朗公司的市场份额。日本公司采取了降低成本，使其产品价格处于全球最低水平的战略措施。他们认为，不同国家的消费者对产品价格等的要求差异不大，大规模生产某种规格的产品，从而降低生产成本，就能具有市场销售价低的优势。同时，日元和美元的汇率也助了日本公司一臂之力，布朗公司机械工具市场的一些失误更使日本公司快速发展。到20世纪80年代末90年代初，日本公司几乎占有了布朗公司世界专业工具20%的市场份额。

布朗公司在竞争中的节节败退与其公司组织方面是否存在着关系？我们来看一下它的公司组织结构。

1990年前后，布朗公司在各大洲的13个国家(或地区)中开设了25个分厂，除了在马里兰的总指挥部以外，还有3个生产区域性办公室，每一个区域性办公室都有相当整齐的一套职能机构，拥有自己的职员。这些区域性办公室分别负责区域内的生产分厂的重大投资、重要人事和区域公关与协调工作。每一个分公司都有许多子公司，子公司有很大的自主权。例如，德国分公司在50个国家有销售和服务子公司，这些子公司都是自治的。布朗公司有一种哲学思想，各个不同的国家，其市场需求的价格等不一样，应让自己的产品及生产线去适应各个独特的市场的特征。例如，意大利生产的动力工具要适应意大利的需要；英国公司则为英国市场的需求而生产专供英国人使用的动力工具。

但这样做也带来了很大的问题。各公司之间不能充分的交流信息，产品不能横向流通。比较好的新型工具在某一个国家问世了，通常要过好几年才能被引入其他国家。例如，畅销的Dustbuster在20世纪70年代末就在美国销售了，然而直至1983年才进入澳大利亚市场。当公司试图努力把该公司在美国本部生产的产品引进欧洲市场时，欧洲的分公司和管理者却拒不接受。

布朗公司在世界各地的生产工厂中的中层以上管理人员几乎都来自马里兰公司总部，他们每年都必须回公司总部学习两次，孩子的教育生活补贴也非常高昂。生产工人从当地雇用，雇用标准很高，但生产能力的使用率却相当低，每个雇员创造的价值也很低。

多年来，该公司把研究设计、生产和营销分成不同的部分，部门间的联系很弱，销售者不把消费者的要求反映给生产者，生产者也不根据消费者的需求生产和设计新的生产线。布朗公司的生产者一直认为，产品质量好，然后大规模生产来降低价格，消费者就会购买。所以布朗公司一直集中精力提高产品功能和质量，提高生产线的生产水平，扩大生产规模。然而日本公司却能够根据市场销售点和渠道来搜集行情，生产中等价格的工具。布朗公司在世界上有8个设计研究中心，一共设计与生产了260余种不同类型的马达，而事实上公司正常所需要的只有10个不到的类型。布朗公司开发的新产品出现了滞销状态。

思考题：

假如你是布朗公司总经理，请你分析公司在组织方面存在的问题，并提出初步的对策思路。

讨论与思考

1. 组织设计的内容和原则是什么？
2. 古典组织设计理论的主要观点有哪些？
3. 行为组织设计理论的主要观点有哪些？
4. 现代组织设计理论各学派的主要观点有哪些？

扩展阅读索引

[1]斯图尔特·克雷纳．管理百年[M]．邱琼，钟秀斌，译．海口：海南出版社，2003.

[2]弗雷德里克 W 泰罗．科学管理原理[M]．马风才，译．北京：机械工业出版社，2007.

[3]切斯特·巴纳德．经理人员的职能[M]．王永贵，译．北京：机械工业出版社，2007.

第二章

组织结构设计

本章重点介绍了组织结构的基本形式，然后分别介绍了职能设计、层次结构设计、部门化设计和组织联系设计的方法，读者应着重掌握组织结构各形式的适用条件和各自的利弊。

第一节　组织结构设计的内容和基本形式

一、组织结构设计的内容

组织结构（Organization Structure）就是组织中正式确定的使工作任务得以分解、组合和协调的框架体系。[①] 组织结构的设计包含以下内容：

- 职能设计，即确定完成组织目标所需要的各项工作。
- 层次结构设计，即确定各管理层次的构成及上下层次的权责关系，又称组织的纵向结构设计。
- 部门化设计，即确定各管理部门的构成，又称组织的横向结构设计。
- 组织联系设计，即促进各层次、各部门的沟通和协调的联系设计。

① 斯蒂芬 P 罗宾斯．管理学[M]．7 版．北京：中国人民大学出版社，2006：267.

二、组织结构的基本形式及其利弊分析

（一）职能型结构

职能型结构（Functional Structure）是按照相同的职能将各种活动组织起来的一种组织结构，主要适用于产品种类较少、外部环境比较稳定的组织。这些组织强调高效率，强化纵向控制，横向协调难度较小，对适应性的要求较低（图 2-1）。

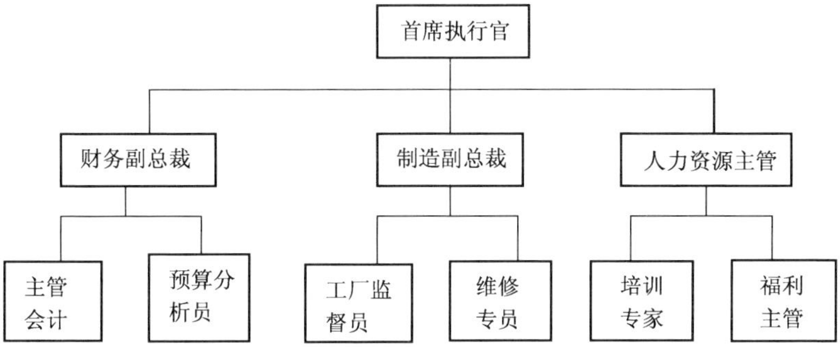

图 2-1　职能型结构

职能型结构的主要优点是它促进了职能领域内规模经济的实现，避免了资源的重复配置，减少了资源的浪费，并且有利于管理人员重视并能熟练掌握本职工作的技能，有利于强化专业管理，提高工作效率。职能型结构的主要缺点是它对外界环境变化的反应迟缓，因为这种反应需要跨部门协调，这会使决策堆积在高层，组织不能作出足够快的反应（表 2-1）。

表 2-1　职能型结构的优缺点

优　点	缺　点
1. 实现职能部门内部的规模经济	1. 对环境的变化反应迟缓
2. 促进知识和技能的纵深发展	2. 导致决策堆积于高层
3. 促进组织实现职能目标	3. 导致部门间横向协调差
4. 最适于只有一种或少数几种产品的组织	4. 导致缺乏创新
	5. 对组织目标的认识有限

（二）事业部型结构

事业部型结构（Divisional Structure）主要有产品分部型和区域分部型。产品分部型，也称作战略经营单位，是按照单项的产品或服务、产品群组、大型的项目，或者规划、事业、业务、利润中心来组建事业部。它是基于组织的产出来组合部门，将

与这一产出有关的活动，完全置于同一产品部门内，再在产品部门内细分职能部门，进行生产该产品的工作，如图 2-2。区域分部型是按照地区分设经营单位，把某个地区或区域内的业务工作集中起来，委派一位经理来主管。在设计上往往设有中央服务部门，如采购、人力资源、财务、广告等部门，向各区域提供专业性的服务。事业部型结构主要适用于产业多元化、品种多样化、各有独立的市场，而且市场环境变化较快的大型组织。

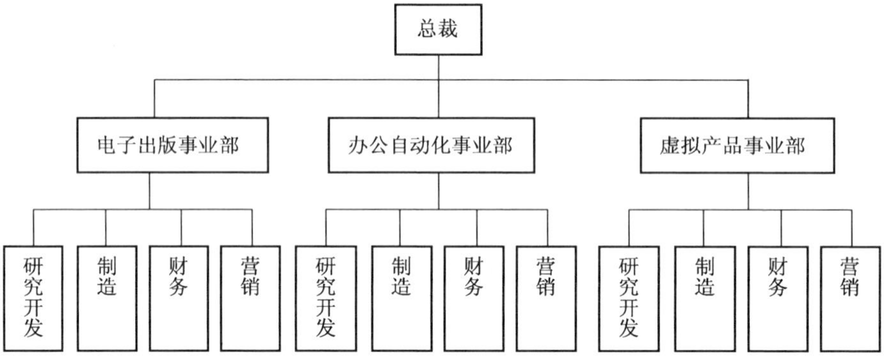

图 2-2　产品分部型事业部结构

事业部型结构（主要针对产品分部型）能更好地适应不确定环境的快速变化，因而具有灵活性，利于变革，可使组织拥有持续的竞争力。事业部型结构的主要缺点是各事业部缺乏对组织整体目标的认识，对各事业部的协调较困难。区域分部型结构的优缺点与产品分部型结构相似（表 2-2）。

表 2-2　事业部型结构的优缺点

优　点	缺　点
1. 适应不确定性环境中的快速变化	1. 失去了职能部门内部的规模经济
2. 产品责任和接触点明确，利于使顾客满意	2. 导致产品线之间协调差
3. 实现跨职能的高度协调	3. 不利于能力的纵深发展和技术的专业化
4. 使各个单位能够适应不同的产品、地区或顾客	4. 使跨产品线的整合和标准化变得困难
5. 最适于提供多种产品的大型组织	
6. 决策的分权化	

（三）矩阵型结构

矩阵型结构（Matrix Structure）是指从各个职能部门中抽调有关专家，分派他们在一个或多个由项目经理领导的项目小组中工作的一种组织结构(图2-3)。矩阵型结构的独特之处是同时使用产品事业部和职能结构。产品经理和职能经理在组织内拥有同等的权利,员工同时向他们报告工作。矩阵型结构的双重职权促进了沟通和协调,是增强横向联系的一种有效方式,是应对迅速变化的环境所必需的。

矩阵型结构最适合于环境变化大、存在跨产品线共享稀缺资源压力、需要提供两方面或更多方面关键产出(如不断深入提高的专业技术和不断更新的产品)的组织。

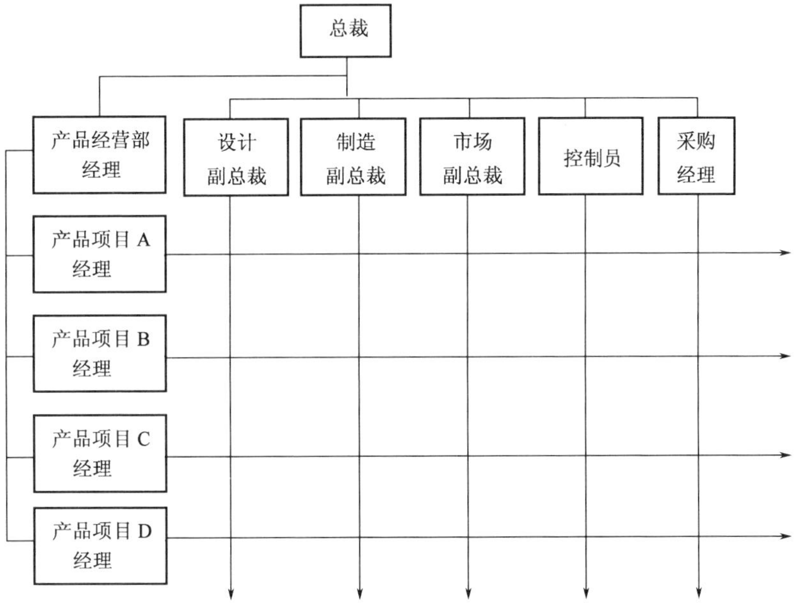

图2-3 矩阵型结构中的双重职权

矩阵型结构的主要优点是资源(人力、设备)可以在不同产品线之间灵活分配,这样组织就能很好适应不断变化的外界要求。这种结构还给员工提供了根据自己兴趣获取职能技能或者一般管理技能的机会。矩阵型结构的主要缺点是有些员工面临双重职权关系,同时向两个上司负责,有时还会面临着相互矛盾的要求。这容易让人无所适从和产生混乱感,特别是当高层管理者未能清晰定义这些员工的角色和责任时。他们需要高超的人际技能和解决冲突的能力,而这可能需要专门的人际关系训练才能获得。矩阵结构也迫使管理者将大量时间耗费在开会协调上。而且,如果管理者不能适应矩阵型结构对信息和权利共享的要求,这一结构形式也难以奏效。管理者在制定决策时必须精诚合作,而不是依赖纵向的职权(表2-3)。

(四)横向型结构

横向型结构(Horizontal Structure)是按照核心流程来组织员工的。流程是指一系列将输入转化为输出、为顾客创造价值的相关任务与活动的组合。与以往将工作划分为不同职能部门中狭窄的职务不同,横向型结构强调的是横向贯穿整个组织的核心流程,将员工按团队组织起来共同工作、服务顾客。

表 2-3 矩阵型结构的优缺点

优　点	缺　点
1. 获得满足顾客双重需要所必需的协调	1. 导致员工面临双重的职权关系,容易产生无所适从和混乱感
2. 促使人力资源在多种产品线之间得到灵活的共享	2. 意味着员工需要有良好的人际技能并接受高强度的训练
3. 适应不确定性环境中频繁变化和复杂决策的需要	3. 耗费时间,需要频繁开会协调及讨论冲突解决方案
4. 为职能和产品两方面技能的发展提供了机会	4. 除非员工理解这种模式,否则难以奏效
5. 最适于拥有多种产品线的中等规模的组织	5. 需要作出很大努力来维护权利的平衡

图 2-4 展示了一种横向型结构,它按跨职能核心流程而不是仅仅根据任务、职能或地区来设立结构,消除了部门之间的界限。组织是按照业务流程最终的绩效目标(基于给顾客带来的价值)以及顾客满意度、员工满意感和财务贡献等指标来衡量效果。组织文化是开放式的,充满信任和合作,并注重持续

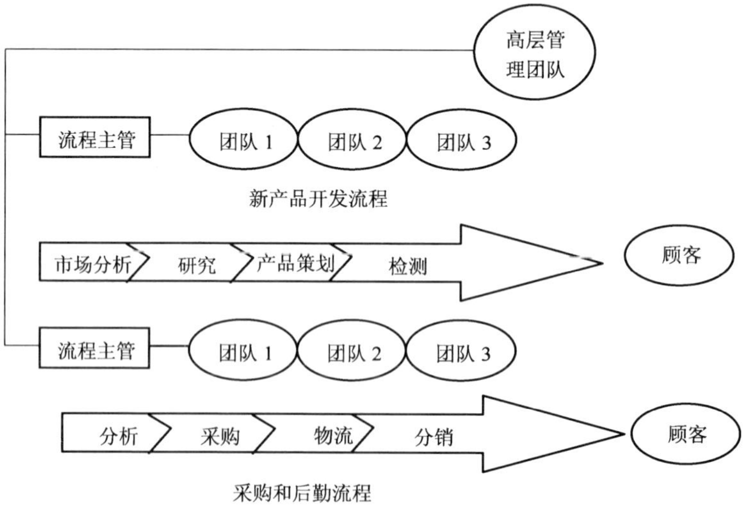

图 2-4 横向型结构

的改进,这种文化强调对员工的授权和责任,关注员工的前途。流程主管对各自的核心流程负全面的责任,团队中的成员具有所需的技能、工具和职权,并受到激励,让他们做出对团队绩效有重大关系的决策。团队成员得到多方面的训练,能够完成多种工作。团队需要具备完成一项重要组织任务所必需的综合技能,团队有权自主而创造性地思考问题,并对出现的新挑战作出灵活的反应。横向型结构几乎适用于所有的现代组织,因为现代组织面临的外部环境变化快,竞争激烈,需要通过流程和团队的形式开展工作,以提高组织对环境变化的响应速度和适应程度。但是如果组织缺乏信任、合作的文化,则很难采用此种结构。

横向型结构的主要优点是它增进了协调,极大地提高了组织的灵活性和对顾客需要的反应能力。这种结构使员工的注意力转到顾客上来,从而在改进生产率、速度和效率的同时也带来了顾客满意度的提高。另外,由于打破了职能部门间的边界,员工对组织目标有了宽广的认识,而不是仅限于单个部门的目标。横向型结构还可促进员工注重团队工作和合作,使团队成员达成一种献身的共识,以实现共同的目标。最后,横向型结构通过提供分享承担责任和做出决策的机会,促使他们为组织做出更大的贡献。

横向型结构的主要缺点是确定核心流程比较困难,同时也相当耗费时间。而且,实现向横向型结构的转变更是耗时,因为它要求对组织文化、工作设计、管理哲学、信息和薪酬系统作出重大的变革。传统的管理者可能会阻挡这种结构转型,因为他们得放弃权力和职权,转变为教练式的领导者和团队的促进者。员工需要通过强化培训,使之能在团队环境中有效地工作。最后,由于工作本质上是跨职能的,横向型结构可能会制约知识和技能的纵深发展,除非采取措施给员工提供保持和提高技术专长的机会(表 2-4)。

表 2-4　横向型结构的优缺点

优　点	缺　点
1. 促进组织对顾客需要的变化作出灵活而快速的反应	1. 确定核心流程较为困难,而且耗费时间
2. 将员工的注意力引向为顾客生产和提供价值	2. 要求对组织文化、工作设计、管理哲学、信息和奖酬系统作出变革
3. 每个员工都对组织目标有宽广的认识	3. 传统的管理者可能有阻力,因为他们得放弃权力和职权
4. 促进员工注重团队工作和合作	4. 需要极大地加强员工培训,使他们能在横向型团队环境中有效地工作
5. 通过提供分享责任、制定决策及对结果负责的机会改善员工的生活质量	5. 可能会制约技能的纵深发展

（五）虚拟网络型结构

虚拟网络型结构(Virtual Network Structure)是指组织通过签订合同,将许多甚至大部分主要流程外包给其他不同的组织,并通过一个很小的总部来协调它们的活动的一种组织结构。组织的各种职能,如会计、设计、生产、营销和分销等服务不再像原先那样集中在同一个屋顶下或在同一个组织中进行,而是被外包给不同的组织,这些组织运用电子化手段与总部组织联系。分布在全球各地的合作者可以借由联机电脑或网络快速、流畅地交换数据和信息,使得由供应商、制造商、分销商组成的松散网络看起来像是一个无缝对接起来的一体组织。

虚拟网络型结构适用于拥有某种核心控制能力的组织,它集中精力做好自己最擅长的事情,同时能够配置好资源,有效控制相关组织工作的进程,以确保组织能够顺利完成各项工作任务。在网络型结构中,处于中心位置的组织控制着那些自己具有世界级实力或难以模仿的能力的流程,而将其他活动,包括相关决策和控制,移交给其他组织。这些合作组织则以自身的想法、资产和工具来组织并完成移交给自己的工作。网络型结构的理念,使组织把精力集中在自己做得最好的事情上,再把其他事情交给擅长这些事情的组织,从而以最少的成本做最多的事。

虚拟网络型结构的主要优点是无论多小的组织都能通过采用网络型结构实现真正的全球化。它们在全球范围内获取资源,实现质量与价格的最优化,再通过下级承包商在全球范围内销售产品与服务。网络型结构还能帮助新组建的公司或小公司开发新产品和新服务并迅速投入营销,而无须在工厂、设备、仓库或分销设施等方面进行大量投资。网络型结构非常灵活、反应迅速,能根据需求的变化配置或重新配置资源,并给予顾客最好的服务。全球性的专家网络,使组织可以迅速地开发出新技术。采用网络型结构的组织能够不断重新定义自己的结构和位置,以迎合产品变化或市场机会。同时,虚拟网络型结构减少了行政管理费用,组织不再需要一大群专业人员和管理人员,所有的管理人才与技术人才都专注于那些能为组织带来竞争优势的关键性活动上,其他活动则全部外包。

虚拟网络型结构的主要缺点是缺乏控制。网络型结构将分权运用到了极致。管理人员无法掌控所有组织运作活动,必须依赖合同、协调与谈判才能将这些活动整合起来。这就意味着,组织花费在关系管理和解决冲突上的时间会大大增加。一旦其他合作组织未能成功交货、有工厂遭遇火灾或是退出了原有行业,组织便会立刻面临失败的风险。此时,总部组织的管理者必须迅速行动、找出问题所在并作出新的安排。同时,网络型组织的员工忠诚度也许会很低,组织也很难培育出有凝聚力的文化。员工们会感到自己随时可能被外部签约服务所取代,组织与员工之间的情感承诺较低,离职率也会相应增加(表2-5)。

表 2-5　虚拟网络型结构的主要优点与缺点

优　点	缺　点
1. 使小型组织能在全球范围内获取人才与资源	1. 管理人员无法对众多的活动与员工进行直接控制
2. 公司无须在工厂、设备或分销设施上大量投资便可即时扩大经营范围	2. 需要花费大量时间来管理与签约伙伴的关系和冲突
3. 组织高度灵活，可迅速应对需求的变化	3. 一旦合作组织经营失败或退出该行业，会使组织存在失败的风险
4. 减少了行政管理费用	4. 由于员工感到自己随时会被外部签约服务所取代，员工忠诚度和公司文化可能会很弱

（六）混合型结构

实际上，现实中许多结构并不是以我们以上介绍的纯粹的形式存在的，尤其是在当今复杂的商务环境中，组织通常使用混合型结构（Hybrid Structure）将各种组织形式的特点综合起来，以适应特定的战略需要。许多组织就将职能型、事业部型和横向型结构的特点结合起来，利用了各种结构的优点，同时避免了其某些缺点。混合型结构适合于在迅速变化的环境中应用，因为它给组织提供了更大的灵活性。

常用的一种混合型结构是将职能型和事业部型结构的特点结合起来。例如，当一家公司成长为大公司并拥有多个产品或市场时，通常需要重组成为某种自我管理的单位。对某一产品或市场的经营具有重要性的职能，就需要分散而纳入该自我管理的单位中。但某些相对稳定不变且要求规模经济、纵深专业化的职能则集中在总部。图 2-5 所示的是某公司采用的混合型结构。它创设了三个主要产品事业部——燃料、润滑油、化学制品。每个事业部服务于各自不同的市场，要求采取不同的经营战略和管理方式。在重组后的结构中，每个产品事业部的副总裁都负责掌管该产品生产经营的各项职能，包括营销、计划、供应和配送以及制造等。然而，像人力资源、法律、技术和财务等活动则是集中在总部的职能部门，以保持规模经济。这些职能部

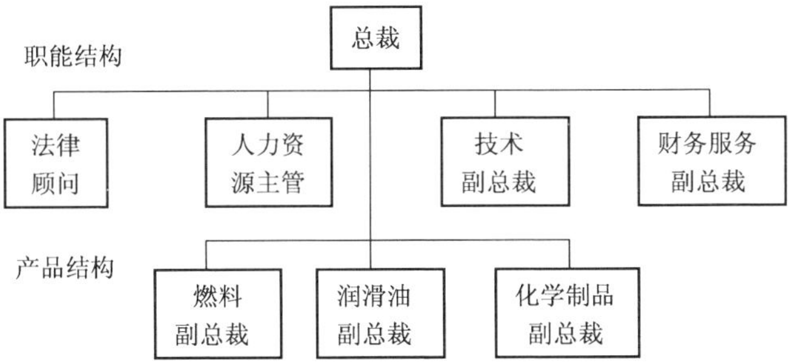

图 2-5　职能型和事业部型混合结构

门均向整个组织提供服务。另一种混合方式是将职能型和横向型结构的特点结合起来,这在今天已经得到越来越多的运用。例如,福特汽车公司的顾客服务事业部,就是运用这种混合型结构的一个实例。该事业部拥有 12 000 名员工,在全球范围开展业务,为近 15 000 个商家服务。从 1995 年开始,福特公司就推行了"福特 2000"计划,旨在使其成为 21 世纪世界领先的汽车企业。他们相信横向型模式供了一个绝好的机会,使公司能以更快、更有效并且整合的方式提供顾客服务。图 2-6 就是福特顾客服务事业部混合型结构的局部示意图。该事业部内设立了数个横向联结的小组,具有多样技能的团队组集中在一起来完成诸如配件供应与物流(获得配件并快速、高效地向商家供货)、汽车维修服务与规划(收集和传递有关汽车维修的信息)、技术支持(确保每一个服务部门收到最新的技术信息)等核心流程。每个流程组任命一名流程主管负责确保各团队实现总体的目标。福特的顾客服务事业部,在诸如财务、战略与沟通、人力资源职能上仍保留职能型结构,这些部门为整个事业部提供服务。

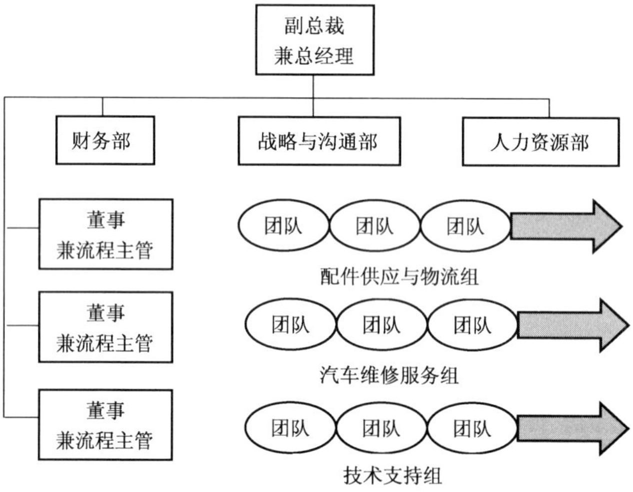

图 2-6　职能型和横向型混合结构

第二节　职能设计

职能设计,就是对组织的管理业务进行总体设计,确定组织的各项经营和管理职能,并层层分解为各个管理层次、管理部门、管理岗位和岗位的业务工作。职能设计包含职能分类、基本职能设计、关键职能设计和职能分解。

一、职能分类

职能分类是指按照一定的标准将整个组织的管理职能加以分解或划分，从而能够系统地归纳出组织管理所必须具备的各项职能的工作。

职能分类具有相对性，可以采取不同的标准，从不同的角度加以划分。常见的一些分类方法见表 2-6。

表 2-6 职能分类表

序号	分类标志	职能种类
1	管理范围和权限	对外的经营职能、对内的生产管理职能
2	管理层次	高层、中层、基层管理职能
3	管理工作过程	决策、计划、指挥、协调、控制、反馈
4	管理专业分工	生产、技术、采购、人力资源、财务管理
5	业务工作的性质	专业性、综合性、服务性职能
6	实现战略任务中的重要性	关键职能、次要职能
7	制定和实施经营决策的不同作用	决策性、执行性、监督保证性职能
8	对下有无直接指挥关系	直线职能、参谋职能
9	职能的归属关系	基本职能、派生职能

二、基本职能设计

基本职能设计就是找出国内、国外较先进的同类型组织作为参考系，然后根据组织环境、战略、技术、规模等特点加以调整，确定本组织应具备的基本职能。

组织在对基本职能进行调整时，通常要考虑以下四个方面的因素：

（一）行业特点

行业不同就意味着各组织投入资源、生产技术过程、产出过程、市场需求、竞争状态、销售与服务方式等的不同，因此行业环境对组织的影响是全面的。按行业特点进行基本职能的设计和调整时所要考虑的主要问题是：①是否有必要增加新的基本职能；②是否有必要细化某些基本职能；③是否有必要简化某些基本职能；④是否有必要强化某些基本职能。

（二）组织技术特点

按组织技术特点进行基本职能的设计和调整时，主要有以下方面需要充分考虑：技术水平的提高将引起基本职能的增加和细化；技术实力的强弱将对某些基本职能提出不同的要求。

一般地说,技术实力弱的组织,在基本职能设计方面应注意的问题是:①强化经营决策职能,即强化有关产品和技术选择方面的管理工作;②健全并强化人才资源开发职能;③由于技术力量薄弱,技术开发的重点内容是技术引进和技术协作、吸收和消化先进技术,由此也就决定了技术情报工作是十分重要的。

对于技术实力强的组织,特别是那些大型组织,应在竞争中充分发挥技术优势,并使之不断扩大,从而提高经济效益。由此,将可能对组织基本职能产生如下重要影响:①健全并不断强化涉外经营职能,逐步扩大硬件商品和技术软件商品的出口能力;②健全横向联合方面的管理职能;③由于技术实力雄厚,技术开发职能的重点内容是加强自身科技队伍的建设,主要依靠自身力量,搞好自主开发。

(三)组织外部环境

根据外部环境特点进行基本职能的设计和调整,需要注意以下问题:①是否应该增加有关加强对外联系的基本职能;②分析各项基本职能应充实哪些业务活动内容,才能加强组织与外部环境各影响因素之间的联系和协调。

(四)组织规模的影响

规模越大,管理工作越复杂,工作量也越大。只有细化专业分工,才能承受繁重的负荷,提高管理工作效率及其经济性。这就必然要求将基本职能细化,因此,大型组织同小型组织相比,基本职能划分得细一些、多一些,是完全必要与合理的。

经过上述几个方面的对基本职能的分析和调整,最后应列出组织基本职能的全部清单。这一成果既是指导下一步有关管理层次和部门化设计工作的依据,也是全部组织设计工作完成之后,评价设计方案的标准之一。因为,只有能够全面履行这些基本职能的组织结构,才是科学合理的。

三、关键职能设计

关键职能设计就是根据组织的任务和战略,在众多的基本职能中找出一两个对实现组织战略起关键作用的职能,以便在职能设计中突出关键职能的作用,把它置于组织框架的中心地位,以保证强有力地发挥关键职能对实现组织战略的促进作用。

组织的关键职能是由组织战略决定的,战略不同关键职能则不同。因此,确定关键职能的方法,实际上就是组织战略与关键职能相关分析法。为了保证对关键职能分析的正确性,组织设计人员应根据组织经营战略,认真思考以下三个问题:

为了达到组织的战略目标,需要哪些职能必须得到出色的履行?

哪些职能履行不佳,会使组织遭受严重损失,甚至危及组织的生存?

组织的宗旨以及体现这一宗旨的具有重要价值的活动是什么?

这些问题提醒我们,某项职能是否应列为关键职能,不在于它需要多少人员和资金才能维护运转，决定性的依据是它在组织战略任务和目标中的关键作用。

四、职能分解

职能分解就是将确定的基本职能和关键职能逐步分解细化为具体的、可操作的管理业务活动，也就是细化为二级、三级等职能，从而为各个管理层次、部门、职务以至岗位规定相应的管理职能。通过职能分解，组织的全部职能最终转化为管理人员的工作内容，组织的战略任务与目标才能最终得以落实。

采取逐级分解的方法，即可完成职能分解的任务。所谓“逐级分解”，一般可分为三级，职能分析工作所列出的基本职能为一级职能；为完成一级职能而必须开展的管理工作为二级职能；将二级职能分解，就可具体化为业务活动，为三级职能。如表 2-7 所示，是某企业生产管理职能的分解举例。

表 2-7　生产管理职能的分解

一级职能	二级职能	三级职能
生产管理	生产计划	编制年度生产计划
		编制月度生产计划
		编制产品生产标准
	生产指挥	生产调度
		生产作业统计
	生产控制	仓储盘点
		质量控制

第三节　层次结构设计

层次结构设计的主要任务，一是确定组织应设置多少管理层次；二是要明确组织上下层次之间的权责关系，即集权与分权的关系。

一、管理层次的设计

由于有效管理幅度是决定管理层次的一个基本因素，所以，进行管理层次设计首先必须了解管理幅度与管理层次之间的相互制约关系，根据组织的具体条件正确规定管理幅度，然后在这个数量界限内，再考虑影响管理层次的其他因素，提出管理层次的设计方案。

（一）管理层次与管理幅度之间的关系

1. 管理层次。管理层次是指从最高一级管理组织到最低一级管理组织的各个组织等级,每一个组织等级即为一个管理层次,它是描述组织纵向结构特征的一个概念。

2. 管理幅度。管理幅度亦称管理跨度,是指一名领导者直接领导的下级人员的人数。上级直接领导的下级人员多,称之为管理幅度大或跨度宽;反之,则称为管理幅度小或跨度窄。

从形式上看,管理幅度仅仅表示了一名领导人直接领导的下级人员的人数,但由于这些下级人员都承担着某个部门或某个方面的管理业务,所以,管理幅度的大小,实际上意味着上级领导人直接控制和协调的业务活动量的多少。尽管领导者可通过授权,放手让下级在职权范围内自主管理,但毕竟不能不过问下级的任何工作。因此,管理幅度的概念本身就表明,它既同人(包括领导者和下属)的状况有关,也同业务活动的特点有关。

3. 管理幅度与管理层次的关系。首先,它们具有反比例的数量关系。同样规模的组织,加大管理幅度,管理层次就少;反之,管理层次就多。其次,管理幅度与管理层次之间存在互相制约的关系,其中起主导作用的是管理幅度。管理幅度决定管理层次,这是由管理幅度的有限性所决定的。产生这种有限性的原因在于:

(1)任何组织领导者的知识、经验和精力都是有限的,因而能够有效领导的下级人数必然也是有限度的。超过一定限度,就不可能进行有效的领导,若勉为其难,领导工作就将顾此失彼。

(2)下级人员受其自身知识、专业、能力、思想等素质条件和岗位工作的负担、眼界等分工条件的局限,在没有上级领导任何指导的情况下,很难做到完全自觉地、合乎要求地执行和完成计划规定的各项任务,自动地、圆满地解决由于分工引起的各种复杂的协调问题,并随时根据变化了的情况,主动地、正确地调整自己的工作。这样,下级人员对上级领导的管理幅度也提出了限制。若不顾这种限制而任意地加大管理幅度,结果只能是引起管理工作的混乱。

以上两个方面对管理幅度的限制,由于各个组织的具体条件不同,限制程度自然也有所差别,但无论如何,管理幅度总是有一定限度的,这一点绝不会改变。据此分析,我们将一名领导人能够有效地直接领导的下级人数,称为有效管理幅度。它是决定管理层次的一个基本因素。这就是说,如果为了某种目的而减少管理层次,那么,必然要受到有效管理幅度的制约,必须以保证领导工作有效为前提。

(二)管理层次设计的步骤及方法

1. 管理幅度设计。由于有效管理幅度是决定管理层次的基本因素,在进行管理层次设计时,就需要首先设计管理幅度。管理幅度是古典管理学派首先提出的。英国管理学家林达尔·厄威克在20世纪30年代系统总结了泰罗、法约尔、韦伯等古典管理学派代表人物的观点,归纳出组织工作的八项原则,其中之一就是“管理幅度原则”。他在这一原则中指出,管理幅度是有限的,还提出了普遍适用的数量界限,这就是每一个上级领导人所直接领导的下级人员不应超过 5~6 人。然而,之后许多学者为探索管理幅度具体数值所作的大量调查却表明,不同组织和组织内部的不同职务,管理幅度千差万别,并不存在固定的、普遍适用的人数。人们开始认识到管理幅度因不同条件而异,因而逐渐把注意力从寻找普遍适用的具体人数,转移到研究管理幅度的各种影响因素上来。

20 世纪 70 年代,美国洛克希德公司对影响组织管理幅度的因素进行了广泛的实证研究,认为主要有六个因素对管理幅度有影响,见表 2-8。

表 2-8　影响管理幅度的因素及权数

影响因素	各因素在不同等级下的权数				
地点的邻近性	完全在一起 1	在同一办公楼 2	在同单位的不同办公楼 3	在同地区的不同办公楼 4	在不同地区 5
职能的相似性	完全相同 1	基本相同 2	相似 3	基本不同 4	根本不同 5
职能的复杂性	简单重复 2	例行性 4	稍具复杂性 6	复杂多变 8	高度复杂多变 10
指导与控制的工作量	管理工作量少 3	有限的管理 6	定期性管理 9	经常持续管理 12	经常紧密的管理 15
协调的工作量	与别人工作不关联 2	与别人工作有一定关联 4	适度、易控的关联 6	相当紧密的关联 8	相互接触面广且情况多变 10
计划的工作量	范围与复杂性小 2	范围与复杂性有限 4	范围与复杂性较广 6	在政策引导下需努力去制订计划 8	范围与政策均不明确,要求付出极大的努力 10

通过分析各因素的等级和权数,可以得到管理幅度的参考值,见表 2-9。

表 2-9　管理幅度建议表

影响管理幅度诸变量的权数之和	管理幅度建议数(人)	影响管理幅度诸变量的权数之和	管理幅度建议数(人)
40~42	4~5	28~30	6~9
37~40	4~6	25~27	7~10
34~36	4~7	22~24	8~11
31~33	5~8		

上述六个因素是影响管理幅度的基本变量。这些基本变量所涉及的幅度只是参考数值,实际上,管理者的领导能力、下级人员的积极性和完成任务的能力对管理幅度也有很大的影响。例如,如果管理者年富力强、经验丰富、工作起来效率很高,精力很充沛,那么管理幅度大些也能胜任。如果直接下级的素质很好,能够准确地理解上级的意图,自觉、主动、独立地完成自己的任务,无须上级花费很多时间进行指导和监督,这也能进一步加大上级管理者的管理幅度。

2. 分析管理层次设计的其他制约因素。有效管理幅度是决定管理层次的一个基本因素,但并非唯一的因素。因此,在规定了管理幅度之后,还不能直接根据它和管理层次的反比例关系,简单地将管理层次确定下来。完成管理层次的设计任务,还需考虑以下因素:

(1)组织纵向职能分工。管理层次的实质是组织内部纵向分工的表现形式,各个层次承担不同的管理职能。一般来说,在进行层次设计时,首先要根据纵向职能分工,确定基本的管理层次,然后再根据管理幅度设计提供的数据和其他影响因素进一步分析、测算具体的层次划分。

(2)组织效率。现代化大生产和市场经济要求组织具有高效率,如果管理层次少,致使主管人员领导的下属人数过多,超过有效管理幅度,那就必然降低组织效率。如管理层次过多,管理费用将随着管理人员和协调工作量的增加而增加,信息上传下达的效率和效果会下降,计划和控制工作将复杂化,这同样会降低组织效率。这就是说,管理层次过多或过少,均不符合提高组织效率的客观要求,人们必须寻找一个恰当的数目才行。

(三)提出管理层次的设计方案

我们可以根据有效管理幅度及其他制约管理层次的因素,提出管理层次设计方案,该工作包括以下步骤:

1. 按照组织的纵向职能分工,确定基本的管理层次。在集中经营、集中管理的组织中,如果组织的规模较小,技术简单,通常只需要设置经营决策层、管理层和作业管理层;如果组织的规模较大,采用的技术较复杂,管理层次就要多一些。在分散经营、分散管理的组织中,总公司和分公司是两大管理层次,总公司和分公司中,还分别存在各自的管理层次,如总公司的战略决策层、专业管理层,分公司的经营决策层、专业管理层次和作业管理层等。

2. 按照有效的管理幅度推算的管理层次。假设某一组织的员工有 1 000 人,中高层有效的管理幅度为 5~8 人,基层的有效管理幅度为 10~15 人,则可以推算出该组织的管理层次为 3~4 层。因为,按较大的管理幅度计算,则第一层的人数为 8 人,第二层为 $8\times8=64$ 人,第三层为 $64\times15=960$ 人,全部人员加起来为 $8+64+960=1\ 032$ 人。有三个层次已经包含了组织的所有人员,故设三个组织层次即可。若按较小的管理幅度计算，则第一层5人，第二层为5×5=25人，第三层为25×5=125人，第四层为125×10=1 250人。前三个层次只包含了155人，必须设置第四个层次才能包含所有的组织成员。

3. 按照提高组织运行效率的要求，确定具体的管理层次。根据管理幅度来确定组织层次，可以防止因上级的管理幅度过大而导致管理效率降低。但这还不够，因为影响效率的还有下属的积极性和完成任务的能力等。所以，在确定管理层次时，应将上级的有效管理限度和下级的最佳活动效率范围结合起来。对下属来说，高效率的组织应当是：下级有明确而充分的职权，能够参与决策，了解组织目标；能够提供安全和岗位，使每个人都有发展的机会；能够依靠小集体的团结和协作，完成组织赋予的工作任务；等等。如果组织设置的层次较多，则主管人员增多，主管人员与其下属构成的团体相对较小。其优点是：由于中高层主管岗位较多，增加了组织成员晋升的机会，有利于满足人们的成就感，产生激励作用；由于团体较小，易于保持团结，便于参与管理，等等。当然，也存在信息传递减缓，管理费增加等问题。如果组织层次较少，利弊刚好相反。

4. 按照组织的不同部分的特点，对管理层次作局部调整。组织整体管理层次的确定可以按上述方法进行，对某些比较特殊的部门可以跳开这个框框，单独作局部的调整。例如，研究与发展部门的层次如果较多，主管人员较多，就不利于发挥科技人员的创造性，必须减少层次。而有的生产单位技术复杂，生产节奏较快，人员素质不高，需要加强控制，就要适当增加组织层次。

二、集权与分权的设计

集权化(Centralization)反映决策集中于组织中某一点的程度。要是高层管理者在做出组织的关键决策时，从不或很少由底层参与或做出决策，这样的组织就是集权化的。与此相反，要是低层人员更多地参与到决策中，或者实际上可以做出决策，那么，组织的分权化(Decentralization)程度就高。

集权或者分权是一个相对的概念。组织不可能彻底集权，也不会是彻底分权的。很少有组织能够在所有决策都集中于某一特定的高层管理者团体时仍能有效地运行；同时，将所有决策权都授予最低层员工的组织，也不会是有效的。因此，组织在进行集权与分权设计时必须遵守集权与分权相结合的原则。

集权与分权相结合的原则就是在处理组织上下管理层次的关系时，必须将必要的权责集中于上层(集权)与把恰当的权责分散到下层(分权)正确地结合起来，使这二者形成符合组织具体条件的平衡状态，哪一个方面都不可过度膨胀，只有这样才能加强组织的灵活性和适应性。

(一)影响集分权程度的主要因素

对于一个组织，是集权程度高一些好，还是低一些好，这既没有普遍适用的标准模式,也不能从主观愿望出发去选择,只能根据影响集权与分权程度的客观因素,实事求是地加以确定。这些客观因素主要有以下四个方面:

1. 产品结构及生产技术特点。这是来自组织内部影响集权与分权程度的基本因素,如有的组织产品单一,更新换代速度慢,生产过程连续性强,实行大批量生产,由于其生产经营各环节之间的协作和联系十分紧密,客观上要求集中经营、统一管理,组织高层就应集权多些;而有的组织从事跨行业多种经营,产品的生产技术差别大,市场和销售渠道各不相同,在这种情况下,只有加大分权程度,才能使不同产品的生产单位能够根据行业特点灵活经营。

2. 环境条件及经营战略。环境是从组织外部影响集权与分权程度的基本因素。由于所处的行业、经营资源的供应、面对的市场、使用的技术等存在差异,其环境有的复杂多变,不确定性程度高;有的则相对较为简单稳定,不确定性程度低。环境越是不确定,决策者越难以获得准确而可靠的环境信息,越难以把握外部条件的变化方向与速度,因而生产经营的风险就越大。显然,为了使下属单位能够及时抓住机会,避开风险,促进整个组织的发展, 必须加大分权程度才行。而那些环境较为简单稳定的组织,则可以提高集权程度。

与环境相联系的是经营战略,战略不同,将对集权与分权产生直接影响。例如,从总体上看,组织根据特定环境和自身条件,可以采取分析型、防御型和探索型等不同态势的战略。分析型战略有利于提高集权程度。实行防御型战略,必须加强高层的集权,不然就无法集中力量,保证重点,难以实现较大的战略调整。与这两种战略态势相反,探索型战略则要求扩大分权,以便充分发挥下属单位生产经营的主动性和创造性,开拓更多、更大的市场。这三种战略将在第三章中战略的分类做进一步的阐述。

3. 组织规模。规模越大,经营管理越复杂,要做的决策就越多;同时由于管理层次和部门增多,使得横向协调越来越困难,高层也就越不容易及时掌握基层情况。因此,决策权若过于集中,就会延误决策时间,降低决策效率,还会因情况不明而导致决策失误。所以,规模大的组织,除了那些由产品结构和生产技术特点所决定的、适合高度集权的组织外,一般都需要不同程度地扩大分权。

4. 组织管理水平和人员素质。有些组织经过长期发展,形成了一整套适合自己情况的管理方式、制度和方法,各方面管理水平都较高,这就为增加分权的内容和程度提供了有利条件;反之,若组织内部管理水平参差不齐或者水平都较差,为了保证整个组织步调一致、协同动作,就需要加强集权。

组织管理水平的高低最终取决于人员素质。如果各级员工素质好,既有经验和能力,又有强烈的责任心和进取心,分权程度自然可以加大;假若相反,组织极度缺乏优秀的管理人才,分权就会受到限制。

综合以上分析可以看出,不同行业和组织的内外部条件不同,集权与分权相结合的情况便应该有所差别;同一组织内部,单位有大有小、情况各异,也应区别对待,而且,同一组织处于不同发展时期,集权与分权的程度也会随之发生变化,不能因循守旧。

(二)集权和分权的管理体制模式

各个组织,由于采取的分工方式不同,纵向各层次集权与分权的程度不同,综合起来,就会形成以集权与分权为中心的、全面规定组织纵向各层次责权利关系的管理体制。组织设计要依据组织的具体条件,选择和确定恰当的管理体制模式,并要善于将不同的管理体制模式灵活地结合起来运用。

管理体制发展至今,虽然较之过去要丰富和复杂得多,而且实际操作又千差万别,但归纳概括起来,基本模式主要有集权的职能制、分权的事业部制和母子公司分权管理体制三类。

1. 集权的职能制。集权的职能制简称 U 型结构(Unity Form),它是按照不同职能划分部门和设置机构,实行直线—参谋制,组织经营决策和管理权力高度集中于组织高层,整个组织统负盈亏。

集权的职能制结构主要适用于中小型的、为顾客提供的产品或服务简单、生产技术发展变化较慢、外部环境比较稳定的组织。

2. 分权的事业部制。分权的事业部制简称 M 型结构(Multidivisional Form)是包括按产品、按地区、按顾客等来划分部门,成立专业化的生产经营单位,即事业部。这样,每个事业部都有自己的产品和特定市场,能够完成某种产品或服务的生产经营全过程。实行分权化管理,按照“集中决策,分散经营”的原则,即总公司集中决策,事业部独立经营。各事业部拥有经营自主权、独立核算、自负盈亏,从产品设计、原料采购、成本核算、生产制造,一直到产品销售(也可能实行生产和供销分离),均由事业部及所属工厂负责。

分权的事业部制结构主要适应规模较大、从事多元化经营、产品较复杂、各有独立的市场且市场环境变化较快的一些公司或组织。为了使这种组织结构形式发挥良好的作用,应注意以下问题。

(1)加强高层管理。由于该种结构强调向各事业部分权,所以弱化了集权。因此需要注意的是,这种组织结构形式一方面强调向事业部分权,以便使高层管理不必为日常作业操心;另一方面则要求高层管理必须集中精力去关心和研究组织未来的方向、目标、战略和重大问题的决策。为了加强高层管理,必须注意使集权与分权保持平衡,在权力下放的同时,组织最高当局要保留同整个组织及其前途有关的决策权,如战略规划权、各事业部经营方向与范围的决定权、投资分配权、事业部经理以及重要的专业人员的人事安排权。

(2)事业部的规模要适当。事业部制是为了解决组织规模扩张引起的管理问题而提出的一种组织结构。如果事业部过于庞大,它所采用的职能制结构的管理组织就会明显地暴露出种种弊病,使其变得笨重、迟钝,大得难以工作,而失去适应性、灵活性强的长处。因此,事业部应保持小而简单的特点。这里没有精确的定量标准。美国管理学家德鲁克曾引用一句形象的话来说明:事业部应该小到"一个人伸手可及" 的程度。他解释说,这样的规模意味着事业部的高层人员"不用参考图表、记录或组织手册,就能讲出在该单位中有些什么关键人物,他们目前在哪里,他们目前在进行什么工作以及如何在完成他们的工作,他们从何处来以及可能到哪里去"。

防止事业部规模过大,不等于说它越小越好。因为规模过小,规模经济性就差,其营业额就不足以支持必要的管理班子,以及生产、技术、销售等业务活动。更重要的是,事业部只有达到足够大的程度,其管理范围才能基本涵盖生产经营的全过程,主管人员才能全面发挥其才干,事业部才能真正发展自己的产品、服务及市场,取得应有的成绩。所以,规模经济性以及管理范围和管理的成绩,是衡量事业部是否过小的标准。

(3)对事业部进行有效控制。为了使组织的整体经营战略得到贯彻执行,公司总部必须能够对各事业部进行有效的控制。一般采用的控制手段主要有:资金调控、人事调控、计划调控、审计监察和质量监控。

3. 母子公司分权管理体制。母子公司分权管理体制简称 H 型结构(Holding Company Form),亦称控股经营结构或子公司制。这是一种比事业部更为彻底的分权结构。该种管理体制就是母公司持有子公司部分或全部股份,下辖子公司具有独立法人资格,母公司凭借股权、通过董事会影响和左右子公司的经营活动。如图 2-7,全球娱乐业巨头迪斯尼公司的组织结构就是采用母子公司分权管理体制。

(1)母子公司分权管理体制的特点:

首先,母公司和子公司不是行政上的隶属关系,而是资产上的联结关系。各国对母子公司关系的法律界定,主要有两种方式:一种是按照控制股权比例超过半数原则;另一种是拥有权益性资本基础上的实际控制原则。越来越多的国家采用后一原则界定。我国《企业集团登记管理条例》第四条指出,"子公司应当是母公司对其拥有全部股权或者控股权的企业法人",也是遵循这一界定原则。当母公司持有子公司 100%的股权,则该类子公司称为独资子公司或全资子公司。若甲公司持有乙公司 50%以上的股权,掌握对 B 公司的绝对控制权力,则 B 公司为甲公司的绝对控股子公司。若甲公司持有乙公司小于 50%的股份,且处于第一大股东的地位,甲公司能够控制乙公司的董事会,则

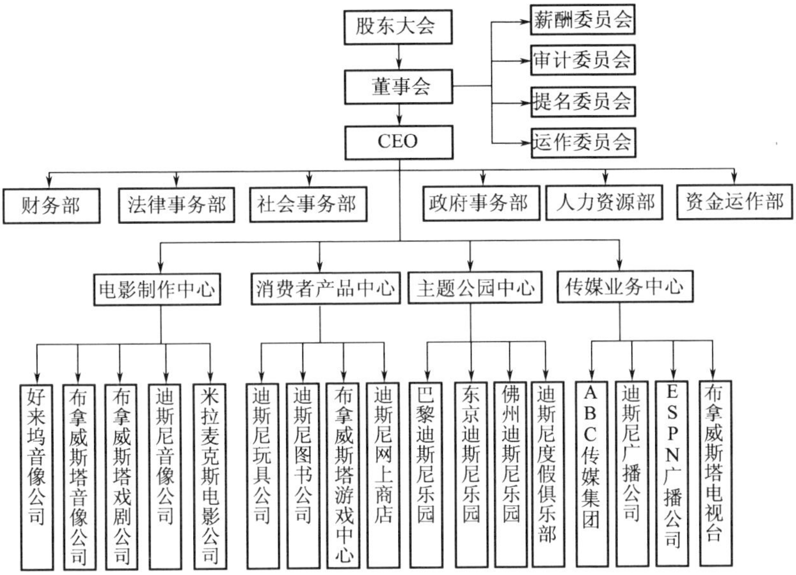

图 2-7　迪斯尼公司组织结构图

乙公司为甲公司的相对控股子公司。母公司对子公司的控制,主要是凭借股权,在股东会和董事会的决策中发挥作用,并通过任免董事长和总经理来贯彻实施母公司的战略意图。

其次,子公司与事业部不同,在法律上是具有法人地位的独立企业。它有自己的公司名称和公司章程,其财产与母公司的财产彼此独立注册,各有自己的资产负债表。子公司自主经营、独立核算、自负盈亏,独立承担民事责任。如果说事业部是总公司下的一个利润责任中心,则子公司是母公司属下的一个投资责任公司,对所投资产负有保值、增值的责任。

(2)母子公司分权管理体制的优缺点:

子公司制也是一种分权组织,它与事业部制相比,其优点是:由于母公司与子公司在法律上各为独立法人,母公司无须承担子公司的债务责任,相对降低了经营风险;子公司有较强的责任感和经营积极性。

子公司制的缺点主要是:母公司对子公司不能直接行使行政指挥权力,对子公司的控制必须通过股东会和董事会的决策来发挥其影响作用,因此母公司对子公司的控制难度大;母子公司各为独立纳税单位,相互间的经营往来及子公司的盈利所得需双重纳税。

该种管理体制适合于跨行业多种经营的大型集团公司。由于这类集团公司规模巨大, 而且各行业之间在生产技术和经营管理上差别很大,必须保证从事不同行业生产经营的各单位具有足够的独立性,能够根据行业特点开展各项业务活动,因此,适合采用母子公司分权型,借以扩大经营范围,减少投资风险,发挥子公司的创造性,提高各项事业的成功率。

(3)采用母子公司分权型管理体制应注意的问题主要有以下几个:

首先要解决好母子公司的管理控制问题。母公司对子公司的管理控制具体表现为对子公司的董事会、监事会、经理层和职能部门的控制。子公司董事会是由母公司作为出资人通过委派董事而直接控制的,母公司对子公司的管理控制通过子公司董事会实现。子公司监事会是母公司作为出资人通过委派监事而由母公司直接控制的,母公司对子公司的董事会和经理层的监督通过子公司监事会实现;母公司派往子公司的监事会成员可由母公司财务审计部门专业人员组成。母公司对子公司经理层的控制是通过控制子公司董事会实现的,为提高控制的有效性,缩短事实上的委托代理层次,由母公司派往子公司董事会的成员可直接担任子公司经理。母公司对职能部门的管理控制是间接进行的,为实现集团的协调运作,打造集团内企业的统一文化,各子公司要执行母公司的管理标准和技术标准,母公司职能部门在得到母公司经理层授权后,可对子公司职能部门进行管理控制。

其次要做好公司组建的前期工作。这主要是指合作伙伴的选择,要考虑所期望控股的子公司的经营状况、现金流状况、负债水平和组织内部的管理组织与制度等。

最后要做好文化传播工作。母公司应该利用企业的远景、共同信念来管理子公司,因此,母公司的文化应该处于优势地位,子公司的文化应该服从集团和母公司的基本文化。为此,母公司应该通过培训、引导性激励以及多种形式的文化活动,来传播母公司的文化,使之逐渐朝着母公司期望的方向前进。

以上是集分权的三种基本结构模式,它们各有优缺点及适用条件,组织设计时应根据各自特点加以选择。

第四节　部门化设计

部门化(Departmentalization)是将若干岗位组合在一起的依据和方式。每一个组织都可以有其划分和组合工作活动的独特方式。以下我们介绍五种通用的部门化方式。

一、职能部门化

职能部门化(Functional Departmentalization)是依据所履行的职能来组合工作。按职能进行部门划分适用于所有类型的组织,职能的变化不过是反映组织不同的目标和活动(图2-8)。

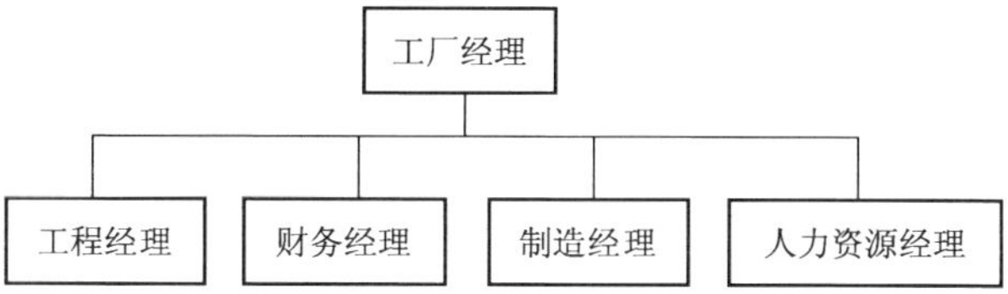

图2-8 职能部门化结构

职能部门化的优点是将同类专家和拥有相同技能、知识和观念的人员组合在一起,从而提高了效率,促进了知识和技能的纵深发展,实现了职能部门内部的规模经济;缺点是职能部门间的沟通不良,缺乏对组织总体目标的认识。

二、地区部门化

地区部门化(Geographic Departmentalization)是按照地理区域进行工作的组合(图2-9)。例如,将仅在本国内运营的组织划分为南部、中部、西部等,全球化的组织可能分设美国、欧洲、亚太区等。

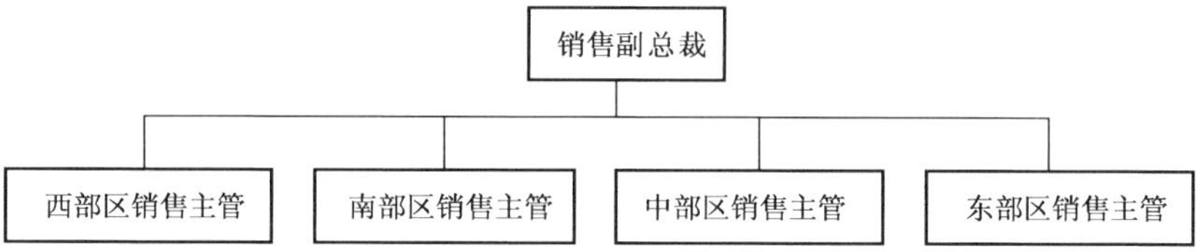

图2-9 地区部门化结构

地区部门化的优点是对本地区环境的变化反应迅速灵敏,能更有效地处理特定区域所产生的问题,更好地满足区域市场的独特要求;缺点是跨地区之间的协调以及地区与总部之间的协调困难,对组织整体目标缺乏认识。

三、产品部门化

产品部门化(Product Departmentalization)是按照组织提供的产品来组合工作(图2-10)。例如,家电企业可能会依据其产品类别划分出彩电部、空调部、冰箱部、洗衣机部等部门。在这种方式下,每一主要产品领域都归化到一位主管人员的管辖之下,该主管人员不仅是所分管产品线的专家,而且对所开展的一切活动负责。

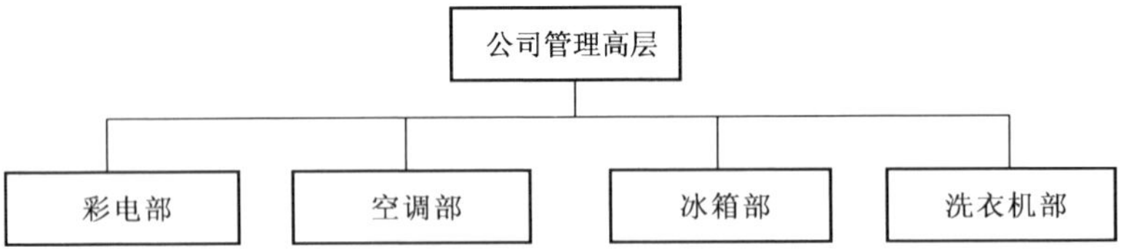

图2-10　产品部门化结构

产品部门化的优点是可促进特定产品或服务的专门化经营,适应不确定环境中的快速发展,适合于提供多种产品的大型组织;缺点是职能重复配置,各产品线协调困难,对组织整体目标缺乏认识。

四、过程部门化

过程部门化(Process Departmentalization)是将各项工作活动沿着处理产品或为顾客提供服务的工艺过程的顺序来组织(图2-11)。例如,机械制造企业划分出铸工车间、锻工车间、机械加工车间、装配车间等部门。

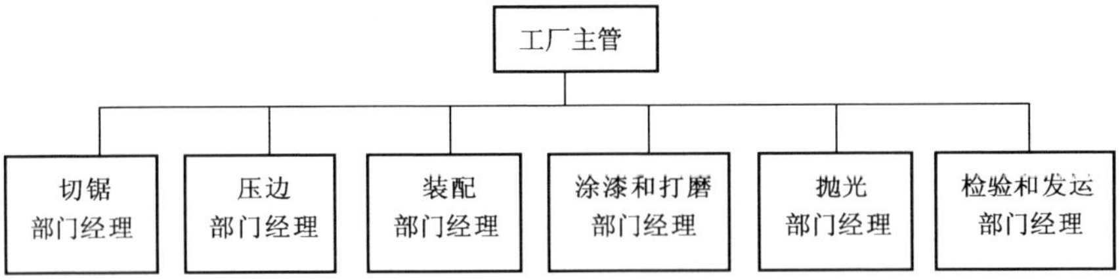

图2-11　过程部门化结构

过程部门化的优点是注重团队合作,对组织目标认识清楚,充分利用专业技术和技能,提高了效率;缺点是部门间的协调困难。

五、顾客部门化

顾客部门化(Customer Departmentalization)是按照共同的顾客来组织工作(图2-12)。例如:银行为了给不同的顾客提供服务,设立了商业信贷部、农业信贷部和普通消费者信贷部等。根据顾客进行部门划分的基础是假定同一顾客群有着共同的问题和需要,只有专注于这些问题的部门才能提供最好的服务。

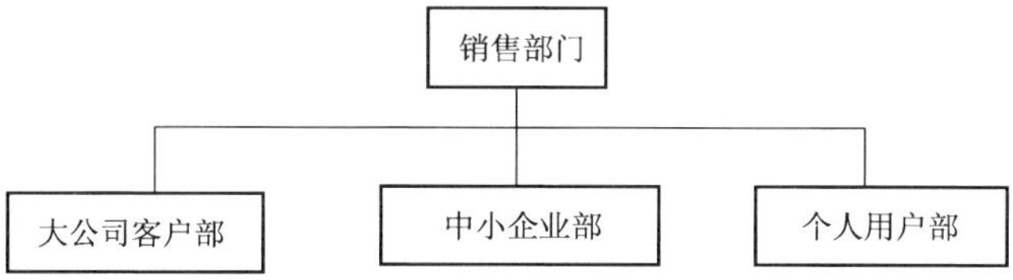

图 2-12　顾客部门化结构

顾客部门化的优点是能够按照顾客的性质和特点,提供相应的产品和服务,更好地满足特定客户的需求;缺点是职能重复配置,对组织整体目标缺乏认识,不利于跨部门的资源共享和协调。

六、部门化方式的混合使用

大型组织通常需要将上述大部分的或全部的部门化方式结合起来使用,例如,日本有家大型电子企业组建的事业部结构,其各事业部内部是按照职能进行组织的,制造单位则按过程来组织,销售系统分设为七个地区部,而地区部下又进一步分设四个顾客组。图2-13展示了一家跨国公司对部门化方式的混合运用。组织先是根据地区划分部门,各地区又根据产品不同划分部门,在每个产品事业部中,又根据职能划分部门,之后生产部门根据过程来划分部门。

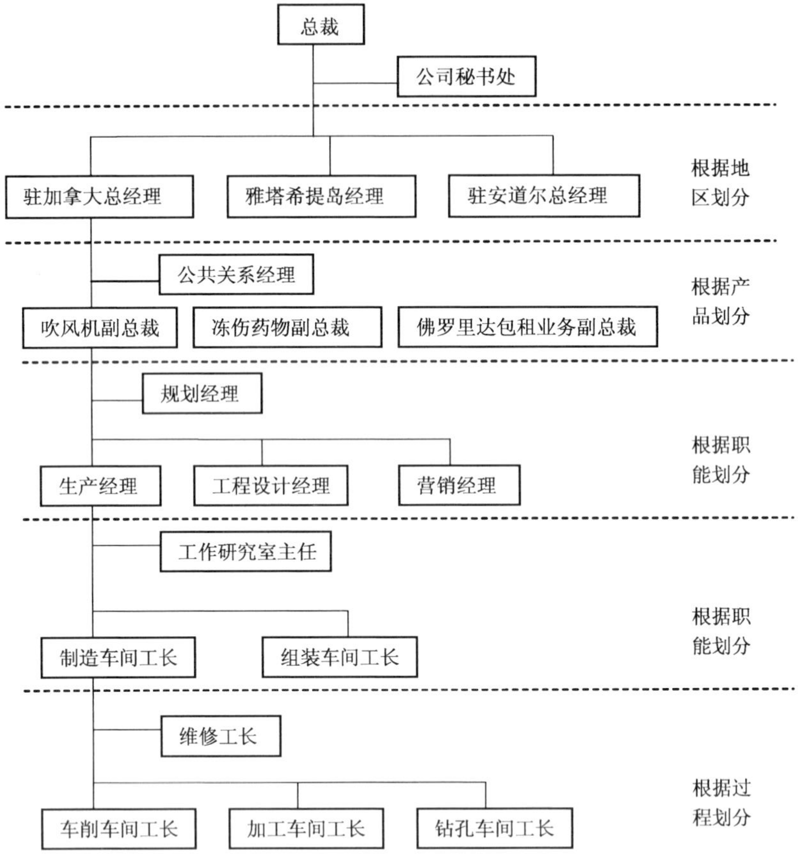

图 2-13 跨国公司部门化方式的混合应用

资料来源：亨利·明茨伯格．卓有成效的组织[M]．魏青江，译．北京：中国人民大学出版社，2007.

第五节 组织联系设计

一、纵向联系的设计

用于协调组织高层和基层间活动的纵向联系（Vertical Linkage）主要是为了组织的控制目的而设计的。低层员工开展的活动应该与高层的目标保持一致，而且高层经理人员应该得到有关低层活动及其完成情况的信息。组织可以运用各种各样的结构性手段来实现这种纵向联系。具体手段包括层级安排、规则与计划以及正式的管理信息系统等。

（一）层级安排

第一种纵向联系的手段是层级链(Scalar Chain)，亦称作指挥链(Chain of Command)。如果员工面临某一问题又不知如何解决时，他可以将问题提交给上一层级。如果该层级能够解决该问题，则答案就顺着层级链往下传递到底层。组织结构图中的垂直线就发挥沟通渠道的作用。

（二）规则与计划

第二种纵向联系手段是运用规则和计划。只要问题和决策是经常反复出现的，就可以制定出规则或程序，使员工知道该如何加以应对，而不需要直接请示其主管人员。规则提供了一种标准的信息源，使员工能够在无须事事都进行实际沟通的情况下协调地开展工作。计划也可为员工提供相对持久的信息。应用最广的计划是预算，有了计划周密的预算方案，低层的员工就可以在分配的资源额度内独立地工作。

（三）纵向信息系统

纵向信息系统(Vertical Information Systems)是增强纵向信息沟通能力的另一种手段。它包括分送给管理者的各种定期报告、书面信息和以计算机为基础的信息沟通等。

二、组织横向联系设计

横向沟通能够消除部门之间的障碍，为员工提供协作的可能，以便集中力量实现组织的目标。横向联系(Horizontal Linkage)指的是组织中跨部门横向沟通和协调的程度。横向联系手段通常不在组织结构图中表现出来，但它仍然是组织结构的重要组成部分。下面介绍的一些手段是能改进组织横向协调和信息流动的结构性方案，其中每一种手段都能促使人们相互交流信息。

（一）信息系统

当今组织实现横向联系的一个重要手段是应用跨职能信息系统。计算机化的信息系统可以使遍布组织的管理者和一线工人就各种问题、机会、活动和决策例行地交换信息。

（二）直接接触

横向联系的高层次手段是直接接触，这是在受某一共同问题影响的管理者之间或员工之间直接进行的联系。创设某一特定的联络员(Liaison)角色，是促进直接接触的一种方式。联络员隶属于一个部门，但负责与其他部门进行沟通并实现协调。在工程和生产部门之间就经常设置联络员角色，因为工程部门所开发和测试的产品必须与既定的生产设施条件相适应。比如强生公司首席执行官威廉·韦尔登建立了一个由研发部门和销售与营销部门的管理人员所组成的委员会,这两个部门的管理人员之间的直接联系使公司能够确定哪种新药品应优先开发并进行营销。韦尔登还设立了一个监督研发部门的新岗位,其职责就是提高销售主管与营销主管之间的协调水平。另一种方法则是就近安排他们的办公位置,使他们获得规律性的直接联系。

(三)任务小组

直接接触和联络员通常只联系两个部门。当这种联系扩展到多个部门时,就需要更复杂的联系手段,比如任务小组。任务小组(Task Force)是由与某一问题相关的各部门的代表共同组成的一个临时性的委员会。每位成员都代表一个部门的利益,并将组内会议的信息带回到该部门中。

对于临时性任务来说,任务小组是一种有效的横向联系手段。它是通过直接的横向协调解决问题的,因而可以减少纵向层级链的信息载荷。通常,在既定的任务完成以后,任务小组也就宣告解散了。

(四)专职整合人员

一种更强有力的横向联系手段是创设仅以促进协调为任务的专门的岗位或部门。专职整合人员(Full-time Integrator)通常有一个诸如产品经理、项目经理、规划经理或品牌经理这样的头衔。与上面提到的联络员不同,专职整合人员并不隶属于任何一个要加以协调的职能部门,而是独立于各个部门之外,负责多个部门之间的协调。

整合人员需要出色的人际技能。在大多数公司,整合人员往往职责大而职权小。他们不得不通过专家技能和游说力来取得协调。整合人员跨越各部门的界限,必须有能力把人们组织起来,获得他们的信任,解决面临的问题,并从组织整体利益出发处理冲突和分歧。

(五)团队

项目团队可以说是一种强有力的横向联系手段。团队是一种长久性的任务小组,而且经常与专职整合人员一同使用。当部门间的活动需要在一段长时间内取得强有力的协调时,设立跨职能团队就是常用的解决办法。组织在开展大型的项目、重大的创新或开发全新的产品线时,都可以设立特定的项目小组。

图2-14概括反映了组织实现横向联系手段的各种机制。任何组织的管理者都可以从中选择某些手段,用以增进横向的协调。越是高级的手段,就越具有更强的横向信息联系能力,但是,在时间和人力耗费方面给组织造成的成本负担也相应更大。不过,横向沟通不足,各部门会发现难以同步工作,这样

就无法为组织总目标的实现做出贡献。因此,当组织需要较高的横向协调时,管理者就应该采用更高层次的手段。

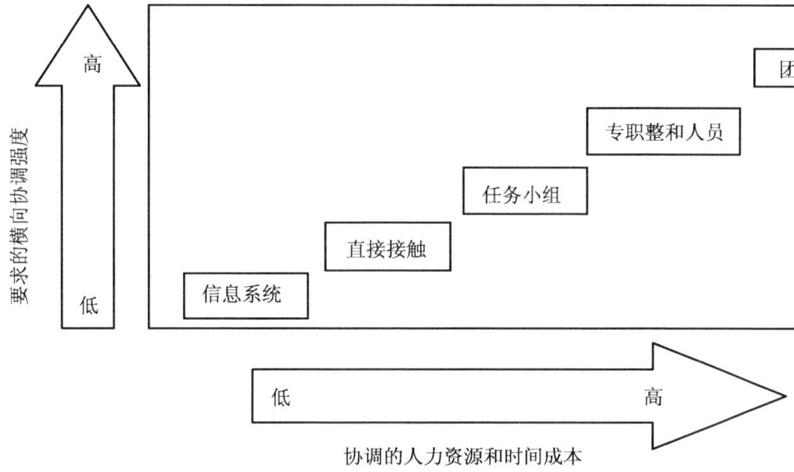

图 2-14　横向联系和协调机制阶梯图

本章扩展

案例分析

罗氏工业公司

大卫·杰维尔正在阅读咨询公司为罗氏工业公司(RI)组织结构重新设计提交的报告。大卫成为 RI 的总裁已经 18 个月了,他清楚地知道 RI 要想提高利润和增加自己的国际业务首先要解决公司中广泛存在的组织和协调问题。

(一)公司背景

RI 在 20 世纪 50 年代由罗伯特·罗德创建于加拿大的南安大略省。尽管罗伯特是一个工程师,但他却更像是一个企业家。罗伯特从做管材和工业用玻璃起家。随着生意的起步,他很快就进入工业用密封剂、涂层和清洁剂的生产领域,甚至还制造消声器和火车零配件。RI 的大部分业务扩展发生在 20 世纪 60 年代,公司兼并了加拿大和美国许多小的制造企业。RI 组织结构就像一个大的联合企业,公司旗下各式各样的分支机构散布在北美各地,这些工厂都直接向安大略的总部报告。每个工厂在当地都有自己的业务并被允许在能给RI带来利润的前提下独立运作。

20世纪70到80年代,RI当时的总裁克利福德·迈克尔采取有力措施把RI推向了国际化道路。他的战略是在全世界范围内并购小企业。克利福德相信这些企业会形成有凝聚力的整体。而且,通过低成本制造和服务全球市场,这些企业会给RI带来协同力和利润。有时RI并购某个企业仅仅是因为价钱划算。最终,除了原来的主业外,RI还涉足了很多不同行业,比如消费品类、电子设备等。这些新购进的企业大多有自己的商标并为大型跨国公司(如通用电气或康宁玻璃)代工生产。

在20世纪90年代的时候,RI的新总裁,公司创始人罗伯特·罗德的孙子肖恩·罗德接手了公司的业务并开始采用业务集中的战略。肖恩把RI的业务按产品种类分为三个部门:工业产品部门、电子产品部门和消费产品部门。肖恩在上述三个业务部门领域内进行了更多的并购并剥离了许多不相关的产业。三个部门在北美、欧洲和亚洲都有各自的工厂、营销和流通渠道。工业产品部的产品包括管材、玻璃、工业用密封剂、涂层、清洁设备和货车配件等;电子产品部生产特种灯泡、配电板、电脑芯片以及代工生产电阻器和电容器等;消费产品部的产品包括餐盘和玻璃制品、纸制品和信封、铅笔盒、钢笔等。

(二)组织结构

2004年,大卫接替肖恩成为公司的新总裁。大卫非常关心RI是否需要一个新的组织结构。如图2-15所示,RI目前的组织结构建立在北美、欧洲和亚洲三个主要的地理区域上。每个区域的各种自治的业务单位向该区域的副总裁报告。当几个单元位于同一个国家时,其中一个单位的总裁也兼任该国各商业单位之间的协调人。但是绝大部分的协调工作还是有区域副总裁来完成的。各个业务单位非常独立,这赋予了各个单位的经理们很大的灵活性和动力。

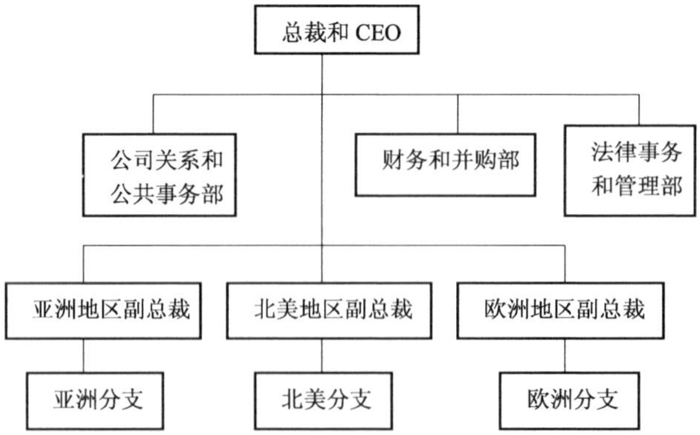

图2-15 RI目前的组织结构

相对来说,安大略省总部的职能部门规模比较小。三个中心部门:公司关系和公共事务部、财务和并购部以及法律事务和管理部负责公司全球范围的事务。其他的职能部门如人力资源部、新产品开发部、营销和制造部在每个分公司都单独设立,而且各个地区之间这些职能部门之间的联系非常少。每个分公司自行决定自己的研发和生产,并负责在所在国或地区销售自己的产品。

(三)组织问题

大卫在RI发现的问题主要有三类:

第一,各个分公司就像是独立的公司那样各自为政。它们有着自己的报告制度并只为本部门利益最大化而努力。各个分公司的这种过当的自治权使得RI合并全球各个分公司的财务报告越来越难,这样一来,RI就无法获得统一的信息和报告系统带来的有效性。

第二,许多主要的战略决策的制定是为了最大化单个业务单位或单个国家或地区的利益。与那些RI全球性的项目相比,各地的项目和利润中心获得越来越多的时间和资源。比如,RI在新加坡的一个电子设备制造厂拒绝增加销往美国的芯片和电容器的生产,因为这家工厂觉得这样做会损害自己的利润。但是,对于RI来说,新加坡工厂获得的规模经济性会大大弥补产品运往美国的运费,这样RI就可以关闭欧洲那些运营成本高昂的工厂从而提高整个公司的效率和利润率。

第三,RI内部没有能实现技术、新产品设计理念或其他创新思想的传播。比如,公司在加拿大的一家灯泡制造厂的先进的节约成本的技术就没有能有效地传播到公司在亚洲和欧洲的同类工厂。又比如,欧洲分公司开发的使房屋主人能够利用手机控制家里的安全系统的技术创新也被北美的分公司所忽视。咨询公司的报告强调指出,RI没能把创新成果传播到全公司,而这些忽略的创新本来可以用来极大地促进全世界各个分公司的制造和营销效率。

(四)推荐的组织结构

咨询公司的报告中推荐RI可以用两种方式来改进其组织结构。第一种是在总部设立一个新的国际部来协调公司在全世界范围内的技术转移、产品制造和全球营销,如图2-16所示。这个新设立的部门将在三个主要的产品事业部各安排一个产品主管。该主管将拥有在全世界范围内协调本产品事业部行动和创新的权利。每个产品主管同时将组建一个团队到各个工厂巡视并把某一地区的创新信息和产品改进的信息传播到公司的其他分厂。

第二种推荐的结构是如图2-17所示的全球产品结构。公司所有的分支机构中生产同一产品的部门都向同一个产品线业务经理汇报。该业务经理和他手下的员工则负责制定本产品部的商业战略并负责提高其产品部的制造效率并协调世界范围内的产品研发。

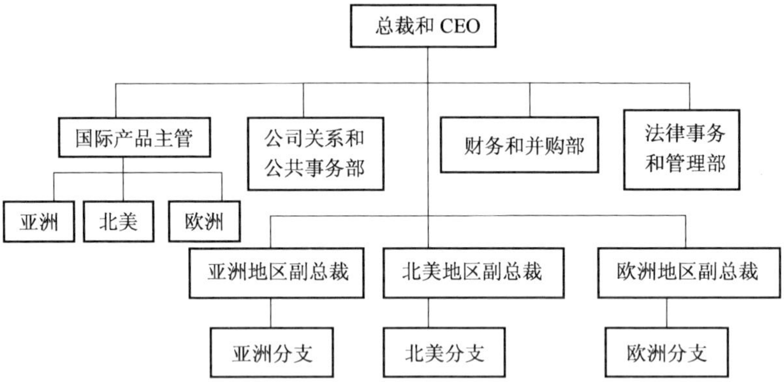

图 2-16　增设产品主管的组织结构图

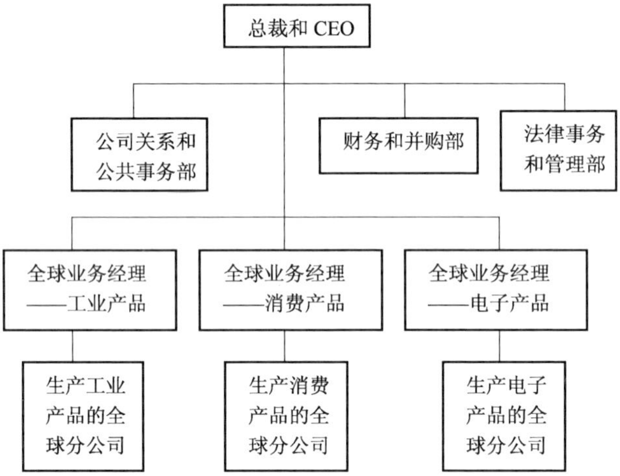

图 2-17　增设全球业务经理的组织结构图

思考题：
分别说明推荐的组织结构是如何解决RI公司存在的组织问题的。

讨论与思考

1. 组织结构设计的内容是什么？
2. 简述职能设计的内容和方法。
3. 简述影响集权、分权的因素。

4. 简述加强组织纵向、横向联系的手段。

扩展阅读索引

[1]斯蒂芬 P 罗宾斯. 管理学[M].7版. 孙健敏,等,译. 北京:中国人民大学出版社,2006.

[2]亨利·明茨伯格. 卓有成效的组织[M]. 魏青江,译. 北京:中国人民大学出版社,2007.

第三章

影响组织设计的权变因素

本章重点介绍了影响组织设计的六种权变因素，即战略、环境、规模与生命周期、技术以及组织文化，读者应着重掌握如何使组织设计同这些因素相匹配，保持这些因素之间恰当的配合。

第一节 战　略

一、战略

（一）战略的含义

战略（Strategy）是组织面对竞争和挑战的环境，为求生存和发展而进行的总体谋划。它具有全局性、长远性、抗争性和纲领性的特点。它是综合考虑了外部环境、内部条件、组织目标而作出的对策和反应。

亨利·明茨伯格（Henry Mintzberg）的战略 5Ps 理论对战略做了比较详细的解释，他认为：

战略是一种计划（Plan），强调组织管理人员在有意识地进行领导，凡事谋划在先，行动在后。

战略是一种计策（Ploy），强调战略是为威胁或击败竞争对手而采取的一种手段，重在达到预期的目的。

战略是一种模式(Pattern)，强调战略重在行动，否则只是空想。

战略是一种定位(Position)，强调组织应当适应外部条件，着力形成一个产品和市场的“生长圈”。

战略是一种观念(Perspective)，强调战略是人们思维的产物，是战略过程的集体意识，要求组织成员共享战略观念，形成一致的行动。

(二)战略的分类

1. 迈尔斯和斯诺的战略分类。雷蒙德·迈尔斯(Raymond Miles)和查尔斯·斯诺(Charles Snow)基于组织战略要与外部环境相匹配的考虑，将组织整体战略划分为探索型战略、防御型战略、分析型战略和反应型战略。

(1)探索型战略。探索型(Prospector)战略着眼于创新、冒险、寻求新的机会以及成长。该战略适合于动态、成长中的环境，因为这时创造比效率更加重要。联邦快递公司(Federal Express)就是在急速变化的邮政快递业中采用探索型战略，在服务和递送技术方面进行了创新。当今领先的高科技企业，如微软公司，也采取了这类战略。

(2)防御型战略。防御型(Defender)战略近乎与探索型战略相反。防御型战略的采用者更关注稳定甚至收缩，而不是冒风险和寻求新的机会。它力求保持现有的顾客，而不寻求创新或成长。防御者主要关心内部的效率和控制，以便为稳定的顾客群提供可靠的、高质量的产品。处于衰退之中的行业或稳定的环境中的组织，适于采用防御型战略。

(3)分析型战略。分析型(Analyzer)战略的采用者试图维持一个稳定的企业，同时在周边领域创新。这种战略介于探索型战略与防御型战略之间。企业中有些产品面向的是一种稳定的环境，因为对之采取追求效率的战略，以便保持住现有的顾客。其他产品则处于新的、更为动态，但具有成长性的环境中。因此，分析型战略采用者就试图在现有产品线的高效率生产和新产品线的创新性开发之间取得平衡。

(4)反应型战略。反应型(Reactor)战略实际上不能称作战略，因为反应者只是以一种随机的方式对环境的威胁和机会作出被动的反应，采取这一战略时，高层管理者既没有制订长期的计划，也不明确指出组织的使命和目标，因而组织所采取的行动都似乎是为了满足眼前的需要。虽然采取反应型战略的企业有时也能成功，但更经常的情况是，它导致了企业的失败。许多曾经辉煌的大公司，像施乐公司和柯达公司，就是因为管理者没有采取与市场消费趋势变化相一致的战略，从而挣扎于困境中。

2. 波特的竞争战略。迈克尔·波特(Michael E. Porter)的竞争战略是在分析组织的竞争优势和竞争范围的基础上提出的，分成成本领先战略、差异化战略和集中化战略。从优势方面看，管理者要确定是以更低的成本竞争，还是以提供特别的或独特的产品和服务并由此可收取更高的价格的这样一种能力来竞争。同时，管理者要确定组织是在较宽广的还是较狭窄的市场中竞争，前者是指在多个顾客细分市场中进行竞争，后者则是指在一个选定的顾客细分市场或者一组细分市场中进行竞争。这两方面因素的选择将组织竞争战略分为成本领先战略、差异化战略和集中化战略。其中集中化战略，又进一步区分为集中低成本战略和集中差异化战略。这样，就有了四种基本战略，如图 3-1 所示。

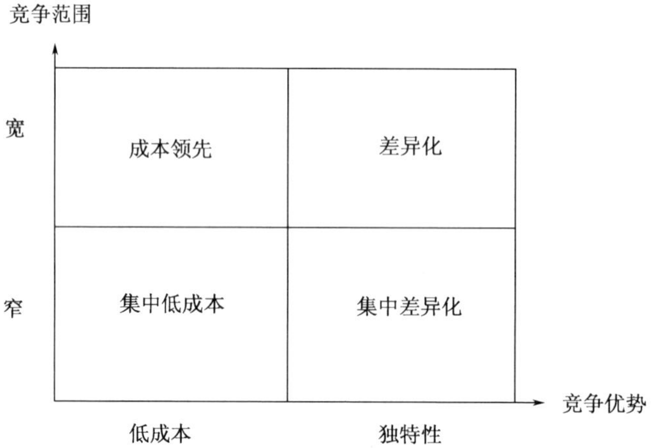

图 3-1　波特的竞争战略模型

（1）差异化战略。在差异化（Differentiation）战略中，组织试图使其产品或服务与同行业中其他组织的产品或服务相区别。组织可能利用广告宣传、产品特色、附加服务或者新的技术等，使它的产品在顾客看来具有独特性。这种战略一般是面向那些不十分关心价格的顾客，因此可获得相当高的利润。

差异化战略由于使顾客忠诚于公司的品牌，从而能降低行业内对手的竞争，并抵制替代品的威胁。然而，成功的差异化战略要求开展一些花费高昂的活动，如产品研究和设计、高强度的广告宣传等。追求差异化战略的公司需要有较强的营销能力，还要求有创造力的员工花费时间和资源去寻求创新。

（2）成本领先战略。成本领先（Low-cost Leadership）战略，亦称低成本战略，就是试图依靠比竞争对手更低的成本来增加市场份额。采取低成本领先战略的组织，竭力通过高效的设施、低廉的成本以及严密控制的方法，使产品的生产效率高于竞争对手。

成本领先战略主要关注的是稳定性，而不是冒险或寻求创新和成长的机会。成本低的优势使公司能够以低于竞争对手的价格提供具有相当质量的产品，从中获得可观的利润。

成本领先战略有助于公司抵御当期的竞争者,因为顾客找不到其他更低价格的供应商。另外,如果有替代品或潜在的新竞争者加入竞争行列中,低成本的生产商也有较强的实力去抵御市场份额的丢失。

(3)集中化战略。采用集中化(Focus)战略的组织仅仅将目标集中在一个特定的区域市场或购买者群体。在选定的较窄范围的市场上,公司可努力取得低成本优势或差异化优势。

二、战略与组织设计

战略是组织设计的一个重要权变因素。1962年,美国的钱德勒(A. D. Chandler)发表了《战略与结构》一书,书中根据他对美国70多家大企业的调查研究,得出了一个著名的结论:战略决定结构,组织结构要因战略而异、服务于战略。不仅战略决定结构,反过来,组织结构的变革也可积极引导企业战略的形成和发展。

为支持和完成组织使命和操作性目标,管理者需要选择特定的组织战略与设计,帮助组织在竞争环境中实现其目标。目标是确定组织所要达到的目的地,而战略则是确定组织如何达到那里。战略的选择会影响组织的内部特征。组织设计必须支持企业的竞争战略。表3-1概括了与波特及迈尔斯和斯诺的战略相对应的组织设计特征。

表3-1　与战略相应的组织设计

波特的竞争战略	迈尔斯和斯诺的战略分类
差异化战略 ▪ 学习导向;灵活、宽松的氛围、强有力的横向协调 ▪ 强大的研究开发能力 ▪ 密切联系顾客的价值观和行动机制 ▪ 鼓励员工发挥创造性、冒险和创新 成本领先战略 ▪ 效率导向;较强的集权、严格的成本控制、频繁详细的控制报告 ▪ 标准化操作程序 ▪ 高效率的采购和分销系统 ▪ 严密的监督;常规任务、很少向员工授权	探索型战略 ▪ 学习导向;灵活、机动、分权的结构 ▪ 强大的研究开发能力 防御型战略 ▪ 效率导向;集权和严格的成本控制 ▪ 强调生产效率和降低管理费用 ▪ 严密的监督;很少向员工授权 分析型战略 ▪ 效率和学习相平衡;在进行严格的成本控制的同时保持灵活性和适应性 ▪ 产品的高效率生产,同时强调创造性 ▪ 研究及冒风险的创新行为 反应型战略 ▪ 没有明确的组织形式;根据现实情况的变化,组织设计特征会发生急剧的改变

采用成本领先战略的管理者是从提高效率的角度设计组织,而差异化战略则要求考虑学习能力。成本领先战略是与高强度的集权、严密的控制、标准化的操作

程序以及高效率的采购和分销系统相联系的。员工通常是在紧密的监督和控制下执行常规的任务,不能自主做决策或采取行动。与之相反,差异化战略要求员工不断尝试和学习,因而采取一种灵活而有弹性的结构,强化横向之间的协调。员工得到充分的授权,直接与顾客一道工作,并会因为其创造力和敢于冒风险而受到奖励。这类组织对研究、创造性和创新性的重视超过了对效率和标准程序的关注。

探索型战略对组织特征的要求类似差异化战略。防御型战略则与成本领先战略类似。分析型战略的采用者,一方面要在稳定的产品线经营中求得效率,另一方面又要在新产品领域保持灵活性和学习能力,为取得这种平衡,就往往表现为一种混合式组织特征,而在反应型战略之下,管理者既没有给组织指明方向,也没有一种明确的组织设计思路。

第二节 环 境

一、环境

(一)环境领域的含义

组织环境(Organizational Environment)就是存在于组织的边界之外,可能对组织的总体或局部产生影响的所有要素。①

组织环境可以通过分析组织外部的领域来加以认识。所谓组织的环境领域,是指组织所选择的活动的环境区域。它是组织为了自身的产品、服务及其面向的市场而选定的领域。领域决定了组织的经营方位,以及组织为了实现目标而需要与之相互作用的外部环境要素。

环境是由若干方面组成的,每个部分又是包含着有相似要素的外部环境子系统。对于任何组织,其环境领域都可从10个方面加以分析, 这就是行业、原材料、人力资源、金融资源、市场、技术、经济形势、政府、社会文化以及国际环境。环境领域可以进一步细分为任务环境和一般环境两个层次。

任务环境(Task Environment)是指组织与之发生直接的相互作用,并且对组织实现目标的能力有直接影响的那些环境要素。任务环境一般包括行业、原材料、市场等方面,还可能包括人力资源和国际环境。

一般环境(General Environment)是指对组织的日常活动可能没有直接影响但会有间接影响的各种环境要素。一般环境通常包括政府、社会、文化、经济形势、技

① 理查德 L 达夫特. 组织理论与设计[M]. 10版. 北京:清华大学出版社,2011.

术以及金融资源等要素。这些要素通常不影响组织的短期行为,但对组织的长期决策产生影响。

（二）环境的不确定性

1. 环境的不确定性。所谓环境的不确定性,即企业能够准确了解并适应环境因素的程度。企业的环境不确定性程度高,意味着企业决策者难以获得确切可靠的环境因素和有关信息,无法把握外部环境条件的变化方向和速度,因而企业生产经营活动的风险性就会很大;反之,企业环境不确定性程度低,则外部环境的变化不大,企业经营管理者就比较容易了解和把握外部因素对企业的影响,因而企业经营的风险性相对来说就较小。

2. 环境不确定性的分析框架。衡量环境的不确定性一般主要有两个维度:一是环境的复杂性;二是环境的稳定性。环境的复杂性,是指关系到企业运营的环境因素的多少。影响企业的外部因素多,且各因素之间相互影响、相互作用,关系复杂,这样的环境相对来说就复杂;反之,如果影响企业的外部因素只有少数几个,而且相互间较为独立,这样的环境相对来说就简单。环境的稳定性,是指环境因素在时间上的变化状况。如果环境因素在较长时间内没有什么变化或变化很小,那么这种环境相对来说就是稳定的;反之,如果环境因素瞬息万变或变化剧烈、难以预料,这样的环境自然就是不稳定的。

简单/复杂与稳定/不稳定两个维度相结合,可以形成一个评价环境不稳定性的分析框架,如图 3-2 所示。

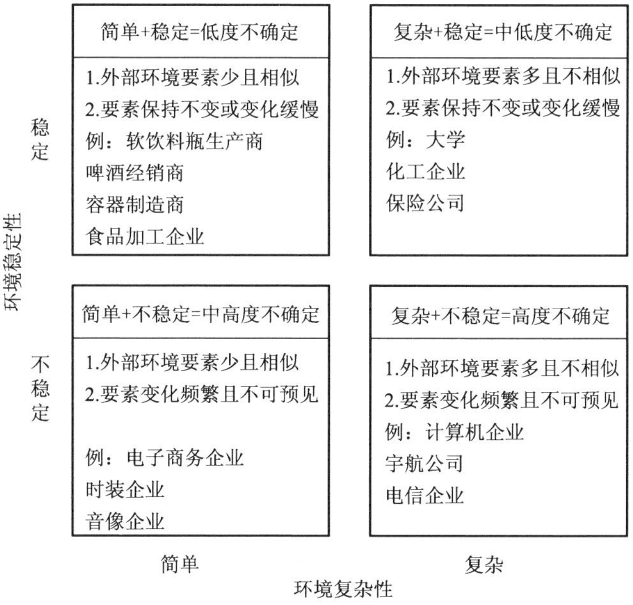

图 3-2　环境不确定性分析框架

(1)简单、稳定环境中的不确定性很低,只有少量外部要素需要应对,而且这几个要素都是趋于稳定的。

(2)复杂、稳定的环境,在某种程度上具有更高一些的不确定性。组织为了取得好绩效,必须调查和分析大量的环境要素,并作出反应。但这种环境中的外部要素并不发生迅速的或不可预见的变化。

(3)更大的不确定性存在于简单、不稳定的环境中。环境的迅速变化给管理者带来了不稳定性。尽管组织只面临为数不多的几个外部要素,但这些因素不仅难以预计,而且会对组织的创新行为产生意料之外的反作用。

(4)对组织而言,最大的不确定性出现在复杂、不稳定的环境中。这是因为不仅有大量的外部要素冲击着组织,而且这些要素频繁地变化,并对组织的创新行为产生强烈的反作用。

二、环境与组织设计

组织应在内部结构和外部环境之间保持恰当的匹配。环境确定性与不确定性都会对组织产生影响,主要体现在岗位和部门、缓冲和边界联系、分化和整合、有机式管理和机械式管理以及计划和预测等方面。

(一)岗位和部门

当外部环境的复杂性增加时,组织中岗位和部门的数目也相应增加,这样就提高了组织内部的复杂性。这种关系是组织作为一个开放系统的重要表现。外部环境的每一个方面都需要有相应的人员或部门来应对。例如:人力资源部门需要与求职者打交道;营销部门寻找顾客;采购人员从数以千计的供应商那里购买原材料;财务部门与银行往来;法律部门与法院和政府机构联系;由于电子商务、信息技术快速发展,组织又开始增设电子商务部门和信息技术部门来应对日益复杂的信息技术和知识管理系统。

(二)缓冲和边界联系

1. 缓冲角色(Buffering Roles)的作用就是吸收环境的不确定性。运营核心完成组织的主要产品活动。缓冲部门包围着运营核心,负责在环境与组织之间进行原材料、资源和货币的交换,它们帮助运营核心有效地运作。例如:采购部门通过储存供应品和原材料对运营核心起缓冲作用;人力资源部门则通过确保人力资源的数量、质量以及具备相应的能力、技术来缓冲运营核心。

2. 边界缓冲角色(Boundary-spanning Roles)的作用是将组织与外部环境中的关键要素联结并协调起来。边界联系主要涉及以下两个方面的信息交换:收集并将环境变化的信息传到组织;向环境传送能很好展现组织的信息。

组织必须保持对环境中所发生事件的了解,这样才能使管理者对市场的变化作出反应。要想获得并将重要的环境信息传入组织,就需要边界联系人员对环境进行扫描。边界联系人员帮助高层管理者及时地了解环境的变化,从而防止组织停滞不前。通常地,环境越是不确定,边界联系人员的重要性就越大。

(三)分化和整合

组织对环境不确定性的另一个反应,体现在部门间分化和整合的程度上。组织分化(Differentiation)指的是在不同职能部门的管理者在认知和情感导向上的差异,以及这些部门在正式结构方面的差异。在外部环境处于复杂而且迅速变化的状态时,为了对付外界环境的不确定性,组织的部门必须高度地专业化。因为对每一环境要素的成功反应,都需要专门的技能和行为。比如,研究开发部门的员工与制造和销售部门的员工相比,他们具有截然不同的独特的工作态度、价值观、目标和受教育程度。

保罗·劳伦斯(Paul Lawrence)和杰伊·洛尔施(Jay Lorsch)曾对10家公司的制造、研究和销售三个部门进行了研究。他们发现,为了应对外界环境中的各种特定要素,每个部门都逐渐形成了各具特色的目标和结构。劳伦斯和洛尔施识别了环境中的市场、科技和制造等子系统,如图3-3所示。组织的每个部门都与互不相同的外部要素发生相互作用。表3-2显示了组织内各部门逐渐形成的分化。比如,为在科技子环境中有效地工作,研究开发部门制定了高质量工作的目标和长期(5年以上)的计划,采用非正规的结构,并配备以任务为导向的员工。销售部门则相反,它制定了顾客满意的目标和短期(2周左右)计划,采用高度正规化的结构,配备社会性导向的员工。

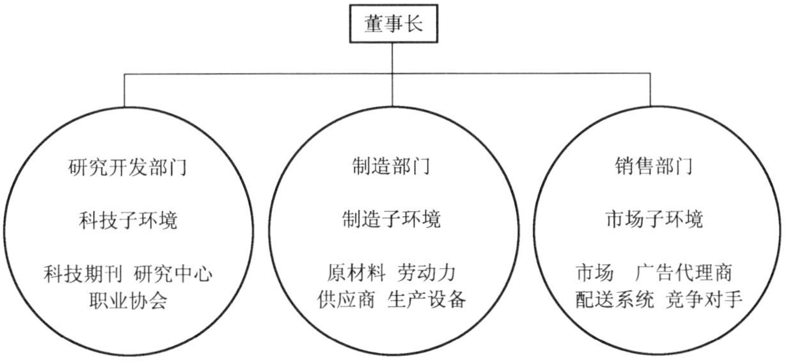

图3-3 因各子环境要求的组织部门分化

表 3-2　组织各部门目标和导向的差异

特征项		研究开发部门	制造部门	销售部门
目标		新品开发、质量	生产效率	顾客满意度
导向	时间视野长度	长期	短期	短期
	人际导向方面	大多为任务	任务	社会
	结构正规化程度	低	高	高

高度分化的一个结果是,部门之间的协调变得十分困难。在态度、目标和工作导向差异很大的情况下,要实现协调就需要花费更多的时间和资源。所谓整合(Integration),就是指各部门之间相互合作的特性。为协调各部门的工作,组织通常要配备专门的整合人员。在环境处于高度不稳定的状态下,频繁的变化使得实现协调所需要的信息处理工作量增加,这样,整合人员的设置就成为组织结构形成必不可少的补充。整合人员,有时也叫作联络员、品牌经理或协调员。正如表 3-3 所示,处于高度不稳定性环境中的、具有高度分化结构的组织,大约配备有 22%的整合人员执行整合任务。这些人或是在委员会或是在任务小组中服务,或是专司联络之职。在环境非常简单、稳定的组织中,几乎不需要配备执行整合任务的管理人员。表 3-3 说明,随着环境不稳定性的增加,部门间的分化程度也相应提高,因此组织必须配备更多的管理人员担任协调任务。

表 3-3　环境不确定性与组织整合人员配备

	塑料制品行业	食品行业	容器制造业
环境不确定性	高	中等	低
部门分化程度	高	中等	低
执行整合任务的管理人员比例	22%	17%	0%

当组织分化和整合的程度与环境的不确定性程度相匹配时,组织会运行得较为良好。在不确定性环境中运行良好的组织,具有较高的分化和整合度。反之,在较低的不确定性环境中运行良好的组织,则具有较低的分化和整合程度。

(四)有机式管理与机械式管理

组织对环境不确定性反应的又一个表现为采用的是有机式管理或者机械式管

理。机械式的管理是集权的，大多数决策都是由高层管理者做出，内部组织表现出具有大量的规则、程序和明确的职权层级的特征，适用于外部环境稳定的情况。有机式管理决策分权化，内部组织往往相当宽松，通常没有书面的规章条例，职权层级不明确，具有适应性，适用于外部环境迅速变化的情况。

随着环境不确定性的增加，管理趋于更加有机，也即权责分散到较低的层次，员工被鼓励在直接协同工作中发现和解决问题，倡导团队工作，并以非正式的方式分派任务和职责。这样，组织就更具有灵活性，能对外部环境的变化持续地作出反应。

（五）计划和预测

计划和预测是增强组织迅速响应环境突然变化的能力的重要途径。人们也许认为在一个所有事务都不停变化的环境中，计划是没有什么用处的。但是，正是在不确定的环境中，计划和环境预测才显得更加重要。它们能使组织准备好，以便对环境变化作出协同和迅速的响应。

处于不确定环境中的组织往往建立一个单独的计划部门。在一个不可预测的环境中，计划人员细察环境因素并分析其他组织可能采取的行动或反击。计划的范围可以非常广泛，计划人员需要预测不同的环境变化情境并设计出不同的应对方案。通过预测环境变化情境，经理们可以预先在脑子里想象不同的环境变化对组织造成的影响，并设想应该如何应对。

综合以上几种组织应对环境不确定性的措施，图 3-4 总结了环境不确定性对组织特征的影响。这张图将变化和复杂性两个维度结合起来，列出了四种不同程度的不确定情形。低度不确定性的环境是简单、稳定的，处在这种环境中的组织只设少数几个部门，采用机械式管理过程。在中等偏低不确定性的环境中，组织需要设置较多的部门，并配备整合人员来协调这些部门的工作，同时也需要一些计划。中等偏高的不确定性环境，是不稳定但简单的。因而，组织的管理是有机的、分权化的，计划受到重视，并且管理人员需要能够在必要时迅速地作出组织内部的变革。高度不确定性的环境则是复杂而不稳定的。从管理的角度看，这是一种最难应对的环境。组织规模很大，设置的部门很多，且采用有机式管理过程。这种组织配有大量的管理人员负责协调和整合任务，并且重视边界联系、计划和预测工作。

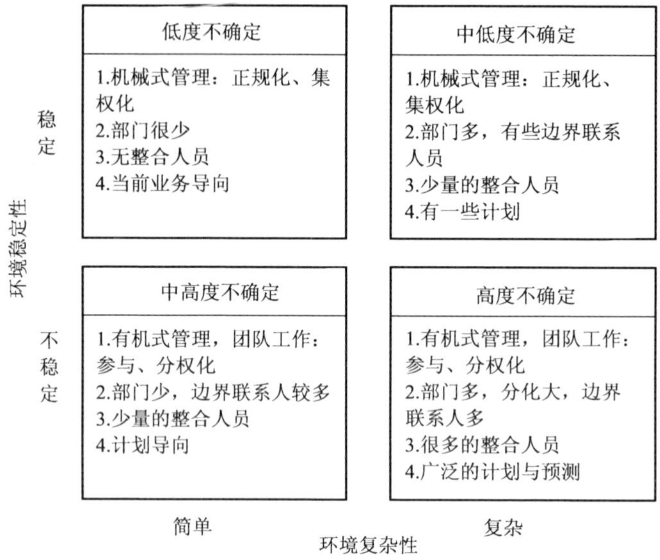

图 3-4　环境不确定性和组织反应对策

第三节　技　术

所谓技术（Technology），是指用以将组织的投入（原材料、信息、思想）转换为产出（产品和服务）的各种工作流程和方法。技术包括制造服务技术和信息技术，它们都处在不断发展的过程中。技术的特点会影响组织结构的设计，组织结构要适应当前的技术水平和特点。

一、制造与服务技术

组织的制造与服务技术包括核心技术和部门级技术。一个组织的核心技术就是那些直接关系到组织使命的工作程序。例如，图 3-5 反映了一个制造车间的核心技术，阐明了核心技术是如何由原料的输入，流程的转换（碾磨、检查、组装），从而改变和增加原材料的价值，产生最终的产品和服务，进而销售给环境中的消费者。部门级技术也称组织的非核心技术，是指一个部门的流程，该流程对组织非常重要，但并不直接关系到组织的主要使命。组织由许多部门组成，其中每一个部门在组织中可能会采用不同的流程（技术）来提供产品或服务。在图 3-5 中，非核心流程可以由人力资源部、财务部、研发部和市场营销部来进行。这样，研发部将想法转变为新产品，而市场营销部将存货转变为收入,各自使用不同的流程。人力资源部的产出就是让员工在组织中工作,而财务部则提供组织财政状况精确的描述。

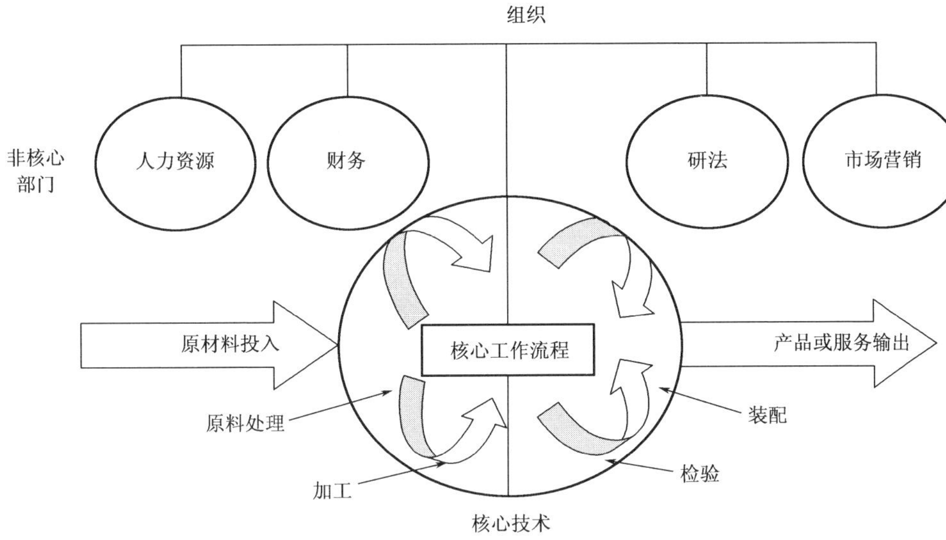

图 3-5 制造业企业的核心转换流程

（一）制造业组织的核心技术与组织设计

制造技术既包括传统的制造方法,又包括现代技术的运用,如柔性制造和精益制造。

1. 伍德沃德的观点。对制造技术最早且最具有影响的研究是由英国的工业社会学家琼·伍德沃德(Joan Woodward)进行的。这一研究始于她在南艾塞克斯郡开展的管理原理的实地研究。当时(20 世纪 50 年代)占主导地位的管理思想都认为存在普遍适用的管理原则。这些原则是所有有效的组织都要采取的"唯一最佳"的处方。伍德沃德亲自对 100 家制造企业进行了调查,以了解它们是如何组织的。她带领研究小组走访每一家企业,同管理人员进行交谈,研究公司的有关记录,还观察现场的制造活动。她搜索的资料中包括了一系列结构的特征(管理幅度、管理层次)和反映管理风格的各方面情况(书面沟通、口头沟通、奖酬的发放)以及制造过程的类型,同时还收集了反映这些企业经营绩效的数据。

伍德沃德采用了一个量表,并根据制造过程技术的复杂性程度对所调查的企业进行了分类。所谓技术复杂性(Technical Complexity)是指制造过程机械化的程度。技术复杂性高,意味着大多数工作是由机器来完成的;技术复杂性低,意味着工人在生产过程中起更大的作用。伍德沃德技术复杂性量表最初分为十级，如图3-6所示。对这十个等级归类后，合并为三组基本的技术类型。

第一组，单件小批生产。这类企业倾向于按满足顾客特定需要的小批量订单进行加工和装配。顾客的要求就是标准。单件小批生产(Small Batch Production)主要依靠操作工人，因此机械化程度不高。

第二组，大批量生产。大批量生产(Large Batch Production)是以标准化零配件的长时间生产为特征的一种制造过程。产成品通常作为存货储备着，来了订单以后再从库房提货，因为顾客对产品并没有特别的要求。绝大多数装配流水线，如汽车装配线、活动板房装配线等，就属于这一生产类型。

第三组，连续生产。连续生产(Continuous Process Production)的整个流程都是机械化的。生产过程连续不断，周而复始，其机械化程度和标准化程度都比装配线生产高，自动化设备控制着连续的生产过程，产出结果属于明显可预见的。化工厂、炼油厂、液化气厂、核电厂等，都属于这一类。

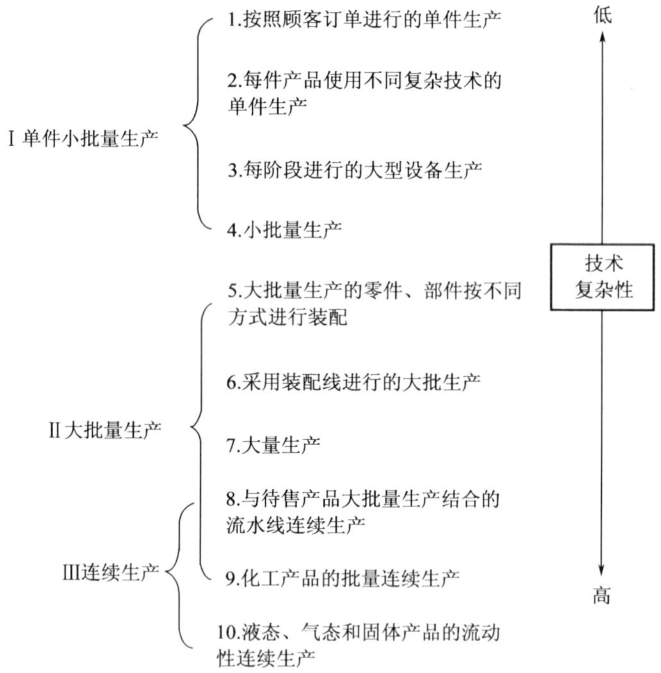

图3-6　伍德沃德依据制造系统对英国100家制造业企业的分类

通过这种技术分类，伍德沃德得到了有意义的数据。表3-4列举了她的一些重要发现。例如，从单件生产到连续生产，随着技术复杂性的提高，管理层次的数目和管理人员占全体员工的比例都显著增加。这表明,技术越复杂,越需要加强管理。随着技术复杂性的提高,直接工人与间接工人的比例降低了。因为技术复杂性越高,就需要更多的间接工人来维修和保养复杂的机器设备。其他方面的特征,如管理幅度、规范化的程序以及集权程度等,在大批量生产情形下最高,其他生产技术下相对较高,这是因为工作标准化的缘故。单件生产和连续生产的技术需要熟练程度高的工人去操纵机器,而且要以口头沟通方式适应可能出现的情况变化。大批量生产则是标准化的、常规化的,很少有意外情况出现,所以几乎不需要口头沟通,员工的熟练程度也较低。

表 3-4　技术复杂性与结构特征间的关系

结构特征	技　术		
	单件生产	大批量生产	连续生产
管理层次数目	3	4	6
主管人员的管理幅度	23	48	15
直接工人与间接工人的比例	9 ：1	4 ：1	1：1
管理人员占全体员工的比率	低	中等	高
工人的技术熟练程度	高	低	高
工作流程的规范化程度	低	高	低
集权程度	低	高	低
口头沟通的数量	多	少	多
书面沟通的数量	少	多	少
总体的结构形态	有机式	机械式	有机式

总的说来,在单件生产和连续生产这两种技术下,管理系统可以用有机式组织特征来概括。也即具有较强的灵活性、适应性,程序化和标准化的程度低。而大批量生产则是一种机械的管理系统,工作是标准化的,程序是规范化的。伍德沃德对技术的这种研究为分析不同组织结构的产生原因提供了新视野。用伍德沃德自己的话说:“不同的技术,对个体和组织都提出了不同的要求,从而需要通过一个恰当的组织结构来适应不同的要求。”

2. 现代技术的应用。在伍德沃德研究后的这些年,制造业技术已经有了新的发展。计算机已经使所有类型的制造业——单件小批量生产、大批量生产和连续生产都发生了变革。大多数产品制造业已经发生相似的转变。制造技术两个显著的现代化运用就是柔性制造系统和精益制造系统。

(1)柔性制造系统。如今,绝大多数的工厂运用各种各样的新制造技术,包括机器人、数字控制工具、无线电频率识别、无线技术、产品设计计算机软件、工程分析、遥感控制机器。这些最终的自动化的工厂被认为是柔性制造系统(Flexible Manufacture System, FMS)。柔性制造系统将原先独立的制造部分连为一体,这样,机器人、机器、产品设计和工程分析由一台单独的计算机整合起来。

这种结果已经使车间发生变革,使得大工厂能够在比较低的大量生产的成本下,交付范围很广的定制产品。柔性制造也使小企业能够与大公司及国外具有低成本优势的竞争企业相抗衡。

柔性制造通常由三部分构成:

计算机辅助设计(CAD):将计算机用于帮助进行新产品或新部件的绘图、设计和工艺安排。设计者在计算机上操作,可在屏幕上画出特定形状的图案,包括参数指标和各方面的细节。通过对初始设计进行尺寸大小的调整,可以形成上百种设计方案。

计算机辅助制造(CAM):计算机控制的机器在原料处理、粗加工、精加工及组装过程中的运用极大地提高了生产效率。计算机辅助制造还通过改变计算机内的控制指令或软件使一条生产线能快速地从一种产品的生产转换至任何其他种类产品的生产。这样,生产线就能迅速满足顾客对产品设计和产品组合要求的变化。

集成信息网络:计算机化的信息系统能将企业的各个方面,包括会计、采购、营销、存货控制、产品设计、生产等联结在一起。这一系统建立在公用数据库和信息数据库的基础上,它能使管理者以真正一体化整合的方式做出决策并指挥生产过程。

计算机辅助设计、计算机辅助制造和集成信息系统的结合代表了计算机集成制造技术的最高水平。可以在计算机上设计出一种新的产品,并在无须人工处理的情况下将样品制造出来。按这种理想模式建立的工厂能迅速而准确地从一种产品转换到另一种产品的生产。

一些先进的企业已经开始使用一个名为产品生命周期管理(Product Life-cycle Management,PLM)的系统。PLM 软件可以对产品进行全程管理,从产品开发、制造、测试,甚至到维护。PLM 软件在产品革新方面有个主要的优势:储存来自公司所有部门的理念和产品数据;产品设计涉及包括新产品开发部门在内的所有部门(甚至外部提供商);为测试和维护提供新产品的三维空间图像。

(2)精益制造。当所有部分相互依存地使用,并在所谓精益制造的系统结合柔性管理程序时,柔性制造在改进产品质量、消费者服务和成本削减方面就达到了的最高水平。精益制造在产品生产过程中的每一个阶段都使用训练有素的雇员。他们脚踏实地地处理细节和解决问题,从而减少浪费和改进质量。精益制造技术正融入各种技术元素,如 CAD、CAM 和 PLM。它的核心不是机器或软件,而是人。精益制造要求组织系统不断改变,例如,决策制定过程和管理过程,以及支持员工积极参与的组织文化。员工被培养成“精益思考”,这意味着在所有领域反对浪费和促进连续改进。

日本的丰田汽车公司,作为精益制造的先锋,创造了著名的丰田生产系统

(Toyota Production System)。该系统结合了诸如零库存、产品生命周期管理、连续流水生产、集成线路迅速转变、持续改进,以及鼓励员工改进与解决问题的管理系统等预防性维持技术。任何员工可以在任何时间停止生产来解决问题。另外,这个系统可以使设备自动停下来对其产品缺陷进行修复。

精益制造和柔性制造系统已经为大规模定制(Mass Customization)铺平了道路。大规模定制就是用大规模生产技术来快速和有成本效益地组装那些单位设计以满足消费者个人需要的产品。

柔性制造的最显著优点是:可以将不同型号、品种及应顾客特殊要求的产品,很方便地融合在一条装配线上生产,制造商可以不受限制地批量生产出种类繁多的产品,如图 3-7 所示。伍德沃德研究过的传统制造系统所提供的选择是非常有限的,如图中的斜线所示。小批量生产可以满足高程度的产品灵活调整和定制要求,但是,由于定制产品所特有的"手工艺性",每次生产的批量必定很小。大批量生产可以进行批量规模很大的生产,但只能提供有限种类的产品,缺乏灵活性。流水生产能大量地生产出单一的标准化产品。相比之下,柔性制造使工厂走出了图中这条向右下方伸长的斜线,能同时提供生产的批量规模和产品的多样性(如图中上部的水平线所示)。就最理想的状态而言,FMS 能实现大规模定制,使生产的每一件产品都符合顾客的特定要求。FMS 的这种高水准的应用被称为计算机辅助手艺制造,因为是计算机将每一件产品调整到能精确地满足每一位顾客的特定要求的水平的。

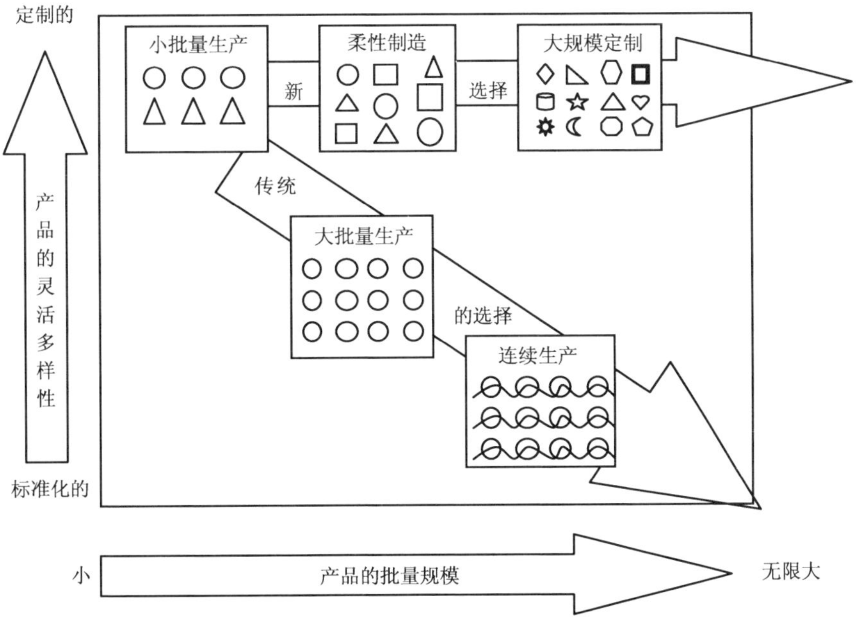

图 3-7　柔性制造技术与传统制造技术的关系

研究表明，在使用了计算机集成制造技术的工厂中，机器的利用率提高了，劳动生产率也获得改进，同时产品的缺陷率下降，而产品的多样性和顾客满意度大大提高。

有关 FMS 与组织特征间关系的研究正刚刚开始，表 3-5 显示了这种关系类型。与传统的大批量生产技术相比较，在使用 FMS 的企业中，管理幅度较宽、层次数目较少，任务具有适应性、手艺性特征，专业化分工程度低，组织分权化，而且整体上表现出有机式和自我控制的特征。员工需要具备参与团队工作的技能，为此需要接受范围较宽的培训（因而员工并不是高度专业化的），而且培训要经常地进行（因而员工能不断更新技术）。在柔性制造的企业中，组织间关系的特征表现为要能适应顾客需求的千变万化（因为新技术能很方便地解决这个问题），这样，与少数能提供高质量原材料的供应商建立密切的关系就成为必需。

表 3-5 大批量生产与柔性制造系统特征的对比

特征项		大批量生产	计算机集成制造
结构	管理幅度 层级数 任务 专业化程度 决策 总体结构	窄 多 常规、重复性的 高 集权化 行政机构式的、机械的	宽 少 适应、手艺性的 低 分权化 自我控制的、有机的
人力资源	人际间关系 培训 专长	独自工作 面窄，一次性的 体力方面，技术性能力	团队工作 面宽，经常性的 认知方面，社会性能力和解决问题的能力
组织间关系	顾客的需求 供应商	稳定 量多，一次性交易关系	多变 量少，紧密地关系

光靠技术不能使组织取得高灵活性及保证产品质量、提高生产率和顾客满意度。研究表明，除非组织结构和管理过程也作了能充分发挥新技术优势的新设计，否则，FMS 可能成为组织的重负，而不是一项竞争优势。如果高层管理者能允许推行那种授权于员工并形成支持学习和知识创造氛围的新的结构和过程，FMS 才可能促使企业变得更有竞争力。

（二）服务业组织的核心技术与组织设计

1. 服务业组织。与制造业组织通过产品的生产实现基本使命不同，服务业组织是通过服务（如教育、医疗、交通、金融和住宿等）的生产和提供而实现其基本使命的。

对服务业组织的研究，主要集中在对其独特的服务技术方面。服务技术与制造技术的特征对比,如图 3-8 所示。

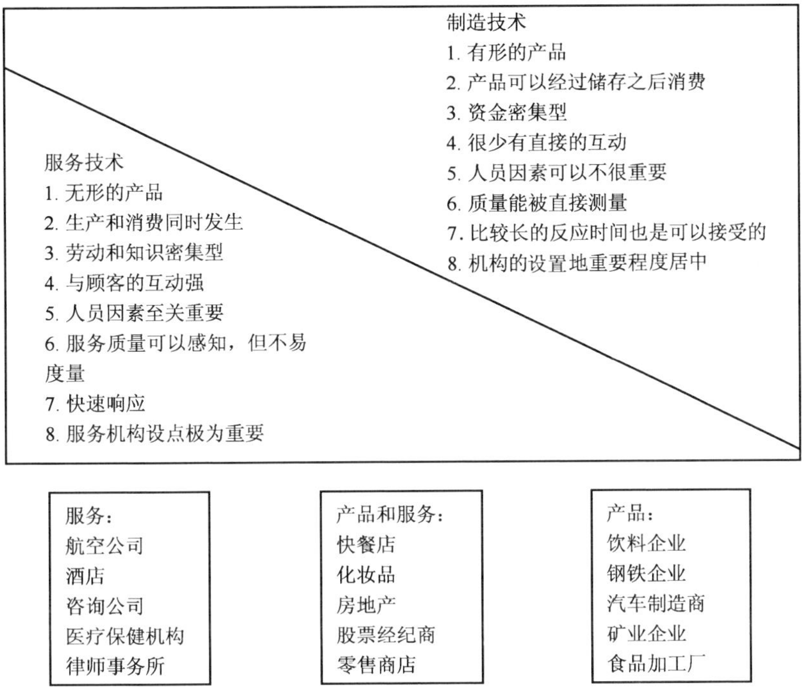

图 3-8　服务技术与制造技术的区别

现实中很难找到其业务 100%都属服务业或者 100%都属制造业的组织。有些服务业企业也兼营某些制造业的业务,制造业企业中也可能兼营服务业务。许多制造业的企业对顾客服务给予了极大的重视,为的是使自己区别于其他同类企业和形成更强的竞争力。绝大多数组织是既生产实物产品,又提供服务的,处在制造业和服务业混合的某种状态下。

2. 服务业组织的结构设计。考虑服务技术特点对组织结构和控制系统的独特影响是很必要的,它能使运营核心的员工更接近顾客。提供服务与提供产品的组织在保持与顾客接触必要性方面的区别,如表 3-6 所示。

表 3-6　服务业组织与制造业组织的形态和结构特征对比

特征项	服务业组织	制造业组织
专设的边界联系人员	少	多
空间上分散化程度	大	小
决策方式	分权	集权

续表

特征项	服务业组织	制造业组织
正规化程度	较低	较高
员工技术水平	较高	较低
技能重点	人际技能	技术技能

(1)服务业企业中较少设立边界联系部门。同顾客接触对组织结构的影响,可通过边界联系部门的设立及组织结构的分散化情况加以反映。为了响应顾客的需要,也为了使运营核心尽可能不受干扰,制造业企业普遍设置了边界联系部门。但是,服务业企业中较少设立边界联系部门,因为需要服务的顾客都必须直接与运营核心的员工(如医生、股票经纪人)接触才能得到服务。

(2)服务业企业空间上分散化程度大。服务业企业通过分解为小单位,并在接近顾客处布点,可以实现最大的经济性。证券经纪商、医生的诊所、咨询公司以及银行等,都将服务网点分散到各个地区,设了许多地方办事处。与之对比,制造业企业倾向于将业务集中在原材料和劳动力供应充足的某个地方,通过大规模生产过程的连续进行,以此获得规模经济。

(3)服务技术也影响到用以指挥和控制组织运作的一些内部特征。首先,服务企业运营中核心员工的技能必须相当高,他们必须具备足够的知识和理解力来处理顾客的问题,而不是只限于完成单一的、机械性的工作。有些服务业组织授予员工一定的决策自主权,并提供决策所需的信息,使员工们可以做任何为满足顾客需要而必须做的事情。服务业企业的员工除了需具备技术技能外,他们还需要有社会和人际的技能。由于员工的技能熟练程度高,而且组织结构相当分散化,服务业企业中的决策通常是分权化的,规范化程度也较低。总体上,服务组织的员工在工作上有更多的自由和判断。

(三)部门级技术与组织设计

部门级技术就是在特定组织部门中进行的生产活动。部门级技术的特征类似于服务技术,因为这些部门常常是组织内的其他部门提供服务的。

1. 划分技术类型的维度:

(1)任务的多样化。第一个维度是工作中例外事件的数量。它被称为任务的多样化(Variety),反映转换过程中所发生的预料之外的新事件的频数。当雇员将组织输入资源转化为产出时,任务的多样化涉及每次操作流程是一样还是有所不同。如果部门成员遇到大量的未曾预料的情形,从而面临许多问题,这时就认为多样性是比较高的。如果很少有意外发生,或者日常工作任务是重复性的,这样的技术就包含很低的多样性。部门级技术的多样性程度差异很大, 低多样性的如装配线上单一操作的不断重复，最高多样性的如处理一系列互不相关的问题或者完成一系列互不相关的项目。

(2)工作活动的可分析性。第二个维度是工作活动的可分析性(Analyzability)。如果转换过程是可分析的，那么，其工作就可以分解为机械步骤，这样操作者也就可以遵循一个客观的、程序化的方式解决问题。问题的解决可能要采用诸如指令和政策手册这样的标准程序，也可能涉及教科书或工作手册中传授的技术知识。但另一方面，有一些工作是不可分析的。这意味着当问题出现时，很难找到正确的解决办法，就是没有现成的方法或程序可以准确地告诉人们该怎么做。问题产生的原因和解决办法都是不清晰的，员工需要依靠积累的经验和直觉、判断来解决问题。问题的最终答案常常来自智慧和经验，而不是来自标准程序的运用。

2. 技术类型。佩罗提出的考察技术的两个维度和各类部门活动的示例，如图 3-9 所示。将任务多样性和可分析性两个维度结合起来，在此基础上可区分出四种主要类型的技术：手艺技术、常规技术、工程技术和非常规技术。

图 3-9 部门级技术分析框架

(1)常规技术。常规技术(Routine Technologies)的特点是任务的多样性低，采用客观的、程序化的方式来处理。其任务是规范化、标准化的。汽车装配线和银行出纳员的工作就属于这一类。

(2)手艺技术。手艺技术(Craft Technologies)的特点是活动相当稳定，但转换过程是不可分析的，或者是不易识别的。完成这类任务需要大量的训练和经验，因为工作人员需要凭借智慧、直觉和经验来对无形的因素作出反应。尽管机械技术的发展似乎已使组织中手艺技术的数量减少了，但一定量的手艺技术依然存在。

(3)工程技术。工程技术(Engineering Technologies)通常是复杂的,因为所要完成的任务有很高的多样性。不过,其中的各种活动常常都能依据既有的范式、程序和方法来进行。工作人员通常只要依靠已有的一整套知识去处理问题。工程技术和会计工作通常属于这一类。

(4)非常规技术(Nonroutine Technologies)中任务的多样性很高,而且转换是不可分析,或是不易识别的。面对非常规技术,有关人员需要投入大量的时间和精力对问题和活动进行分析,而且所提出的若干解决问题的方案往往难以辨别出优劣。经验和技术知识就是解决这类问题和完成工作所需的。

3. 不同部门技术类型对组织结构的影响。部门级技术的性质一旦识别出来,与之相适应的结构也就可以确定了。部门所用的技术通常是同该部门的一系列结构特征相联系的,这些特征包括员工的熟练程度、正规化程度以及沟通方式等。一个单位的技术和它的结构特征之间确实存在某种特定类型的关系,而这种关系与部门绩效的高低也有关联。这一部分要描述部门技术与其他特征之间的主要关系,请看图 3-10 的归纳。

图 3-10　部门技术与结构及管理特征的关系

部门的整体结构可以概括为有机式的或者机械式的。常规技术往往与机械式的结构和过程相关联,这样的部门有着正式的规则和刻板的管理程序。与非常规技术相联系的是有机式结构,部门管理富有灵活性和流动性。正规化、集权化、工人技术熟练程度、管理幅度、沟通和协调方式等设计特征都依各部门的技术的不同而各异。

(1)正规化程度。对于采用常规技术的部门来说,其特征是标准化程度高,劳动被划分为细小的部分,并由正式的规则和程序来规范。对于非常规技术来说,部门结构的特征是低正规化、低标准化的。如果部门技术多样性很高,比如研究部门,就很少会有什么活动可以遵循某种正规的程序。

(2)分权化程度。常规技术中有关工作活动的绝大多数决策都集中于管理部门。而在工程技术类部门中,受过技术培训的员工通常享有中度的决策权,原因是技术知识对任务的完成起重要的作用。而在手艺技术中,拥有长期实践经验的生产工人享有决策权,因为他们知道如何对问题作出反应。非常规技术条件下,员工的分权程度是最高的,其突出表现是许多决策都是由员工做出。

(3)员工的技术熟练程度。常规技术部门中的工作人员通常并不需要接受很高的教育或具有丰富的经验,这是与其重复性的工作活动相一致的。在多样性高的工作单位中, 工作人员技能比较熟练,通常要在技术学校或大学里接受正规的培训。对于可分析性低的手艺工作来说,员工的训练往往是通过工作经验获得的。而非常规技术类的活动,则既需要有正规的教育,也需要具备工作经验。

(4)管理幅度。管理幅度是指直接向一个管理者或监督人员报告工作的属员的数目。这个结构特征通常受到部门技术的影响。越是复杂、非常规的任务,主管人员要介入其中予以解决的问题就越多,管理幅度就越窄。尽管管理幅度还受到其他诸如员工技术熟练程度等因素的影响,但是,复杂性高的任务中管理幅度通常应窄一些,因为对于这种任务,主管人员与部属间应该保持频繁的接触。

(5)沟通与协调。沟通的频率随着任务多样性的增强而提高。经常出现问题的单位中需要更多地共享信息,便于解决问题,以确保工作活动的完成。一般说来,在非常规技术的单位中,沟通的方向通常是横向的,而在常规技术的单位中,沟通的方向则多数是纵向的。沟通的方式也随任务可分析性程度的不同而变化。在任务可分析性高的情况下,使用统计的和书面的沟通方式(如备忘录、报告、规则和程序等)更为常见。在任务的可分析性低的情况下,信息通常是通过面对面的方式沟通的,如打电话或召开小组会议等。

二、信息技术

(一)信息技术的演进

信息技术的演进过程,如图 3-11 所示。基层管理人员一般是关注与作业活动和过去事件有关的概念问题。相比之下，高层管理人员则绝大部分是处理诸如战略、计划等隐含的、不确定性的模糊的问题。随着基于电子计算机的信息技术系统的发展和复杂化，应用软件也越来越多地被开发出来，有效地支持了高层管理有关复杂和不确定问题的控制和决策。

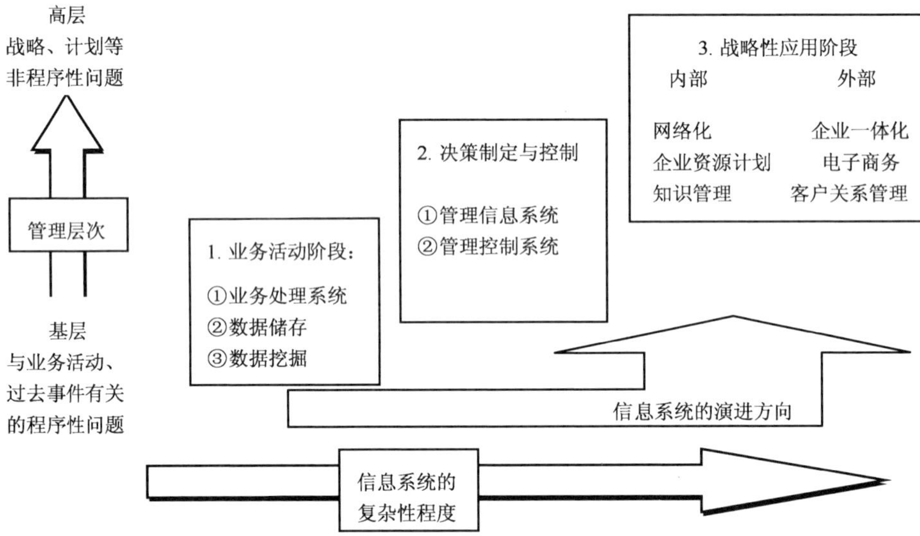

图 3-11　信息技术在组织中应用的演进过程

1. 业务活动阶段。一开始，组织中的信息技术系统只是应用于组织运营过程中，可以大大地提高组织效率。这阶段的信息技术主要包括业务处理系统、数据储存和数据挖掘。

(1)业务处理系统。应用信息技术的目的是让计算机承担某些工作任务，以降低劳动力成本。这类系统被广泛地称作业务处理系统(Transaction Processing Systems，TPS)。它使组织中日常的常规业务活动得到自动化处理。这类系统从销售、采购、存货变动等交易活动中收集数据，并将其储存在数据库中。例如，企业连锁租车公司使用一套电子化系统就能够追踪公司 1 小时内发生的最新信息，这样它们就能为顾客提供差异化的服务。

(2)数据储存。数据储存(Data Warehousing)就是利用大型的数据库将企业的所有数据集合起来，使信息使用者可以直接进入数据库，利用它撰写报告并获得“假如出现什么情况，应该怎么解决”这类问题的答案。在大公司中建立这样一个数据库是一项巨大的工程，它需要定义来自有许多业务系统的大量字节的数据，提供持续更新数据的方法，并确保所有方面能互相兼容，并将系统与其他软件相连，以便使用者能够搜索、分析数据并撰写有价值的分析报告。

(3)数据挖掘。数据挖掘(Data Mining)也称商务智能(Business Intelligence),指的是对企业的数据进行高科技的精确分析以帮助企业做出更准确的战略决策,这些数据有时也来自组织外部,从而确定那些可能很重要的组织模式和关系。

2. 决策制定与控制。通过基于更加尖端的电子计算机系统的应用,管理者就能够提高组织各部分以及组织整体的绩效。管理者还会借用这类应用获取储存在公司数据库中的信息控制组织并做出决策。图3-12说明了用于决策和控制信息系统的各个组成要素。管理信息系统——包括信息报告系统、决策支持系统和经理信息系统——具备快速有效的决策能力。控制系统各要素包括各种管理控制系统和一种称为平衡记分卡的程序。决策和控制系统通常共享基本的数据库,但是数据和报告都是以决策和控制为主要目的而设计和使用的。

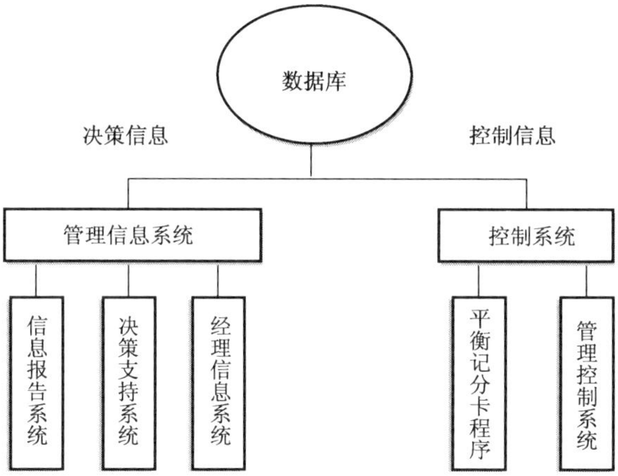

图3-12　应用于管理控制和决策制定的信息系统

(1)管理信息系统。所谓管理信息系统(Management Information System,MIS),是指用以提供信息和辅助管理决策的一种基于电子计算机的系统。支持管理信息系统运作的是组织的业务处理系统和数据库(除组织内的数据库外,通常还包括组织外的数据库)。

①信息报告系统(Information Reporting System)是管理信息系统的一种最常见形式,它为中层管理者提供有关数据的总结分析报告,并支持日常的决策制定活动。例如,当管理者需要做出有关生产进度安排的决策时,他们可以利用未来一个月的订货情况、存货水平以及人力资源状况方面的数据进行分析。

②决策支持系统(Decision Support System,DSS)能为组织各层管理者提供工作的便利。这些以计算机为基础的人机互动系统,是以决策模型和集成数据库为基础的。通过决策支持软件,使用者可以提出一系列类似"假如……那就……"的问

题来测试可能的备选方案。根据软件中所设定的或使用者所规定的假设条件,管理者可以搜索到各种备选方案,并取得有关的信息帮助他们选定最可能带来最佳效果的决策方案。

③经理信息系统(Executive Information System,EIS)是管理信息系统的一种高层次应用,它促进了高层管理人员的决策制定工作。当然,这些系统的运行需要一些特有的软件,这些软件能将大量复杂的数据转换成相关的信息,并将这些信息及时地传递给高层管理者。例如,摩托罗拉公司设在得克萨斯州奥斯汀的半导体产品群部,过去尽管存储有大量的数据,但使用者并不易找到他们所需要的信息。公司安装了经理信息系统后,通过在线分析处理软件,使 1 000 多名资深经理人员以及地处世界各地的财务、市场、销售、会计部门的管理人员和项目分析人员能够快速而便捷地从他们办公桌上的电脑中得到有关顾客购买趋向及生产情况等方面的信息,他们根本无须学习和掌握那些复杂的、令人难懂的搜索指令。

(2)控制系统。有效的控制系统指的是通过反馈来确定组织的绩效是否能够满足组织所设定的标准而有助于组织完成既定目标。管理者建立组织控制系统有四个重要的步骤,如图 3-13 中反馈控制模型所示。

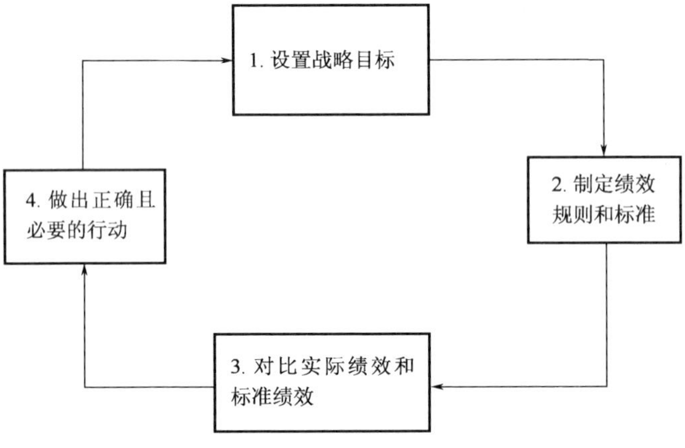

图 3-13　反馈控制模型

一个控制循环过程包括为组织整体或者组织内各个部门设置战略目标,制定绩效规则和标准,将实际绩效和标准绩效进行对比,最后,有必要的话,纠正或者吸纳相应的改革措施。通过反馈控制过程,管理者可以在工作活动、绩效标准或者是组织目标方面做出必要的措施调整,以实现组织成功的目标。

①管理控制系统。管理控制系统(Management Control Systems)的广义的定义为,通过正规的惯例、报告以及程序所提供的信息来维持或者改变组织的业务模

式。这些控制系统包括格式化的以信息为基础的活动，如计划、预算、绩效评估、资源分配以及员工奖酬等。首先，设立目标；之后，将成果与预定目标相对比，管理人员依据其差异会做出相应的改正方案。信息技术的进步已经极大地改善了这些系统的效率和效能。例如，许多组织使用管理显示板(Executive Dashboards)，这样管理人员就可以得到一些关键的控制指标，如与目标相关的销售额、预订产品量或者是在某一特定时期内处理的顾客服务电话的比重。显示板系统协调、组织和展示出一些重要的管理人员检测运行是否保持常规水平的规则，同时该软件还会自动更新相关数据。

表 3-7 中列出了管理控制系统中核心的四个部分：预算和财务报告、周期非财务统计报告、奖酬系统、质量控制系统。

表 3-7　管理控制系统

子系统	内容和频率
预算和财务报告	资金、资源消耗；利润和亏损；每月
周期非财务统计报告	非财务绩效；经常以计算机为基础；每月或每周
奖酬系统	对经理人员基于部门目标和绩效的评估，确定报酬；每年
质量控制系统	参与；确定指标指导方针；六西格玛目标；持续不断

②平衡记分卡。所谓平衡记分卡(Balanced Scorecard)，就是将财务评价和经营评价结合起来，并从与企业经营成功关键因素相关联的方面建立绩效评价的这样一种综合管理控制系统。如图 3-14 所示，它包含四个主要的评价方面：财务绩效、顾客服务、内部业务流程及组织学习和成长能力。在这四个评价领域，管理者要确定组织要努力实现的关键绩效指标。

财务指标(Financial Perspective)集中反映组织活动对改善短期和长期财务绩效的贡献，具体包括净收益、投资回报率等传统的绩效指标。

顾客服务指标(Customer Service Indicators)衡量诸如顾客如何看待这个组织以及顾客保持率、顾客满意度等。

内部业务流程指标(Business Process Indicators)集中反映内部生产及业务工作的绩效统计状况，如订单履约率、单位订货成本等。

学习与成长(Potential for Learning and Growth)，它侧重评价组织为了未来的发展而对人力资本及其他资源管理的状况，具体衡量指标包括员工队伍稳定状况、业务流程改进程度及新产品开发水平等。

平衡计分卡法对这些衡量绩效各个角度的指标进行一体化设计，这样确保指标之间相互配合，并将当期的行动与长期的战略目标联结起来。管理者可以使用平衡计分卡法来设定目标、分配资源、编制预算及确定奖酬方案等。

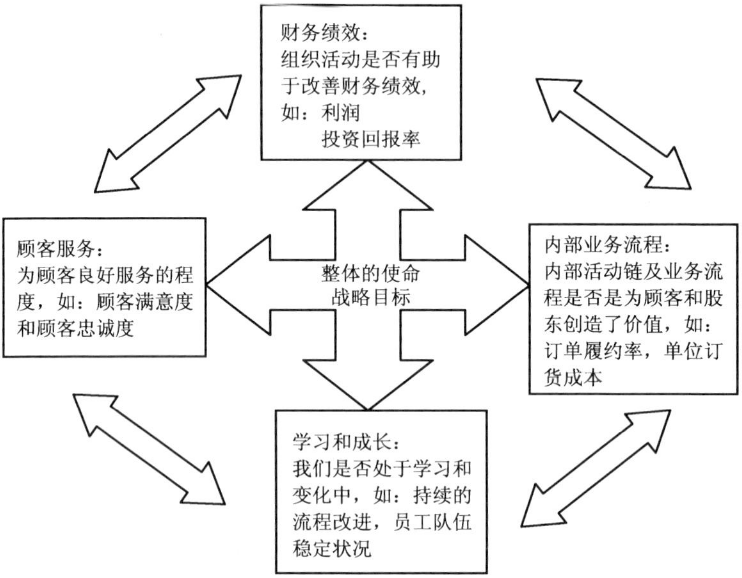

图 3-14　平衡计分卡的主要方面

3. 战略性应用阶段：

(1)强化内部协调。内部应用方面主要的信息工具包括：内联网、Web2.0、企业资源计划以及知识管理系统。

①内联网。网络化(Networking)已经成为许多企业的战略武器，它是将公司办公楼内或各个办公地点的人员或部门联结在一起，使他们能够共享信息并进行项目合作。

网络化的形式有多种，其中发展最快的公司网络化形式是内联网(Intranet)。内联网是公司自有的全企业范围的信息系统，它采用国际互联网和万维网的通信协定和网页标准，但只有公司内部人员才可以登录。使用者要查阅文件或收集信息，只要利用普通的网页浏览器进入网站并点击链接即可：因为内联网是以网页为基础的，这样，使用任何一种计算机或工作站都可以进入。

当今许多拥有内联网的企业已将它们的管理信息系统、经理信息系统纳入内联网，这样，就便于所有需要者使用。另外，将这些系统作为内联网的构成要素，也意味着可以给网络添加一些新的功能、新的应用，并通过普通浏览器便利地获得使用。

内联网改进组织内部的沟通，并使隐藏的信息得以显露。内联网使员工们及时了解组织的运行情况，快速而便捷地获得他们所需的信息，并且交流思想和在一些项目上协同工作。

②Web2.0。Web2.0是第二代互联网技术的简称。企业一直都在致力于开发新的信息技术应用于组织内部的沟通,如网络服务、博客群组、维基技术、社交网络等。网络服务指的是使网络信息交流和网上交易变得更加便捷的一些软件程序。博客(Blog)指的是动态的网络日志,人们可以在自己的博客上发表对事物的各种观点和看法,如工作计划、工作经历等,它为人们交流和分享思想提供了便捷、舒适的平台。维基(Wiki)与博客相似的地方是利用软件开创一个网页以供网民编写、共享和编辑文本;与博客不同的是,它不单单能够共享观点,而且能够编辑和添加内容,是博客的衍生品。社交网络提供了一个前所未有的平等沟通平台,在网络社区内,网民可以共享个人信息和图像,编辑和共享几乎所有类型的信息和观点。

③企业资源计划。企业资源计划(Enterprise Resource Planning,ERP)系统能够收集、处理和提供有关公司整体情况的信息,包括订单处理、产品设计、采购、库存、制造、分销、人力资源、应收款以及未来需求预测等各方面的信息。企业资源计划系统将主要的业务活动过程、管理过程整合与最优化,从而成为整个企业运行的支柱。

这个系统将所有领域中的业务活动联结起来,如图3-15所示。当销售人员接收到一份订单,这个系统首先会查看订单是否会影响库存水平、预定时间、人力资源以及分销活动。该软件系统模仿了组织过程,一步步地指导员工,尽可能地实现自动化操作。

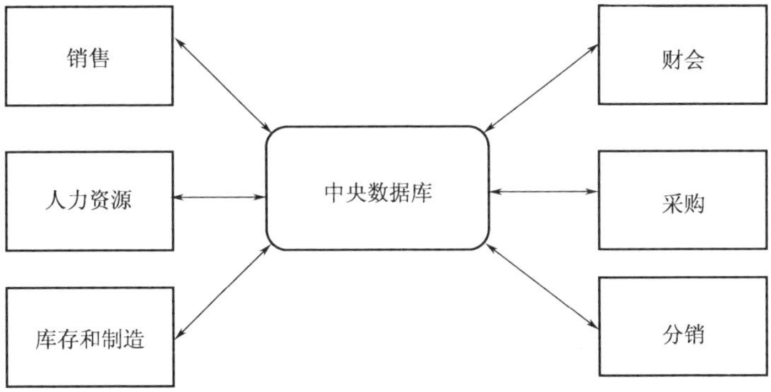

图3-15 一个ERP网络的例子

另外,因为该系统将经营过程的所有环节的数据整合起来,所以,每个层级的管理者和员工就能够清楚地看到组织每个环节所做出的决策和行动是如何影响其他环节的,有了这些信息,管理者和员工就能够做出更准确的决策。ERP汇集了事务处理系统提供的信息,以及信息报告系统、决策支持系统和经理信息系统提供的信息。关键在于ERP系统将所有系统联系起来,这样,人们就能够得到更完整的信息,从而迅速作出行动,使得组织更加灵活有效。

④知识管理。知识管理(Knowledge Management)是关于如何组织和共享企业的智慧和创造力的一种新的思维方式。它是指这样一种努力,即系统地发现、组织和运用企业的智力资本,培育持续学习和共享知识的文化,从而使组织的活动建立在已有的知识的基础上。这里,企业的智力资本是其拥有的信息、经验、见解、流程、关系、创新、发现等的总和。

组织中的知识既有外显的,也有内藏的或称潜在的、缄默的。显性知识是正式的系统化的知识,它能够以文件或一般指令的形式被整理、记录及传递。隐性知识则建立在个人的经验、实践、直觉和判断的基础上,它包含专业技能和诀窍、个人的见识和经验以及创造新的解决方案等。隐性知识通常很难交流和传递。可以大致地说,显性知识相当于知道有关什么,而隐性知识则相当于知道怎么做。

知识管理的第一种方法是“人-文档”法,着重解决显性知识的收集和共享问题,建立电子文档系统来编辑、储存、传递知识,为查阅和使用经过编辑的可再利用知识提供迅速、可靠、高质量的信息系统。显性知识包括:知识财产权,如专利和许可证;工作方法,如政策规定和程序;有关顾客、市场、供应商、竞争对手的具体信息;竞争情况的报告;可作为比照超越对象的标杆管理数据,等等。组织使用这一方法进行知识管理的关键是要收集和整理有关的知识,并将之储存在数据库中,以便组织所有成员查阅和使用。通过这种“人-文档”方法,知识从拥有者那里被收集起来,然后以文档的形式储存,其他人就可以获得和使用这些知识。

知识管理的第二种方法是“人-人”法,着重于开发利用个人的专业技能和知识,即隐性知识,通过面对面的沟通或互动的媒介将有关的人员联结起来,使潜在知识得到共享,为个人专业技能的提升提供渠道,从而为战略问题的解决提供创造性意见。这里隐性知识包括了职业工作的诀窍、个人的见识和创造力、个人的经验和直觉等。使用这种知识管理法时,管理者要集中开发将个人联系起来的网络,以便共享隐性知识。组织使用信息系统的主要目的是为员工提供沟通的机会,使员工之间可以共享经验、见解和创意。

(2)强化外部关系。为了与顾客、供应商和合作伙伴保持紧密的联系,信息技术的外部应用是将供应链管理以及一体化企业、客户关系管理系统和电子商务组织设计组成一个系统。企业内联网的功能扩展到外联网,使重要的合作伙伴及顾客获得进入网络的渠道。外部网(Extranet)是一种外部沟通系统,通过万维网将信息在两个或两个以上组织中共享。每个组织都是从内联网以外获取所需数据,但是仅仅将一部分可用数据供外部组织通过外联网共享。

①一体化的企业。外联网在现代企业一体化进程中起着至关重要的作用。一

体化的企业(Integrated Enterprise)指的是这样一种组织,利用先进的信息技术在企业内部以及企业与供应商、顾客和其他合作者之间建立紧密的合作关系。企业一体化的一个重要方面是供应链管理,指的是对从供应商到覆盖整个生产过程的原材料的采购,再将最终产品销售给顾客的整个过程进行管理。对于所有的组织而言,要想高效运营且能够提供高质量的产品满足顾客所需,每个公司都必须拥有可靠且优质的运输服务以及合理的原材料供应价格。而且,还要求拥有高效可靠的成品分销系统,使产品能够顺利到达顾客手中。

信息技术的最新成就是利用计算机网络或者外联网达到原始库存水平和顾客响应的一种恰当的平衡。图 3-16 显示了一体化企业中横向信息的联动关系。通过在组织与其重要合作者之间建立起电子联系,从而共享数据和实现数据交换,一体化的企业建立起一条无缝整合的、从原材料供应到最终用户的供应链。例如,图中顾客在零售商店购买产品,数据就会自动录入到零售连锁店的信息系统中。进而,连锁店会不断更新数据并通过外联网将其传递给制造商。制造商获取了所需的数据,就能够据此生产和运输所需产品。当制造商生产出了成品之后,有关生产过程中所需要原材料的数据会不断刷新库存信息,不断更新的需求预测信息通过网络以电子的形式传递给供应商,接下来供应商就能够自动补充制造商所需要的原材料。

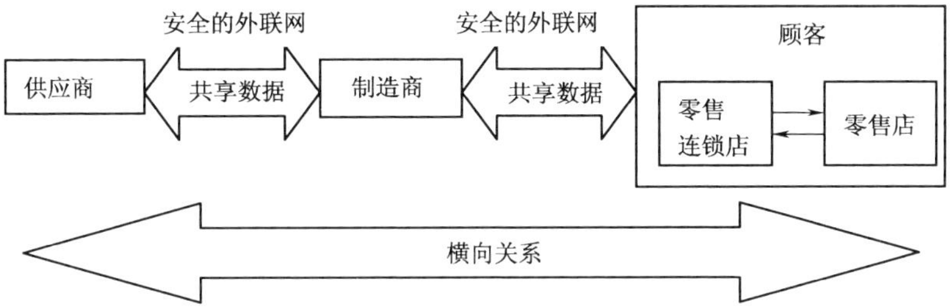

图 3-16　一体化企业

供应链一体化的目的在于将所有人的工作联系在一起,共同为满足顾客的产品需求和时间需求而努力。横向关系在一体化的企业中所起到的作用远比纵向关系重要得多。如果管理者能够彼此信任,维持合作伙伴关系,那么,企业一体化就能建立起某种层级上的协作关系。例如,沃尔玛和宝洁这两家公司从共享销售数据开始,之后,当宝洁的产品在沃尔玛超市的货架上卖空时,系统会自动地订货以补货。最终,这种电脑对电脑的数据交换发展成为一种横向关系,即两家公司共享顾客信息、消费者忠诚度信息以及提供有利于双方合作关系的战略数据信息。

②客户关系管理。客户关系管理(Customer Relationship Management,CRM)系统能够帮助公司追踪客户与公司的互动信息,允许员工查阅某顾客过去的销售和服务记录、重要的订单,或者尚未解决的问题。客户关系管理能在数据库中将所有的客户信息都储存起来,包括:客户的名称、他们买下了什么产品、购买过程中有什么问题等。该系统能够协调销售、市场营销和客户服务部的工作,因此,能够保证所有的工作顺畅完成。

③电子商务组织设计。客户关系管理和一体化的企业都是电子商务的组成部分,这是组织进行业务活动的一种新方式。电子商务(E-business)含义广泛,指的是商务活动都是通过计算机网络以及数字化的方式进行。在大多数情况下,它涉及通过互联网以电子的形式将客户、合作伙伴、供应商、雇员和其他重要的人或组织联系起来。许多传统的组织已经开始通过网络化运作来加强和改善他们的外部关系,图 3-17 解释了创建网络运营的一系列基本的战略。在某一端,公司可以建立一个内部区域,近乎传统式经营。相对的,在另一端是创建一家纯电子商务公司,它完全不同于传统意义上的组织。许多公司采取的是折中的方法,通过与其他组织建立战略合作伙伴关系来提升他们的创新力。每一种方案都有其自身的优缺点。

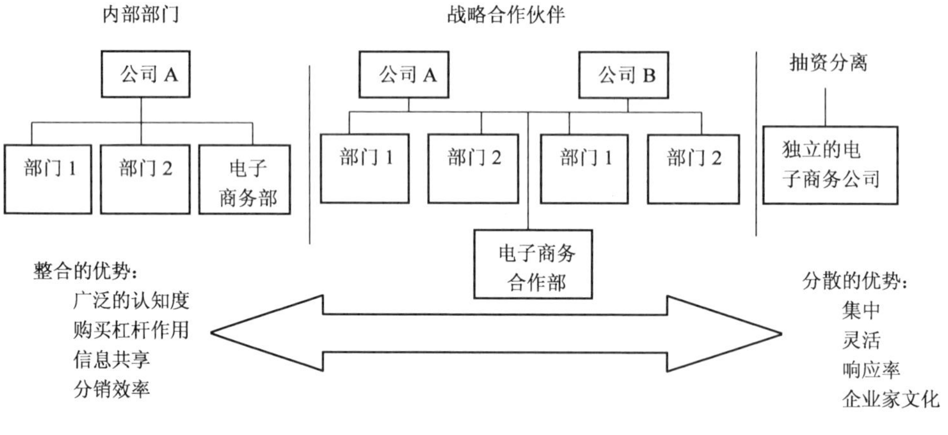

图 3-17　将现实世界与虚拟世界整合起来的战略集合

内部部门(In-house Division)指的是网络运营合组织和传统运营的紧密联合。组织在拥有传统的组织结构和理念的公司内部建立起一个独立单元。这种方法使得新创立的部门在原有公司基础上拥有以下几点优势:品牌认知度、向供应商的采购优势、共享顾客信息和市场机遇以及分销效率。

为了赋予网络运营以更大的组织自主性、灵活性以及关注度,有些组织选择建立一种纯粹的电子商务(Spin-off)公司。例如,全球最大的连锁书店巴诺公司拥有一个独立的网站,其竞争力可匹敌亚马逊公司。纯电子商务的优势在于增加了企业适应市场条件的灵活性和响应速度,弘扬了企业家文化,其管理完全着重于网络运营的成功上。其潜在的劣势在于品牌认知和市场机遇的缺失,更高的启动成本以及与供应商分担损失。

无论是以共同分担风险的方式还是以联盟的方式,合作伙伴提供了一条折中的途径,这种方法使得组织不但能够拥有内部区域和纯电子商务的优势,同时又能规避二者的劣势。建立合作关系途径的主要缺点在于花费在维持关系上的时间、解决合作者之间潜在的冲突以及应对某个公司不能按约定及时交付或公司突然倒闭的可能性。

（二）信息技术与组织设计

信息技术进步对各个行业的所有组织都有着深远的影响。具体表现为组织设计的精简化、组织结构分散化、内外部合作化以及建立起新型的网络组织结构。

1. 组织小型化。一些基于互联网运营的企业可能只存在电子空间中,而没有像办公楼、办公室和桌椅等作为传统正规组织标识的东西。一个或几个人待在家里或租用一个办公地点就可维持网站的正常运行。即使是在传统型商业活动中,新兴的信息技术也能够使得组织以较少的人力完成较多工作。另外,ERP 和其他信息技术系统能够自动处理一些行政事务,减少了对书记人员的需求。

2. 组织结构趋向分权化。信息技术的发展使组织可以减少管理的层次,并促使决策权下放。原来只有总部的高层管理者才掌握的信息,现在可以快速而便捷地传到整个组织,可以让跨越巨大空间距离的人员共享。各个事业部和办公室的管理人员可以获得所需的信息,快速做出决策,而不需要等待公司总部的决策。信息技术促使有关人员能在线会谈和交流,从而促进了地理位置分散的自治工作团队成员间的沟通和决策。另外,电子通信技术使以前必须在办公室内完成的工作,现在可以通过计算机在家里或其他遥远的地方完成。人们不需要在同一办公地点工作,都能够共享有关的信息。这些都促使绝大多数的组织将信息技术用以实现组织的分权化。

3. 横向协调的改善。也许信息技术进步的一个最大影响表现在,它具有改善组织内及组织间协作与交流的巨大潜能。内部互联网、外部互联网和其他形式的网络能将分散在世界各地的办公室、工厂或商店里的人们联结起来。

管理者使用内联网与其他人沟通交流,并掌握组织的日常活动和工作成果。而且,他们仅仅是按几个键就能够为组织内的员工提供重要的信息。

4. 改善组织间关系。信息技术还能够改善组织与外部如供应商、顾客以及其他合作伙伴间的横向协作关系。外联网在联结公司与签订合同的制造商和外包商，以及支持前面提到的一体化企业上所起的作用日益重要。图 3-18 说明了传统的组织间关系特征与新型组织间关系特征的区别。传统意义上，供应商对组织而言是有一定距离的关系。然而供应商正在逐渐成为组织的合作者，以电子化的方式通过订单、发票和应付款与组织发生联系。另外，新型的信息技术也授予顾客更多的权利，他们能够以电子的方式获取众多厂家提供的丰富的产品信息。消费者还能够直接与制造商取得联系，并就便利、速度和服务提出自己的感受和对厂家的期望。

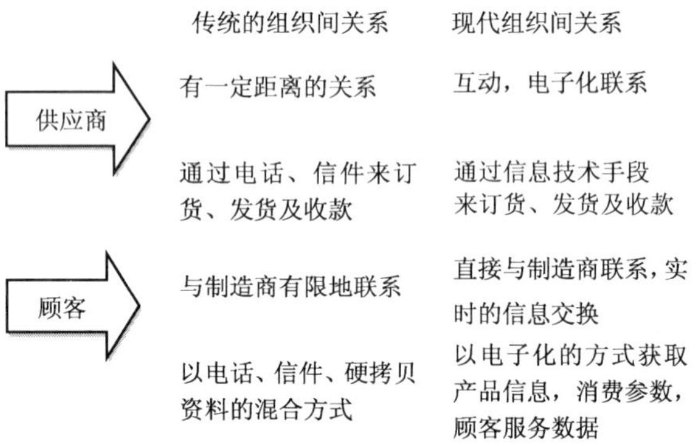

图 3-18　传统的组织间关系特征与新型组织间关系的特征

5. 网络化结构。在网络化结构中，大多数业务活动被外包出去，因此要求不同的公司执行各自擅长的功能。电子化沟通的速度和便利使得网络化结构成为各公司的可行方案，这不仅使组织降低了成本，并且增加了业务活动范围，巩固了市场地位。

第四节　组织生命周期

一、关于组织生命周期

组织的生命周期(Life Cycle)是指一个组织的诞生、成长直至最后消亡的过程。随着组织向生命周期下一阶段的演进，其结构、领导风格及管理系统都会演变为一种相对可预见的模式。生命周期的各阶段在本质上是顺序演进的，它遵循的是一种规律性的进程。

关于组织生命周期的最新研究表明，在组织发展中表现出四个阶段的不同特征。这些阶段以及各阶段面临的问题,如图 3-19 所示。要解决每一阶段面临的问题,需要将组织转变为下一阶段的形态。成长并不是件容易的事。组织每次进入生命周期的一个新的阶段,面临的都是一套全新的规则,它规范着组织如何在内部运行以及如何与外界的环境相联系。

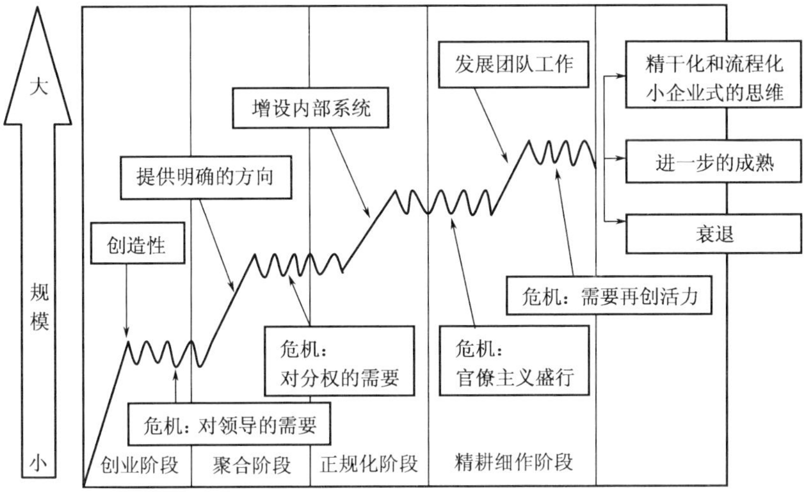

图 3-19　组织的生命周期

(一)创业阶段

组织诞生之初的经营重点是创造出一种产品,并力求在市场竞争中生存下来。组织的创建者将全部的精力投入到生产和营销的技术性活动中。组织是非正规的,不具有行政式机构的特征。组织中的工作时间往往很长,且依靠创业者的亲自监督来实施控制。在创造性地推出某种新的产品或服务中,组织获得了成长。

创业阶段的危机:对领导的需要。组织开始成长后,日益增多的员工会带来许多问题。富有创造力的、精于技术的创业者面临着强化管理的问题,然而,他们可能更倾向于将精力投入到产品的生产和销售中,或者开发新的产品和服务。当危机出现时,创业者要么调整组织的结构以适应成长的需要,要么引进能更胜任工作的得力职业管理者。

(二)聚合阶段

如果领导危机得以解决,组织有了强有力的领导者,这时组织就开始提出明确的经营目标和方向。组织设置了职能部门,建立了职权层级链,并给各层级、部门分配明确的任务,从而有了初步的劳动分工。

聚合阶段的危机:对分权的需要。如果新的管理层成功地进行了领导,低层级的员工们逐渐会发现他们受制于自上而下的强有力的控制。下层管理人员开始在自己的工作领域中获得一种自信,从而要求有更多的自主权。而凭借强有力的领导和愿景来激励从而取得成功的高层管理者可能不愿放弃其职责,这样就产生了自主危机。高层管理者希望确保组织的各个部分都能协调运作并齐心协力。这时,组织需要找到一些方法能协调和控制各部门的活动,而又不需要高层管理者进行直接监督。

(三)正规化阶段

正规化阶段涉及规则、程序和控制系统的建立和使用。沟通不再很频繁,而且更加正规化了。组织中增加了工程人员、人力资源专家及其他职员。高层管理当局转而关心诸如战略和计划这样的问题,而把公司的日常经营管理问题交给中层管理人员。组织可能会设立产品群部或其他的分权单位,以增进协调。以利润为基础的激励制度得到采用,这样可以确保管理者朝着最有利于整个企业的方向努力工作。如果行之有效,新的协调和控制系统会促进组织进一步成长,因为它在高层管理与现场单位之间建立了联系机制。

正规化阶段的危机:官僚主义盛行。在组织发展的这一时点上,制度和规划的广泛使用可能开始困扰中层管理人员。组织似乎过于行政机构化了。中层管理者可能会对参谋人员的介入表现出极大不满。创新可能受到束缚。组织看起来过大、过于复杂了,以至于难以通过正规的计划来加以管理。

(四)精耕细作阶段

克服官僚主义危机的办法是通过培育一种新的意识来促进协作和团队工作。在整个组织中,管理者要开发员工面对和解决问题及协同工作的能力。行政式机构可能已经达到了极限。社会控制和自我约束机制的引入可以减少对过多的正规控制的需要。正规的制度可能得到简化,取而代之的是管理者团队和任务小组。为了实现协作,公司内部常常会组建一些跨职能部门或跨事业部的团队。组织也可能会分解成若干个事业部,以保持小组织的特点。

精耕细作阶段的危机:需要再创活力。当组织成熟后,可能会步入暂时衰退的时期。可能在10~20年就需要对组织进行一次重建,使之获得新的活力。这时的组织可能不再适应其环境,或者变得行动迟缓,过于行政化,因而必须经历一个重塑和创新的过程。

二、生命周期与组织设计

随着组织在生命周期四个阶段中的演进,其结构、控制系统、创新、目标等方面也相应发生了变化。表3-8概括了每一阶段相关的组织特征。

表 3-8　生命周期四个阶段的组织特征

特征项	创业阶段	聚合阶段	正规化阶段	精耕细作阶段
	非行政机构化	前行政机构化	行政式机构	强行政式机构
结构	非正规的，一人全权指挥	基本正规的，有一些程序	正规化的程序，劳动分工，增设职能专家	行政式机构内的团队工作，小企业式的思维
产品或服务	单一的产品或服务	以一主导产品为主，有些异变	形成一个系列的产品或服务	多个产品或服务系列
奖酬和控制系统	人治的、家长式的	人治的，但强调对组织成功所作的贡献	通过规范化的制度进行管理	广泛、多方面的，与产品或部门的情形相适应
创新力量	作为所有者兼管理者的个人	管理者和一般员工	独立的创新小组	制度化的研究开发部门
目标	生存	成长	内部稳定和市场扩张	声望，完善的组织
高层管理者风格	个人主义的、创业	超凡魅力的、方向指引	控制之下的授权	团队式，抨击行政式机构

（一）创业阶段的组织特征

新创办的组织往往规模比较小，是非行政机构化的，而且由一个人全权指挥。这位最高领导者决定了组织的结构和控制方法。整个组织的精力投入到求生存以及单一产品或服务的生产中。

（二）聚合阶段的组织特征

这时，组织进入了青年期，成长非常迅速，员工情绪激昂，对组织的使命高度认同。尽管制定出一些程序，但结构仍然基本上是非正规的。强权的具有超凡魅力的领导人，如苹果计算机公司的史蒂夫·乔布斯和耐克公司的菲尔·耐特，指定了组织发展的方向和目标。这时期组织的主要目标是寻求持续的成长。

（三）正规化阶段的组织特征

这一时刻，组织正在步入中年期，开始出现行政式机构特征。组织增设了参谋辅助人员，制定了大量的正规化程序，实施了高度的劳动分工，并建立了明确的层级制。创新多是通过独立设置的研究开发部门取得。组织的主要目标是保持内部的稳定和实现市场扩张。高层管理人员在向下授权的同时建立了正规的控制系统。

（四）精耕细作阶段的组织特征

步入成熟期的组织规模很大，而且呈行政式机构特征，设有大量的控制系统、规则和程序。组织的管理者会试图在行政式机构内发展某种团队工作思想，以防止进一步的行政机构化。高层管理者关注的是建立一个完善的组织。组织的地位和声望十分重要。创新通过研究开发部的活动得到制度化。管理当局可能对行政式机构进行一些改革，使之精简和流程化。

第五节　组织规模和组织文化

一、组织规模与组织设计

组织规模大还是小的问题源于对组织成长的认识。许多组织都感到存在一种压力，需要不断地成长壮大。大型组织与小型组织的区别见表 3-9 所示。

表 3-9　大型组织与小型组织的区别

大型组织	小型组织
规模经济性	适应性、灵活性
全球发展	区域发展
纵向层级的、机械式	扁平、有机式
复杂的结构	简单的结构
稳定的市场	寻找细分市场
组织者	企业家

大型、具有规模经济性是许多参与全球化竞争的组织必备的条件。大型组织往往以一种标准化甚至常常是机械化的方式运作，并且呈现出高度的复杂性。复杂性使组织拥有大量的职能专家，他们能完成复杂的任务，生产出复杂的产品。而且，大型组织一旦成为稳定运行的机构，能在市场上持续地生存很多年。这样的组织可以为员工提供稳定的就业以及提薪和晋升的等机会。

一种对立的观点认为小的就是美好的。他们主张，全球经济中成功的关键，是要能在瞬息万变的市场中保持灵活性和反应的能力。小型组织在需要快速应对顾客需求及环境和市场条件时能显示出巨大的优势。小型组织实行的是一种扁平化的结构和机动、灵活的管理风格，因而有助于激发创新精神和创造力。员工在小型组织中的个人高度参与感也极大激发了他们的工作积极性和对组织的全身心投入，这些组织的员工已认同了组织的使命。

小型组织独有的优势使之获得成功壮大，从而成为大型的组织，这是一个悖论。小型组织可能成为其自身成功的牺牲品,因为伴随着组织的成长壮大,它可能会转向层级的机械式结构。

解决这一问题的途径之一是前通用电气公司董事长兼 CEO 杰克·韦尔奇(Jack Welch)所称的“大企业与小企业的混合体”结构,也就是将大型组织所拥有的资源和渠道优势与小型组织特有的简单性和灵活性相结合。提供全方位服务的全球性组织需要有充足的资源作为基础,同时,还需要有足够的复杂程度和层级,这样才能很好地满足世界范围内的顾客需要。大型组织的发展证明,规模与反应速度及灵活性不一定是冲突的。事业部型结构是大型组织成为大型组织与小型组织混合体的一种方法。通过将大型组织重组为若干小型组织,大型组织就获得了小型组织的思维模式和经营优势。

二、组织文化与组织设计

组织文化(Organizational Culture)是组织成员共有的价值观和信念体系。这一体系在很大程度上决定了组织成员的行为方式。它代表了组织成员所持有的共同观念。在每个组织中,都存在着随时间演变的价值观、信条、神话以及惯例的体系或模式。这些共有的价值观在很大程度上决定了雇员的看法及对世界的反应。

对文化的定义有以下几方面的含义:首先,文化是一种感知。个人基于在组织中所看、所听、所经历的一切来感受组织的文化。其次,尽管个人具有不同的背景或处于不同的等级,他们仍往往采用类似的术语来描述组织的文化。这就是文化的共有方面。最后,组织文化是一个描述性术语。它与成员如何看待组织有关,而无论他们是否喜欢其组织。它是描述而不是评价。

组织的文化应该有助于强化组织在竞争环境中有效运营所必须实施的战略和结构设计。具体来说,如果外部环境要求组织具有灵活性和应变能力,那么组织文化就应该能鼓励对环境的调适。如果在组织文化、战略、结构及环境之间保持正确的关系,会有助于提高组织的绩效。

组织文化可以从两个角度来进行评估:竞争环境要求灵活性或稳定性的程度;战略焦点是集中在组织内部还是外部。依据这两个维度特征可以区分为四种类型的文化:适应型文化、使命型文化、团体型文化以及行政机构型文化,如图 3-20 所示。无论哪一类型文化,只要它与外部环境的要求和组织的战略重点相匹配,就可能是成功的、有效的文化。

适应型文化(Adaptability Culture)是以战略焦点集中于外部环境为特征的,这类文化倡导那些能支持组织提高探察和解释环境的能力并将环境中的信号转化成相应要采取的反应行动的这样一种行为规范和信念。然而,这种文化类型的组织并不是对环境变化作出快速的反应,而是积极地创造变化。因此,它重视革新、创

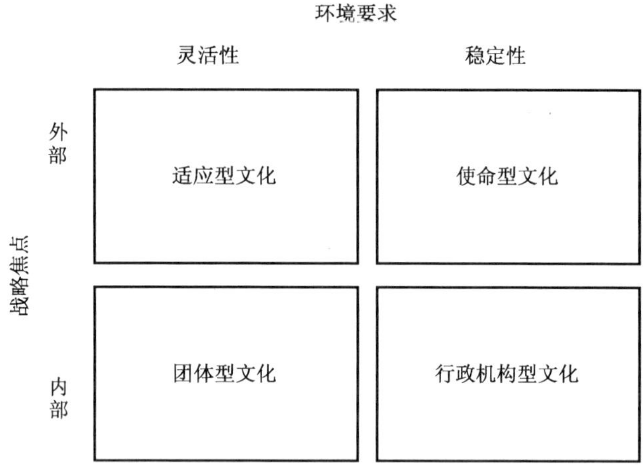

图 3-20 环境、战略与组织文化的关系

造和冒险行为。

使命型文化(Mission Culture)的特征是:强调对组织的宗旨和目的要有清楚的认识,并注重通过销售增长、盈利能力或市场份额目标的达成来促进组织宗旨和目的的实现。具体地讲,每名员工都对一个特定领域的绩效负责,同时组织也许诺对取得了预期成果的员工给予一定的奖赏。管理者通过设定和沟通组织预期的未来状态来引导员工的行为。因为所面临的环境是稳定的,管理者可以将组织的目的转化成可衡量的目标,并根据这些目标实现的情况评价员工的绩效水平。在一些情况下,使命型文化代表了强势竞争和利润导向的行为。

团体型文化(Clan Culture)下组织的主要关注点是组织成员的介入和参与及对外部环境迅速变化的要求作出反应。与其他种类的文化相比,这种文化更强调满足员工的需要是取得高绩效的关键。介入和参与会使人产生责任感和主人翁意识,因而会使员工对组织作出更大的承诺和贡献。在一个团体型文化中,一个很重要的价值观就是照顾好员工,确保他们拥有其所需的东西以提高员工的满意度和生产率。时尚和零售产业的公司经常采用这种文化,它通过激发员工的创造力以适应顾客品味的快速变化。

行政机构型文化(Bureaucratic Culture)下的组织更多关注组织内部,它适应外部稳定的环境而强调组织内行为的一致性。这类组织所拥有的文化更注重业务经营的方式方法。它使用仪式、象征物、反映英雄人物事迹的典故等来促进员工的合作,发扬组织的传统,以及促使人们遵守既定的政策、惯例,以此作为实现目标的手段。在这种组织中,个人的参与在某种意义上说是比较低的,取而代之的是对组织成员行为一致性、循规蹈矩和合作等的强调。这种组织是依靠高度的整合能力和效率而取得成功的。

本章扩展

案例分析

美国杜邦公司(DuPont Company)是世界上最大的化学公司,已有200多年的历史。这200多年中,尤其是20世纪以来,企业的组织结构历经变革,其根本点在于不断适应企业的经营特点和市场情况的变化。杜邦公司所创设的组织结构,曾成为美国各公司包括著名大公司的模式,并反映了企业组织结构发展演变的一般特点。

(一)成功的单人决策及其局限性

历史上的杜邦家族是法国王室的贵族,受到1789年法国大革命的冲击,老杜邦带着两个儿子伊雷内和维克托逃到美国。1802年,儿子们在特拉华州布兰迪瓦因河畔建起了火药厂。由于伊雷内在法国时是个火药配料师,与他同事的又是法国化学家拉瓦锡,加上美国历次战争的需要,工厂很快站稳了脚跟并发展起来。

整个19世纪,杜邦公司基本上是单人决策式经营,这一点在亨利这一代尤为明显。亨利是伊雷内的儿子,军人出身,由于接任公司以后完全是一套军人派头,所以人称"亨利将军"。在公司任职的40年中,亨利以军人严厉粗暴的铁腕方式统治着公司。他实行的一套管理方式,被称为"恺撒型经营管理"。这套管理方式无法传喻,也难以模仿,实际上是经验式管理。公司的所有主要决策和许多细微决策都要由他亲自制定,所有支票都得由他亲自开,所有契约也都得由他签订。他一人决定利润的分配,亲自周游全国,监督公司的好几百家经销商。在每次会议上,总是他发问,别人回答。他全力加速账款收回,严格支付条件,促进交货流畅,努力降低价格。亨利接任时,公司负债高达50多万美元,而亨利来后却使公司成为此行业的领导者。

在亨利的时代,这种单人决策式的经营基本上是成功的。这主要是因为公司规模不大;经营产品比较单一,基本上是火药;公司产品质量具有绝对优势,竞争者难以超越;市场变化不甚复杂。单人决策之所以取得了较好效果,这与"将军"的非凡精力也是分不开的。直到72岁时,亨利仍不要秘书的帮助;任职期间,他亲自写的信不下25万封。

但是,正因为这样,亨利死后,继承者的经营终于崩溃了。亨利的侄子尤金,是公司的第三代继承人。亨利是与公司一起成长的,而尤金一下子登上舵位,缺乏经验,晕头转向。他试图承袭其伯父的作风经营公司,也采取绝对的控制,亲自处理细枝末节,亲自拆信复函,但却使他陷入公司错综复杂的矛盾之中。1902年,尤金去世,合伙者也都心力交瘁,两位副董事长和秘书兼财务长终于相继累死。这不仅是由于他们的体力不堪重负,还因为当时的经营方式已与时代不相适应。

(二)集团式经营的首创

正当公司濒临危机、无人敢接重任、家族拟将公司出卖给别人的时候,三位堂兄弟挺身而出买下了公司,以图东山再起。

三位堂兄弟不仅具有管理大企业的丰富知识,而且具有在铁路、钢铁、电气和机械行业中采用先进管理方式的实践经验,有的还请泰罗当过顾问。他们果断地抛弃了“亨利将军”的那种单枪匹马的管理方式,精心构建了一个集团式经营的管理体制。在美国,杜邦公司是第一家把单人决策改为集团式经营的公司。

集团式经营最主要的特点是建立了“执行委员会”,它隶属于最高决策机构董事会之下,是公司的最高管理机构。在董事会闭会期间,大部分权力由执行委员会行使,董事长兼任执行委员会主席。1918 年时,执行委员会有 10 个委员、6 个部门主管、94 个助理,高级经营者年龄大多在 40 岁上下。

公司抛弃了当时美国流行的体制,建立了预测、长期规划、预算编制和资源分配等管理方式。在管理职能分工的基础上,建立了制造、销售、采购、基本建设投资和运输等职能部门。在这些职能部门之上,是一个高度集中的总办事处,控制销售、采购、制造、人事等工作。

执委会每周召开一次会议,听取情况汇报,审阅业务报告,审查投资和利润,讨论公司的政策,并就各部门提出的建议进行商讨。对于各种问题的决议,一般采用投票、多数赞成通过的方法,权力高度集中于执委会。各单位申请的投资,要经过有关部门专家的审核,对于超过一定数额的投资,各部门主管没有批准权。执委会作出的预测和决策,一方面要依据发展部提供的广泛的数据,另一方面要依据来自各部门的详尽报告,各生产部门和职能部门必须按月按年向执委会报告工作。在月度报告中提出产品的销售情况、收益、投资以及发展趋势;年度报告还要论及五年及十年计划,以及所需资金、研究和发展方案。

由于在集团经营的管理体制下,权力高度集中,实行统一指挥、垂直领导和专业分工的原则,所以秩序井然,职责清楚,效率显著提高,大大促进了杜邦公司的发展。20 世纪初,杜邦公司生产的五种炸药占当时美国全国总产量的 64%~74%,生产的无烟军用火药则占 100%。第一次世界大战中,协约国军队 40%的火药来自杜邦公司。公司的资产到 1918 年增加到 3 亿美元。

(三)充分适应市场的多分部体制

可是,随着杜邦公司在第一次世界大战中的大幅度扩展,以及逐步走向多角化经营,使其组织结构遇到了严重问题。每次收买其他公司后,杜邦公司都因多角化经营遭到严重亏损。这种困扰主要是由于公司的原有组织结构对成长缺乏适应力。1919 年,公司的一个小委员会指出:问题在于过去的组织结构没有弹性。尤其是 1920 年夏到 1922 年春,市场需求突然下降,使许多企业出现了所谓存货危机。这使人们认识到:企业需要一种能力,即易于根据市场需求的变化改变商品流量的能力。继续保持那种使高层管理人员陷入日常经营、不去预测需求和适应市场变化的组织结构形式,显然是错误的。一个能够适应大生产的销售系统对于一个大公司来说,已经成为至关重要的问题。

杜邦公司经过周密的分析,提出了一系列组织结构设计的原则,创造了一个多分部的组织结构。在执行委员会下,除了设立由副董事长领导的财力和咨询两个总部外,还按各产品种类设立分部,而不是采用通常的职能式组织如生产、销售、采购等。在各分部下,则有会计、供应、生产、销售、运输等职能处。各分部是独立核算单位,分部的经理可以独立自主地统管所属部门的采购、生产和销售。

在这种形式的组织结构中,自治分部在不同的、明确划定的市场中,通过协调从供给者到消费者的流量,使生产和销售一体化,从而使生产和市场需求建立密切联系。这些以中层管理人员为首的分部,通过直线组织管理其职能活动。高层管理人员总部在大量财务和管理人员的帮助下,监督这些多功能的分部,用利润指标加以控制,使它们的产品流量与波动需求相适应。

由于多分部管理体制的基本原理是政策制定与行政管理分开,从而使公司的最高领导层摆脱了日常经营事务,把精力集中在考虑全局性的问题上,研究和制定公司的各项政策。

新分权化的组织使杜邦公司很快成为一个具有效能的集团,所有单位构成一个有机的整体,公司组织具有很大的弹性,能适应需要而变化。这使杜邦公司得以在20世纪20年代建立起美国第一个人造丝工厂,以后又控制了赛璐珞生产的75%~100%,垄断了合成氨。而且在20世纪30年代后,杜邦公司还能以新的战略参加竞争,那就是致力于发展新产品,垄断新的化学产品生产。从20世纪30年代到60年代,被杜邦公司首先控制的、有着重要意义的化学工业新产品有:合成橡胶、尿素、乙烯、尼龙、的确良、塑料等,直到参与第一颗原子弹的制造,并迅速转向氢弹生产。

(四)“三驾马车式”的体制

杜邦公司的执行委员会和多分部的管理结构,是在不断对集权和分权进行调整的情况下去适应市场需要的。例如,20世纪60年代后期,公司发现各部门的经理过于独立,以致有些情况连执行委员会都不了解,因此又一次作了改革:一些高级副总经理同各工业部门和职能部门建立了联系,负责将部门的情况汇报给执委会,并协助各部门按执委会的政策和指令办事。

20世纪60年代以后,杜邦公司的组织结构又发生了一次重大的变更,这就是建立起了“三驾马车式”的组织体制。

新的组织体制是为了适应日益严峻的企业竞争需要而产生的。20世纪60年代初，杜邦公司接二连三地遇到了难题：过去许多产品的专利权纷纷满期，在市场上受到日益增多的竞争者的挑战；道氏化学、孟山都、美国人造丝、联合碳化物以及一些大石油化工公司相继成了它的劲敌。以至于1960至1972年，在美国消费物价指数上升4%、批发物价指数上升25%的情况下，杜邦公司的平均价格却降低了24%，使它在竞争中蒙受重大损失。再加上它掌握了多年的通用汽车公司10亿多元股票被迫出售，美国橡胶公司转到了洛克菲勒旗下，公司又历来没有强大的金融后盾，真可谓四面楚歌，危机重重。

1962年，公司的第十一任总经理科普兰上任，他被称为危机时代的起跑者。

公司新的经营战略是：运用独特的技术情报，选取最佳销路的商品，强力开拓国际市场；发展传统特长商品，开发新的产品，稳住国内势力范围，争取巨额利润。

然而要转变局面绝非一朝一夕之功，这是一场持久战。有了新的经营方针，还必须有相应的组织结构作为保证。除了不断完善和调整公司原设的组织结构外，1967年底，科普兰史无前例地把总经理一职让给了非杜邦家族的马可，财务委员会议议长也由别人担任，自己专任董事长一职，从而形成了一个“三驾马车式”的体制。1971年，他又让出了董事长的职务。

这一变革具有两方面的意义。一方面，杜邦公司是美国典型的家族公司，公司几乎有一条不成文的法律，即非杜邦家族的人不能担任最高管理职务。甚至实行同族通婚，以防家族财产外溢。现在这些惯例却被大刀阔斧地砍去，不能不说是一个重大的改革。虽然杜邦公司一直是由家族力量控制，但是董事会中的家族比例越来越小。在庞大的管理等级系统中，如果不是专门受过训练的杜邦家族成员，已经没有发言权。另一方面，在当代，企业结构日益庞大，业务活动非常复杂，最高领导层工作十分繁重，环境的变化速度越来越快，管理所需的知识越来越高深，实行集体领导，才能做出最好的决策。在新的体制下，最高领导层分别设立了办公室和委员会，作为管理大企业的“有效的富有伸缩性的管理工具”。科普兰说：“‘三驾马车式’的集团体制，是今后经营世界性大规模企业不得不采取的安全设施”。

20世纪60年代后杜邦公司的几次成功，不能说与新体制无关。过去，杜邦公司是向联合碳化物公司购买乙炔来生产合成橡胶等产品的，现在，它自己开始廉价生产，使联合碳化物公司不得不关闭了乙炔工厂。在许多化学公司挤入塑料行业的情况下，杜邦公司另外找到了出路，向建筑和汽车等行业发展，使60年代每辆汽车消耗塑料比50年代增加了3~6倍，70年代初，杜邦公司又生产了一种尼龙乙纤维，挤入了钢铁工业市场。

所以，可以毫不夸张地说，杜邦公司成功的秘诀，首先在于使企业的组织结构适应需要，即适应生产特点、企业规模、市场情况等各方面的需要。而且，这样的组织结构也不是长久不变的，需要不断加以完善和发展。

思考题：
说明杜邦公司的组织结构是如何与不同发展阶段的特点相适应的。

讨论与思考

1. 组织设计有哪些权变因素？
2. 简述组织设计的各个权变因素对组织设计的影响。

扩展阅读索引

[1]理查德 L 达夫特．组织理论与设计[M].10 版．王凤彬,等,译．北京:清华大学出版社,2011.

[2]雷蒙德·迈尔斯,查尔斯·斯诺．组织的战略、结构和过程[M]．北京:东方出版社,2006.

第四章

组织变革

本章重点介绍组织变革的理论和实施程序,读者应着重理解组织变革的理论,掌握组织变革的实施过程和实施技巧。

第一节　组织变革概述

一、组织变革的内容

所谓组织变革(Organizational Change),就是组织为适应外部环境及内部条件的变化而对组织的目标、结构、技术任务,以及人员等所作的各种调整、改变和创新,以提高生存和发展能力的过程。组织变革使组织适应不断变化的环境,保持自我进化能力和创新能力,是组织发展的重要手段,对维系组织生存,促进组织健全发展具有重要意义。

(一)组织结构变革

组织结构变革是指根据环境的变化对原有组织结构进行的再设计。它是针对组织在特定时期的特定任务,对组织结构进行针对性变更,以利于组织实现目标。现在有许多组织正在进行削减管理层次、下放决策权的变革,并出现了向更为横向型的结构转变的强劲势头。在这样的结构中,由基层员工组成的团队得到授权可以自主地做出决策、解决问题。一些组织正在彻底脱离传统组织形式，开始转向虚拟网络型的战略和结构。

（二）任务、技术变革

任务、技术变革是指对组织各部门、各层次工作任务进行重新组合，改革原有的工作流程，更新组织的生产设备，采用新工艺、新方法，进行技术革新挖潜，实行控制技术和生产进度等一套新的管理技术，从而提高生产效率和产品质量，实现组织变革的目的。

（三）文化变革

文化变革是指员工的价值观、态度、期望、信念、能力和行为的变革。文化变革涉及员工思维方式的变革。组织是由人组成的，组织结构、技术、任务的变革不会自动发生，这些领域的任何变革都同时涉及人的变革。

（四）产品和服务变革

产品和服务变革是指一个组织的产出方面的变革。新产品可以指对现有产品的少许改进，也可以是全新的产品。生产新产品、提供新服务的目的是为了增加市场份额，或者开发新市场、新顾客。例如，印度塔塔公司（Tata）的 mKrishi 咨询服务，通过手机向印度农民发送天气信息和农作物种植建议。这项服务结合了现有的技术，如远程传感、语音信息和视频电话，以一种新的方式来服务市场。

二、组织变革的原因

（一）外部原因

1. 社会经济环境的变化。社会经济不断发展，人民生活水平不断提高，使得市场更为广阔，产品更新换代速度加快，工作自动化程度不断提高，再加上国家的经济政策、法规等的变化，均会迫使组织进行变革。

2. 科学技术的发展。科学技术的迅速发展及其在组织中的应用，如新发明、新产品、自动化、信息化等，使得组织的结构、运行等都产生了巨大变化，这些变化也会推动组织不断地进行变革。

3. 管理理论与实践的发展。管理的现代化，新的管理理论的应用和管理实践的进展，都要求组织变革过去的旧模式，对组织要素和组织运行过程的各个环节进行合理的协调和组织，从而对组织提出变革的要求。

（二）内部原因

1. 组织目标的选择与修正。组织的目标并不是一成不变的，当组织目标在实施过程中与环境不协调时，需要对目标进行修正。组织的目标改变了，组织需要相应调整自身的结构、组织的工作流程以及组织文化等，促使组织进行变革。

2. 组织结构与职能的调整和改变。组织会根据内、外环境的要求对自身的结构进行适时的调整与改变，如管理幅度和层次的重新划分、部门的重新组合、各部门工作的重新分配等。同时，组织在发展的过程中，亦会不断抛弃旧的不适用的职能并不断承担新的职能，如社会福利事业、防止公害、保护消费者权益等。这些均会促使组织进行不断的变革。

3. 组织内员工观念的变化。随着社会、组织的不断发展，员工在知识结构、心理需要以及价值观等方面都会发生相应的变化，如更注重个人的职业发展和管理中的平等自主，这些变化必将带动组织的变革。

（三）管理者的推动

组织内的变革需要一种催化剂，起催化剂作用并承担变革过程管理责任的人成为变革推动者。任何管理者都可以成为变革推动者，我们在讨论有关变革的内容时，通常假定变革是由组织内的管理者发起并协调实施的过程。对大范围的变革来说，组织经常会聘请外面的咨询人员提供建议和帮助，由于这些人来自外部，他们将提供内部人可能缺乏的一种客观的角度。不过，外部咨询人员通常对组织的历史、文化、操作程序及人员的认识非常有限，因此也有缺点。外部咨询人员还经常比内部人更倾向于主张急剧的变革（这可能是利，也可能是弊），因为他们在变革推行后不必生活在随之产生的各种反应中。相反，内部管理者作为变革推动者时可能更深思熟虑，也可能更小心谨慎，因为他们必须与其决策的结果终日为伴。

第二节　组织变革的理论

组织变革的理论包括组织变革的阶段模型和组织变革的方式。组织变革的阶段模型是从组织变革的过程角度来说明如何来进行变革，包括卢因的三阶段变革模型、科特的领导变革模型、卡斯特模型、唐纳利模型和施恩的适应循环模型；组织变革的方式是从组织变革过程的权利分配、组织变革的重点的角度来说明如何进行组织变革，包括格雷尔模式、莱维特模式和欧文斯模式；从组织变革的策略角度，组织变革的过程又分为渐进式变革和激进式变革。这些理论都是从不同角度来解释如何进行组织变革，在进行组织变革时，应综合加以考虑。

一、组织变革的阶段模型

（一）卢因的三阶段变革模型

组织变革模型中最具影响的是卢因变革模型。库尔特·卢因（Kurt Lewin）提出

"解冻、变革、再冻结"三阶段的有计划组织变革模型,用以解释和指导如何发动、管理和稳定变革过程。这个组织变革模型也叫作"力场"组织变革模型,见图4-1。

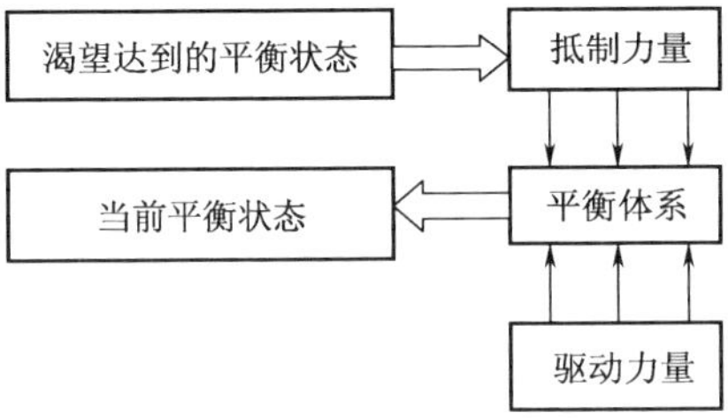

图4-1　卢因的"力场"组织变革模型

卢因把组织描述成为一个具有稳定状态或者由相等的反向力量组成的"平衡体"。他认为,组织存在很多"驱动力量",即变革的压力,包括竞争压力、新技术的传播、组织内部的创造性和变革,以及商业运作方面的新立法、环保问题和员工权利等。而均衡这些驱动力量的是许多"抵制力量",包括组织中固化的传统习惯和惯例、贸易联盟的协定、组织文化和思想观念等。由于每一种力量都必须要抵消其他力量,系统因而处于平衡状态。卢因认为推动组织实施变革的动因在于"驱动力量"和"抵制力量"之间的互相作用力,这种力量随着环境的变化而此消彼长,互为胜负。而组织就是在这两种作用力之间寻求平衡,每一次从一种平衡达到另一种平衡,组织即发生激烈的变革。

卢因根据自己的模型断言,可以把任何组织的变革过程想象成为推动目前的平衡状态向人们渴望的状态,或者说建立新的平衡状态的转变。卢因因而提出了这个"三阶段组织变革模型"理论。

1. 解冻。这一步骤的焦点在于创造变革的动力,鼓励员工改变原有的行为模式和工作态度,采取新的适应组织战略发展的行为与态度。为了做到这一点,一方面,需要对旧的行为与态度加以否定;另一方面,要使组织成员认识到变革的紧迫性。可以采用比较评估的办法,把组织的总体情况、经营指标和业绩水平与其他优秀组织或竞争对手加以比较,找出差距和解冻的依据,帮助组织成员"解冻"现有态度和行为,使之迫切要求变革,愿意接受新的工作模式。同时,应注意创造一种开放的氛围和心理上的安全感,减少变革的心理障碍,提高变革成功的信心。

2. 变革。这一步骤的焦点在于指明变革方向,给组织成员提供新信息、新行为模式和新的视角,进而形成新的态度和行为。这一步骤中,应该注意为新的工作态度和行为树立榜样,可以采用角色模范、导师指导、专家演讲、群体培训等多种途径。

3. 再冻结。这一步骤的焦点在于利用必要的强化手段使新的态度与行为固定下来，使组织变革处于稳定状态。为了确保组织变革的稳定性，需要注意使管理人员有机会尝试和检验新的态度与行为，并及时给予正面的强化；同时，加强群体变革行为的稳定性，促使形成稳定持久的群体行为规范。

（二）科特的领导变革模型

约翰·P. 科特（John P. Kotter, 1995）建立的组织变革模型是在总结了20世纪80年代到90年代末的组织变革实践基础上提出的。他在其专著《变革》中提出，组织变革失败往往是由于高层领导犯了以下错误：没有能建立变革需求的急迫感；没有创设负责变革过程管理的强有力领导联盟；没有确立指导变革过程的愿景和规划；缺乏对愿景规划进行有效的沟通；没有扫清实现愿景规划的障碍；没有系统计划并获取短期利益（或胜利）；过早地宣布大功告成；未能让变革在组织文化中根深蒂固，等等。

科特制定了一个指导重大改革的八阶段流程，如图4-2所示。他认为，如果组织按此八个阶段往前推进，则组织变革成功的概率就会大增，这八个阶段是：

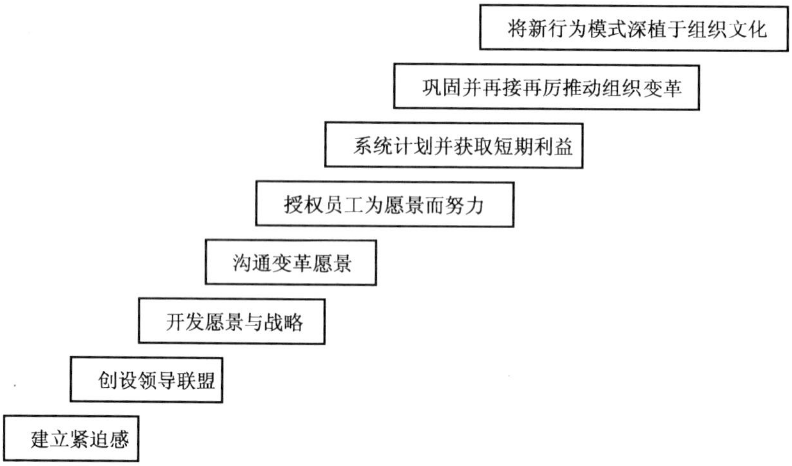

图4-2　科特的组织变革模型

1. 建立紧迫感。考虑组织面临的市场和竞争状况，识别并讨论现实危机、潜在的危机或重大机遇，在组织中不断创造危机意识。

2. 创设领导联盟。组建强有力的群体（变革团队）来领导变革；鼓励组织的群体成员协调作战。

3. 开发愿景与战略。构建组织新的愿景规划，帮助指导变革努力；设计实现这一愿景规划的战略。

4. 沟通变革愿景。利用各种可能的媒体手段，与组织成员广泛沟通新的愿景规划和战略;通过领导联盟的示范来宣传贯彻新的组织目标和行为。

5. 授权员工为愿景而努力。扫清组织变革的障碍;改变损害愿景的规划和体制、结构及流程;鼓励创新,鼓励非传统的观点、活动和行为,授权组织成员实施组织制定的愿景规划。

6. 系统计划并获取短期利益。为有形的绩效改进做出规划;实现这些绩效改进;对参与绩效改进并获得短期胜利的组织成员进行表彰和奖励。

7. 巩固并再接再厉推动组织变革。利用日益提高的信誉,持续并彻底改变与愿景规划不相适应的体制、结构、制度及文化;对能够执行愿景规划的员工进行聘用、晋升和开发;利用新项目、新论点再次激活整个过程;进一步巩固已有成果并深化变革。

8. 将新行为模式深植于组织文化。对组织文化变革加以明确定位,同时阐明新的组织行为与实现组织目标之间的关系;利用各种手段,确保领导和员工的培训开发和后继有人;使新的工作办法及行为模式制度化。

(三)卡斯特模型

弗里蒙特·E. 卡斯特(Fremont E. Kast)是美国华盛顿大学的教授,也是管理理论中系统管理学派的主要代表人物。他与詹姆斯·E. 罗森茨韦克(James E. Rosenzweig)合著的《组织与管理——系统方法与权变方法》一书中,把组织变革分为六个步骤:

1. 对组织本身、组织取得的成就和缺陷进行回顾、反省和检查,分析研究组织所处的内外部环境,为组织变革做准备。

2. 总结组织中存在的问题,明确进行变革的必要性。

3. 将组织的现状与所期望的状态比较,进一步探明问题,发现差距,明确变革的方向。

4. 确定解决问题的方法:产生可供选择的多种方法,对这些方法进行评定,讨论怎样行动及测量绩效的方法,经过讨论作出选择。

5. 实行变革:按照选定的方法进行变革的具体行动。

6. 反馈:根据组织变革的效果,评定效果与计划有什么问题;若有问题,根据上述步骤再次循环。

(四)唐纳利模型

美国管理学家詹姆斯·唐纳利(James H. Donnelley Jr.)于 1978 年在《管理学原理》一书中提出了一种组织变革的模型,如图 4-3 所示。

唐纳利将组织变革划分为八个阶段:第一,确定变革力量,即要求变革的压力,主要包括外部力量和内部力量;第二,认识进行变革的需要,要求领导者能敏锐地自组织发生重大问题之前就认识变革的需要,捕捉组织内需要改变的信息;第三,

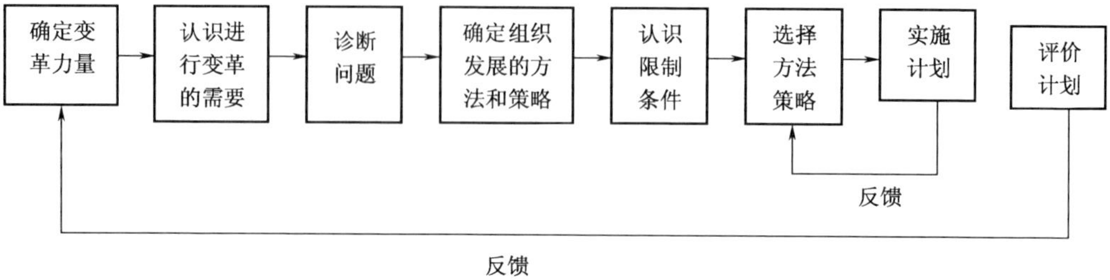

图 4-3 唐纳利组织变革模型

诊断问题,要弄清楚问题的实质,要进行些什么改变,变革的目标是什么,变革的方法和策略是什么;第四,确定可供选择的组织发展的方法和策略;第五,认识限制条件,摸清这些限制条件及其影响程度;第六,选择方法和策略;第七,实施计划,要注意选择变革的时机和范围;第八,评价计划,对实施变革和要求变革的力量这两个阶段都要提供反馈。

(五)施恩的适应循环模型

艾德加·施恩(Edgar Schein)认为,组织变革是一个适应循环的过程,一般分为六个步骤:

1. 洞察内部环境及外部环境中产生的变化。
2. 向组织中有关部门提供变革的确切信息。
3. 根据输入的情报资料改变组织内部的生产过程。
4. 减少或控制因变革而产生的负面作用。
5. 输出变革形成的新产品及新成果等。
6. 经过反馈,进一步观察外部环境状态与内部环境的一致程度,评定变革的结果。

二、组织变革的方式

(一)格雷尔模式

哈佛大学教授格雷尔(Lang G. Greiner)认为,在论及组织变革时,可以根据组织内谁有权力来讨论、决定并执行变革来区分组织变革的方式。而组织变革权力可以分为单方面行动的权力、权力分享和权力下放。依靠这三种权力分配情况的运用,可以区分为以下七种不同的组织变革方式。

1. 命令式的变革方式:即具有较高正式权力的人,单方面宣布变革,然后把变革的命令传达至基层人员,要求无条件地执行。

2. 取代式的变革方式:即将更为合适的人选安排到组织内重要的岗位。此种方式是假定组织变革的目标是把不称职者换掉，提高人员素质，以人员调动推动组织变革。

3. 结构变革方式：它是希望借着改变正式组织结构来影响成员的行为。此种方式是假设员工的行为是与他们所处的组织结构相一致的，组织结构不同，员工的行为方式也会跟着发生变化。

以上这三种变革方式的共同特点是，变革的权力单方面地集中掌握在上层，由上层人员指出组织的问题，并提出解决问题的方法，然后由下属去执行，这是一种单方权力的变革。

4. 群体决策的变革方式：即事先由上司拟订多种解决问题的方案，然后由组织中的成员共同参与方案的选取。此种方式并不涉及组织问题的认定与问题的解决，只是强调对某一行动方案，从上到下要有大体一致的看法。

5. 群体解决问题的变革方式：即不仅由群体共同讨论问题，而且共同确定组织变革的方法。在此种方式之下，下属参与了决策过程，扮演了较宽的决策角色，作出了更多的承诺，而且也会追求更多的知识，以便对问题的界定能发表自己的见解。

以上这两种变革方式的共同特点是，下属在参与组织变革中的权力扩大了，上司与下属之间在组织变革的问题上出现了权力的互动与分享，因而是一种权力分享型的变革方式。

6. 个案讨论的变革方式：此种方式的变革，主要在于强调员工具有熟练的知识与技能，着重注意解决当时的特定的问题、个案性的问题。通常是由权威人士运用他们的影响和权力来指导问题的讨论，鼓励组织成员进行独立分析，发表自己的见解，并采用他们认为适当的方式来进行变革，上司避免将自己的看法强加于下属。此种方式的变革假定，下属各成员在经过对实际情况的讨论以后，将会开发和培养出解决问题的一般能力，并能帮助他们实施一连串的有关个体的和组织的变革。

7. 敏感性训练的变革方式，也称 T-团体训练或训练小组训练，目的是通过受训者在共同学习环境中的相互影响，提高受训者对自己的感情和情绪、自己在组织所扮演的角色、自己同别人的相互影响关系的敏感性，进而改变个人和团体的行为，达到提高工作效率、满足个人需求的目的。此种方式的变革主要在于强调通过人际关系的改善来实现组织的变革，目的是提高工作绩效。敏感性训练一般要经过三个阶段：①旧态度解冻；②加强敏感性，即改变旧态度，树立新态度；③新态度的巩固。

以上这两种变革方式的共同特点是，把组织变革的权力交给了下属，让下属来决定问题，并承担责任。这是一种权力下放的变革方式。

格雷尔在研究了许多组织的变革后得出一个结论,组织变革的成功方式是采用权力分享型,而不是单方权力型或权力下放型。由此我们得到一点启示,组织变革要减少阻力,取得成功,需要上下达成共识,共同采取行动,共同参与变革,单靠上层或单靠基层的努力都会困难重重。

(二)莱维特模式

莱维特(H. leavitt)认为,组织是一个多变量的系统,其中任何一个变量发生变化,其他变量也将发生相应的变化。在有计划的变革过程中,相互间起显著作用的四个变量是任务、结构、人员和技术,它们是相互依赖的,组织变革可以通过改变其中任意或改变综合几个变量来进行。在莱维特构想的基础上,一般将组织变革归纳为三种方式:

1. 以组织结构为重点的方式。结构的改变,也就是对组织成员及领导者所担负的责任和相互关系进行调整,包括划分和合并新的部门、协调各部门工作、调整管理幅度和管理层次等。

2. 以工作任务和技术为重点的变革方式。这种变革方式主要是指对组织部门、层次、工作任务进行重新组合,改变原有的工作流程;更新完成工作和任务的技术工具,改变解决问题的机制和研究解决问题的方法,以及采用这种新方法的程序。

3. 以人为重点的变革方式。这是实现所有变革的基础,无论是组织结构的变革,还是任务和技术的变革,都离不开人的重要作用。以人为重点的变革主要是知识的变革、态度的变革以及整个群体行为的变革。

(三)欧文斯模式

由于组织具有整体性和系统性的特点,人们已更多地倾向于采取组织变革的系统方式。欧文斯(Rober G. Owens)在《教育组织行为学》一书中把这种方式归纳为以下几点:

1. 在组织进行变革时,不仅仅要改变组织系统的组成部分,即子系统,而且还必须改变整个系统,这样可以使变革长期有效,变革力更持久些。

2. 一个组织系统中,各个子系统是相互关联、相互依存的关系,所以,如果其中一个子系统发生重大的变革,那么,其他子系统也将会受到影响并产生一定的反作用和变化。

3. 组织作为一个系统,具有整体性,因此,在进行变革或处理某些问题时,一定要纵观全局,考虑相关现象、条件、问题,不能把事件孤立地看待。

4. 组织变革要依据人们的行为方式,由于这些行为是动态的,处于一种能动的平衡状态中。所以在对人们的行为模式进行分析时,要做一定时期内特定的立场分析,而不能仅停留在一般的历史资料分析。

三、渐进式变革和激进式变革

组织变革有两种不同策略的变革方式:渐进式变革和激进式变革。如图 4-4 所概括的,渐进式变革表现为一系列持续的改进。这些改进依然维持着组织的总体平衡,而且通常只影响到组织的一部分。与之相反,激进式变革打破了组织的基本运行规则,使整个组织发生改变。

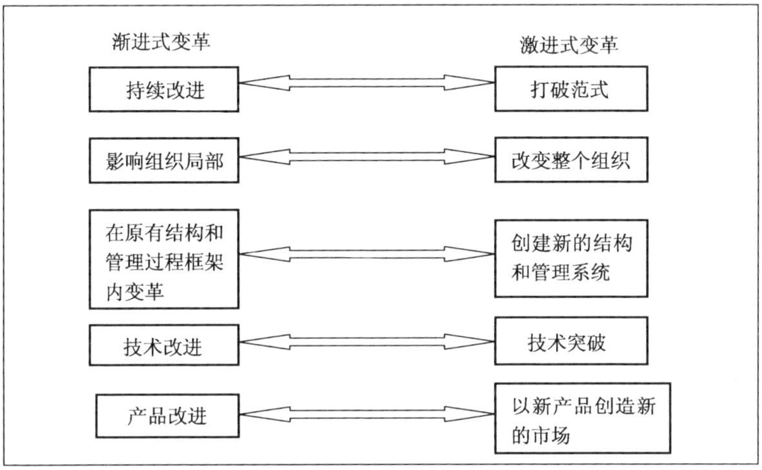

图 4-4　渐进式变革与激进式变革

比较组织变革的这两种方式,组织在实践中应当加以综合利用。在组织内外部环境发生重大变化时,有必要采取激进式组织变革以适应环境的变化,但是激进式变革不宜过于频繁,否则会影响组织的稳定性,甚至导致组织的毁灭,因而在两次激进式变革之间,在更长的时间里,组织应当进行渐进式变革。

第三节　组织变革的实施

组织变革的实施包括组织诊断、计划并执行组织变革以及组织变革的效果评估,这是实施组织变革的通用程序。组织变革的具体操作包括组织结构优化、业务流程再造以及人员思维、观念变革。

一、组织变革的实施程序

组织变革是一个过程,科学、有步骤地进行变革,才能达到改革的目的,否则就会造成管理工作的混乱和损失。科学完整的组织变革程序,应该包括三个阶段:诊断阶段、计划和执行阶段、评价阶段。评价的结果又要反馈到第二阶段,对变革的计划作出必要的修正。同时,每一个阶段又包括了一些较小的步骤,这些步骤和程序,可大致归纳为图 4-5。

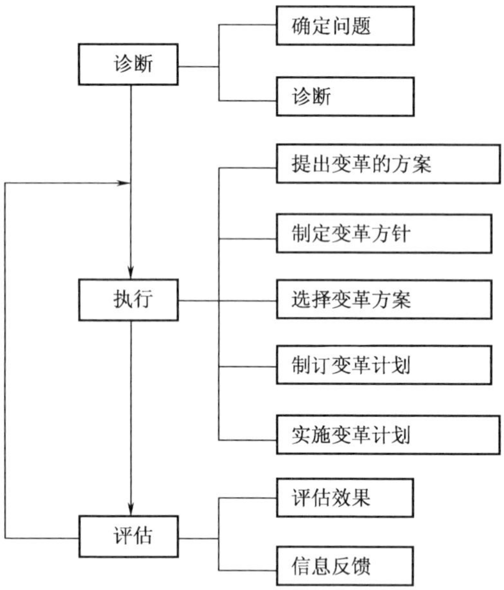

图 4-5　组织变革的程序

（一）组织诊断

有效的组织诊断需要进行组织调查和组织分析。

1. 组织调查。组织调查是指收集关于组织的各种资料和情况。在组织调查中,比较适用的方法有以下三种:

(1)系统收集现成资料。这方面的主要资料有:①岗位说明书,它包括各种岗位的名称、各项职权和责任、工作标准以及该岗位同其他有关岗位的关系。②组织结构图,用图形来描述组织的各个管理层次、部门或某一部门的管理岗位,以及它们之间的相互关系。③组织手册,组织手册通常是岗位说明书与组织结构图的综合。岗位说明书侧重说明每一岗位拥有的职责和权力,而组织结构图则侧重说明各个岗位之间的相互关系(垂直的和水平的),并概要地表明组织结构的全貌。把这两者结合起来,能较好地反映组织结构的现状。有的组织手册还包含对本组织经营目标、经营方针以及组织共同价值观的说明。④管理业务流程图。这是用图解的方法来表示某一子管理系统的业务工作流程,其内容一般包括:程序,即某一项业务从开始发生到最后结束所需的标准化程序；岗位，即根据程序及分工协作的要求，设置若干岗位，并确定它们之间的联系关系；信息传递，即岗位之间信息传递的载体形式（申请单、说明书、明细表、计划表、原始凭证等）、手续、传递路线等。⑤管理工作标准，各管理部门、岗位的工作内容及其应达到的工作标准。通常还包含具体的考核条件（时间要求、质量要求、协作配合要求等）及考核计算公式和方法等。⑥管理工作的定员和人员配备，比如各部门、各岗位的定员数，以及实际的人员配备情况，包含实际的人员数、性别、年龄、文化程度、工作年限、业务水平考核记录等。⑦员工的绩效考评及奖惩制度。

（2）组织问卷调查。组织问卷调查的主要对象是管理人员，抽样比例一般为总人数的5%～20%。进行问卷调查需要有科学的问卷设计、严格的调查实施和科学的结果分析。

（3）个别面谈和小型座谈会。对高级管理人员进行调查，一般采取个别面谈和小型座谈会的方式。这样有利于了解到比较深层次的情况。在进行这种调查之前，应事先拟定好谈话提纲。提纲的内容大致可以包括：①本部门（或本公司）的组织结构设置、人员配备，以及发展演变等情况。②本部门（或本公司）在组织设计和实际运行上的问题及原因。③为了克服上述问题，组织设计方面采取的措施；在设计和实施的过程中应该注意的问题。

2. 组织分析。在掌握了丰富、真实的资料和情况后，接下来应该进行组织分析，明确现行组织结构在设置和运行上的问题和缺点，为组织变革打下基础。组织分析的内容从总体上说，可以归纳为以下三个方面：

（1）职能分析。职能分析的主要内容有：①组织需要增加哪些职能？组织需要减少哪些职能？组织需要合并哪些职能？②确定组织的关键职能，即对组织实现战略目标有关键作用的职能。

（2）组织结构分析。通常，我们是从组织结构对组织贡献的角度来进行组织结构分析的。从对组织贡献的角度考虑，具体的贡献可以通过组织结构对组织价值创造所起到的功能大小来衡量，所有的功能可以概括为三个方面：效能、效率与安全。

①效能。效能是指实际产出与预期产出的比例。组织结构的效能，体现为组织结构对组织规划的支撑作用、对组织发展战略的推动作用、对组织满足客户需要的保证作用。如果组织结构在以上三个方面作用不突出，组织效率再高，也会因为方向的不明确或不正确阻碍组织的发展。判断组织结构的效能主要从以下几个方面进行：

首先，组织发展战略制定的情况和实施情况；现有的组织结构是否适应组织的特点和规模；是否与组织的发展阶段相适应；战略制定得是否合适；组织是否按照既定的战略方向和规划不断发展;组织结构是否发挥了其战略导向的作用;如果调整战略,需要注重新战略对组织结构功能的要求与组织结构相应功能的历史表现之间的差异。

其次,组织的目标制定的是否合理,近几年是否如期实现;如果未能实现,造成没有实现的原因是什么?是否由于不可抗拒的国家政策、市场、环境导致失败;如果的确如此,那么我们需要分析组织在危机处理、应对、发展预测分析、机会与风险研究等方面的行为。

最后,组织客户满意度的情况;与以往相比较,满意度是升高了还是下降了;如果下降了,那么需要分析导致满意度下降的原因是否与组织结构有关,具体体现在哪些方面。

②效率。效率是指实际产出与实际投入的比例。组织结构的效率,则体现为组织结构在组织以资源(人、财、物)和时间的投入换来组织新价值的过程中所发挥的能力,主要表现:一是组织内部业务运作的效率;二是对组织外部技术进步、客户需求变化以及市场变化的反应速度。在正确的战略指挥下,高效率的组织结构是组织不断追逐的目标,是组织在"硝烟弥漫"的市场竞争中制胜的有力武器。判断组织结构的效率主要从以下几个方面进行:

首先,组织工作计划(周计划/月计划/季计划)的完成情况;利用统计分析的手段,对组织各种类型的计划完成情况加以比较分析,并结合先进组织的情况进行对比研究。

其次,各部门的定位是否合理、明确;是否能够满足组织生产运营的需要;是否有与组织生产运营相抵触或多余的部门;部门间职责划分是否合理、清晰;是否有相互矛盾的职责设置;存不存在职责重复或交叉、推诿的现象;需要增加或加强哪些职能;哪些职能需要弱化或是取消。

最后,员工工作满意度与工作成就感。

③安全。安全是现在对未来的投资。组织结构的安全功能,则体现为组织结构对组织运营的持续性发展的保障作用。具体表现为:财务安全:资金不会流失,现金流稳定;产品或服务的质量安全:符合相关标准和规范,无质量事故;资产和人员的安全:注重固定资产的利用率以及骨干人员的留任率;生产经营、生产秩序、生产状况、业务行为符合法律和相关规定。判断组织结构的安全主要从以下几个方面进行:

一是组织的资金损失率、呆坏账、应收账款、预付账款、发行债券、债务、信用担保、股票市场表现等状况。

二是产品或服务的质量标准执行情况、质量标准的改进情况。

三是资产与人员安全情况、治安状况、资产利用率、人员流失率、无形资产使用情况等。

四是统计分析生产安全事故情况、采购行为、销售行为等。

(3)关系分析,即管理层次间、各管理职能间的相互关系的分析,主要包括以下一些内容:①分析某一部门应该包括哪些职能;②有哪些部门之间的职能重复过多或搭接不够;③这些部门应当担负直接指挥还是参谋服务的职能;④这些部门的业务工作应当同什么单位和什么人员发生联系;⑤要求什么人为单位提供配合和服务;⑥本部门又该为外单位提供哪些配合和服务;⑦各部门之间的协调配合和综合工作组织得如何。

(二)计划并执行组织变革

对组织进行了诊断后,接着就是研究如何进行组织变革的问题了。然而,实行变革并不是一件很容易的事情,它必然会受到来自各个方面的阻力。变革很可能会打破旧的观念,改变现行的规章制度、工作程序和管理方式,调整组织结构等。而这一切,往往有一些领导难以接受,因此,变革的阻力首先就来自上层领导。但是对于广大组织成员来说,由于不了解环境的变化和变革的必要性,也可能对变革不理解而持消极态度,从而使变革再次受阻。因此,为了实行变革,就必须进行宣传教育,提高对变革意义的认识,使全体成员都能积极参与到变革中来。

为了使变革能够顺利进行,在提高认识、清除阻力的同时,还必须依据对组织的诊断结果来制订切实可行的变革计划。在制订变革计划时,充分地让组织成员参加到计划的讨论和参与决策过程中,从而使变革的计划成为全体成员的计划,而不是少数领导的计划。当变革计划制订以后,可先在局部试行,以检验计划的可行性。然后根据试行的结果对计划再进行修改补充,取得经验后在全体组织内试行,进而在实行中不断改进。

(三)组织变革的效果评估

变革的成败取决于变革效果。因此,在变革的过程中,对变革效果反馈的结构进行研究分析,不断地整理在变革中出现的问题是非常重要的。为了获得反馈信息和对变革效果进行评估,对外要进行定期的市场调查、消费者行为调查、社会心理调查和民意测验等,对内需要进行态度、士气和满意度调查以及工作绩效的评价。

二、组织变革的具体操作

(一)组织结构优化

在组织诊断的基础上,根据发现的问题对组织结构进行针对性优化。实际上,组织优化的过程、内容和组织设计的过程、内容有所相似,主要区别在于前者是一种针对性调整,需要组织不断地根据战略的变化而进行改变、优化,使之与组织战略相适应。具体地讲,组织优化的程序和内容可以归结为以下几个步骤:

1. 确定组织结构优化的目的。组织优化是一个动态、持续的过程,没有任何一个组织结构形式能够永远适应组织的需要,不同的发展阶段、不同的目标决定了不同的组织结构。因此,在进行组织结构优化设计时,首先需要确定此次组织结构优化项目需要达成的目标是什么。同时,需要充分考虑优化过程中的制约因素,包括组织战略、外部环境、技术和组织发展阶段。

2. 职能分解与优化。在职能分解与优化阶段,需要明确为了完成组织任务、目标而需要设置的各项经营职能和管理职能,强调其中的关键性职能。在完成组织结构诊断、明确优化目的的基础上,进一步确定哪些职能需要组织进一步加强,哪些遗漏的职能或是组织发展所需要的职能需要增加,哪些职能与组织发展不相适应,需要适度削减,同时将职能分解、落实到具体部门乃至岗位。以人力资源部为例,在组织的初始创业期,组织的业务规模、人员规模都相对较小,此时的人力资源部或是人事部仅仅承担着简单的人事工作,甚至还可能与办公室合并成为一个部门。然而,随着组织的不断壮大,组织对人力资源的管理逐步加强,这时的人力资源部将不仅需要承担原先的人事工作,还需要从人力资源的角度提出战略规划,支持组织战略的实现。因此,在进行职能优化时要充分考虑职能的"增加、减少、加强、弱化"。

3. 组织结构框架优化。组织结构框架优化是组织优化的主体工作,一般采用三种方法:

(1)从局部到整体的优化方法,即先从最基层的岗位和职务开始进行优化,确立组织运营所需的各个岗位和职务;然后按岗位的关联程度,将衔接紧密或功能近似的岗位和职务合并纳入相同的管理部门(科室或部处)。明确各部门的职责与定位后,再根据部门的多少和管理的幅度要求,划分出各个管理层次。

(2)从整体到局部的优化方法。它的确定程序同上一种方法相反,首先根据组织的各项基本职能及集权程度的要求,确定组织的管理层次;再进一步确认各管理层次应调整的部门;最后,将每一个部门应承担的工作细化分解到各个岗位中。

(3)以业务流程为中心进行划分。在强调价值链管理的今天,组织倾向于实现面向客户的业务流程,以客户为中心,针对客户的需求,通过一定的业务流程去满足客户的各种不同需要。因此,在进行组织结构优化时也可以考虑以业务流程为中心进行划分。对每一个业务从起点直至完成,都要绘制流程图,明确流程中的每个阶段由哪个部门的哪个人承担。

然而,由于岗位、部门和管理层次三者是紧密联系又相互制约的,所以在进行组织结构优化时,一般将三种方法结合起来使用,相互修正,经过反复沟通才能最后将组织结构优化后的框架确定下来。但是,从发展趋势来看,以业务流程来划分的方式将成为组织结构优化的主流。

4. 运行保障调整。运行保障调整包括两方面内容:

(1)配套规章制度的调整。组织结构优化后,原有的制度可能已经无法满足新结构的需求,需要对配套的规章制度进行针对性的调整,调整的对象包括人员的绩效评价和考核制度、人员的激励制度等各项管理制度。它的完善是组织正常运行的前提条件。

(2)人员配备与培训。一般来说,组织结构优化时先暂不考虑组织现有人员的具体情况,而是在以上所有工作完成后,再按照组织结构优化后所要求的人员数量与知识技能进行人员的配备。在人员配备的过程中,组织需要为人员提供相应的培训,包括对新组织结构的介绍,程序、制度的调整,工作所需知识技能等方面。只有这样才能保障新组织结构的正常运作。

5. 反馈和修正。在反馈与修正阶段,要通过组织的运行,及时接受反馈信息,发现问题并及时进行必要的修正,以检验组织设计的科学性和合理性,保持组织的弹性。

(二)业务流程再造

业务流程再造是对原有业务流程不合理的地方进行重新设计以及安排组织的整个生产、服务和经营过程,使之合理化、高效化。流程再造是比较彻底的变革,但是实际上,由于组织传统的观念和方法很难一次打破,需要循序渐进地变革,逐渐进行优化,流程再造更多地表现为流程优化。通过甄选关键业务流程,对现状进行分析、诊断的基础上,将针对流程存在的问题进行调整,优化流程。在整个业务流程再造过程中,要本着让组织的一切活动都以某种方式为客户增加价值的原则,深入分析和理解现有流程,重点消除负增值活动,调整核心增值活动。

一般来说,组织进行业务流程再造有以下三种思路:一是对流程各个作业任务本身进行重新设计,使其在形式、内容、执行效率等方面有新的突破;二是对流程各个作业任务之间的关系进行重新组织,使其在次序、侧重点、衔接关系等方面有新的突破;三是流程各个作业任务执行者的调整,例如整合部门、设立专门负责部门等。无论采用哪种设计思路,具体的业务流程再造步骤与可采用的方法都基本相同。

1. 业务流程再造的步骤。业务流程再造有以下几个步骤:

(1)选择关键业务流程。在进行业务流程诊断之前,首先要甄选关键业务流程,这是实施业务流程再造的基本命题和首要、关键的问题。因为一旦关键业务流程选择错误,则整个业务流程再造的努力方向就发生了错误或者偏移,不仅会影响组织现有运行良好的业务流程体系的绩效表现,甚至极有可能对组织的整体绩效表现带来潜在的危害。选择关键业务流程时主要考虑的问题是"What to be redesigned",关注的是"工作如何进行将更利于绩效表现"。

在进行关键业务流程的选择时,重点关注组织跨职能部门的业务流程、绩效低的流程、对客户满意度影响程度高的流程以及具备可行性的流程,具体可采用的方法包括:绩效表现-重要性矩阵、流程优先矩阵、成本-收益矩阵、学习五角星法。

①绩效表现-重要性矩阵。绩效表现-重要性矩阵是将组织绩效与流程选择直接挂钩的方法。提高组织绩效是流程再造的目标,选择哪个流程进行再设计当然要将提高组织绩效纳入考虑因素之一。同时还需要对选择的流程现状加以衡量。对于那些绩效低、重要性高的流程一定要进行再设计,作为流程再造的重点对象。

绩效表现-重要性矩阵法可以用图 4-6 加以说明:

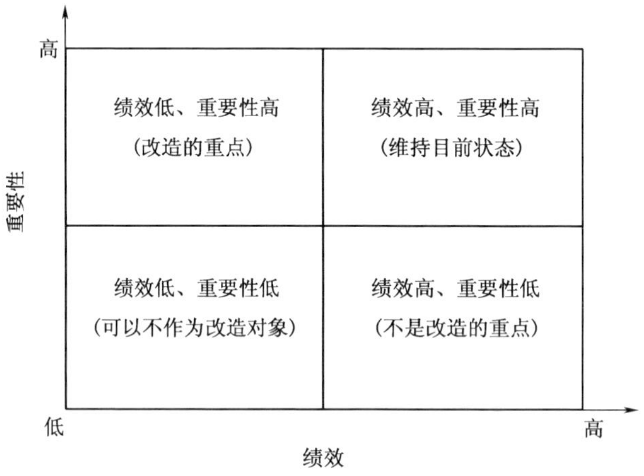

图 4-6 绩效表现-重要性矩阵

②流程优先矩阵。这是选择关键业务流程的重要方法,通过对组织内部不同的业务流程的影响大小进行打分,反映不同流程对组织价值的不同贡献程度,最终挑选出关键业务流程。首先需要明确组织在某一阶段的关键成功因素,再将组织内部的业务流程分为三类:一是对关键成功因素起关键影响作用的流程;二是对关键成功因素起一定作用的流程;三是对关键成功因素几乎没有影响作用的流程。根据各个流程对组织关键成功因素的影响程度不同,分别给予三类组织内部的业务流程不同的得分:对关键成功因素起关键影响作用的流程计 2 分;对关键成功因素起一定作用的流程计 1 分,对关键成功因素几乎没有影响作用的流程计 0 分。

根据上表所示,流程 3 在现有的流程中得分最高,那么我们在选择关键业务流程时要给予充分的考虑,将其作为流程再设计的重点对象。在进行选择时,我们也不能仅考虑对组织成功因素的影响,还需要综合流程再造的成本、风险、顾客关注程度等方面因素,避免由于指标过于单一带来的不利影响。

表 4-1　关键成功因素序列

业务流程序列	关键成功因素 1	关键成功因素 2	关键成功因素 3	…	总分
流程 1	2	2	1		5
流程 2	0	0	2		2
流程 3	2	2	2		6
流程 4	0	1	0		1
流程 5	0	0	0		0
⋮					

③成本-收益矩阵。这种方法主要是考查拟再造流程的价值贡献和再造过程可能消耗的成本(或者是再造的风险程度)两个因素。流程再造收益越高,成本越低,则要加速对该项流程再造的投资,推动其尽快进行流程再造;流程再造收益高,成本高,则要对该流程再造进行重点研究,要慎重启动该项流程的再造项目;流程再造收益低,成本高,则不应该考虑此项流程的再造;流程再造收益低,成本也低,则应该对此项流程再造按照其他标准进行再选择,如图 4-7 所示。

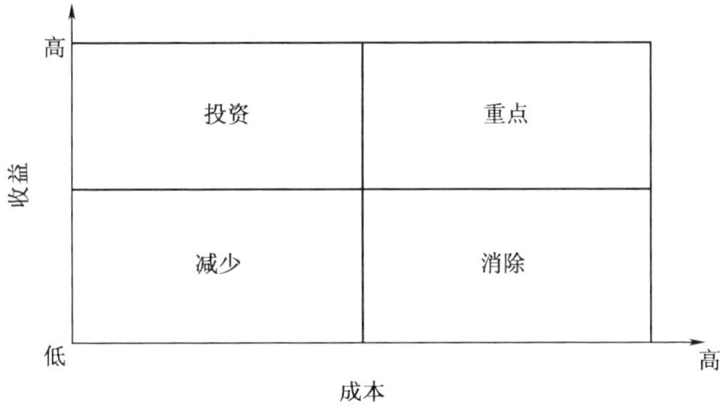

图 4-7　成本-收益矩阵

这种从经济学角度考虑的分析方法,与前面所谈的绩效表现-重要性矩阵方法虽有相同之处,但二者的区别显而易见。绩效表现-重要性矩阵是对现有流程进行评估,而成本-收益矩阵关注的是未来再造过程的成本与收益的测算。在进行收益测算时,应用最为广泛的是标杆法(后文会有详细介绍),即考察未来再造后的流程在同类组织(同行业)中的表现状况如何,较之现存的业务流程的输出水平和效果有多大的差距。这种测算的准确性依赖于市场价格的变化幅度,可以说价格变化越大,测算的准确性极有可能越低。

④学习五角星法。学习五角星法提出了一种有效的挑选关键业务流程的五个方面思路:

客户:即市场对流程现状的评价,从客户的角度了解现有流程的客观运行状态。

供应商:即组织上游客户对流程现状的反映,了解他们的建议与期望。

员工:即组织内部员工对组织流程体系的反应,了解员工眼中流程的重要性。

标杆:即相对同行业中的领先组织的一流流程,现有流程体系的差距。

咨询顾问:利用专家丰富的实施经验和专业的理论知识了解流程的重要性。

在了解五个方面对流程的评价时,我们通常可以采用问卷调查、访谈、邮件调查和工作现场写实等方法进行信息的收集。

(2)发现、研究现有流程存在的问题。当一个流程在组织中已经运行相对较长时间后,受行为惯性和人员心理等方面的影响,流程各个环节中的参与人员(包括流程的管理者)都很难意识到现有流程存在的问题。组织要进行业务流程再设计的前提,必须深入细致地对甄选出的关键业务流程进行分析和诊断。根据组织的实际情况的不同,流程分析的内容往往差异较大,一般的内容包括流程的规模分析、流程的范围分析、流程费用成本分析、流程占用时间分析、流程向客户提供产品和服务的质量、流程对组织整体绩效的影响,等等。

寻找现有流程存在的问题以及问题发生的根源,主要采用的"病症"诊断方法,包括鱼骨分析法、标杆法、基于活动的成本分析方法、质量功能展开、时间动作研究和帕累托图。

①鱼骨分析法。鱼骨分析法是一种有效地识别现有流程问题,寻找流程哪些没有达到理性状态,需要得到改进的方法。它将复杂的系统问题分解成详细、具体的可操作性问题,显示系统的各种成分是如何相互关联的,还有助于组织分析流程现状或影响与潜在原因的关系(图4-8)。

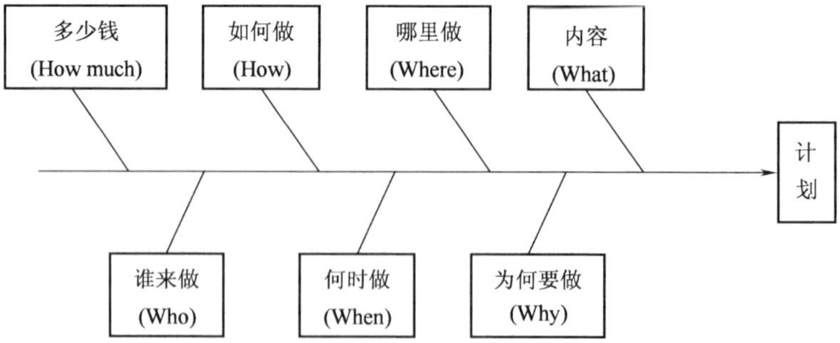

图4-8 鱼骨分析法

②标杆法。标杆法诊断流程是通过对组织现有流程与一流标杆流程的比较分

析,确定存在的问题与差距,思考改进策略与措施的一种方法。标杆法应用于流程对比分析,目的不是为了复制其他组织的某些业务流程或管理手段、措施,而是将别人好的解决方案和经验借鉴到本组织的经营管理环节中来并加以改善,最终达到提高组织绩效、增强竞争优势的目标(图4-9)。

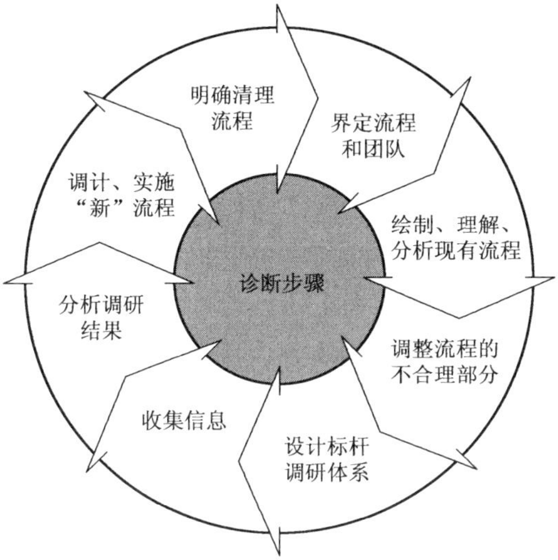

图4-9 使用标杆法进行流程诊断的步骤

图4-9描述了标杆法诊断流程的实施步骤:从明确清理流程开始到实施“新”流程结束,组织需要强调标杆流程的参数是什么,是服务问题还是财务问题,是预算环节的问题还是人力资源管理方面的问题。而在采用标杆法的时候,组织切忌“照搬照抄”,要创造、创新,以发展的、预测性的眼光看待流程中的问题,了解未来发展的可能之后再根据组织自身特点进行“个性化设计”,这是组织成功实施标杆诊断法的重要保障。

③基于活动的成本分析方法。基于活动的成本分析(Activity-based Cost, ABC)是了解公司业务流程的问题,尤其是流程成本和耗费资源方面情况的一种有效工具。基于活动的成本管理能够让员工了解其错误或失误将可能造成的损失,是一个预算和分析组织管理费用和运作费用的方法。它把组织的费用有机地落实到客户、服务、产品等具体的业务活动成本中,使管理者和员工更为清晰地看到流程的盈利/亏损程度。

一般情况下,活动的成本可以分为直接低质量成本和间接低质量成本。前者包括可控低质量成本(如评估成本)和结果低质量成本(因失误带来的成本)。间接低质量成本则体现为信誉损失和顾客不满意。在进行成本分析时,要清晰、简单、明了。如果陷入细枝末节的纠缠，将可能造成流程问题诊断的失误，进而影响最终的结果。

在实施这种诊断方法的时候，先要确定实施活动的部门和具体需要完成的作业。例如，人力资源部组织的新员工培训，人力资源部就是此次活动的支持平台，作业就是此次新员工培训。之后将资源费用归结到具体作业上，如授课费，这里需要注意计算隐藏的成本（如新员工因接受培训而耽误的其他工作所带来的费用）。然后就需要从成本的角度对作业任务进行分析，判断每一项作业的增值性，仔细考虑哪些作业是无用的、有问题的、浪费资源的。最后，利用小范围的实验性研究展现流程中可能存在的问题，对发现的可能问题做进一步验证。

④质量功能展开。质量功能展开是一种客户需求驱动的方法，它从客户的需求角度出发，把这些需求分解到产品开发和生产的各个步骤和职能部门中，比较流程现状，从而比较直接地诊断出流程问题。具体而言它包括三大步骤：一是通过市场调查获取客户需求信息，加以分析总结；二是将客户需求的实现过程配置到开发和制作等流程中；三是比较现有各部门流程作业任务的执行情况，从而明晰诊断流程存在的问题。

市场调查和分析是获取客户需求信息的主要手段，主要关注客户的具体需求、不同需求的重要程度和客户对市场上同类产品的意见三个方面的信息。信息收集后就要立即对客户的需求进行总结、归纳，一般而言，将客户需求数量控制在 25 个以下易于管理。明确客户需求后，需要通过质量功能展开矩阵（也称质量屋）将客户需求逐步展开为流程层和产品的特性。通过不断地深入分解，直至对比流程现状中的关键作业，发现流程存在的问题后形成诊断结论。

⑤时间动作研究。源于泰罗的科学管理理论的时间动作研究，强调对作业任务的研究，对动作的时间和成本进行分析，力图清晰地展现流程中各项活动的增值情况。通常情况下，我们通过一张时间动作研究表格记录下流程作业、持续时间以及流程作业对整个流程所作的贡献，在比对分析后诊断出流程存在的问题。

⑥帕累托图。意大利著名经济学家维尔弗雷德·帕累托（Vilfredo Pareto）发现了“二八原理”，关键的少数与次要的多数（Vital Few and Trivial Many），即 80%的价值来自 20%的因子。其核心思想就是要关注关键问题，要把资源集中在解决关键问题上。一般情况下，通过绘制帕累托图（亦称排列图）将各个项目（价值贡献因子和问题因子）从最主要到最次要的顺序进行排列，显示可识别原因的种类和造成结果的程度值，以表明哪些原因是主要的、哪些是次要的，以及主要和次要的程度分别如何。

如图 4-10 所示，用帕累托图分析冲压车间制件存在的问题，横轴是制件的问题，纵轴是问题出现的频数和累计频率。从图中可以识别出主要问题为毛刺、缺边和磕碰,从而可以将资源集中在解决关键的问题上。

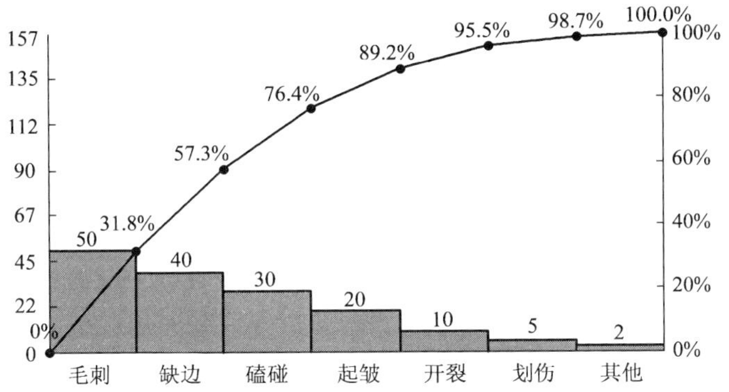

图 4-10　冲压车间制件问题分析

(3)对流程存在的问题提出主要的变更建议,对所提出的建议进行深度分析与比较,上报组织的高层以征求其看法和意见。尤其是当流程涉及组织的战略方面,必须经过上层决策才能确定最终采用的变更建议。

(4)经高层领导者通过后,拟订新的业务流程方案。在拟订新的流程方案时,注重流程的衔接,地点、时间的协调,权责的对应等方面。新方案出炉后,需要根据方案对流程加以描述,使组织对流程有更形象、准确的理解。在进行流程描述时,具体可采用图形、表格、文字等方式诠释流程,详细的描述方式将于后面的章节向大家进行介绍。

(5)当新流程方案拟订且描述后,需要对拟订的方案进行验证。由于业务流程再造是对组织流程的改造,所以在新方案实施之前,组织往往选择先试点再推广的策略以避免大规模实施新流程的风险。在选择试点的流程时,可以是一个大的完整的流程,也可以是一个整体流程的子流程。试点流程要具有典型性,即试点的流程要对绩效改进明显,能够很好地体现组织流程再造的结果;同时进行试点的流程成功概率要高,涉及的管理变革不要太复杂;最后,试点的流程还要尽可能多地跨越有关部门和组织,尽量囊括整个组织实施时会涉及的因素。试点流程实施后,组织需要对试点的成果和流程团队的反馈进行评估,经过总结不断完善试点流程。

(6)试点结束后,组织就需要将优化后的新流程逐步引入实施,在组织中逐步推广。在整个业务流程再造的过程中,尤其是在新方案拟订后,要对组织有关人员就再造后的流程的有关内容进行培训。同时制定与业务流程再造方案相配套的组织结构、人员配置和业务规范等方面的改进规划,形成系统性业务流程再造方案后才是流程再造的整体完成。

2. 业务流程再造的方法。在进行业务流程再造时,可采用所谓的 ESIA(E:E-

liminate，消除；S：Simply，简化；I：Integrate，整合；A：Automate，自动化）方法（见表4-2[①]）。使用这种方法应当在取得对待设计流程的理解之后，依次针对ESIA的每个方面列出所有可能改进的清单，让所有人员通过讨论会的形式各抒己见、献计献策，在大家达成共识的基础上设计出新流程。

表4-2 ESIA方法

消 除	简 化	整 合	自动化
过量生产	表格	工作	脏活
等待时间	程序	团队	难活
运输	沟通	顾客	险活
加工	技术	供应商	乏味的工作
库存	工作流		数据采集
缺陷/失误	流程		数据传送
重复	问题区域		数据分析
重排格式			
检验			
协调			

（1）消除。消除法是通过消除"没有必要"的作业任务达到提高组织绩效目的的一种业务流程再造的方法。实施消除法可能导致流程作业关系发生较大的变化，可能体现为活动的先后顺序的改变，也可能体现为活动间的逻辑发生变化。

一般采用的做法是将串联活动并联化，使部分活动同时进行，以缩短作业时间。同时，要求原流程的执行者也要随之改变：一是执行组织由原来的职能性部门转变为以流程为中心的组织，可能形成专责小组的形式；二是通过授权，去除对流程活动的管理，使执行者不再是被动地接受，而是自主地承担，实现权责的对等。

（2）简化。"简化"的业务流程再造方法就是将过去繁杂的作业任务通过制度设计、信息技术等手段和方式，去繁就简、突出重点、强化关键，最终达到清晰流程执行主线、提高流程作业效率和组织绩效、更好地满足客户和市场需求的目标。

（3）整合。整合流程作业任务的再造方法，就是把分散的不同职能部门，由许多专业人员完成的几项活动压缩成一个作业任务，由一个人或一个部门来完成，通过减少活动的传递和重复提高流程执行的时间、准确性与运作效率。

整合主要体现在两个方面：一是对流程体系中的具体工作任务进行整合，例如

① JOE PEPPARD，DHIHIP ROWLAND. 业务流程再造[M]. 北京：中信出版社，1999：236.

原来的两项活动整合成一项作业任务,由一个人或部门承担;二是对执行的部门进行整合,例如原来由多个部门共同完成的一项作业任务,经过组织结构重新设计,按照作业的性质将这些部门(或执行机构)整合在一起。

(4)自动化。自动化流程再造的方法,就是在科学技术飞速发展的时代,利用信息技术手段优化、改进传统的组织业务流程,提高流程运作的效率和效果,提升流程运作的投入与产出水平。在知识经济的今天,自动化的管理理念层出不穷(如ERP、MPR等),处处展现着自动化所带来的影响。

然而,大多数组织一旦提及自动化,都强调建立一套稳固的信息技术支持系统,认为这是进行业务流程再造成功的必要因素。实际上却不尽然。严格意义上来讲,信息技术是组织在进行业务流程再造时需要充分考虑的因素之一,再造过程中要充分考虑信息的生产、传输和应用的效率与效果,注重信息的共享化、准确化与时效化,更需强调相关人员的支持与配合。只有在人员给予支持、领导给予重视、素质达到要求的情况下,自动化才能真正发挥其提高组织效率和市场竞争力的作用。

(三)文化变革

文化变革主要涉及员工思维方式和行为方式的变革。培养员工一种新的思维方式需要集中进行深层次的组织文化变革。组织文化的变革应该积极引导和改变员工心智模式,打破他们原有的思维方式和习惯,进而形成与组织新的价值观相适应的价值理念,并且使他们的个人目标与组织的整体目标相协调。

1. 文化变革的时机。一般认为,组织遇到诸如价值观受到外部环境的强烈冲击,顾客需求发生巨大变化,业绩每况愈下,组织生命周期转折或者组织领导更迭等情况时,是对组织文化进行变革的良好时机。但这并不意味着一旦发生上述情况就要对组织文化实行变革,而是在认真分析了其他原因之后,仍然不能解决问题时,才需要考虑组织价值观的问题。把握住恰当的时机,找准切入点,将会使组织文化的变革事半功倍。

2. 文化变革的流程。组织文化变革的流程包括:制订变革计划;对员工进行新文化的培训;实施变革计划;协调组织内外关系,确保变革顺利实施;通过强化措施使员工接受新的文化;等等。这个流程是一个有机的整体,各步骤彼此相互联系,缺一不可。如果在组织文化的变革过程中不注意流程的系统化,那么变革的效果往往会不尽人意,甚至会功亏一篑。

3. 文化变革的方法。组织文化变革的方法一般有:沟通、观念冲击、奖赏引导、制度强制等。在变革过程中,组织的领导要特别注意对组织的实际情况具体分析,并综合运用各种手段灵活而又全面地进行变革,切不可求变心切,操之过急。

三、组织变革的阻力和实施变革的技巧

（一）组织变革的阻力

人们反对变革是自然的现象，无论在个体层面还是在组织层面上，都存在变革的阻力。这些阻力表现在：

1. 过于关注成本。管理当局可能持有这样的心态，认为成本是最重要的，因而对那些不是以成本为中心的变革，如旨在提升员工积极性或顾客满意度的变革，没有给予足够的重视。

2. 认识不到变革的益处。任何重大的变革都会同时带来正面和负面两种后果，要加强教育，使管理者和一般员工认识到变革的积极结果将大于消极的后果。另外，如果组织的薪酬系统不鼓励冒险，变革过程就可能受到阻滞，因为员工会感到进行变革所承受的风险太大了。

3. 缺乏协调与合作。在变革的实施过程中缺乏应有的协调常会导致组织中的割裂和冲突。尤其在应用新技术的时候，新、旧两种系统必须兼容。

4. 不确定性规避倾向。从个体层面来说，许多员工会惧怕由变革带来的不确定性。鉴于此，组织的管理者就需要通过不断的沟通，使员工们了解变革的进展情况及其对各种工作的影响。

5. 担心利益受损。无论管理者还是一般员工都会害怕失去权力、地位甚至他们的工作。在这种情况下，变革的实施就应当谨慎，逐步推进。而且，应使所有员工尽可能密切地参与到变革过程中来。

总而言之，变革实施方案的设计要着眼于克服以上这些来自组织和个体的阻力。

（二）变革实施技巧

虽说是最高领导层勾画愿景并设定变革的基调，但实际上，整个组织的管理者和一般员工都介入到了变革过程中。因此，需要一些技巧来帮助成功地实施变革。

1. 树立变革的紧迫感。一旦管理者识别出变革的真实需要，就需要通过树立变革紧迫感来消融抵制。组织危机通常能有助于解冻，并使员工愿意投入时间、精力去采用新技术或新程序。尽管变革是痛苦的，但危机将使得员工们更能接受变革，因为他们更为担心组织的未来。

2. 建立一个引导变革的联盟。管理者需要在组织中建立一个联盟，联盟中的成员拥有足够的领导变革过程的权力和影响力。为了成功实施变革，必须存在对变革的需要和可能性的共识。高层管理者的支持对于任何重大变革而言都是至关重要的，缺乏高层支持往往是实施变革失败最常见的原因之一。此外，这个联盟应该包括贯穿组织的基层管理者和中层管理者。对于小型变革而言，相关部门中有

影响力的管理者的支持也是十分重要的。

3. 创造变革的愿景和实现愿景的战略。那些带领组织经历重大转型并获得成功的领导者们都有一个共同点:集中精力规划并明确表达一个势不可挡的愿景和实现它的战略,这个愿景和战略将引导变革过程。哪怕只是一个小型变革,未来会更好的愿景以及实现该愿景的战略都是非常重要的变革动力。

4. 找到适合变革需要的构想。寻找一个合适的构想,通常要启用搜寻程序,即要与其他管理人员讨论,组建变革任务小组调查问题,向供应商征询意见,或请组织内有创造性的员工提出解决办法。提出新的构想需要有机式组织条件。这也是鼓励员工参与的一个好机会,因为他们需要有思考的自由,以便探讨新的办法。

5. 提出克服变革阻力的计划。许多好的构想没有得到使用,往往是因为管理者未能预见到来自顾客、一般员工或其他管理者的阻力,或者未做好应对阻力的准备。无论一项创新的有利结果表现得多么吸引人,实施中难免会与组织中的某些利益团体发生冲突,或者对某些利益同盟产生威胁。为了提高实施成功的可能性,管理当局必须正视这些冲突、威胁和员工所感知的潜在利益损失。以下策略可供管理者用来克服变革的阻力。

(1)与使用者的需要和目标保持一致。克服阻力的最佳策略是保证变革满足有关方面的真正需要。研究开发部门的员工常常会提出一些宏伟的构想,但它要解决的问题可能根本就不存在。之所以会出现这种情况,是因为构想的提出者未能确实征询新构想使用者的意见。对变革的抵制常令管理者感到沮丧,但适度的阻力对组织是有益的。抵制会给那些毫无意义的变革以及纯粹为变革而变革的做法设置必要的阻碍。克服变革阻力的过程通常要求该项变革确实能对使用者有益。

(2)沟通和培训。沟通可以促使使用者了解变革的必要性和变革所可能带来的结果,从而可以阻止不实的传闻、误解及不满的发生。一项有关变革的研究发现,最常被提及的变革失败的原因是,员工只能从组织外部获悉该项变革的情况。高层管理者只注意与公众和股东的沟通,忽视了与自己所领导员工的沟通。实际上,员工不仅是与变革关系最为密切的人,也是受变革影响最大的人。开诚布公的沟通通常会给管理层提供一个机会,使他们有可能向员工说明和解释组织将采取哪些措施保证变革不会给员工们带来不利的后果。培训也是必需的,它可帮助员工们理解和掌握自己在变革过程中所起的作用。

(3)提供心理安全的环境。心理安全是指员工感到一种不会被组织中其他人阻碍或拒绝的自信。对于被要求进行的变革,员工既需要感到安全又要觉得自己有能力去做。变革要求员工自愿去冒险、去做些与众不同的事,但是如果想到自己会因错误或失败而尴尬,很多人就会恐于尝试新事物。因此管理者要通过在组织中创造一种信任和相互尊重的气氛来提供心理安全。

(4)参与和介入。及早、广泛的参与,应该成为变革实施过程的有机部分。它会让参与者产生一种自己能控制变革活动的意识,这样他们会对变革产生更好的理解,并全身心投入到变革实施中。有一项研究考察了两家公司采纳和实施技术系统的变革过程,发现以参与的方式引入新技术的那家公司,变革实施过程要顺利得多。前面介绍的团队建设法和大规模群体介入法,是吸收员工参与变革过程的可行的方法。

(5)强迫和压制。作为最后一种手段,管理者可以取消职务或晋升机会,甚至解雇或调换工作威胁员工,以此克服变革的阻力。这里是运用管理者的权力来压制对变革的抵抗。在大多数情况下,这种方式并不明智,它使人对变革管理者感到厌恶,并有可能导致变革遭破坏。然而,如果组织需要快速推进变革,比如当组织面临危机的时候,可能就需要运用这种技巧。此外,在实施自上而下的管理变革,比如大规模裁员时,这种方式也是必要的。

6. 创建变革团队。单独设立的创造性部门、创业团队、特别团队或临时性的任务小组,将精力集中于提出和实施变革的方式上。独立的部门能充分、自由地去开发真正符合需要的新技术。比如,设立任务小组,以确保变革实施的完成。任务小组可负责沟通、吸收使用者参与变革、培训及其他所需的活动。

7. 培育创新带头人。创新带头人是变革过程中最有效的武器之一。最合格的创新带头人是自觉自愿地全身心投入实现某个新构想的志愿者。创新的技术带头人负责确保所有技术活动都是正确、完善的。另外还需要起支持、促进作用的管理带头人,他们负责说服人们实施变革,必要时甚至要动用强制手段。

本章扩展

案例分析

当杜邦公司刚取得对通用汽车公司的控制权的时候,通用公司只不过是一个由生产小轿车、卡车、零部件和附件的众多厂商组成的“大杂烩”。这时的通用汽车公司由于不能达到投资人的期望而陷入困境,为了使这一处于上升时期的产业为它的投资人带来应有的利益,公司在当时的董事长和总经理皮埃尔·杜邦以及他的继任者艾尔弗雷德·斯隆的主持下进行了组织结构的重组,形成了后来为大多数美国公司和世界上著名的跨国公司所采用的事业部结构。

在通用公司新形式的组织结构中，原来独自经营的各工厂，依然保持各自独立的地位，总公司根据它们服务的市场来确定其各自的活动。这些部门均由企业的领导，即中层经理们来管理，它们通过下设的职能部门来担负着生产和分配产品的任务。这些公司的中低管理层执行总公司的经营方针、价格政策和命令，遵守统一的会计和统计制度，并且掌握这个生产部门的生产经营管理权。最主要的变化表现在公司高层上，公司设立了执行委员会，并把高层管理的决策权集中在公司总裁一个人身上。执行委员会的时间完全用于研究公司的总方针和制定公司的总政策，而把管理和执行命令的负担留给生产部门、职能部门和财务部门。同时在总裁和执行委员会之下设立了财务部和咨询部两大职能部门，分别由一位副总裁负责。财务部担负着统计、会计、成本分析、审计、税务等与公司财务有关的各项职能；咨询部负责管理和安排除生产和销售之外的公司其他事务，如技术、开发、广告、人事、法律、公共关系等。职能部门根据各生产部门提供的旬报表、月报表、季报表和年报表等，与下属各企业的中层经理一起，为该生产部门制定出“部门指标”，并负责协调和评估各部门的日常生产和经营活动。同时，根据国民经济和市场需求的变化，不时地对全公司的投入-产出作出预测，并及时调整公司的各项资源分配。

公司高层管理职能部门的设立，不仅使高层决策机构——执行委员会的成员们摆脱了日常经营管理工作的沉重负担，而且也使得执行委员会可以通过这些职能部门对整个公司及其所属各工厂的生产和经营活动进行有效的控制，保证公司战略得到彻底和正确的实施。这些庞大的高层管理职能机构构成了总公司的办事机构，也成为现代大公司的基本特征。

另外，在实践过程中，为了协调职能机构、生产部门及高级主管三者之间的关系和联系，艾尔弗雷德·斯隆在生产部门间建立了一些由三者中的有关人员组成的关系委员会，加强了高层管理机构与负责经营的生产部门之间广泛而有效的接触。实际上这些措施进一步加强了公司高层管理人员对企业整体活动的控制。

思考题：

事业部制为什么能够助通用公司成功？

讨论与思考

1. 组织变革的含义是什么？
2. 简述组织变革的原因。
3. 简述卢因组织变革的模型
4. 简述组织变革的程序。

5. 简述组织变革的阻力和实施变革的技巧。

扩展阅读索引

[1]托马斯·卡明斯,克里斯托弗·沃里. 组织发展与变革[M].7版. 李剑锋,等,译. 北京:清华大学出版社,2003.

[2]温德尔L弗伦奇,等. 组织发展与转型[M]. 阎海峰,等,译. 北京:机械工业出版社,2006.

第五章

工作设计的方法和操作流程

本章在介绍工作设计思想的来源后引入工作设计的含义,并将工作设计方法划归为四大类别做详细介绍,应重点掌握如何综合评价和运用各种工作设计方法以及工作设计的操作流程。

第一节　工作设计概述

工作设计是组织设计的延伸,甚至是组织设计的一个必要的组成部分,也是组织内职位设置和职位管理的基础。

一、工作设计思想的来源

工作设计(Job Design)最初源自工作专门化(Job Specification)或工作简单化(Job Simplification)。亚当·斯密在其著作《国富论》中论及工作设计,他提出,将工作划分为一系列小部分,让每个人重复执行其中的一小部分,这样可以减少工作转化浪费的时间,并提高技术熟练性,从而提高生产率。这就是所谓分工效益。他以制针业为例说明了工作专业化分工的效率:“一个劳动者,如果对于这种专门的职业(分工的结果,使大头针的制造成为一种专门的职业)没有受过训练,又不知怎样使用这个职业上的工具设备，那么纵使竭力地工作，也许一天也制造不出一枚大头针。但按照现在的经营方法（指分工），不但这种职业已经成为专门的职业，而且这种职业分成若干部门，其中大多数也同样成为专门的职业。一个工人抽出铁丝，另一个工人把它弄直，第三个人切断，第四个人只管磨尖，第五个人磨其顶部，以便装上圆头。然而，要做圆头，就需要两三道独特的工序，最后才是装配与镀锡。因此制造一根大头针需要 18 道不同的工序，如果一个工序由一个人操作，那么，生产大头针的工作将有 18 个。固然，有时一个人也兼任两三道工序。我见过一个这样的小工厂，只雇用了 10 个工人。在这个工厂中，有几个工人担任两三道工序。像这样的小工厂的工人虽然很穷，他们使用的工具设备也很简陋，但如果他们勤劳工作，一天也能制作 12 英镑大头针。以每磅中有 4 000 枚针计算，这 10 个工人每日可以制作大头针 48 000 枚，即每人一天可以制作针 4 800 枚。"①工作的细化是亚当·斯密的经济增长理论的核心。他认为，劳动分工主要通过三个途径促进经济发展，即：由于技术娴熟，技巧增强，每个工人的产出增加；工作的准备和转换到其他动作的时间减少；专业化分工可以刺激新机器的创新。

20 世纪初，科学管理之父弗雷德里克·W. 泰罗发表了有关"科学管理"的著作。在 1908—1929 年，亨利·福特（Henry Ford）进一步发展了泰罗制的科学管理基本原理，并且提出了基于装配生产线的新型工作设计。20 世纪 20 年代，梅奥等人建立了人际关系学说，人们开始注意工作团队对产出的作用。1957 年，波兰教授雅斯特莱鲍夫斯基首先提出工效学，工效学通过研究人和机器、环境的相互作用以及有效的结合，设计出"人-机-环境"系统。它更适合人的生理特点和心理特点，达到保证劳动者在安全、健康和舒适的环境下作业，不断地提高生产或工作效率的目的。20 世纪 70 年代，理查德·哈克曼（Richard Hackman）和格雷格·奥尔德姆（Greg Oldham）提出工作特征模型，它探讨如何从五个特性入手提高工作的内在激励性，以提高员工的工作成就感，调动员工的工作积极性。

二、工作设计的含义

狭义上，工作设计是指将任务组合成一套完整的工作方案，即确定工作的内容和流程安排，其结果为工作在职位层次上的拆分与整合，即职位设置。广义上，工作设计还包括对工作的管理方式的设计，如工作时间制度设计。本书的工作设计主要是狭义上的。对于因优化或变革而产生的工作重新设计（或称"工作再设计"），由于其基本思想和原理与工作初次设计并无差异，所以我们把其统一归为"工作设计"的范畴。

① M L COOKE. Our Cities Awake[M]. New York: Doubleday and Co, 1918.

三、工作设计的意义

科学管理将实现工作效率的最大化作为工作设计的基本目标。随着“经济人”到“社会人”这一认识的转变，工作设计打破了将员工与物料、设备、工具、场地等物质要素同等看待的思想，产生了工作本身对员工的激励、满意和生产率都有强烈的影响的假设和论断。工作设计开始试图提升员工的积极度，重视工作本身对员工的激励作用。

（一）提升工作效率的有效工具

科学的工作设计能够避免组织内工作缺失、重复和冗余，保障组织顺利、高效运营；同时，科学合理的工作设计，可以把整个业务战略和业务目标分解到每个员工，从而为实现组织战略目标提供保证。

（二）职位管理的基础

工作设计是职位管理的基础，工作设计的结果表现为组织内的职位设置，进而可以进行职位界定、建立职位体系、设立任职资格及职位薪酬等级体系等职位管理活动，也为人力资源管理提供了基本依据。

（三）激发员工工作热情的重要手段

工作设计也是激发员工工作热情的手段和根本方式。工作设计通过增加工作的趣味，提高工作对组织的价值，提供员工知识和能力发展的机会，从而提升工作的内在激励性，员工的敬业度和工作投入度。

第二节　工作设计方法

一、基于工作效率的设计方法

科学管理原理促进了机械型工作设计方法的产生，这种方法强调找到一种使效率最大化同时最简单的方式来对工作进行组合，通常包括降低工作的复杂程度，尽量让工作简单化。机械型工作设计法强调的是围绕工作任务的专门化（Job Specification）、技能简单化以及重复性来进行工作设计，这样有利于组织减少对高能力员工的需求，从而不再依赖单个员工，组织可以通过对新员工进行快速的、费用很低的培训来使他们胜任工作。

用机械型工作设计方法进行工作设计，首先要寻求完成工作的“一种最优方法”，而这就要通过进行时间-动作研究，即工程师研究和分析手、臂和身体其他部位的动作,研究工具、员工和原材料之间的物理机械关系,研究生产线和工作环节之间的最佳程序,强调通过寻找员工的身体活动、工具和任务的最佳组合,来使生产效率最大化。

一旦找到这种最佳程序和最佳组合方式,雇主就应当根据求职者完成工作方面的能力进行人员甄选,同时按照完成工作的"最优方式"进行人员培训。科学管理认为,雇主还应当对员工提供货币刺激,从而激励他们在工作中发挥出自己的最大能力。

这种基于工作效率的设计方法使得工作安全、简单、可靠,使得员工工作中的精神需要最小化。机械型工作设计法对于职位特征的描述维度见表5-1。

表5-1　机械型工作设计法对于职位特征的描述维度

1. 工作专门化:该职位在工作目的或工作活动方面是否具有高度的专门化?
2. 工具和程序的专门化:从职位的目的来看,在这种职位中所使用的工具、程序、原材料等是高度专门化的吗?
3. 任务简单化:该职位所要完成的工作任务是简单的、不太复杂的吗?
4. 活动单一性:该职位要求任职者在同一时间内只从事一项工作任务吗? 它是否不要求任职者同时或者在前后相隔不长的时间里完成多项工作活动?
5. 工作简单化:该职位要求任职者具备的技能和培训时间相对较少吗?
6. 重复性:该职位要求任职者反复不断地完成同一种或相同的几种工作活动吗?
7. 空闲时间:在各种工作活动之间只有很少的空闲时间吗?
8. 自动化:该职位所承担的许多工作活动都实现了自动化或者得到了自动化设备的辅助吗?

资料来源:雷蒙德·A. 诺伊,约翰·R. 霍伦贝克,巴里·格哈特,帕特里克·M. 赖特. 人力资源管理:赢得竞争优势[M]. 5版. 刘昕,译. 北京:中国人民大学,2005.

二、基于工效学思想的设计方法:生物型工作设计法和直觉运动型工作设计法

(一)生物型工作设计方法

生物型工作设计方法通常用于体力要求比较高的职位的工作设计,目的是降低某些特定的职位对于体力的需求,从而使得任何人都能够完成这些职位上的工作。该方法还非常关注对机器和技术的设计,比如通过调整计算机键盘的高度来最大限度地减少职业病(如腕管综合征等)。此外,生物型工作设计法还关注对办公室职位的座椅和桌子的设计,使其符合人体工作姿势的要求。一项研究发现,让员工参与到人类工程学工作设计活动中的做法,显著降低了累积性精神紊乱发生的次数及其严重程度,减少了生产时间损失以及受限工作日的数量。

例如,在3M公司设在美国纽约州托拉旺达市(Tonawanda)的工厂里,公司专

门在新坡道和升降机的建设上投入了6万美元，以帮助老年工人把装满公司产品的箱子抬起来。这种板条箱的重量超过了125磅，过去它遭到职工无数次的抱怨。这项工作流程改进的结果使生产率提高了（把板条箱装满卡车的时间缩减了），第二年也再没有工人要求工厂提供工伤赔偿——而在此前的五年中，每年的平均工伤赔偿要求达到20件，这些改变所产生的积极成果大大超出了为此而付出的成本。这也再一次显示了从工效学的角度来对工作进行改善的意义。生物型工作设计法对于工作特征的描述维度见表5-2。

表5-2 生物型工作设计法对于工作特征的描述维度

1. 力量：该职位只要求任职者具有非常弱的肌肉力量吗？
2. 抬举：该职位只要求任职者具有相当小的抬举力以及(或)只要求任职者举起相当轻的物体吗？
3. 耐力：该职位只要求任职者具有相当弱的肌肉忍耐力吗？
4. 坐：在该职位的工作中，坐的安排是合理的吗？（有足够的机会坐下，有舒适的座椅以及良好的坐姿支撑等）
5. 体格差异：从间隙距离、伸手距离、眼的高度以及腿的放置空间等方面看，该职位所处的工作场所能够容纳各种不同体格的人吗？
6. 手腕运动：该职位允许任职者的手腕伸直而没有过多的运动吗？
7. 噪音：工作场所没有过多的噪音吗？
8. 气候：从温度和湿度来看，工作场所中的气候舒适吗？有没有过多的粉尘和烟雾？
9. 工作间歇：根据工作的要求，任职者有充分的工作间歇时间吗？
10. 轮班工作：该职位并不要求任职者从事轮班工作或者过多的加班工作吗？

资料来源：雷蒙德·A.诺伊，约翰·R.霍伦贝克，巴里·格哈特，帕特里克·M.赖特．人力资源管理：赢得竞争优势[M].5版．刘昕，译．北京：中国人民大学，2005.

（二）知觉运动型工作设计方法

正如前面已经介绍的，生物型工作设计法所注重的是人的身体能力和身体局限，而知觉运动型工作设计法关注人的心理能力和心理局限。这种工作设计方法的目的是：确保工作的要求不会超过人的心理能力和心理局限。这种方法通常是通过降低工作对于信息加工的要求来改善工作的可靠性和安全性。

进行工作设计时，首先分析衡量那些能力最差的工人的能力水平，然后再按照使具有这种能力水平的人也能完成工作的方式确定职位的要求。与机械型工作设计法相类似的是，知觉运动型工作设计法一般也能够降低工作对于人的认知能力的要求。

像空中交通管制人员、石油冶炼操作工及质量控制监督员等职位，都需要大量的信息处理工作。而另一方面，许多事务性职位和流水线上的职位却只要求任职者完成很少的信息处理工作。在对所有的职位进行设计的时候，管理人员必须意识到信息处理的要求，并且确保所有这些要求不会超出那些能力最差的人的能力范围。

我们可以通过如下方法简化工作的脑力需求：

- 限制工作所要求的信息数量和记忆；
- 提供足够的照明、易于理解的标准和告示、便于操作的设备和清楚的操作说明；
- 评估雇员能否满足该工作的脑力需求。

应用该方法的一个例子是，利用电子收银机简化收银员的工作。以前，收银员在工作中需要读取收银机显示的总价款、接受顾客的付款，然后计算找零。现在，多数商店安装了电子收银机系统，机器会自动计算找零并显示金额，收银机使收银员的工作变得更轻松。但是，一些收银员可能曾经对自己计算找零的本领非常得意，对于这些人来说，商店引入电子收银机可能降低了工作满意感。从这个角度讲，简化工作降低对任职者的脑力需求的同时，也会降低了工作的趣味。知觉运动型工作设计法对于职位特征的描述维度见表5-3。

表5-3 知觉运动型工作设计法对于职位特征的描述维度

1. 照明：在该职位所处的工作场所中的照明充分并且不刺眼吗？
2. 显示：在该职位的工作中所使用的显示器、量器、仪表以及计算机化的设备容易阅读和理解吗？
3. 程序：在该工作中所使用的各种与计算机有关的设备中的应用程序容易学习和理解吗？
4. 其他设备：在该职位的工作中所使用的其他设备都容易学会并使用吗？
5. 打印工作材料：在该职位的工作中所使用的打印材料容易阅读和解释吗？
6. 工作场所布局：该职位所处的工作场所布置有利于任职者看和听吗？
7. 信息投入要求：完成该职位上的工作需要的注意力非常少吗？
8. 信息产出要求：从行动和沟通两个方面来说，员工必须从该职位上的工作中获得的信息产出非常少吗？
9. 信息处理要求：从思考问题和解决问题的角度来说，在该职位上的工作必须加工的信息数量非常少吗？
10. 记忆要求：在该职位上的工作中必须记住的信息数量非常少吗？
11. 压力：在该职位上的工作中需要承受的压力相对较小吗？
12. 厌烦：对该职位上的工作产生厌烦的可能性非常小吗？

来源：雷蒙德·A. 诺伊，约翰·R. 霍伦贝克，巴里·格哈特，帕特里克·M. 赖特. 人力资源管理：赢得竞争优势[M]. 5版. 刘昕，译. 北京：中国人民大学，2005.

三、基于人际关系理论及工作特征模型理论的设计方法：激励型工作设计法

激励型工作设计法强调通过工作扩大化、工作轮换、工作丰富化、工作团队、工作自治团队、质量圈等方式来提高工作的激励性。

从图5-1中可以看出，对管理者来说有很多个体和群体工作设计方案可以选择。对个体任务的设计来说，有工作轮换、工作扩大化、工作丰富化等方法。群体

的工作设计包括形成工作团队、工作自治群、质量圈等。

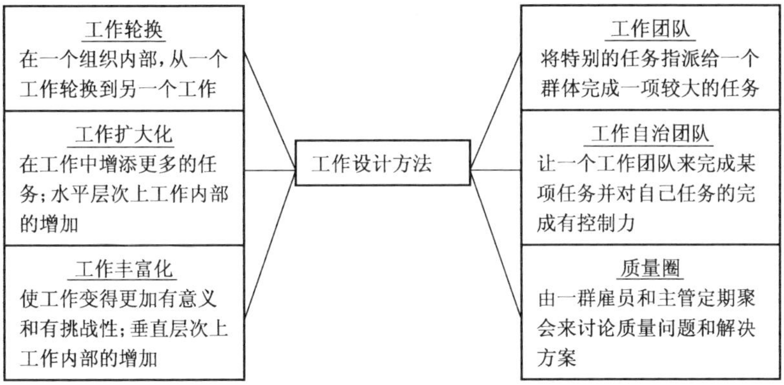

图 5-1 个体和群体工作设计选择

资料来源:威廉·P. 安东尼. 人力资源管理——战略方法[M]. 4 版. 赵玮,徐建军,译. 北京:中信出版社,2004.

(一)个体工作设计选择

1. 工作轮换。工作轮换(Job Rotation)是指在一段时间后将员工轮换到另一个同样水平、技术要求相接近的职位上去工作。工作轮换并没有改变工作的实质内容,但它通常能使员工掌握更多的技能和适应更多职位的工作,并且可以增加组织的弹性。一个只强调专业化,只训练员工从事一项任务的组织是没有灵活性的,当某个员工缺勤或者突然离开公司时,公司无法找到别的员工来替代他所从事的工作。当然,把每个员工都训练成“万金油”并不总是能为公司带来竞争优势。工作轮换应当遵循以下原则:

(1)对于敏感或有高度机密性的职位,不适合经常调动。

(2)一般来说,工作轮换首先从同一个职位类别中开始,然后再考虑不同职位类别之间的工作轮换。

(3)工作轮换必须有序进行,以免影响正常的工作秩序和工作效率。

(4)应充分考虑员工的个人意愿,不能进行强制性的工作轮换。有的员工并不一定喜欢过多地尝试新工作和适应新的环境,而是希望专注于一个领域发展。

(5)注意工作轮换的时间间隔。如果员工职位变换过于频繁,对于员工心理带来的冲击可能远大于工作新鲜感给其带来的工作热情。一般来说,一个员工在同一职位上连续工作 5 年以上,又没有得到晋升的机会,就可考虑工作轮换。如果一名员工一直在同一组织内工作,其晋升和工作轮换的总数大约在 7~8 次较为合适。

工作轮换的优点是：

第一，丰富工作内容，减少员工工作的枯燥单调感，提高员工的工作积极性。

第二，员工能学到更多的技能，提高对环境的适应能力，也为员工的生涯设计提供参考。不少大公司内部提升的管理人员都要求有在几个不同的部门或职位工作的经验。

第三，有助于员工认清本职工作与其他部门工作的关系，从而理解本职工作的意义，提高工作积极性。

第四，使管理部门在安排工作、应付变化、人事调动上更具弹性。比如，避免由于人员的流失导致工作衔接滞后，为人员流出后顺利交接工作做出准备，有利于人员的稳定与业务持续的推进。

第五，降低员工的离职率。很多员工离职是因为对目前的工作感到厌倦，希望尝试新的有挑战的工作。如果能够在公司内部提供给员工流动的机会，使他们能有机会从事新的有挑战性的工作，他们也许就必不到公司外部寻找机会了。

工作轮换的缺点在于它增加了训练员工的成本，而且一个员工在转换工作的初期效率较低。此外，变动一个员工的职位就意味着其他相关联的职位随之变动，因此会增加管理人员的工作量和工作难度。

2. 工作扩大化。20 世纪 50 年代，工作扩大化（Job Enlargement）方法开始流行，这种方法是在横向水平上增加工作任务的数目或变化性，将原来狭窄的工作范围、频繁重复的情况加以改善，使工作内容多样化。

工作扩大化的具体方式有如下三种：

（1）延长工作周期。将若干分工很细、周期较短的职位合并，由几名员工组成作业小组共同承担原来多个职位的生产任务。

（2）增加职位的工作内容。比如安排员工承担力所能及的设备维修、前期准备以及后期收尾的工作任务。改变过去辅助或服务工作由专门职位负责的状况。比如，一个服装厂工人的工作从原来只负责为服装钉商标，扩大到负责检查服装的尺码是否准确、接缝处的针脚是否匀称，然后再为服装钉上纽扣和商标。

（3）包干负责制。增加职位活动的范围，将原来几个不同性质的职位归并在一起，由一个员工负责。例如，由一个员工负责装配、检验和包装等作业活动，完成任务后挂上署名标牌，以便由客户对装配包装的质量进行监督。

工作扩大化使员工有更多的事情可以做，有效地避免员工无所事事的情况发生。通常，这种扩大的新工作同员工原先所做的工作非常相似，因此对于扩大的这部分工作，员工可以熟练完成，而不需要专门的培训。这样，一方面节省了培训的费用，另一方面带来了工作效率的提高。因为这样做不必把产品或任务传到另一人手中，减少了交接的程序，节约了时间。此外，由于员工完成的是整个产品或一项任务，而非在一个大件或一项任务中从事一小部分工作，这样员工在心理上也可以得到更多的安慰和满足。因此，工作扩大化的设计方法通过增加某一工作的工作内容，使员工的工作内容增加，要求员工掌握更多的知识和技能，丰富工作经验，从而提高员工的工作兴趣。

工作扩大化的设计方法有很多人曾经研究过，一些研究者的报告也表明，工作扩大化的主要好处是增加员工的工作满意度并提高工作质量。一些公司的研究报告表明，工作扩大化导致公司的工资费用和设备检查的增加，但由于工作扩大化带来的质量改进、员工满意度提高而抵消了增加的费用成本。比如，美国 Maytag 公司通过实行工作扩大化提高了产品质量，降低了劳动成本，提高了员工的满意度，生产管理也变得更有灵活性。

然而，有时工作扩大化的成效并不十分理想，因为它只是增加了工作的种类，却在工作的挑战性和意义方面改变不大。有的员工反对工作扩大化，他们认为，以前只有一件令人厌恶的工作，而工作扩大化之后，就有两三件令人厌恶的工作了。

3. 工作丰富化：

(1)工作丰富化的含义。与工作扩大化相比，工作丰富化(Job Enrichment)通过垂直任务的增加，提高工作的挑战性、意义和完整性等，在工作特征上得到改进。

工作丰富化是指在纵向上赋予员工更复杂、更系列化的工作，通过参与工作规则的制定、执行、评估，使员工有更大的自由权和控制权。例如，美国一家公司的会计业务原来被分割成发票、审核和查询三个业务，分别由不同的部门人员完成，后来改成每个会计对一笔交易的全过程负责。由于员工感到有一定的自主权和肩负责任感，而且工作的完整性、反馈性和技能的多样性也提高了，让员工体验到了更多工作的意义，所以丰富化之后的工作的内在激励程度提高了，员工满意度和生产率都得到提升。

(2)工作丰富化的方式。实施工作丰富化可以采取下列五种方式：

①任务组合。把现有零散的任务结合起来，形成范围较大的、内容丰富的工作单元，增加技能多样性和任务完整性。

②建构自然性的工作单元，使员工能独立负责一个有意义的工作整体，而非仅仅看到工作整体中的一个环节。这样做能够使员工看到工作的成果，体会到工作的意义和重要性。

③建立员工-客户关系。客户是指员工的工作产出(包括产品和服务)所指向的对象，即接受者。这些客户可能是外部客户，也可能是内部客户。当一个员工与客户建立直接的关系时，他们会从客户那里得到重要的反馈，同时也使他们感受到一种自主性。另外，与客户建立直接的关系也需要员工具备为客户服务和人际交往的技能。因此，建立员工-客户关系，有利于增加工作的技能多样性、自主性和反馈性。

④纵向扩充工作内涵，使员工不仅要做执行性的工作，还要赋予员工一些原本属于上级管理者的职责与控制权，以此缩短工作的“执行层”与“控制层”之间的距离，让员工感受到自己所承担的责任，增强工作自主性。

⑤开放反馈的渠道，使员工不仅能够知道自己的绩效，还可以知道自己在工作上是进步了、退步了还是没有变化。最理想的是让员工在工作中直接收到反馈，而非由上级间接转达，这可以增加自主性，减少被监督意识。

工作丰富化是以工作特征模型为核心的。工作特征模型就是工作丰富化的模式，两者的关系如图 5-2 所示。工作丰富化举例和工作丰富化诊断问卷调查表分别见表 5-4、表 5-5。

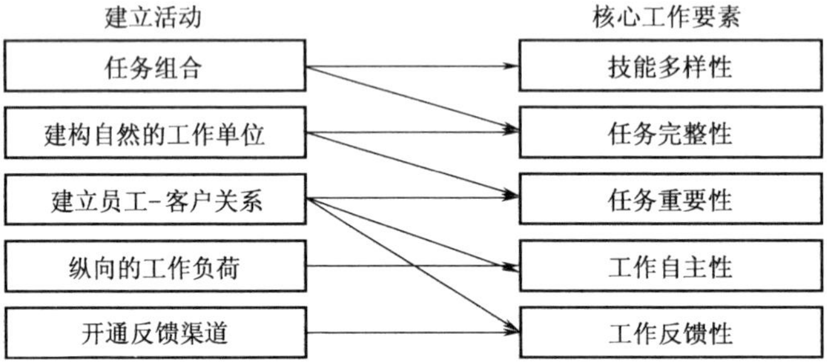

图 5-2　工作丰富化的手段与核心工作要素的关系

表 5-4　工作丰富化举例

原来的情况	工作丰富化后的情况	对应提高的核心工作特征
每人轮换使用机器	每人固定负责两台机器	任务完整性
当机器发生故障时，操作工让维修工来维修	操作工接受维修训练，负责所使用机器的维修	技能多样性
操作工按照操作手册的规定，调换重要的零件	操作工根据自己的判断来调换零件	工作自主性
工长对操作工实施监督，对不符合标准的操作予以纠正	建立工作绩效反馈制度，使操作工了解自己的工作情况	工作反馈性
在工作流程中个人做单一的作业	由 3～5 人组成小组，完成整个工作任务	技能多样性 任务完整性
工长决定谁干什么工作	由工作团队决定干什么工作	工作自主性
检验员和工长检验产品，纠正操作方法	由工作团队对产品进行自我检验	技能多样性 工作自主性、反馈性

表 5-5　工作丰富化诊断问卷调查表

<table>
<tr><td colspan="2">一、基本信息</td></tr>
<tr><td>姓名：</td><td>填写日期：　年　月　日</td></tr>
<tr><td>职位名称：</td><td>职位编号：</td></tr>
<tr><td>所属部门：</td><td>部门经理姓名：</td></tr>
<tr><td colspan="2">二、工作内容调查</td></tr>
<tr><td colspan="2">1. 请准确、简洁地列举你的主要工作内容(若多于 8 条可以附纸填写,下同)：
(1)____________　(2)____________
(3)____________　(4)____________
(5)____________　(6)____________
(7)____________　(8)____________
上述内容与职位描述的内容是否有差异？如果有,是哪些？产生的原因是什么？</td></tr>
<tr><td colspan="2">2. 请列举你有决策权的工作项目：
(1)____________　(2)____________
(3)____________　(4)____________
(5)____________　(6)____________
(7)____________　(8)____________
上述内容与职位描述的内容是否有差异？如果有,是哪些？产生的原因是什么？</td></tr>
<tr><td colspan="2">3. 请列举你没有决策权的工作项目：
(1)____________　(2)____________
(3)____________　(4)____________
(5)____________　(6)____________
(7)____________　(8)____________
上述内容与职位描述的内容是否有差异？如果有,是哪些？产生的原因是什么？</td></tr>
<tr><td colspan="2">三、职业发展调查</td></tr>
<tr><td colspan="2">1. 请描述你为自己设定的职业发展目标：</td></tr>
<tr><td colspan="2">2. 你认为这个目标和组织为你制定的发展目标一致吗？如果不一致,差别在什么地方？</td></tr>
<tr><td colspan="2">3. 为了达到你个人的职业发展目标,你认为组织应该为你做什么？</td></tr>
<tr><td colspan="2">4. 在当前的职位下,你是如何向自己的目标迈进的？</td></tr>
<tr><td colspan="2">四、适应性调查</td></tr>
<tr><td colspan="2">1. 你是否还具有工作的热情？如果没有,原因是什么？</td></tr>
</table>

续表

2. 你是否对现在的状态感到满意？如果不满意，你希望是什么样的状态？
3. 你能否在没有工作热情时同样做好自己的工作？
4. 你是否认为工作和兴趣相结合很重要？
五、相关问题调查
1. 你在工作中最大的困难和苦恼是什么？
2. 你是否喜欢为自己的工作做计划？
3. 你认为直接上级应该再给你哪方面的权力？
4. 你对目前的职位描述和职位资格要求有什么看法？
5. 你希望对职位描述和职位资格做哪些方面的修改？
6. 你对职位资格要求有哪些建议和意见？

(3)工作丰富化的优缺点：

工作丰富化承认员工在社会需要方面的重要性，因此，它有助于提高员工的工作动力、满意度和生产率，降低缺勤率和离职率；但是，采用这种方法的成本和事故率都比较高，且必须依赖管理人员的控制。

我们可以通过一个例子来更好地理解工作丰富化带来的好处。戴姆勒-克莱斯勒(Daimler Chrysler)汽车公司的托来多北部工厂对装配生产线上工人的工作实施了工作设计。该公司的发言人说："管理者的权力正在逐步下放，普通工人的权力正在加强。"该工厂的经理 Vick Crawley 说："传统的装配生产线都是一人负责一个动作，我们已经废除了这种装配生产线。如今工人们都需要负责多个任务。"他还指出，与传统的生产线相比，这种新的"工作单元"需要更多的员工培训和技能发展。"员工参与自己'生产单元'的设计。"实施工作设计后，工人以 10 个人的工作团队进行工作，他们除了本职工作以外，还要学习其他团队的工作，这样有利于在需要时进行人员调配。此外，改革后的工作设计可以防止因为重复动作使工人受到身体损伤。

事实上，人们对工作特征模型的研究表明，它的实际效果并不明确。只有高度重视并期望个人成就的员工，以及对组织的报酬、安全感和人际关系感到满意的员工，才会对上述五个工作特征做出积极的反应，也就是对工作丰富化做出积极的反应。反之，对于那些不需要也不希望承担富有挑战性的工作，只喜欢一成不变的工作，而把自己的兴趣和精力寄托在工作时间以外的员工来说，工作丰富化的方法无法提高他们对工作的满意度。此外，从管理者的角度讲，只有愿意授权并具有指导下属工作能力的管理者才能够实施工作丰富化。

因此，工作丰富化的设计方法并不适合所有人员，对于大部分人，可以将工作扩大化、工作丰富化、工作轮换等多种方法结合使用。

（二）群体设计选择

1. 工作团队。工作团队（Work Teams）是工作扩大化在团体上的应用。在一个工作团队里，由一群员工来完成一项较大的任务，团队的成员负责决定具体的工作分配，解决生产问题，制定他们的工作进度表和最终期限，以及持续地对工作活动进行改进。这个团队的成员可以在成员间轮换工作，也可以将特定的工作分配给成员。这个团队有一个主管来监督团队整体的运行情况。这个主管必须注重指导和培训，同时使团队的工作重点与组织的整体目标保持一致。例如，建筑企业常使用工作团队来完成一座房子的建造。

一个工作团队的成功首先取决于领导，且工人们意识到时间的限制和他们所将承担的任务。在一个团队里工作和领导一个团队是截然不同的两种任务。很多团队的领导希望自己被团队的成员视为普通一员，但是团队的领导经常要负责对团队绩效进行评价。团队的领导不是团队运作的单独一部分，他既要为这个项目工作，又要把团队组织起来共同努力，并且为项目的成功做好规划。

工作团队方法的实施也会给组织带来问题。主管和管理者经常会感到团队这种工作方式的设计冲击了他们的权利和权威。而且，如果团队成员数过于庞大（超过了 15 人），就容易产生小的利益群体。为了使更多的团队能够成功，管理层必须考虑这些问题并细心地监控转型过程。如果能将成员数目控制在合理的范围内，对主管的角色做出明确的界定，工作团队成功的可能性是相当高的。

2. 自主性工作团队。自主性工作团队（Autonomous Work Teams），又称工作自治群，是工作丰富化在团体上的应用。自主性工作团队对工作有很高的自主管理权，包括集体控制工作速度、任务分派、休息时间、工作效果的检查方式等，甚至可以有人事挑选权，团队中成员之间互相评价绩效。这种工作设计方法特别适合于扁平化和网络化的组织结构。

自主性工作团队有三个特性：

（1）团队成员间的工作相互关联，整个团队最终对产品负责；

（2）团队成员拥有多种技能，能执行团队中绝大部分甚至所有的工作任务；

（3）绩效的反馈与评价以整个团队为对象。

表 5-6 总结了传统的工作设计与自主性工作团队各自的特点和相互之间的区别。

在自主性工作团队与传统的工作设计方法中，同一职位所起的作用也不同。比如，在传统的工作设计中，操作工人独立工作，只需要掌握单一技能就能完成任务，而在自主性工作团队中，团队成员之间需要具备多方面的技能，紧密合作，完成大量工作，包括操作、技术支持、工艺改进和管理；团队自己分配工作任务、决定工作时间。工作团队有权在既定的技术约束和预算约束下,自行决定工作任务的分配方式,他们只需要对最终产品负责。工作团队可以是暂时的,也可以是长期的;可以是半自治的,也可以是自我管理的。自主性工作团队强调及时地向全体团队成员发布所有决策信息以供决策参考,而传统的工作设计方法只给员工需要知道的信息。

表 5-6　传统的工作设计方法和自主性工作团队的比较

内容	项目	传统的工作设计方法	自主性工作团队
职位角色	管理者	监控运行、组织资源	确定长远目标,确保资源
	操作工人	独立工作,强调单一技能的操作任务	是团队工作的一部分,完成大量工作,包括操作、技术支持、工艺改进和管理
	技术专家	独立工作,执行技术工作,支持运行	充当团队的顾问、教师和教练
工作设计要素	人	把紧凑的一组工作分配给个人	与他人协调,利用团队关系完成相互联系的活动
	决策	通过命令与控制的层级制度管理生产过程	授权团队制定关于加速周转和改进工艺的决策
	信息	只给员工需要知道的信息	及时地向全体团队成员发布所有决策信息以供决策参考

此外,团队管理者的责任,不再只是设计工作,而是建立工作团队,确保团队成员拥有完成工作所需要的资格,确保团队的目标与组织目标保持一致。工作团队的管理者承担着教练和激励者的角色。当然,他们也必须使团队在组织中拥有足够的权力,并对团队实施领导。同时,团队管理者还负责处理纪律问题和应对工作中的困难。

自主性工作团队在许多公司中得到应用。比如:沃尔沃(VOLVO)汽车公司从 20 世纪 60 年代、美国通用食品(GENERAL FOOD)公司在 70 年代起就开始采用自主性工作团队。如今,采用这一做法的组织越来越多,如通用汽车公司和丰田汽车公司的合资组织就使用自主性工作团队的方式制造雪佛兰(CHEVEROLET NOVAS)和丰田卡罗拉(TOYOTA COROLLA)轿车。具体方法是,把汽车厂的员工分为一些小团队,规定各个团队的工作并监督各个团队的生产成效。这些团队有很大的自主权,自己执行每天的质量检查工作(而这在过去是由另一组员工进行的)。

3. 质量圈。质量圈(Quality Circles)一般来说包括一个由 7~10 名的员工和主管组成的群体,他们按照固定的时间间隔聚会(一般是一星期一次),讨论质量控制问题和解决方案。质量圈这个概念主要把重点放在保持并提高一种产品的质量上。这个群体中的管理者和员工共同努力,寻找和解决产品问题以及组织协调问题。洛克希德公司(Lockheed Missile and Space Company)在美国第一批实行扩展的质量圈计划并对其效果进行了研究,结果表明,在实行这个计划的过程中,每花费 1 美元会为公司节省 6 美元。另外,生产中的错误下降了 2/3,质量圈成员的工作满意度也上升了。质量圈在提高个人绩效和组织效率方面有作用,得到管理层和工作成员的支持。

为了获得质量圈潜在的益处,管理层必须弄清楚这个概念的准确含义,并且对组织成员进行良好的培训。在质量圈会议期间,不允许员工讨论工作条件和工作环境等问题,或者讨论薪水和福利制度等。相反,讨论重点应该放在工作过程中的问题和相关事宜上。事实上,日本流行的质量圈方法在美国试行时所出现的那些问题主要是由于对质量圈的意图和目的存在误解造成的。只有能够解决核心问题,质量圈才可以为公司带来好处。

实行质量圈对提高本田公司北美研发中心工程师的绩效是非常关键的。在很多公司,质量圈的实行只限制在制造工厂的层次上,但是本田的质量圈在整个组织范围内得到了应用。本田北美研发中心存在的一个问题是计算机终端的响应太慢,工程师们大量的时间都浪费在了这上面。首席设计师组织了一个质量圈,这个质量圈由她本人、两个车身设计工程师、两个内部设计工程师、两个信息系统部门人员和一个技术培训领域人员组成。他们共同努力找出速度缓慢问题的原因,并更换了系统。虽然需要购买新的计算机设备,但在设备上的投资是必要的,工程师工作效率的提高可以弥补投资的费用。

(三)工作设计的扩展——工作管理方式的设计

从工作管理方式(或方法)上进行工作设计,属于广义的工作设计,包括工作生活质量、工作塑造、行动群体和灵活的工作时间制度。

1. 工作生活质量:

(1)工作生活质量。工作生活质量(Quality of Work Life,QWL)理论是 20 世纪 70 年代中期以后在西方发达工业化国家兴起的一种关于组织变革与发展的学说。组织行为学专家西舍尔(S. E. Seashore)将提高员工工作生活质量定义为:“管理者与员工联合决策,合作和培植相互尊重的过程。”

(2)工作生活质量的内容:①满足员工参与管理的要求,领导者应当鼓励员工积极地参与管理和决策活动;②满足员工对工作内容更具挑战性、更富有意义的需求;③满足员工轮流进行工作和学习的要求,帮助员工学习新知识、掌握新技能;④满足员工个人享有更多非物质激励的需求,给员工提供更多的发展空间。

(3)工作生活质量强调的工作设计原则。将提高员工的工作生活质量作为工作设计所追求的目标,实质上体现了以人为本的现代管理思想。工作生活质量强调工作设计的五项原则,这五项原则成为工作生活质量运动挑战科学管理原理的标志。它们是:

①完备性原则。任务的范围应该包含一个完整产品或过程的全部工作,这样可以满足工人的成就感需求。

②温和的混合控制和任务监测。把个体或团体看作负责人,由他们自己实现质量控制。

③任务多样化。工人需要获得在一个范围内的多种技术,应该让工人得到多样化的任务,因此任务安排应该具有灵活性。

④工作速度自我规定。给予工人决定自己工作速度的一定的工作自主权。

⑤在工作设计时考虑工人之间的合作和与外界环境的交流沟通。

改善工作质量的具体形式有:新增工作的多样性和自主权;允许参与决策;改善工作团体之间的劳动关系;降低监督程度;扩大劳资双方合作,等等。

2. 工作塑造。员工对于工作的满意度成了很多组织进行工作设计诊断的最初影响因素,但一些高级管理者并没有真正理解工作满意度的心理内容,想当然地认为,工作成就非常杰出的人一定会对他们的工作感到非常满意。但事实上,好的工作技术并不总是反映或者引发对工作的满意,只有当工作满足他们内心怀有的生活兴趣时,他们才会真正满意。

工作塑造是一门艺术,它使人与那些能够表达内心生活兴趣的工作匹配起来,从而能够增加留住这些人才的机会。研究表明,在人内心深处有八种生活兴趣。内心深处的生活兴趣并不决定人所擅长的东西——它们仅仅决定哪些活动会让他们感到快乐。在工作中,这种快乐常常转化为奉献精神。它能使员工非常努力地工作,使他们不会离开组织。

当管理者认清每个员工内心深处的生活兴趣时,工作塑造就开始了,如图 5-7 所示。如果管理者允许进行工作塑造,他们具体该做些什么呢?工作任务中的任何一项变革都提供了进行工作塑造的机会。当工作塑造融入绩效评价时,它会变得更加有效,变得更加系统化。一旦管理者和雇员开始讨论内心深处的生活兴趣,也是相应地量身定做下一个工作任务的时候了。

3. 行动群体。行动群体是指一个联合组织内一群人非正式地联结起来,一起共享专家意见和工作热情。例如,一群从事战略市场营销的咨询师,或者在一个大型商业银行里掌管支票处理业务的前台经理等。有的行动群体定期聚会,有的则主要通过电子邮件联系。他们也许没有一个明确的时间表,甚至即使他们有,也不一定严格地遵守它。

表 5-7　内心深处的八项生活兴趣

技术的应用——那些把技术的应用作为生活兴趣的人痴迷于事物内部的运行状况。他们总是很好奇地力图找出更好的方法来应用技术解决问题。 定量分析——有的人把数学运算看成非常有趣的事情,而其他人把数学运算当成一件苦差事。 建立理论和进行概念化思考——内心有着这种兴趣的人被理论所吸引,他们对事物为什么这样运行比对事物怎样运行更感兴趣。 创造性成果——新项目中有很多未知因素,他们可以取得很多创新,这些人总是为新项目的开始感到欢欣鼓舞。 劝告和指导——对这些人来说,没有比教育别人这件事更让人高兴的了;这会转化为训练和指导的工作。对劝告和指导有很强兴趣的人经常会被博物馆、学校和医院这类组织所吸引,他们认为在这些组织里工作可以提供具有很高社会价值的产品或服务。 对别人和人际关系进行管理——内心有这种生活兴趣的人喜欢在日常生活中与人打交道。他们从工作场所的人际关系中获得很大的满足感,但是与那些对劝告和指导感兴趣的人相比,这种人更专注于结果。 对企业的控制——不管他们是否喜欢管理别人,这些人能够从做出决定中找到满足感,这些决定会主导一个工作团队、一个业务单位、一个公司部门,甚至整个组织的发展方向。 通过语言和观念产生影响——这些人细化表达他们的观点是因为他们纯粹为了从故事的建树、谈判或者劝说中获得乐趣。这些人在写或者说的时候能够感到巨大的成就感。这一类人会愿意从事公共关系和广告等职业。

资料来源:T BUTLER,J WALDROOP. Job Sculpting,the Art of Retaining Your Best People[J]. Harvard Business Review,1999(10):144-152.

行动群体可以在一定程度上弥补现有组织结构的不足,这种新形式能够促进知识的共享、学习和变革。行动群体、正式的工作群体、项目团队和非正式的网络群体在功能上可以互相补充。表 5-8 是对它们特点的一个简要总结。

表 5-8　行动群体、正式工作群体、项目团队和非正式的网络群体的特点比较

	建立目的	成员构成	组成动机	组成时间
行动群体	为了发展员工的能力,为了形成和交换知识	参加者自愿	对群体专门技术的热情、责任和认同	只要参加者还有兴趣,群体就一直存在
正式工作群体	为了完成一项产品或服务	向这个群体报告工作的所有人	工作要求和共同的目标	直到下一次进行重组
项目团队	为了完成一项特别任务	有高级管理层安排的员工	项目的重要性和目标	知道项目完成

续表

	建立目的	成员构成	组成动机	组成时间
非正式网络	为了收集和传递商业信息	朋友和业务上的熟人	共同的需要	只要人们还有保持联系的必要

资料来源:E WENGER, W SNYDER. Communities of Practice:The Organizational Frontier[J]. Harvard Business Review, 2000(1-2):139-145.

行动群体可以催生战略,产生新的商业路线,解决问题,促进商业行动的展开,培养员工的专业技能,并且帮助组织招募和保留人才。行动群体通常出现在那些知识密集型的组织里。如何正确运用行动群体,对管理者来说,第一点是理解行动群体是什么,成员怎么工作;第二点是意识到这些成员是知识发展的一个关键促进因素,因此也是面对知识经济挑战的一个关键;第三点要理解这些非正式的结构需要特别的努力来进行扶持,并且将其整合到组织中去以使它们的力量能够得到充分的发展。

4. 灵活的工作时间制度。20 世纪 70 年代以后,一些工业发达国家为了缓和劳资关系,适应科学技术、经济环境以及社会生产力发展的要求,实行了一系列灵活的工作时间制度。从国际劳工组织(ILO)历年的统计报告资料可以看出,当今世界各国工作时间模式日趋多样化、灵活化。灵活的工作时间制度,归纳起来有如下几种。

(1)压缩每周工作天数。压缩每周工作天数(Compressed Workweek)是指每星期工作 4 天、每天工作 10 小时,而非工作 5 天、每天 8 小时。在美国,这种工作时间制度被称为“4-40 方案”。调查研究发现,4-40 方案有积极的效果,员工大多欢迎这种工作制,被调查者中有 78%的员工说他们不愿回到原来的五天工作制。这种做法的优点体现在:可使员工有更多(集中)的休闲、娱乐的时间,提高员工士气,提高对组织的认同感,提高生产力和设备运转率,减少加班和旷工率等;有利于减少因设备的启动和停机造成的时间浪费。对于一些工作,设备的启动和停机需要相当的时间,这段时间是非生产时间,但在计算成本时却必须予以考虑。如果工作天数由 5 天改为 4 天,每天多工作 2 小时,这样对于一个工作周来说,因开、停机造成的时间浪费就会减少。

(2)弹性工作制。弹性工作制(Alternative Work Schedule)指在完成固定的工作时间长度的前提下,在工作日内有一部分时间由员工自行安排并自主选定上下班时间,以代替统一固定的上下班时间。该制度是 20 世纪 60 年代末期在德国的一些企业中兴起的,当时主要为了解决员工上下班交通拥堵的困难。从 70 年代开始,在西欧和拉美一些国家中,弹性工作制的实施范围不断扩大。

弹性工作时间由“核心时间”和“弹性时间”两部分组成,在某几个小时的“核心时间”内，所有的员工必须上班，而在“弹性时间”内，员工可以自由选定上下班时间。这两部分时间相加等于制度工作时间。例如，一些公司规定一段必须上班的时间，一般是早上9点到下午3点，员工可以选择从早上6点到下午3点或早上9点到下午6点作为自己的工作时间。

每个人的生活需要和方式不尽相同，而传统的工作时间制是让人去适应僵化的制度，而不是让制度符合人的需要。从这一点看，弹性工作制体现了工作中人的主导地位，产生了较好的激励效果。实行弹性工作制可以减少员工请事假、病假、迟到和早退等情况的出现，调剂员工私人生活步调，增强员工自主权、责任感和满足感，有利于解决上下班交通拥堵问题，提高劳动生产率。

压缩工作天数并不能增加员工支配时间的自由度，而弹性工作时间赋予员工选择上下班时间的自由。因此，弹性工作时间比压缩工作天数效果更好，因为它更能给予员工自主权和责任感。换言之，它顺应了员工的成长需要。从实践来看，弹性工作时间制已形成一股潮流。

但这种方法只适用于那些不需要和其他部门或组织外部门打交道的工作，而并非对任何工作都适合。

(3)非全时工作制。非全时工作制，亦称分职制，是指让两个人共同承担一个全时的职位，即把一个职位的工作分成两部分，由两个人分担，员工薪酬和待遇按实际的工作时间长短计算，每个员工在一周可以连续工作若干天，但必须少于5天，在一个工作日内必须少于8小时。

该工作时间制度是20世纪70年代欧美一些资本主义国家发展和推广起来的。当时主要由于失业问题日益严重，要求就业的人员增多，超过社会可能提供的职位。在经济衰退、通货膨胀的情况下，为了增加家庭经济来源，许多家庭妇女也要参加工作，而她们又希望有一定的可支配时间来从事家务。此外，有些老年员工也愿意在退休前，有一个适应体力衰退而工时较短的职位。因此，实行非全时工作制有利于安排就业，减少缺勤，增加员工的闲暇时间。在一些劳动资源比较缺乏的国家，可以吸引和鼓励妇女就业，缓和劳动力紧张的矛盾。而且，一些保持较为充沛精力的老年员工可以继续工作。如果老年与青年员工共同在一个职位上工作，有利于以师带徒，培养技术人才，等等。因此，一些西方国家实行非全时工作制的职位日益增多。

(4)其他的灵活工作时间制：

①可变工作制。这种制度没有固定的工作时间，只要完成当月工作量，便可以自行决定上下班时间。这种工作制度曾在德国几家大公司试行。公司有专门的电子设备记录和计算员工每月实际完成的工作任务量。如未完成的工作量超过16小时，就要按比例扣减薪水。

②班组工作制。对一个生产班组规定一定要完成的工时总数,班组每个成员工作多少时间由班组主管自行安排。荷兰有不少医院就采用这种形式安排全昼夜值班。这种工作制度不仅使医务人员满意,也使病人受益。

③一周两天工作制。美国通用橡胶和轮胎公司曾对一部分员工实行这种工作制,旨在保证生产不间断地进行。这种工作制是指让员工在星期六和星期天工作,每天工作 12 小时。这 24 小时相当于非假日时间里工作的 26 小时。

④周工时选择制。员工可以在每个工作周内,自行选择工作时间延长或缩短 2~4 小时,只要半年内的工时总额不少于规定的定额即可。员工的劳动报酬,则按其每周的实际工时数支付。

⑤有效的工作时间制度。瑞士实行 44 小时的周标准工时制度,但是瑞士钟表公司将周工作时间缩短到 30 小时。该公司规定员工可以在周末的 3 天里工作 30 小时,完成一周的工作量,并能够得到原来工作 44 小时的工资。员工也可以在几个月的时间里,一鼓作气完成一年的工作量。该公司认为,优质产品出自心情愉快的员工之手,让员工最大限度地选择工作时间,能够避免许多管理手段无法控制的质量差错。

四、工作设计的综合模式:社会技术系统

(一)社会技术系统方法概述

社会技术系统方法最初源自伦敦人际关系学院的研究,它的技巧和设计原则来源于大量的行为学研究。社会技术系统理论建立在两个基础性假设之上:一个组织是一个社会和技术结合的体系;同时,这个体系对于它周围的环境是开放的。

1. 社会技术系统。社会技术系统理论的第一条假设指出,组织中的工作都是一个运行的系统,这个系统由两部分组成:一个是社会部分,包括从事工作的人以及他们之间的关系;另一个是技术部分,包括工具、技能和完成工作的方法。社会和技术之间是互相独立的,每一部分都遵循着一个截然不同的行为法则系统:社会部分根据生理和心理法则运行,而技术部分则遵循机械和物理法则;与此同时,社会和技术之间又是彼此相关的,它们必须共同作用才能完成工作。由此它们组成了统一的整体——社会技术系统。

在社会技术系统中,“技术”的产出结果是产品和服务,“社会”的产出结果是员工的满意度和忠诚度。如果工作设计想要员工创造出更高水平的产品,又能满足他们的成就需要,就必须兼顾技术性与社会性。

2. 外界关系。社会技术系统理论的第二条假设指出,组织中的工作是一个开放的体系,它必须与环境相互作用以谋求生存和发展。环境为社会技术系统提供

必需的能源、原料和信息输入,而社会技术系统向环境输出产品和服务。这里的关键是,怎样设计系统与环境之间的界面,即怎样进行工作设计。既要保护该系统避免外界干扰,同时又要有助于必需的能源和信息的交流,使得社会技术系统能够适应环境变化,并影响环境向好的方向变化。

(二)工作设计的综合模式

基于社会技术系统方法的观点,形成了工作设计的综合模式,如图 5-3 所示。

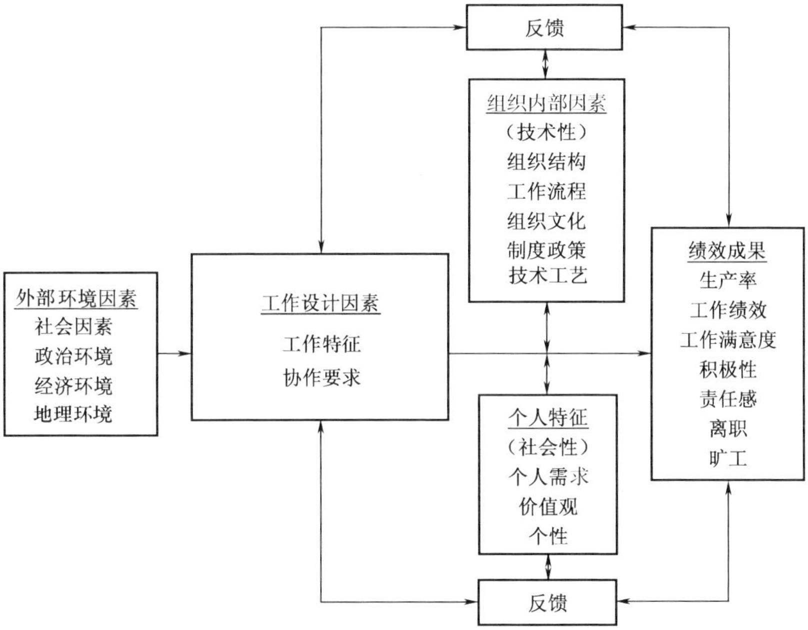

图 5-3 工作设计的综合模式

工作设计的综合模式强调管理人员要分析和评价在工作设计、规划发展和贯彻过程中许多变量可能产生的影响,包括组织内外部因素、员工个人特征因素以及工作设计本身需要考虑的因素。管理者必须首先意识到工作设计是在整个环境中进行的,包括组织外部环境以及组织内部环境,而非孤立地进行,不能片面地考虑工作设计。同时,管理者不能忽视员工的个人需要和价值观,工作设计离不开对个人特征的考虑。

总结工作设计综合模式需要考虑的因素,可以归结为如下几点:

1. 外部环境因素,包括:社会因素、政治环境、经济环境、地理环境等;

2. 组织内部因素,包括:组织结构、工作流程、组织文化、制度政策、技术工艺等;

3. 个人特征，包括：个人需求、价值观、个性（成熟度、变革接受能力）等；

4. 工作设计因素，包括：工作特征、协作要求等。

这些综合因素会导致一系列绩效成果的产生，包括生产率、工作绩效、工作满意度、积极性、责任感、离职、旷工。

（三）技术性要素和社会性要素的协调

1. 技术性要素。从技术性要素角度来看，有两个关键维度影响工作设计，即技术的依赖性和技术的不确定性。技术的依赖性是指生产一种产品或提供一项服务要求员工的合作程度；技术的不确定性是指为了完成一项任务，员工必须收集的信息量和必须制定的决策数。

（1）技术的依赖性。技术上的依赖程度决定了工作设计是采用个人形式还是团队形式。当依赖程度较低，几乎不需要员工协作时，就能够将工作设计成个人形式，如房地产推销和文字录入；反之，当依赖程度较高，需要员工协同工作时，就应该将工作设计成团队形式，如在采矿、组装线以及程序开发的过程中，由从事相关任务的人员组成一个工作团队。

（2）技术的不确定性。技术的不确定性决定了工作设计是采用外部控制形式，还是员工自我控制形式。当技术不确定性较低，员工几乎不需要掌握什么信息时，工作设计可以采用外部控制形式，如组装线上的工作；另一方面，当技术不确定性较高，员工必须掌握信息和制定决策时，工作应该设计成高水平的员工自我控制形式，如教师工作、医务工作、销售等。

（3）技术的依赖性和不确定性的组合。由图 5-4 可知，从纯技术的观点看，不同程度的技术依赖性和不确定性的组合下，最高效的不同类型的工作设计。在方格 1 中，技术依赖性和不确定性都较低，如文字录入工作，工作应该设计成传统的较低的员工协作和自我控制形式。在方格 2 中，技术依赖性高而不确定性低时，如组装线工作，工作应该设计成传统的工作团队形式，规划员工的彼此协作，限制自我控制。在方格 3 中，技术依赖性低而不确定性高时，如房地产推销，工作应该设计成内部控制模式的个人职位形式，比如丰富化服务。在方格 4 中，技术依赖性和不确定性都较高，如管理咨询团队形式，工作应设计成自主性工作团队，团队成员要具有多重的技能、决断力和信息来源，围绕着共同任务的互动关系进行自我控制。

2. 社会性要素。这里的社会性要素是指组织中的个人需求。绝大多数用来区分工作设计中个人差异的研究都集中于特定的个性特征，其中有两种不同的个人需求类型能够影响工作设计，即社交需求和发展需求。

（1）社交需求。社交需求是指对重要社会关系的追求。一般来说，社交需求程度决定了工作设计应该采用个人职位形式还是工作团队形式。低社交需求的人

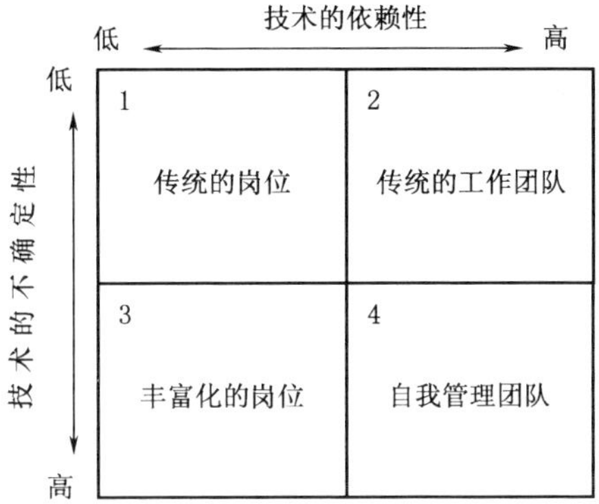

图 5-4　技术因素最优化的工作设计

资料来源:CUMMINGS T G. Designing work for productivity and quality of work life[J]. Contemporary or ganization developmerti:current:thinking and application,1985:69-76.

更有可能对个人化的职位满意;相反,与低社交需求类型相比,高社交需求的人更有可能对互动性强的团队型工作满意。

(2)发展需求。发展需求是指对于个人完善和发展的追求。一般来说,发展需求程度决定了工作设计是常规的、重复的,还是复杂的、富有挑战性的。

低发展需求的人通常不会受到复杂性高的挑战性工作(也就是丰富化的工作)吸引,反而那些对决策制定要求较低的常规性工作更会令他们满意;另一方面,高发展需求的人则乐意从事决断力高、技能多样化、含义更丰富、回馈水平更高的工作,丰富化的工作会使他们体验到个人的完善和发展。

认识到个人差异真实存在这一点是极为重要的,但需要强调以下两点:首先,一些低社交需求、低发展需求的人通常很难被组织管理者所接受,但低社交需求、低发展需求的人并不等于次于那些在这些方面有更高需求的人,他们仅仅是不同而已。其次,人们的需求类型会由于个人发展和经历改变。所以,组织管理者必须注意工作设计中个人的差异,不可将自己的价值观强加于他人之上。

(3)社交需求和发展需求的组合。图 5-5 指出了在社交需求和发展需求的不同组合方式下最优的工作设计类型。在方格 1 中,员工的个人社交和发展需求都较低,传统的职位形式最有效。在方格 2 中,员工拥有较高的社交需求,但发展需求较低,这种情况下,传统的工作团队是最适合的;例如组装线上的工作小组,它允许一定的社会交往,但限制挑战和决策的数量。在方格 3 中,员工个人的社交需求较低而发展需求较高,丰富化的工作会令他们更满意。个人职位应具有较高水平的任务多样性、决断权以及对于结果及时全面的反馈。例如,一名科研专家的职位应该丰富化,一个技术熟练的手工工人的工作也应该如此。最后,在方格 4 中,员工个人的社交和发展需求都较高,工作应设计成自主性工作团队,这种复杂而富有挑战性的工作能够提供有意义的社会交往。例如,在太空舱的一对宇航员组成了一个自主性工作小组,一家炼油厂控制室组成了管理小组,而医疗单位组成了会诊专家组。

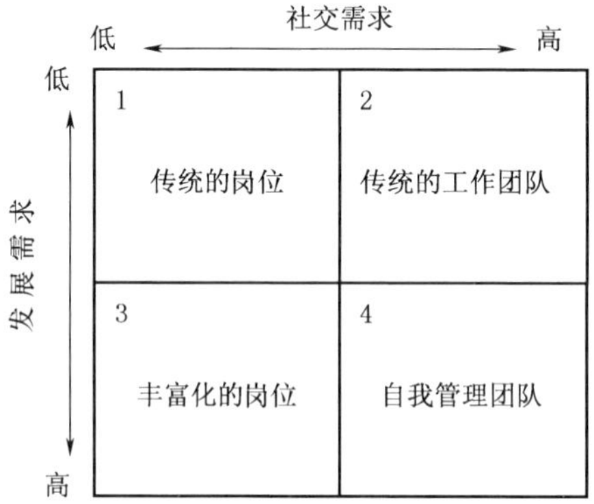

图 5-5　社会性要素最优化的工作设计

资料来源:CUMMINGS T G. Designing work for productivity and quality of work life[J]. Contemporary organization development:Current thinking and application,1985:69-76.

3. 技术性要素和社会性要素的协调。只有在一些特定的情况下,同时满足技术和社会需求的工作设计才能取得成功。当组织运行过程中的技术环境要素同员工的个人需求要素一致时,各个工作设计可以很容易地将两种要素协调起来同时满足两方面的要求。当技术性要素与社会型要素不一致时,例如,组织的某项工作技术依赖性高、技术复杂性低(见图 5-4 的方格 2),而员工的社会需求和发展需求都高时(见图 5-5 的方格 4),则至少需要进行两种变革,以使工作设计能够同时满足两种要求。

第一种是变革技术或者个人的需求,使之接近一致。例如,从技术上考虑,把原有的传统式的工作团队分割成更离散的团队,从而降低技术上的相互依赖性;个人需求要更加复杂,组织可以利用测试评估员工的个人需求,利用收集到的信息向员工提供建议,帮助他们实现技术和需求的协调一致。同样,可以鼓励员工参与进行具体的工作设计,这也是社会技术系统方法设计项目中的一个普遍行为,但需要员工与管理者的高度信赖和协作,并且对于设计高绩效、高满意度工作有共同的意愿。

第二种是保持原样,创造一个折中的工作设计,部分地满足两者的需求。而关键问题在于一方获得满足的程度是以另一方的牺牲为代价的。例如,在高度自动化的工厂中,当资金成本相对高于劳动力成本时,工作更应倾向于满足技术性要素;相反,在许多服务性工作中,劳动成本相对高于资金成本时,组织可能会围绕员工的积极性和满意度进行工作设计而忽视技术性要素。这两个例子表明,一系列可能折中的方案都是基于对技术和个人需求的不同重视程度,仔细评估不同类型的可能和成本,选择收益折中方案,这对于一个适当的折中式工作设计是必需的。

在实际操作中,虽然在改变一些技术性要素和社会性要素时会遇到很大的阻碍,从而使后一种方式似乎成为必然。但在许多情况下,那些阻碍其实并不是真实存在的,而是人们的假想。所以,我们必须客观判定,真正理解特定环境中的技术性和社会性因素,据此来设计工作。在某些组织中,传统的职位和工作团队在一定的环境下是成功的,而在其他组织中,丰富化的职位和自主性管理团队则会更有效。

第三节　工作设计的流程

组织初创时必然要运用工作设计的方法,但是工作设计更主要的应用是已有组织的变革和优化,所以,我们主要围绕后者展开工作设计的流程。而对于初创组织的工作设计则可以参照其中的部分步骤。

对于初创的组织,工作设计的第一步是对影响工作设计的环境、组织和人的因素的考察。而对于已有组织,工作设计首先来自变革的需要,而后是对该项工作进行与否的选择。实际操作中,工作设计需要放在一个战略性的实施计划中来考虑,需要考虑是否有变革的必要,并且考虑工作设计是否为变革的合理解决方式。做出工作设计的选择决定后,再对工作系统进行诊断,考察工作设计的影响因素,开始进行工作设计。图 5-6 显示的是组织进行工作设计的基本步骤。

一、确定需要解决的问题

工作设计的第一个步骤是识别出是否需要进行变革,确定需要解决的问题。技术、竞争、成本压力以及员工的激励等很多因素都需要对工作设计进行改变。新的电脑技术的发展可以使生产过程变得更加有效,如果公司想保持市场竞争力,就必须获得技术上先进的装备。而新的设备和新的方法常常带来对工作设计的需求。

如果管理者想要吸引并留住好的员工,就应设计一份让人产生工作热情的工作。员工对工作的抱怨,和随之出现的工作积极性和绩效的下降也是工作设计需

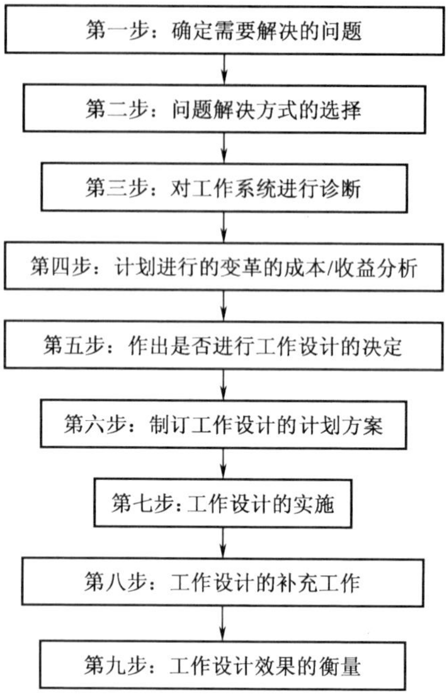

图 5-6　组织中进行工作设计的基本步骤

资料来源：R W GRIFFIN. Task Design：An Integrative Approach[M]. Glenview，ILL：Scott，Foresman，1982：208.

要进行改善的一个信号。但相对于技术、竞争以及成本压力因素，这也只是一个信号，是工作设计本身出了问题，还是其他因素造成，需要我们进一步考察。

二、问题解决方式的选择

在确定需要进行变革后，管理人员必须决定问题的适当解决方式。工作设计只是可供管理者选择的很多方案中的一种。导致员工工作热情和绩效下降有很多因素，比如说糟糕的沟通、领导或者培训，并不一定是由于工作设计出了问题。但是如果员工抱怨工作乏味，缺乏挑战性，那么工作设计也许是最有说服力的干预手段。这一步骤需要管理者具有丰富的经验、敏锐的知觉和必备的知识来选择适当的解决方法。

三、对工作系统进行诊断

如果选择了工作设计的解决方式，那么，对工作系统的深层次诊断在管理层是非常必要的。人力资源管理人员必须要保证任何工作设计的方向与现有的工作系统相一致。需要读者注意的是，这里只是做了解决方式的选择，但并没有最终确定是否要进行工作设计,最终决定工作设计的是成本/收益等影响因素。

(一)工作系统的诊断对象

在工作设计中,工作系统的诊断需要对六个领域进行检查:

1. 现有工作的诊断。例如,评价诸如职位分析和职位诊断调查这些现在使用的方法。

2. 现有员工力量的诊断。例如,将员工现在的绩效、工作的积极性和满意程度与理想水平的绩效、工作积极性和满意程度相比较。

3. 技术的诊断。例如,因为需要高昂的设备或重型机器,技术也许会成为一种限制。

4. 组织设计的诊断。将组织分为机械型的或者有机型的,确定组织的文化类型,并弄清楚组织是否愿意接受变化。

5. 领导行为的诊断。主管们的精诚合作在工作设计中是至关重要的。

6. 群体和社会状况的诊断。如果工作设计中包括建立自治工作群,组织的凝聚力是非常重要的。

(二)工作系统诊断的方法

提升组织绩效是组织设计和运行的直接目的,这当然也包括工作设计。组织是一个十分复杂的社会体系,系统论告诉我们,只对组织绩效变量中一个子集的调节或干预注定会失败,所以,单纯对工作设计这一组织绩效变量因素的调节和干预对组织绩效的提升是有限的,或者无效,甚至会失败,必须把它放置在绩效提升的整个系统中去考虑。对于现有工作系统的诊断要从影响组织绩效的整个系统多维变量上考察,这里我们介绍两个多层次绩效理论模型来帮助我们对现有工作系统进行诊断和分析。

1. 拉姆勒-布拉什的绩效模型

拉姆勒和布拉什(Rummler & Brache,1955)研究如何有效管理组织、运营过程和个人,提出一个获取竞争性优势的综合绩效框架,建立了一个九元矩阵,见图 5-7。他们定义了三个绩效层次:

	目标	设计	管理
组织			
工作流程			
工作者			

图 5-7　拉姆勒-布拉什的绩效模型

- 组织——强调组织与市场的关系以及组织主要功能的基本架构；
- 工作流程——工作究竟是如何完成的，或称"运营过程"；
- 工作者——在职位上从事各种工作的个人。

每一个层次都包括三个绩效变量：

- 目标——反映顾客对产品和服务之间期望的具体标准（资源、数量、适时和费用等）；
- 设计——能以某种方式有效实现目标的组织结构及其必要组成部分；
- 管理——确保目标得以更新和实现的管理实践。

拉姆勒-布拉什模型各层次的问题见表 5-9 所示。

表 5-9　拉姆勒-布拉什模型各层次的问题

组织目标	组织设计	组织管理
▪ 组织的战略/指导方向是否被清楚地表达和沟通？ ▪ 从外部威胁、机遇，内部优势和劣势看，战略是否恰当？ ▪ 在现有战略下，组织需要的成果和每个成果所期待的绩效水平已经确定和传达了吗？	▪ 所有相关的职能都安排妥当了吗？ ▪ 所有职能都是必需的吗？ ▪ 各职能的投入和产出流转恰当吗？ ▪ 正式的组织架构支持现有战略并加强体系的效率了吗？	▪ 是否订立了适当的职能目标？ ▪ 相关绩效是可测量的吗？ ▪ 资源被合理地配置了吗？ ▪ 职能步骤间的联结点得到管理了吗？
工作流程目标	工作流程设计	工作流程管理
▪ 关键工作流程的目的与顾客和组织需要相联系吗？	▪ 这是达到工作目标最有效的工作流程吗？	▪ 为工作流程制定适当的子目标了吗？ ▪ 流程绩效管理到位吗？ ▪ 每个工作流程都分配到充足的资源了吗？ ▪ 流程步骤间的联结点得到管理了吗？
工作/ 职位目标	工作/ 职位设计	工作/ 职位管理

续表

组织目标	组织设计	组织管理
▪ 工作成果和标准与工作流程(工作流程又与顾客和组织需要相连)需要相联系吗?	▪ 工作流程的需要反映在适当的具体工作中了吗? ▪ 工作步骤是否具有逻辑性? ▪ 工作环境是人性化的及符合人类工效学要求吗?	▪ 工作者了解工作目标(他们所期待的产出和期望达到的标准)吗? ▪ 工作者具有充足的资源,明确的指示、权利与责任,合乎逻辑的工作设计了吗? ▪ 工作者达到目标后能得到奖励吗? ▪ 工作者知道他们是否达到了工作目标吗? ▪ 工作者具有达到目标所必需的技能和知识吗? ▪ 如果对以上五个关于工作者的问题回答都是"是",那么他们具备达到工作目标所必需的智力、体力和情绪控制力吗?

根据拉姆勒和布拉什的观点,组织的好坏取决于它的工作流程。组织的工作流程反映了组织的实质工作并实际为客户创造了产品和服务。在工作流程这个层次上,分析者必须超越构成组织结构图所列功能的界限,以便看清工作流程——工作是如何开展并完成的。对于为何在绩效系统中高度重视工作流程,拉姆勒和布拉什认为:

(1)工作流程是我们了解最少、管理也最少的绩效区域;

(2)一个工作流程可被看作一个价值链,它的每一步都为下一步增加了价值;

(3)只有在工作流程有效率的情况下,一个组织才能有效率;

(4)只有在工作流程允许的范围内组织和个人效率的增强才会提升绩效;

(5)工作者队伍再强大也不能弥补虚弱的工作流程。

2. 斯旺森的绩效诊断模型。斯旺森(Swanson,1994)通过增加绩效的变量而扩展了拉姆勒和布拉什的模型。与拉姆勒和布拉什的模型类似,斯旺森的模型也由绩效层次和绩效变量这两个主要部分组成。

(1)绩效层次。与拉姆勒和布拉什的模型相同,该模型也界定了绩效的三个层次,并贯穿了绩效诊断的全过程:①组织层次;②工作流程层次;③工作者层次。

这三个层次其实早已被研究者系统地提出来了,而系统理论则可帮助我们深入、联系地理解这三个层次。比如,企业送给顾客的业务合约中包含了不正确的预算和不完整的服务项目,其原因可能隐含于这三个层次的任何一个或者全部。但是,决策者也许会过早地做出错误结论,认为问题存在于某个单一现象。他们可能会说:“组织中有太多的官僚习气!”或者“电脑的财务程序有个小故障!”或者“我们的财务分析人员太无能”。

(2)绩效变量。第二个组成部分是存在于上述每个绩效层次的五个绩效变量:①使命/目标;②体系设计;③能力;④动机;⑤专长。

这些绩效变量和绩效层次一起组成了一个矩阵结构,为绩效(当然也为现有工作系统)的分析和诊断提供了有力的指导。比如,一项工作程序的内在目标可能与组织目标或处于该工作程序的个人目标相冲突。绩效变量矩阵表(表 5-10)中所列的问题可以帮助找出绩效体系中的重叠和不连贯现象。

表 5-10 斯旺森绩效变量矩阵表

绩效变量	绩效层次		
	组织层次	工作流程层次	个人层次
使命/目标	组织使命/目标是否适合经济、政治、文化现实?	工作流程目标是否使组织达到组织和个人的使命/目标?	个人的职业使命和私人的目的与组织的使命/目标一致吗?
体系设计	组织体系是否提供了支持绩效实现的政策和结构?	各工作流程是否按照一个体系设计?	个人所面对的障碍是否影响了他们的工作绩效?
能力	组织具有领导力、资本和基础设施来达到其使命/目标吗?	工作流程的运行状况(数量、质量、时间)良好吗?	个人具有适当的智力、体力和情绪控制力去完成任务吗?
动机	政策、文化和薪酬体系支持绩效目标的实现吗?	工作流程提供了所需的信息和人力要素去维持运作吗?	个人有完成任务的信心吗?
专长	组织是否构建和维持了甄选及培训的政策和资源?	专业的发展过程是否满足了过程变化的需求?	个人具有知识、技能和经验去完成任务吗?

四、计划进行的变革的成本/收益分析

进行工作设计可能的成本必须同潜在的收益相平衡。对一个组织来说,成本也许包括新的机械设备、转换期的停工、由于员工责任和任务绩效的增加所可能发生的工资增加。而工作设计的收益包括员工工作积极性和工作满意度的上升,对组织忠诚度的增加和更好的工作绩效及员工缺勤率、流动率、怠工行为、工作错误

和对工作抱怨的下降。工作设计的目标必须是现实的,所带来的收益必须能超过产生的成本。

五、做出是否进行工作设计的决定

在进行了成本/收益分析后,管理者必须决定是进行工作设计,还是选择其他的方案。对管理者来说,考虑短期和长期的结果并确定是否与组织的总体战略相吻合是非常重要的。即使在进行系统的成本/收益分析后,管理者常常意识到他们并没有掌握做出正确决策所应拥有的全部信息。管理者必须同时依赖定量信息及他们自己的知识和知觉来做出判断。

六、制订工作设计的计划方案

计划方案的最终形成所应该做的考虑包括:

- 谁将制订工作设计计划?
- 对工作需要做出什么实质性的变化?
- 谁将受到这些变化的影响?
- 进行工作设计的时间。

在进行任何变化之前必须对这些战略问题做出系统的考虑。一些研究者提倡由员工、主管和咨询专家共同参与来制订工作设计计划;另外一些人认为在某些情况下可以采取共同参与的方法,但在其他情况下则采取自上而下的方法。是否采取参与方法取决于员工拥有重要信息的程度,要看员工是否有接受变化的要求,以及是否愿意为这个设计投入很多的努力。

同时也必须确定哪些工作将进行变化,谁将受到变化的影响,这种工作设计是基于个人的,还是基于团队的;是基于任务的,还是基于能力的。例如,由于其复杂性,基于团队的变化(如建立工作自治群)只有当比个人的变化有明显的优势时才可以采用。

最后,计划小组必须决定实施设计的时间安排,这包括考虑购买新设备的时间、安装的时间和训练雇员使用这些机器设备的时间。

在组织的实际操作中,主要有以下三种工作设计的形式,应综合考虑三种形式的特征及优缺点。

1. 基于任务的工作设计。基于任务的工作设计,是将明确的任务目标按照工作流程的特点层层分解,并用一定形式的工作进行落实。这种做法的好处是工作的目标和职责简单明了,易于操作,到职者经过简单培训即可开始工作。同时,它也便于管理者实施监督管理,在一定时期内会有很高的效率。在这种形式下,组织内部的工作管理主要采用等级多而细的职等结构,员工只要在本工作上做到一定的年限而不出大错就能被提级加薪。但这种工作设计的缺点是只考虑任务的要求而往往忽视在职者个人的特点,员工个人往往成为工作的附庸。这种工作设计形式在机器化大工业时代显得十分突出:操作工常常在流水线旁日复一日不停地重复同一种动作,时间一长,员工的积极性往往会一落千丈。此外,由于任务目标是可以量化的,所以这种工作设计的具体编制也可以用人均劳动生产率(或人均利润)等量化指数具体地计算出来。

2. 基于能力的工作设计。基于能力的工作设计,是将明确的工作目标按照工作流程的特点层层分解到工作,但区别在于工作的任务种类是复合型的,职责也比较宽泛,相应的对员工的工作能力要求也更全面一些。这种形式的好处是工作的目标和职责边界比较模糊,使员工不会拘泥于某个工作设定的职责范围,从而有发挥个人特长的余地,进而使组织具有应对市场变化的弹性。在这种形式下,组织内部的管理工作常常采用的是"宽带"管理,即工作之间的等级越来越宽泛。目前许多美国企业内部从上到下只有 6 个等级,各等级内的各工作的职责分工没有明确的界限,完全根据市场的变化来调整企业内部各工作所承担的具体任务。由于员工个人的表现难以像基于任务的工作设计那样简单明了,所以这种工作设计形式要求赋予直接管理者更大的责任,由直接管理者对下属进行决断、监督和评估。但缺点是会因为员工的灵活性加大而带来工作成果的不确定性上升。同时,由于对员工能力的要求高,劳动力成本和培训费用也会相应增加。这种工作设计形式在第三产业占主导的时代很突出:第三产业的许多行业是高度依赖于人的,在这些行业中,员工的能力和工作积极性对工作任务的完成有着很大的影响,如金融、保险、咨询服务、超市零售等。在这种服务性的行业中,具体工作所承担的任务在许多情况下是完成一个过程,难以量化,所以这种工作设计形式往往不规定一个具体的编制数,而是用一定的人力成本预算来进行控制。

3. 基于团队的工作设计。基于团队的工作设计,则是一种更加市场化、客户化的设计形式。它采用以为客户提供总体附加值(总体解决方案)为中心,把组织内部相关的各个工作组合起来,形成团队进行工作。它的最大特点是能迅速回应客户、满足客户的各种要求,同时又能克服组织内部各部门、各工作自我封闭、各自为政的弊端。对在职者来说,在一个由各种技能、各个层次的人组合起来的团队中工作,不仅可以利用集体的力量比较容易地完成任务,而且可以相互从中学习到许多新的东西,也能经常保持良好的精神状态。显然,基于团队的工作设计是一种比较理想的工作设计形式。但是,这种形式对组织内部的管理、协调能力要求很高,否则容易出现打乱仗的现象。目前它的应用还不够普及,更多的是在那些"项目型"的公司中应用,如软件设计、系统集成、咨询服务、中介机构、项目设计、工程施工等。这种工作设计形式的人员定编往往是根据客户的要求采用组合的方式,在人力成本方面也往往采用预算控制法。

七、工作设计的实施

在工作设计执行时经常会遇到意想不到的问题。对付执行中遇到的难题的最好办法就是仔细诊断工作条件,遵守根据前面的步骤所制订的详细计划,权衡各种工作设计的影响因素,注意以下要点:

(一)工作设计的系统化

这是工作设计的最基本原则。所谓系统,是由若干既有区别又有联系的要素组成的有机综合体。每个系统可以成为一个更大规模系统中的一个组成部分,整个规范化管理体系是一个大的系统,从战略定位、组织变革、流程优化、职能分解、工作设计一直到职位设置,都要服从前面研究的成果。判断每项工作设计是否合理,就需要把它放在整个组织系统中去考察,凡对组织的存在和发展有利的就是合理的。

(二)考虑组织内外部环境因素的影响

1. 政治形势。所有的组织都受它们所处环境中政治因素的影响。组织想生存下去,就必须遵守国际、国内及当地的法律、法规和条例。管理人员需要充分认识到法律的重要性,因为组织运行的几乎每个方面都要受到法律的影响。法律涉及的工资、雇佣行为、福利、药物监测和安全标准等方面都对工作设计造成直接或间接的影响。一个工厂的工人,也许让他在危险的机器和滚动带中走来走去是获得物件的最有效率的方式,但是职业安全的法律法规在很大程度上禁止这样的行为。组织设计相关工作,必须避免雇员受伤。如果大量的工作需要雇员在危险区域内走动,那么组织应该在总体上改变对员工工作的设计。

2. 社会期望。社会期望是指人们希望通过工作满足什么要求,一项工作设计的可接受程度部分取决于社会期望。在经济不发达的地区或阶段,劳动者主要追求的是满足基本的物质需要,可以接受较繁重的、枯燥的工作。随着经济发展和文化教育水平提高,人们的需求层次提高了,对工作、生活质量也有了较高的期望,如果单纯从工作效率、工作流程方面考虑就会引起劳动者的不满。

3. 人力供求状况。在工作设计时要考虑到能否找到足够数量的合格员工。比如,亨利·福特设计汽车装配线时,考虑到当时大多数潜在劳动力缺乏汽车生产经验,因而把工作设计得比较简单;又如包括我国在内的很多发展中国家往往在引进生产设备时,缺乏对人力资源的充分考虑,在花钱购买技术时没有考虑在某些工作环节上国内缺乏合格人才,所以事后又不得不从国外高薪聘请专家。

4. 工作环境。工作设计要力求优化工作环境,这里的工作环境是指办公场所或工作地。所谓工作环境优化,是指利用现代科学技术,改善工作环境中的各种因素，使之适合于劳动者的生理、心理健康，建立起人-机-环境的最优系统。

影响工作环境的因素包括物质因素和自然因素。改善工作环境的物质因素包括三方面：第一，根据生产工艺要求和生理活动规律确定工作地点，确保在该工作地点的劳动者、劳动工具和劳动对象达到最优结合，这样既方便员工操作、提高工作效率，又能保证环境安全和卫生，使员工心情舒畅。第二，设置适宜的照明和适度的色彩环境，给人以舒适感，有利于稳定员工心理，促进工作效率的提高。第三，合理配置设备、仪表和操纵器，适应人体运动特征等特点，提高工作效率。

工作环境的自然因素是指工作地的空气、温度、湿度以及噪声等。进行工作设计时，要尽量降低工作场所的危险性，减少职业病的患病风险，尽量避免在高温、高湿、粉尘、异味、噪声等环境中工作。

（三）体现组织战略意图

所谓组织战略意图，是指对组织战略的实现起关键作用的使命和功能。工作设计体现组织战略意图，重心应放在对组织的成功起关键作用的使命和功能的分解上。组织战略决定了组织或部门的关键使命和功能，将后者进一步分解，得到支撑这些关键使命和功能的关键职位，以支撑组织战略的实现。

（四）适应组织优化和业务流程再造的需要

组织结构和流程与工作设计之间是紧密结合、相辅相成的。实施组织优化、流程再造必须要对工作进行相应的改变，否则组织优化、业务流程再造注定不会成功；反过来，对工作的设计也要按照组织优化和业务流程再造的要求来进行。由于组织优化和业务流程再造本身是为了解决组织层面某些具体问题而进行的，而解决这类问题的目的是为了提高生产效率。因此，工作设计的目标要充分适应组织优化和业务流程的需要。

（五）为员工能力开发提供平台

现在的组织发展越来越依赖员工，而员工也越来越注重自身发展能力的提升。员工开发不仅仅通过培训完成，工作实践中的锻炼是最有效的办法。在工作设计的过程中，设计必须能够使员工的能力得到提升，这就要求工作设计要全面权衡经济效率原则和员工需求，找到最佳平衡点。工作设计就是要让每个员工能够在适度的挑战中工作，在挑战中不断提高能力，制定目标要高低适中，不能过高，若员工反复努力也无法达到，就没有激励性了；也不能过低，缺乏挑战性，否则会滋长员工的惰性。

八、工作设计的补充工作

由于工作设计所引发的组织结构、工作流程和报酬体系的变化非常重要。举例来说,如果组成了工作自治群,那么组织就不能继续根据个人的绩效来付给这些员工工资,应以群体的业绩作为衡量绩效的基础。因此组织报酬体系必须用来加强工作设计,虽然这些并不属于工作设计本身的内容,但却是组织实际执行中不可或缺的步骤。

九、工作设计效果的衡量和调整

最后一步确定工作设计是否有效,当然这是所有工作完成之后。如果管理者想看到变化所产生的效果,需要在设计实施前对员工的感觉、绩效和其他与工作相关的成果进行评价。在设计实施后,必须再次评价并与实施前进行比较,但这一步常常被忽略,可能是受到时间和成本的限制。管理者应该全面地考察实施工作设计所带来的效果,并衡量由此带来的成本和收益。这些信息在组织的战略决策中将具有非常宝贵的借鉴价值。

在了解以上工作设计的主要任务顺序之后,结合上一节所介绍的五种原理,在实际的操作中就可以产生适合本组织自身特点和要求的方法。但是,现在的问题是,由于组织的现实状况不同,目标要求不同,也就不存在"放之四海而皆准"的工作设计方法,所以,如果没有以上相关原理和方法的积累,单单去寻找"金科玉律"是行不通的。实际操作中需要依靠实际经验,并且更多的是对各种原理和方法的融会贯通,对于管理者来说,要熟悉以上的原理和方法,但在实际操作中不可被方法或步骤的条条框框所羁绊,而忽略了工作设计中更应该注意的问题。

本章扩展

案例分析

新型的工厂员工

弗雷德·普林斯(Fred Price)在黑暗中摸索着下了楼梯,手里抓着一块丹麦式面包,在凌晨4点匆匆忙忙去上班。今天对于这位29岁的北卡罗来纳工厂的雇员来说是一个不寻常的日子。来到工作岗位上,他像往常一样给他所在的这个微型工具与模具车间发布工作进度指令,同时,在他自己没有对金属进行加工的时候,他还兼任着监督者的角色。但是到了中午的时候,从位于洛利市的州政府劳工局送来了一些测试的结果。这些能力测试对位于沙罗特市的东北工具制造公司(Southeast Tool & Manufacturing Co.)所雇佣的43名工人进行了从数学和机械技能到领导能力和适应能力的全部智能测验。与这些测验结果一同下来的还有一份“治疗药方”。根据“药方”的要求,普林斯不得不在打鸟上少花点时间了,与婴儿小推车打交道的时间也要减少了。像成千上万的美国工厂工人一样,弗雷德·普林斯将要重新回到学校去了。

从小到大,弗雷德一直都喜欢手工工作,而不是用脑工作。他喜欢帮助父亲修理家里的老式福特牌收割机,甚至有一次他们还组装了一台水力劈柴机。在高中时期,他的手工课成绩一直十分优秀,但是数学课和英语课的成绩却总是落在后面。而在现如今的这个经济社会中,即使是工厂工作也越来越受到计算机屏幕上闪烁的小点点们的控制了,进一步接受学校教育是摆在许多工人面前的唯一选择。就拿东北工具制造公司来说,他们就准备在今后的几个月内利用员工测试对每一名工人进行根据客户要求定制产品的技能培训。有些人可能会进入附近的一所社区大学去学习。而另外一些人则将通过在工厂中设置的计算机进行远程学习。还有少数一些人则要在下午时进入来工厂授课的教授的课堂。普林斯想去攻读一个学制两年的冶金学学位,尽管这意味着他将不得不在周末花费更长的时间来学习。普林斯说,“我希望有一天能够管理这家工厂”。

直到今天,美国人还常常把在高中读书的青年人划分为两类,一类是像普林斯这样直接当工厂工人的高中毕业生,他们在高中毕业以后往往会去从事工业部门中的工作或者服务性工作;另外一类则是准备在高中毕业以后继续上大学,从而从事白领工作或者专业技术工作。这两种人在毕业的时候就走了不同的道路,然后分别成了两种类型不同的工人:手工员工和知识员工。

但是在过去的十年中,管理层级的扁平化已经逐渐使得管理者们不仅为工人配备了机器人,并且教会了他们如何使用计算机控制设备来操作巨大的浇铸机和冲压机。同时,管理者们还通过计算机来过滤大量的信息。工人们也接受了监管库存的培训,了解供应商、顾客的情况以及各种投入的成本和价格。那些长期以来存在于脑力工人和手工工人之间的知识鸿沟,现在通过工厂中的计算机已经开始慢慢被填平。在东北工具制造公司,普林斯的上司拉什蒂·阿兰特指着一台他给铣床配备的功能强大的计算机说:“我在它里面塞满了存储器,因为我希望我手下的这帮人在工厂一线就能够从事企业的管理工作。”

44岁的阿德莱·约翰·沃纳也在这些正在努力学习的工人之中,他已经为一家位于芝加哥市郊外的特种钢材制造商——埃克密金属制造公司(Acme Metal Inc.)工作了长达25年之久。沃纳一贯喜欢学习并且对许多事情都能很快地掌握——事实上,在越南战争期间,正是由于他的机敏,才从一名美国海军情报专家被任命为高级安全检查官。当他战争结束回到芝加哥的时候,本来打算去大学学习。但是他却先成了家,同时开始到埃克密金属制造公司去当一名体力工人,那时做工人所能赚到的收入还是比较可观的。

但沃纳发现自己所干的工作是令人厌烦的。像其他大多数制造业企业一样,埃克密金属制造公司也主要是由低技能的劳动力组成的,公司是在利用沃纳的身体而不是他的头脑。从一名管道装配工学徒开始干起,又在工作阶梯上连续升迁了几次之后,沃纳所从事的工作仍然是对体力的要求甚于对脑力的要求。沃纳这样描述那时漫长而空虚的日子:傻头傻脑地坐在那里,等着上头分配下来管道装配的工作,等着在加班拿到一倍半的加班工资。尽管沃纳的年报酬总额最终也达到了6万美元,但这些枯燥乏味的生活还是促使沃纳在晚上去芝加哥州立大学心理学系读了一个本科学位,他希望自己能够进入人力资源领域。1978年的时候他拿到了学士学位,但是这个学位却并没有给他带来任何变化。

此时,埃克密金属制造公司的日子也越来越难过了。其他一些低成本的小型钢厂和国外的一些钢铁厂对其超高碳钢——这种钢材广泛运用于刀刃、工具和一些关键性的机器零部件中——的市场地位构成了很大的威胁。而公司中的那些旧设备也已经不堪使用。1994年,管理层投资4亿美元引进德国的高技术浇铸机来对工厂进行重新设计——这对于一个年销售额只有5.6亿美元的工厂来讲,确实是一个非常大胆的举动。但是,这种要求极高的浇铸机——其作用是把钢水转化为两英寸厚的钢条——运转速度是很快的,具有一定的危险性。如果工人在操作中不能做出快速的反应,他们就要冒着钢水外溢的危险,这时,滚烫的钢水会从模具中溢出。在当时,只有像努卡尔公司(Nucor Corp.)这样拥有技能熟练且反应灵活的劳动力队伍的领袖型小型钢铁厂及其下属公司——钢铁动力公司(Steel Dynamics Inc)才有能力利用这种新技术赚钱。

实际上,埃克密金属制造公司是在拿其员工的头脑作为公司的赌注——而沃纳恰恰抓住了这个机会。公司引进了大量的咨询人员来对那些主动提出申请去填补新剥离出来的1 100个职位的员工进行测试。他们通过各种各样的全面测试来考察员工的阅读能力、数学能力、技术水平和沟通技巧。有些员工对此不感兴趣,选择了提前退休。最后大约一共有750名员工被挑选出来,组成了一个全新的以团队工作为导向的新工作系统。沃纳成功地获得了一份高级维修技师的工作。

埃克密金属制造公司在工厂附近建立了流动教师,并且从底特律、佐治亚,甚至德国请来了教师。公司为沃纳和其他130名工人支付了全部的费用,让他们从事9个月的全日制学习，学习的内容包括冶金学、数学、计算机以及对新机器进行逐个零件研究等各方面的知识。“我们现在所接触到的都是我们过去根本没有机会接触的事情”，沃纳充满喜悦地说。

沃纳和他的同伴们还参与了对公司的整个工作系统进行重新改造的过程。春天的时候，他与另外5名工人被挑选出来与管理人员和咨询人员一起连续数周住在工厂附近一家小旅馆里。在这里，他们在墙上挂满了书写用的纸板和黑板，为新工厂设计各种新的规划方案，从以利润为中心的报酬系统的设计到监督管理人员的角色重新界定等各个方面的内容。“在那里工作的工人必须自己做出决策”，埃克密金属制造公司的钢铁生产副总裁安东尼·凯匹托这样说道。这套新的工作系统，包括沃纳和他的同伴们所受到的培训，在秋天新的浇铸机到位以后就要接受考验了。

思考题：

1. 弗雷德·普林斯在东北工具制造公司所从事的工作出现了什么样的变化？将这些变化同本章所介绍的工作设计方法加以比较。如果我们用这些方法对普林斯的工作进行事前、事后对比，那么哪一种工作设计方法能够最大限度地揭示其工作内容所出现的变化，而哪一种方法只能较少地揭示出其工作内容所出现的变化：机械性、生物性、知觉性还是激励性工作设计方法？

2. 阿德莱·约翰·沃纳所在的埃克密金属制造公司的变革给沃纳的工作带来了哪些变化？对比沃纳过去和现在的工作方式，讨论其中应用了哪些工作设计的方法，会产生什么效果？

3. 技术变化——就像发生在东北工具制造公司的操作机器人化和埃克密金属制造公司的高技术浇铸机设备的使用——会影响到组织的结构，而这又会改变对工人的技能所提出的要求。那么对于这两家公司，对于普林斯和沃纳来说，技术变化是如何影响组织结构以及工人所从事工作的技能要求的？

你还能够想到其他一些导致对员工的技能要求产生相反影响的技术进步吗(如在快餐行业和零售行业中)？这种技术进步会带来哪些问题？

讨论与思考

1. 工作设计包括哪些方法？这些方法有哪些区别？

2. 不同趋向的工作设计方法的适用条件是什么？

3. 在激励型工作设计法中，不同的个体和群体工作设计有哪些方法可供选择？它们的相似和相异之处是什么？

4. 在组织的实践中，工作设计应遵循什么程序？

5. 对组织当前工作系统如何进行诊断？

扩展阅读索引

1. 詹姆斯·N. 巴伦,戴维·M. 克雷普斯. 战略人力资源管理——总经理的思考框架[M]. 王垒,潘莹欣,等,译. 北京:清华大学出版社,2005.

2. 威廉·P. 安东尼. 人力资源管理——战略方法[M]. 4版. 赵玮,徐建军,译. 北京:中信出版社,2004.

第六章

职位分析概述

本章在阐明了职位分析的概念、原则和意义后，着重介绍了职位分析的实施和发展演变，应重点掌握职位分析在人力资源管理中的意义和实施过程。

第一节　职位分析的含义

一、职位分析的基本术语

1. 基本动作(Element)。工作中不能再分解的最小动作单位。

2. 任务(Task)。为了达到某种目的所从事的一系列活动。任务是由一个或多个基本动作组成，构成员工工作绩效中的逻辑和必要步骤的一种活动。

3. 职责(Duty)。个体在工作岗位上需要完成的主要任务或大部分任务。相关联的任务构成一项工作的职责。它可以由一个或多个任务组成。区分职责和任务总是不容易的，把任务看成是职责的子集可能对我们会有所帮助。例如，假设接待员的一项职责是处理所有往来信件，作为这个职责一部分的一项任务可能是回答所有日常询问。

4. 职位。关于所从事职责的范围和深度的规定。通常一个职位可以由一个人来承担，也可以由多个人来承担。由多个人承担时，这些人所完成的职责在构成和重要性方面是相似的。中文所说的职位在英文中有“Position”和“Job”两个词对应,英文的“Position”是指根据组织目标为个人规定的一组任务及相应的职责的集合,一个“Position”对应一个人;英文中的“Job”是主要职责构成和重要性相近的一组职位的组合,一个“Job”可以对应多个人。

5. 职位族(Job Family)。功能相近,工作性质、工作范围相似,但职责繁简、难易程度不同及所需资格条件可能有所不同的两个或两个以上的职位构成一个职位族,在企业职位管理的实践中,有时也成为职位序列。通常,职位序列表示的范围更广,可能包含几个职位族,也可能只包含一个职位族。在职位数量比较多的企业中,通常将职位分为大类、中类、小类,大类通常称为职位序列,其中包含多个职位族;在职位数量较少的企业中,将职位直接划分成几类,即个职位族。

6. 职权(Authority)。依法赋予职位的某种权力,以保障履行职责,完成工作任务。职责往往与职权是密切关系的,特定的职责要赋予特定的职权,甚至是特定的职责等同于特定的职权。

7. 职业(Occupation)。职业是指在跨行业、跨部门基础上的综合层次的工作,它不局限于一个组织内部。例如,警察作为一个职业,是交通警察、刑警、民警等的统称。教师作为一个职业是大学教师、中学教师、小学教师等的统称。

二、职位分析的概念

关于职位分析(Job Analysis),在近一个世纪的时间内,随着职位分析的发展,国外学者提出了许多种观点。

提芬和麦考密克(Tiffin & McCormick,1965)的定义为:从广义上说,职位分析是针对某种目的,通过某种手段来收集和分析与工作相关的各种信息的过程。

高佩德和艾奇森(Ghorpade & Atchison,1980)的定义是职位分析是组织的一项管理活动,它旨在通过收集、分析、综合整理有关工作方面的信息,为组织计划、组织设计、人力资源管理和其他管理职能提供基础性服务。

加里·戴斯勒(Gary Dessler,1996)从职位分析的具体目的出发对职位分析做出定义:职位分析就是与此相关的一道程序,通过这一程序,我们可以确定某一工作的任务和性质是什么,以及哪些类型的人(从技能和经验的角度)适合被雇佣来从事这一工作。

国内学者对于职位分析也提出了许多观点:“职位分析实质上是全面了解工作并提取有关工作全方面信息的基础性管理活动。”[①]“所谓的职位分析,即分析者采用科学的手段与技术,对每个同类岗位工作的结构因素及其相互关系进行分解、比

① 付亚和,孙健敏. 企业人力资源管理[M]. 北京:企业管理出版社,1995.

较与综合,确定该岗位的工作要素特点、性质与要求的过程。”①“职位分析是人力资源管理的一项核心基础职能,它是一种应用系统方法,收集、分析、确定组织中职位的定位、目标、工作内容、职责权限、工作关系、业绩标准、人员要求等基本因素的过程。”②

本书采用广义的职位分析的概念,即把职位分析定义为一种职位信息的收集、分析的手段与技术,是职位设置、职位说明书编制、职位评价、职位体系建立的基础,也是人力资源管理的基础。

第二节 职位分析的原则及意义

一、职位分析的原则

(一)目标导向原则

目标导向原则是指明确规定职位分析的具体目标和职位分析成果的具体用途,以此作为构建整个职位分析系统的依据。根据职位分析在组织实践中可以解决的主要问题,我们可以将不同目标导向的职位分析概括为如下内容,见表 6-1。

表 6-1 职位分析的不同目标导向

需要解决的问题	目标导向
组织战略、关键职能无法得到有效落实;工作流程安排不合理;忙闲不均;职位的层次以及职位之间的边界不清晰	组织优化
职位职责、权限的界定不清;履行职责的标准不清;完成职责所需的教育程度、经验、知识、能力等不清	职位说明书的编写
员工的晋升、发展、转换缺少相应的职位分类、职位等级、职位要求等信息	职位体系的建立
缺少对职位任职者的明确要求,人员配置缺乏依据	任职资格管理(招聘、晋升、调整、任免)
培训的标准不清楚;培训的内容和形式没有针对性	培训开发
绩效考核指标不具体,缺乏针对性,考核主体及考核周期设置不合理	绩效考核
薪酬分配缺少科学的依据;企业内职位的价值关系不清晰	职位价值评估

① 啸鸣政. 职位分析的理论与方法[M]. 北京:中国人民大学出版社,2002.
② 彭剑锋. 人力资源管理概论[M]. 上海:复旦大学出版社,2003.

（二）经济原则

无论是出于什么具体目的来实行职位分析,如果取得成功,最终组织都可以获得经济上的直接或者间接收益。但是,在选择职位分析的执行者以及实施方法的时候,应量力而行,合理地控制实施职位分析的成本,防止成本大于收益。

（三）系统原则

在对某个具体职位进行职位分析的时候,不能单独对这个职位进行分析,要注意该职位与组织内其他职位的关系,全面、系统地收集、分析职位信息,这样才能够使职位分析具有更高的准确性。这就要求职位分析人员必须熟悉组织结构与业务流程,将组织、流程和职位三者有机地衔接起来。

（四）职位原则

正如前文多次强调的,实行职位分析,最重要的一点就是要时刻谨记职位分析是“对岗不对人”,即职位分析的对象始终是职位,而不是任职者。但是,这并不意味着职位分析完全脱离任职人员的因素,单纯地分析职位,应该将人与职位有机融合,最终对职位信息做出合理、客观的分析与确定。

（五）应用原则

应用原则是指在职位分析结束,已经形成最终的职位说明书、任职资格体系等系列成果之后,应按照成果文件的要求,在组织内部认真、严格、全面地执行。有些组织尽管通过职位分析取得了一系列的成果文件,但在执行的时候却没有严肃的纪律和端正的态度,有些职位不按照规定执行,或者根本不执行。这种违背了应用原则的行为将使职位分析成为空谈。

（六）动态原则

组织所处的环境,组织自身的战略意图、业务流程以及工作方法都可能不定期地发生变化,如果不能及时地发现变化、做出调整,动态地执行职位分析成果的话,就会脱离实际,陷入误区。

（七）全员参与原则

有效的职位分析,需要各级管理人员与员工的广泛参与,尤其是高层管理者的支持与重视以及业务部门的大力配合,仅靠人力资源部门是无法完成此项复杂的工作的。

可以说,职位分析的七点原则,是实施职位分析的灵魂所在,职位分析的成败,基本取决于是否严格遵循这七点原则。因此,在实施职位分析的过程中,务必遵循以上原则。

二、职位分析的意义

职位分析是企业人力资源管理的基石,对企业提高组织的管理效率和人力资源管理的效率具有重大的意义。

(一)使人力资源规划更为准确

在企业发展过程中,企业内外环境的变化和组织战略目标的调整必然会引起企业业务、结构或人员数量的变化。在不断变化的环境中,为了保证企业有足够的工作人员来完成企业的任务,必须通过有组织、有计划的人力资源规划来预测企业未来人力资源的需求以及供给状况。职位分析可以准确提供企业中各种工作对于人员数量、质量的需求情况,提高人力资源规划的准确性。

(二)使工作职责更为明确

职位分析能让管理者和员工清楚地了解到职位的职责范围和需要完成的工作任务。它还可以对工作流程、工作方法,对完成工作需要接触的人员及接触的目的、频率进行界定,有助于管理者和员工对工作形成全面的认识,包括工作的目的、任务、活动、需要处理的日常事务以及各项工作应达到的结果。职位分析收集了各个职位的信息,能够确保企业中的各项任务都有人承担,并保证各工作岗位之间能够相互协调、配合,共同完成部门或企业的工作任务。

(三)使工作设计和职位设置更为合理

理想的职位设计既要保证较高的工作效率,也要调动员工的工作积极性。为了增强员工对工作的兴趣,应该根据员工或工作的需要对工作设计进行改进,主要的方法包括工作轮换、工作扩大化、工作丰富化等。在这种职位设计的过程中,需要对职位的相互联系、所需工作技能等多方面因素进行分析,寻找其潜在的联系,以达到提高员工工作积极性的同时,使工作效率也有所提高的目的。

(四)使人员招聘更为有效

在招聘过程中,企业需要吸引符合招聘要求的应聘者;而应聘者需要选择最适合自己的工作。因此,企业应该对所需工作岗位的职责和内容进行准确界定,为应聘者提供有关工作职责、工作环境、工作要求的真实信息;而应聘者也能根据明确的岗位职责和工作任务的要求选择最有利于自己发展的工作岗位应聘,从而节约企业的资源,尽快吸引到合格的应聘者,降低招聘成本。对企业而言,要从大量的应聘者中筛选出合适人选,就必须通过职位分析的方法来确定相关工作岗位的任职资格条件。

(五)使薪酬体系更加公平

薪酬公平对员工的工作积极性有着重要的影响。薪酬公平可分为外部公平和内部公平。外部公平的薪酬是将企业内的薪酬水平与外部市场同等劳动力价格进行比较而确定的。内部公平的薪酬则是将员工的薪酬与其所在工作岗位的相对价值相比较而确定的。职位分析能从工作任务、工作职责、所需技能等几个方面对工作岗位的相对价值进行评价和确定,并在此基础上通过职位评价建立企业的薪酬体系,实现薪酬的内部公平。

（六）使绩效考核更加公平

职位分析可以提供在不同时期、不同背景下各个职位的工作任务、工作职责的相关信息,管理人员可以依据这些信息确定各职位的绩效标准并作为对员工进行评估、考核的依据。这样可减少人为因素的干扰,使绩效考核更加客观、公正。

（七）使员工培训更为有效

职位分析可对培训进行准确的需求分析,使培训课程的设计以及培训方法的选择更具有针对性,即可以根据不同岗位工作任务、工作能力和工作技能的要求设计培训内容与培训方式,使培训工作更为有效。

（八）使员工的职业生涯管理更加科学

职位分析可以摸清职位之间在工作内容以及任职资格上的逻辑关系与内部的差异,形成以职位为基础的职业生涯通道,以及职业生涯发展的路径、规范与标准,提高员工职位升迁变动的科学性、合理性。

第三节　职位分析的实施

实施职位分析是一项系统工程,它需要实施者对职位分析的操作流程有清晰的认识,对整个职位分析进行统筹规划,对职位分析过程进行有效的控制。由于组织战略、组织性质以及实施职位分析的目的等的不同,各组织实施职位分析的流程也不同,甚至同一组织在不同时期的职位分析流程也不尽相同。在这里,我们概括出实施职位分析的一般流程,希望能够为组织实施职位分析提供帮助和指导。

职位分析的一般流程通常包括六个步骤,即:确定职位分析的目的、主体;调查工作相关的背景信息;运用职位分析技术收集工作相关信息;整理和分析工作相关信息;形成职位分析结果;核对与应用职位分析结果。

一、确定职位分析的目的、主体

（一）确定职位分析的目的

在实施职位分析之前,我们必须要明确实施职位分析的目的。我们必须清楚,在什么样的情况下组织需要实行职位分析,为什么要实行职位分析。职位分析的目的是指职位分析收集信息的用途，它决定了在调查、分析过程中需要收集的信息侧重点、收集信息的方法、形成的职位分析结果以及结果的用途等。因此，实施职位分析，首先应当进行职位分析的需求分析，并据此建立目标导向的职位分析系统。所谓“职位分析的目标导向”，是指明确规定职位分析的具体目标和职位分析成果的具体用途，以此作为整个职位分析工作的依据。

根据职位分析目前在国内企业管理实践中的主要用途，我们可以将职位分析的不同目的、所强调的内容、信息类型以及信息收集的成果概括为如下内容，见表 6-2。

表 6-2　不同目的职位分析的内容和成果

职位分析的目的	职位分析强调的内容	收集的信息	职位分析的成果
组织优化	•对工作职责、权限的明确界定 •将工作置于流程与战略分解体系中重新思考该职位的定位 •职位边界的明晰化	•工作目的与工作职责 •职责细分(或履行程序) •职责分配的合理性 •工作流程 •职位在流程中的角色 •工作权限	•组织结构的调整 •职位设置的调整 •职位目的的调整 •职位职责的调整 •工作流程的调整
职位说明书的编写	•对职位的职责加以界定 •明确完成职位职责所需的最低的教育程度、经验、知识、能力等标准	•职位的职责 •职位的任职规范	•职位说明书
职位体系的建立	•强调对职位性质或者承担者的性质和特点的区别性分析，把职位归为不同类别 •强调对工作责任大小、工作难易程度，完成职位工作所需的教育程度、经验、知识、能力等的分析，把职位划分为不同层级	•职位的性质 •职位的责任大小 •完成工作的难易程度 •完成职位工作所需的教育程度、经验、知识、能力等	•职位序列 •职位通道 •任职规范标准
任职资格管理(招聘、晋升、调整、任免)	•对职位所需教育程度、工作经验、知识、技能与能力等任职规范的界定 •确定各项任职规范要求的具体等级或水平 •建立胜任特征模型	•工作目的与工作职责 •职责的重要程度 •任职规范 •完成职位工作所需的教育程度、经验、知识、能力等 •职责性质和特点	•职位类别定义及标准 •职位等级定义及标准

续表

职位分析的目的	职位分析强调的内容	收集的信息	职位分析的成果
培训开发	•对工作典型样本、工作难点的识别 •对工作中常见错误的分析 •任职规范中可培训部分的界定	•工作职责 •职责学习难度 •工作难点 •关键工作行为 •任职规范	•培训需求 •培训的难点与重点
绩效考核	•对工作职责以及责任细分的准确界定 •收集有关各项职责与任务的重要程度、过失损害的信息 •为考核指标的提取以及权重的确定提供前提	•工作目的与工作职责 •职责的重要程度与执行难度 •工作难点 •绩效标准	•绩效评价指标与标准
职位评价	•职位在组织中的地位及对组织战略的贡献 •工作所需知识、技能与能力水平 •工作职责与任务的复杂性与难度 •工作环境条件 •工作负荷与强度的大小等	•工作目的与工作职责 •工作范围 •职责的复杂程度与执行难度 •职位在组织中的位置 •职位联系的对象、内容与频率 •任职规范	•与职位评价要素相关的信息

（二）明确职位分析的实施主体

所谓职位分析实施主体，是指具体实施职位分析，负责收集信息、分析信息和编写结果性文件的人员。不同的职位分析主体类型，其工作方式、效率，以及对组织人力、物力、财力的要求都有差异，应根据职位分析的目的确定职位分析的实施主体。但是无论选择哪种实施主体，都要求组织全员参与，从高管层到最基层（如果选择外部咨询公司做主体，还包括咨询公司）都必须参与进来，相互积极配合。因此，必须明确在职位分析的过程中每个参与人员所扮演的角色。

1. 实施主体的选择：

（1）人力资源部门是实施主体，即在实施职位分析时，由人力资源部门成立职位分析小组，组织内其他部门配合人力资源部门；

（2）各部门是实施主体，即由各部门自己实施职位分析，人力资源部门提供指导；

(3)组织外部的咨询机构是实施主体，即聘请咨询机构在组织内部开展职位分析，人力资源部门配合咨询顾问协调计划的实施。

这三种方法各有利弊(见表6-3)，在选择职位分析实施主体的时候，必须仔细考虑组织自身情况、职位分析的目的，充分衡量成本与收益，选择更适合组织的实施主体。

表6-3　三种职位分析实施主体特点的比较

职位分析实施主体	与组织的关系	优缺点	
		优点	缺点
组织内人力资源部门	组织内部	•节省成本 •实施主体了解公司文化、战略和现状	•耗费大量人力和时间 •如果职位分析方面的经验不丰富，会影响职位分析的信度
组织内各部门	组织内部	•非常熟悉本部门工作，收集的信息全面、内行 •节省成本	•从人力资源管理的角度看，实施过程中和形成的职位分析结果文件可能不专业，会影响职位分析的信度
咨询机构	组织外部	•节省组织的人力 •作为第三方位置中立，员工易于接受职位分析结果，相对也容易提供真实的信息给职位分析人员 •结果更加客观、有效、可信	•花费咨询费用 •咨询顾问不了解企业具体情况，组织需要花费时间与他们进行企业文化、战略、管理等方面的沟通

2. 职位分析参与人员的职责：

(1)当实施主体为人力资源部门时，各参与人员所承担的职责如下：

•高层管理者的责任：①确认职位分析的目的；②组织内沟通与动员：安排相应的人员协调、组织职位分析过程，解决职位分析过程中出现的一些重大冲突；③确认工作时间计划；④提供持续的资源支持；⑤确认职位分析的结果。

•人力资源部经理的责任：①全程监控职位分析实施过程，协调相关部门积极配合；②向高层管理者反映职位分析中遇到的重大问题，并提供相应的解决建议；③参与审核职位分析结果，妥善保存并随时更新职位分析的结果文件。

•职位分析员的责任。在此种情况下，职位分析人员一般为人力资源部门的员工。①与高层沟通确认职位分析的目的和意义；②根据职位分析的目的和预期结果选择信息收集方法、信息提供者，收集资料并进行分析；③与任职者进行会谈，减轻他们由于职位分析产生的压力，比如解雇、调职、降薪、提高工作标准等；④编制职位分析结果文件，如职位说明书、工作分类、胜任特征模型等；⑤监控整个职位分析进程。

• 各部门主管的责任：①提供本部门、跨部门的工作流程、工作职责、工作权限等工作相关信息，反映本部门的管理现状；②与本部门员工进行沟通，增强员工对职位分析的接受度和配合度；③选择那些胜任岗位的、具备一定表达能力的、愿意配合职位分析的员工进行信息调查，例如访谈、问卷调查和工作日志调查，等等；④审核、确认下属所提供的工作相关信息，如填写的调查问卷、工作日志等的内容是否准确、真实、全面；⑤确认有关职位分析结果。

• 职位任职者的责任：①积极、及时、全面地提供真实的信息；②与职位分析人员共同核对工作信息。

（2）当实施主体为各部门时，各参与人员的所承担的职责如下：

• 高层管理者的责任：①确认职位分析的目的；②组织内沟通与动员：安排相应的人员协调、组织职位分析过程，解决职位分析过程中出现的一些重大冲突；③确认工作时间计划；④提供持续的资源支持；⑥确认职位分析的结果。

• 人力资源部经理的责任：①向有关主管及其下属讲解如何进行职位分析及编写职位说明书；②跟进编写职位说明书的进度；③向最高管理层反映职位分析中遇到的问题，提供解决方法的建议；④参与审核职位分析结果，妥善保存并随时更新职位分析的结果文件。

• 各部门主管和任职者的责任：①主管给予指导后（必要时由人力资源部门负责人一起给予指导），由下属自己制订职位说明书，然后由管理者收集，与下属讨论、分析并修订，再由人力资源部门确认，呈交高层领导审核。此种方法具有民主性，能够尊重员工，最大限度地调动员工参与的积极性，但主管必须有极大的容忍度。②主管制订所有直接下属的职位说明书，完成后与下属讨论，经修订同意后，再由人力资源部门确认并呈交高层领导审核。此种方法比较节省时间，但要求主管必须充分了解下属，并获得下属对所分派工作的认同。

（3）当实施主体为咨询机构时，各参与人员的所承担的职责如下：

• 高层管理者的责任：①确认职位分析的目的；②组织内沟通与动员：安排相应的人员协调、组织职位分析过程，解决职位分析过程中出现的一些重大冲突；③确认工作时间计划；④提供持续的资源支持；⑤确认职位分析的结果。

• 人力资源部门经理的责任：①联系任职者或其主管，确保信息调查计划的顺利实施；②了解职位分析实施中的问题并向最高管理层反映其中的重大问题，提供解决方法的建议；③妥善保存并随时更新工作说明书。

• 职位分析员（咨询机构项目组成员）的责任：①与高层沟通确认职位分析的

目的和意义;②根据职位分析的目的和预期结果开发信息收集方法;③收集所需资料,并分析结果;④编制职位分析结果文件,如工作说明书、岗位分类、胜任特征模型等;⑤监督整个职位分析过程。

• 各部门主管的责任:①提供本部门、跨部门的工作信息,反映本部门的管理现状;②与本部门员工进行沟通,增强员工对职位分析的认可度和配合度;③选择胜任岗位、具备一定表达能力、能配合职位分析人员工作的员工进行访谈、问卷、工作日志等调查;④审核、确认下属所填的调查问卷、工作日志等的内容;⑤确认有关职位分析结果。

• 任职者的责任:①积极、及时、全面地提供真实的工作相关信息;②协助分析员核对工作信息。

二、收集工作相关的背景信息

在确定了职位分析的实施目的之后,可以通过调查组织内部资料和外部资料来掌握工作相关的背景信息,为工作相关信息的收集、分析、整理以及结果的形成奠定基础。

(一)通过组织内部资料收集工作相关信息

通过调查组织内部资料,可以获得工作相关的背景信息,有利于职位分析人员对组织现状进行较为快速、全面的了解,还可以有效降低工作信息收集的难度和工作量。这些内部资料包括:组织性质、组织战略、组织文化、各项制度和政策、组织机构图、业务流程说明、ISO 质量文件、各部门职能职责分工、职位设置图、职位详情、劳动合同以及原有的对部门/职位的职责界定等。其中,组织性质、组织机构图、职位设置图、职位详情、业务流程图以及组织原有的对部门/职位的职责、任职资格的界定等一些文件资料非常有助于职位分析人员对工作背景信息的掌握。下面我们具体介绍这些资料的内容及作用。

1. 组织的性质。组织的性质是指组织是否为营利性单位,是企业还是政府机关,是国有还是非国有等信息。对于不同性质的组织,在后续进行信息分析的时候将做不同的调整。

2. 组织结构图。组织结构图提供如下信息:组织的部门设置和职位设置;当前职位与组织中其他职位的工作关系(如向谁汇报、与哪些工作部门发生信息交流等);该工作在组织中的地位。

3. 业务流程图。组织完成经营、管理需要遵循的现行流程。除了要了解每个流程的具体内容,还要明确流程的重要程度。除此之外,还需要了解与业务对应的职位设置情况。如各个部门内都设置了什么职位,各个职位在其所属的工作流程中都起了什么作用等。

4. 职位设置图。职位设置图能够清晰反映组织中现有工作的人员配置情况，有助于职位分析者更好地对诸如一人多岗和一岗多人等问题进行判断和处理。

5. 职位详情。职位详情应包括每个职位的工作情况及其工作联系。

(1)职位的工作情况。职位的工作情况主要包括以下几点内容：

- 工作活动和过程(Work Activities/Processes)；
- 工作活动所采用的程序(Procedures Used)；
- 活动记录(Activity Records)；
- 工作责任(Personal Accountability/Responsibility)。

(2)工作联系。工作联系包括组织内联系(Organizational Context)和社会联系(Social Context)。按照联系的方向分类，又可以将工作联系划分为横向工作联系和纵向工作联系。横向工作联系是指与组织内其他部门职位的工作联系以及与本部门内其他职位的工作联系；纵向工作联系是指与上下级发生的工作联系。我们在描述横向工作联系和纵向工作联系时，通常要描述一系列项目，包含联系对象、联系内容、联系的频率以及联系的方式等。

6. 组织原有的对部门、职位的职责和任职资格的界定。组织原有的对部门、职位的工作职责界定是理解现有工作主要任务和职责的导向。但是必须注意，要谨慎地、批判性地接受这些信息，因为它们不可能准确而全面地反映职位的本质。例如，随着时间的推移或者由于技术进步而发生的工作活动的变化，原有部门、职位的职责界定可能已经过时。

任职资格即职位对任职者的要求，是指与工作绩效高度相关的一系列人员特征，包括为了完成工作，任职者所需具备的经验、知识、技能、能力以及个性特征要求等。

（二）通过组织外部资料收集工作的相关信息

通过阅读一些组织外部资料也能够获得有用的工作相关信息，比如：行业内或专业领域内的相关政策规定、外部组织相似职位的信息、国内外颁布的工作分类标准、职位词典、职位信息网络等。

1. 行业内或专业领域内的相关政策规定。这主要包括行业政策、法律法规、职业资格准入制度、相关的政策法规如劳动法等。

2. 外部组织相似职位的工作信息。主要通过同行业单位的网站、有关招聘的门户网站了解相关信息，在搜集相似工作的信息时，要注意目标职位与“标杆职位”的相似性。

3. 国内外的工作分类标准：

(1)《中华人民共和国职业分类大典》，其将我国职业归为 8 个大类、66 个中类、413 个小类、1 838 个细类(职业)。

(2)国际劳工局制定的《国际标准职业分类》(ISCO,International Standard Classification of Occupation),其将职业分为 8 大类、83 小类、284 细类、1 506 种职业。

(3)《加拿大职业分类辞典》,其将有关自然科学、社会科学、工程技术、医疗卫生、教育、卫生、体育、行政、公务等各种职业,划分为 23 个大组,81 个小组,499 个细组,共计 11 300 多个职业,对每个职业的名称、定义、工作内容、性质、特征和职业心理、生理的要求,都做了详尽的说明和严格的规定。

4. 职位词典:

(1)美国《职位名称辞典》(The Dictionary of Occupational Titles ,DOT),其提供了 12 000 多个职位信息以及另外 16 000 个相关的职位名称。但是 DOT 并未收录有关工作者特征的全部资料。

(2)美国《职位名称词典修订本之职位特征精选》(Selected Characteristics of Occupations Defined in the Revised Dictionary of Occupational Titles)。《职位名称辞典》中的职位提供了有关工作者特征的下列排序资料:①培训时间:包括数学和语言能力的必要等级和具体的职业准备期;②身体需求特征;③环境条件。本手册的使用者需要知道被分析职位在《职位名称辞典》中的职位代码。按照职位代码在该手册中找到该职位后,就可以便捷地参考用以识别任职资格的特征排序。

(3)美国《职位开发改进指南:2 500 个最重要职位的说明书》(The Enhanced Guide for Occupational Exploration:Descriptions for the 2,500 Most Important Jobs),这是具有潜在意义的有关任职者特征信息的资料来源。这本书基于美国劳工部、调查局和其他官方以及私人资源所提供的资料,包含 2 500 个美国最常见的职位。

(4)美国劳工部开发的职位信息网络(O* NET, Occupational Information Network),用一种从各种职位中提炼出来的通用语言从六个方面对 1 000 种职位进行描述。

三、运用职位分析技术收集工作相关信息

职位分析的方法技术应当与职位分析的实施目的、被分析职位的性质和特点相适应。工作分析的方法有文献分析法、访谈法、观察法、任务分析调查法、职位分析问卷法、关键事件法、工作日志法、主题专家会议法、功能性职位分析法、能力要求法、工作要素分析法等。

一般来说,每种职位分析方法都有一定的适用范围,各种职位分析方法都具有各自的优势和局限性,所以在选择职位分析方法之前,需要系统性地掌握常用职位分析方法的特点。这里我们从操作性、可用性、通用性等角度对几种典型的职位分析方法进行了评价和比较,见表 6-4。

表 6-4　几种常用职位分析方法的评价总结

评价要素	常用的职位分析方法						
	访谈法	任务分析调查法	职位分析问卷法	关键事件法	功能性职位分析法	能力要求法	工作要素分析法
当前是可操作的	是	是	是	是	是	是	是
现成的可用性	否	否	是	否	部分	部分	部分
职业通用性	高	中等/高	高	高	高	高	高
标准化	否	是	是	否	否	是	否
使用者/被试的接受程度	高	中等/高	低/中等	中等	高	中等/高	中等
要求职位分析者接受培训的总量	中等	低	中等	低/中等	高	低	中等/高
样本容量	小	大	小	小	小	小/中等	小
对内容效度的适用性	低	高	低	低	中等	中等	低
对相关标准效度的适用性	低/中等	高	高	低/中等	高	高	高
信度	不确定	高	高	不确定	高	高	不确定
成本	中等/高	中等/高	低/中等	中等/高	中等/高	低/中等	低/中等

资料来源:GARY B BRUMBACK,TANIA ROMASHKO,CLIFFORD P HAHN,EDWIN A FLEISHMAN. Model Procedures for Job Analysis, Text Development and Validation. Washington, DC: American Institutes for Research,1974:102-107.

在确定了适当的职位分析技术之后,需要选择组织中的典型职位,并运用这些技术首先对典型职位进行分析,收集这些工作的工作活动、职责、工作联系、工作环境和任职资格要求等信息,对被分析职位进行全方面的了解。这些信息的真实性和准确性直接关系职位分析的效果。

四、整理和分析工作相关信息

在职位分析信息收集完成之后,需要对工作信息进行核对与分类,甄选出有用的信息,并对它们进行分析、归纳与综合。

(一)审核与整理工作信息

在职位分析信息收集完成后,职位分析员需要首先对工作信息进行核对和辨别真伪。职位分析员要将获得的信息送交职位的任职者和直接主管进行审查确认,这样才能避免出现偏差遗漏。由于职位的任职者和其直接主管是职位分析结果的主要使用者,请他们来审核和确认这些信息,有助于他们对职位分析结果的理解和认可,为今后使用奠定基础。另外,收集工作信息的人员可能并没有实际从事过所分析的工作,因此,对工作中的一些实际问题和标准并不是很了解,而在这些方面,职位任职者和其直接主管更有发言权。总之,信息核对的过程有助于确定职位分析所获得的信息是否正确、完整,保证职位分析结果的科学性。核对信息完成之后需要对信息进行归类,甄选出与职位分析关系密切的信息。

(二)分析工作信息

分析工作信息可以按照如下步骤进行:

首先,按照工作流程或者不同工作之间逻辑上的一致性将整个工作团队乃至部门、组织的全部工作信息进行梳理,得到部门的工作任务清单,并在得到组织内部确认的情况下,进一步分析部门间的权限关系,确认部门工作任务及权限分配。

然后,针对部门内的每一职位,确认其工作任务清单,并根据工作任务的时间消耗(即该项工作占总作业时间的比例)和工作任务的相对重要程度(即发生问题对工作的影响程度和影响的持久性程度)判断任务清单中的关键工作任务(即对工作绩效影响大的工作任务)。

最后,针对关键工作任务进行分析,确认该工作的任职资格条件。

五、形成与应用职位分析结果

职位分析的主要结果就是职位说明书,它包括对有关工作职责、工作内容、工作权限、工作环境等工作自身特性等方面的描述和对任职者的知识、技能、能力、品格、教育背景和工作经历等方面要求的描述两部分。

编写职位说明书需要确认如下项目:根据职位分析的实施目的确认职位说明书的结构和形式,明确编写规范和原则,建立工作职责动词库等。

职位说明书只是职位分析结果的一部分,根据职位分析的目的不同,职位分析的结果也可以包括编写工作分类分层和任职资格等级标准等文件。

职位分析结果形成之后,要与工作相关人员通过会议讨论、书面交流等方式核对职位分析结果,目的是征询工作相关人员对职位分析结果的意见和建议,检查职位分析结果中是否存在职责重叠、职责错位和职责空缺、术语表达不规范等问题,发现问题之后要及时修改完善。

职位分析结果确定之后,需要相关人员(包括工作任职者、直接上级、人力资源部门经理等)签字确认,并根据职位分析的目的,将职位分析结果运用到管理中。

这里需要注意的是,职位说明书等文件的管理和使用是一个动态的过程,随着组织战略调整、组织结构变化、技术变革、工作性质和内容变化等,职位分析的结果性文件也要随之做出相应的调整。建立动态的职位分析结果文件管理机制,需要职位分析主管人员建立畅通的工作信息反馈渠道,对职位分析结果文件进行定期的调整与完善。一般来说,一家企业在 3 年或者 5 年范围内,应该重新制定一次企业的发展战略,这就需要重新进行职位分析。

知识专栏

传统职位分析的步骤(美国联邦政府)见表 6-5。

表 6-5　传统职位分析的步骤(美国联邦政府)

步骤	步骤的具体描述
1. 文献分析	a. 搜集现有的工作相关资料,总结归纳该工作的主要任务、职责、功能、工作流程等信息
	b. 制定工作职责清单,作为访谈的框架
	c. 记录不清晰、模棱两可或需要澄清的问题
2. 首次观察工作现场	a. 首次观察工作现场的目的是便于职位分析员熟悉工作布局、机器设备以及工作场景等,避免被访谈者花费许多时间介绍复杂而不常见的机器设备
	b. 在观察工作现场之前,访谈管理者,以获得他对现场观察工作的指导
3. 访谈	a. 在访谈任职者之前,先访谈高层管理者,便于系统地了解职位之间的协调关系和各个职位的作用
	b. 制订访谈计划,包括访谈时间、地点、访谈对象、访谈内容等。注意:每天访谈的人数不超过 4 人,每次访谈的时间不超过 3 小时
选择访谈对象时需要注意的问题	a. 选择被分析职位的在职员工代表作为访谈对象,他应该了解该职位,并且在该职位上工作半年以上,工作业绩处于中等水平(而非实习生或者业绩突出者)
	b. 选择访谈对象时,要尽可能地考虑到不同种族或性别的搭配
4. 第二次观察工作现场	a. 第二次观察工作现场的目的是澄清、确认和精简访谈时得到的信息
	b. 如同第一次实施工作现场观察,在第二次观察工作现场时,先访谈管理者,以获得他对现场观察工作的指导
5. 分析、整理工作信息	a. 把从各种渠道(管理者、在职员工、现场观察、有关此工作的书面材料)得到的资料放到一起,分析信息,整理成一篇连贯的、全面的职位说明书
	b. 高层管理者等对职位分析员提供业务方面的帮助
	c. 检查最初列举的职责和问题清单是否已全部得到解决和确认
6. 核实职位说明书	a. 召集所有的访谈者确认职位说明书的准确性和完整性
	b. 将职位说明书分发给高层管理者和接受访谈的任职者
	c. 职位分析员逐条审核职位说明书,在任何遗漏、模棱两可或需要澄清处做注释
	d. 核实所有资料,修改完善职位说明书

第四节 职位分析的演变

一、职位分析的历史

（一）职位分析的起源

1747年，德国人丹尼斯·狄德罗（Denis Diderot）在为德国一家翻译协会编纂百科全书的过程中实施了一次职位分析，据说他是历史上首次大规模实施职位分析的人。他简化了原有过程中一些不必要的环节，将收集的资料系统化，从而大大优化了原有的工作程序。狄德罗的工作为以后的职位分析实践提供了直接的经验。

“职位分析”一词在管理学领域最早见于20世纪初。1916年，科学管理之父泰勒（Frederick Winslow Taylor，1856—1915）把职位分析列为科学管理五大原则之首。1911年，泰勒在其重要著作《科学管理原理》中发表了著名的“时间动作研究”的方法。所谓时间动作研究，就是将工作分解成若干组成部分，并对每一部分进行计时。通过分析，对各种工作活动的时间及其顺序重新进行规划，从而制订出标准化的工作程序与方法，在从事该工作的所有工人中进行推广，以达到提高生产效率，科学确定劳动定额与工资报酬的目标。同时，泰勒还认为，要对组织进行科学的管理，就必须对组织中的每一份工作进行系统研究，从而科学地选拔、培训工人，达到管理效率的最大化。泰勒的理论对于管理的科学化起到了巨大的推动作用，被认为是现代职位分析的发端。

泰勒之后，被誉为“工业心理学之父”的德国工业心理学家雨果·芒斯特伯格（Hugo Munsterberg，1863—1916）将心理学理论运用到工业研究中，探索如何取得最大的工作效率；“动作研究之父”弗兰克·吉尔布雷斯（Frank Bunker Gilbreth，1868—1924）和他的妻子、被誉为“管理的第一夫人”的心理学家丽莲·吉尔布雷斯（Lillian Evelyn Moller Gilbreth，1878—1972）的动作研究、疲劳研究等研究对职位分析起了巨大的推动作用。

（二）职位分析的发展

公平管理包括分配公平与程序公平。前者是指个体之间实际获得的报酬数量是否与其投入对等，而后者则是指用来进行利益分配的程序、手段和方法是否被认为具有公平性。随着人类社会的进步，公平管理越来越受到员工的认同与重视，并对员工满意度、组织承诺与工作绩效产生了巨大的影响。

建立在职位分析基础之上的招聘、培训、考核、薪酬等一系列的人力资源管理政策与制度能够在观念上带来程序公平的感受,同时又能够在技术上保证分配与工作投入、贡献相关联。因而,公平管理也成为职位分析得以发展的内在动因。例如宾汉(W. V. Bingham)将职位分析作为工业心理学的分支来研究,在卡耐基工学院创建了应用心理学系。他的研究成果对大规模职位分析和职位评价的发展产生了深远影响。斯科特(W. D. Scott)在 20 世纪 20 年代通过对军队工作的系统研究,成功地将职位分析运用于军人的测评与选拔,而后又将其移植到工业部门。巴鲁什通过对工作中影响报酬的要素进行研究后,提出了工作等级划分的方法,并将其用于 1923 年美国《工薪划分法案》。美国的职位研究会(ORP)于 1934 年陆续编写了《就业指导词典》和《职业编码表》,开发了《职位名称辞典》,设计了人事配置表,并培育了数以千计的职位分析、人事管理专业人才。这些人员在资料收集、分析对象的选定、"人事配置表"的编制、各类人员培训计划的设计与职业安置等工作中发挥了巨大的作用。

(三)职位分析的兴盛

职位分析的发展源自 20 世纪后半叶美国反歧视运动的巨大成功。从 1964 年的《民权法案》开始,美国政府陆续通过了一系列法案,针对雇佣中的歧视行为,进行了详细规定。具体包括:

- 禁止在招募广告中出现歧视性的词汇和描述;
- 禁止在人员甄选中出现对少数民族可能构成歧视或与工作无关的甄选标准与测试手段;
- 禁止在报酬、晋升、调动中出现与工作无关的区别性对待。

企业为了避免遭受反歧视诉讼,必须在招聘、考核、薪酬、升迁调动等一系列活动中证明,其所采用的标准、程序、方法与工作具有高度的相关性。而职位分析恰恰是达成这一要求的必经之路,职位分析由此而得以普及。

(四)职位分析的成熟

回顾发达国家企业人力资源管理发展的轨迹,其经历了一个由简到繁,而又由繁入简的过程。而其之所以能够实现管理制度与程序的精简,消除管理中的文牍与官僚现象,实现灵活性与规范化的统一,关键点就在于他们经过一个世纪的发展,规范化的管理制度塑造了一支高度职业化的经理人队伍。

而职位分析通过明确职位的工作目标、职责权限与任职资格,在构建规范化管理制度和培养职业经理人队伍中起到了至关重要的作用,尤其是对于员工队伍的职业规范和职业意识的塑造起到了关键的作用。职位说明书就是"按规则办事、按规则受益"的起点。

(五)定量化与个性化的现代职位分析

在进入 20 世纪 70 年代之后,职位分析的发展出现了两种不同的趋势:

一种趋势是走结构化、定量化的道路,将现代心理学与统计科学的研究成果大量运用于职位分析,形成一系列的系统性职位分析方法,大大提高了职位分析的效度、信度与精确性,并实现了职位分析成果向人员选拔、职位评价等其他人力资源板块的直接过渡。1972 年,心理学家麦克米克等人开发出了包含 195 个具体项目的“职位分析问卷(PAQ)”,成为目前应用最为广泛的定量化的职位分析方法。此外,法恩开发了以人员为导向的“功能性职位分析系统(FJA)”、弗莱根将关键事件技术(CIT)运用于职位分析等。

另一种趋势是走个性化的道路,实现职位分析与企业具体的战略、组织与管理机制的密切结合,为企业中各层各类的职位提供量身定做的职位说明书。

二、职位分析在中国的发展

(一)职位分析在中国的兴起:岗位责任制与岗位职责

职位分析这门科学进入我国的时间比较晚,由于国情因素,职位分析在我国的发展速度并不快。

我国与西方发达国家的背景、基础不同,职位分析始终没有能够顺利开展。但是,职位分析被引入中国以后,在某些行业取得过一些显著的成绩,其中最具有代表意义的是我国纺织业职位评价体系及劳动规范和国企岗位责任制的建立。

1. 纺织业职位评价体系及劳动规范的建立。1951 年,我国纺织企业为了推行岗位工资制开始实施职位分析和职位评价,采取评分的方法,对各种岗位进行评价,再确定各工种的工资等级系数和工资标准,以实现“一岗一薪”的岗位工资制为目标。1982 年以后,为了使岗位工资制进一步适应纺织企业生产发展的要求,原纺织工业部在职位分析的基础上,经过多年努力,又分别审定和颁布了纺织企业运转生产工人的劳动规范,为改革和完善岗位工资制提供了前提。

2. 国企岗位责任制的建立。所谓国企的岗位责任制,是规定国企内部必须建立起一套制度体系,即明确界定每个岗位的职、责、权、利,形成文件,要求任职人员严格遵守。在国企改革中,大量的企业开始推行岗位责任制以解决组织中普遍存在的职责不清、分工不明、权利与责任相分离、工作与利益相脱节、因人设岗、机构臃肿、人浮于事等问题,这为中国企业引入职位分析技术埋下了伏笔。

(二)职位分析在中国的发展

20 世纪 90 年代中期,随着我国社会主义市场经济建设的逐步深化以及市场机制的逐步完善,市场竞争也进入一个激烈的阶段。在这种形势下,我国企业对科学化、规范化管理的需求日益增加,许多中国企业开始引入和实践源于西方发达国家的现代企业人力资源管理理念和技术。

职位分析作为现代企业人力资源管理的基础,越来越多地受到中国企业的关注。另一方面,中国的管理咨询业的兴起,进一步推动了职位分析在中国企业的广泛开展。许多管理学专家、本土咨询公司和企业人力资源管理者开始探索中国本土化的职位分析技术与方法,有的对 PAQ 的方法论进行研究;有的对人员资格进行研究;还有的在职位分析研究中结合企业的具体问题,归纳总结了自己的经验,提出适合中国企业的职位分析方法;更有的运用计算机技术,提出把专家系统技术应用于职位分析中,以得到科学的职位说明书等。这些研究取得了丰硕的成果。1991 年安鸿章、朱勇国等翻译的《工作岗位分析的方法与应用》(中国建材工业出版社),是第一部从国外引进翻译出版的职位分析方面的著作,而且是国外普遍认可的经典著作。1992 年,在参考国外理论以及总结了中国职位分析实践经验的基础上,安鸿章主编了国内第一部职位分析的教材《岗位研究的理论与实践》(中国建材工业出版社),并获得了中国劳动学会优秀成果一等奖。之后很多学者陆续推出了职位分析的相关书籍,1998 年安鸿章在总结新的实践经验的基础上,编写了《工作岗位研究管理与应用》(中国劳动出版社);2002 年,肖鸣政在进一步引进国外职位分析理论、方法的基础上,编写了《工作分析的理论与方法》(中国人民大学出版社); 2004 年,彭剑锋在大量企业咨询案例和实践的基础上,编写了《职位分析技术与方法》(中国人民大学出版社),侧重于企业实践的操作技能的介绍;2006 年,付亚和在翻译引进国外职位分析技术的基础上,编写了《工作分析》(复旦大学出版社),对职位分析技术、方法进行了较为详细的介绍;朱勇国在多年的理论研究和实践的基础上,编写了《工作分析与研究》(中国劳动社会保障出版社),将职位分析的方法、技术与实践操作较好地结合,为职位分析在实践中的运用提供了指导;2007 年,朱勇国在考虑企业实际应用的基础上,编写了《工作分析》(高等教育出版社),从组织和岗位的角度进行工作分析,扩展了工作分析的概念,发展了工作分析的理论和方法。

当前,中国企业的管理实践首先面临着两大基本问题,即国有企业转型与民营企业的二次创业。中国企业的人力资源管理系统要适应这一时代命题,必须基于企业的战略、组织与流程来进行人力资源管理系统的设计,使人力资源管理能够为国有企业的转型和民营企业的二次创业在人力资源整合方面提供系统性的解决方案。

三、职位分析的发展趋势

伴随着网络信息技术的发展,经济全球化进程的不断深入,作为市场竞争基本要素的组织,为了适应竞争环境的剧烈变化,必须提高自身的反应能力,增强在全球市场的竞争力,各类组织纷纷实施机构变革与流程再造,出现了“团队合作”“无边界工作”“无边界组织”等新概念。复合型工作纷纷涌现,操作性、知识技能单一性的工作逐渐减少,工作内涵不断变化,职责的不确定性大大增加。这一系列变化,正如《知识经济》一书的作者 Dale Neef 所说:“以知识为基础的经济,意味着从严格支配雇员做简单劳动的复杂组织,逐渐向高度信任个人做复杂工作的简单组织转变。”这一系列组织内外部环境的变化,导致在人力资源管理体系中起着基石作用并且以职位为分析客体的职位分析,也必然经受变革的冲击,需要做出相应改变。对此,李文东和时堪教授提出了职位分析的四个方面的新趋势:

第一,在社会和组织环境日益变化的情况下,作为人力资源管理的重要工具之一,我们需要把自上而下的战略性职位分析、未来导向的职位分析和由现实出发自下而上收集信息的传统的职位分析方法结合起来。因为组织所处的内外部环境也快速地变化,导致组织设计和组织架构激烈变革,引发工作内容、职责范围、任职资格等也发生着相应的变化。当一个工作被创建出来或者正在遭受巨大变革时,职位分析要着眼于未来,基于组织的战略,针对“未来的职位”进行职位分析,并识别出组织的核心竞争力,建立胜任特征模型,帮助组织赢得竞争优势。只有这样才能够将企业的战略、工作的发展趋势、未来要求和胜任特征跟现实工作的具体要求结合起来,建立起企业的核心竞争力,从而能够更好地为企业人力资源管理服务。

第二,职位分析与胜任特征建模各有所长,胜任特征更侧重从组织战略和未来需求出发,注重自上而下的分析流程,而传统职位分析能够系统地分析工作要求和任职者要求,从而提供更量化和更具可比性的详尽信息。因此职位分析系统方法与胜任特征模型构建方法的结合,也是未来职位分析方法研究的重要发展趋势。

第三,由于工作环境的复杂化和法律制度的健全,职位分析结果影响因素的研究更需要引起注意。管理实践方面,我们收集的职位分析的数据应该充分考虑到已有研究中这些影响因素的作用,避免法律纠纷;研究方面,除个体水平的影响因素外,还需要应用最新的测量理论(如概化理论等),并运用系统的观点,采用多水平的方法同时探讨个体因素和组织因素的影响作用。

第四,O * NET 职位分析系统能够在很大程度上体现社会和组织环境对工作的影响作用,并具有较好的信度。虽已进行了初步修订,但在中国现阶段特殊的社会转型期,如何结合阶段特点和中国文化特点,开发出基于中国背景的 O * NET 应该成为中国人力资源管理研究的重要问题。不难预见,这一问题的解决必将大大推动中国人力资源管理研究和实践的发展。

需要注意的是,职位分析的发展状况在国内企业和西方企业中大不相同。如今,西方企业的职位分析已经日趋模糊化,因为它们早期已经通过职位分析建立了非常规范的职位管理制度,而此时它们更需要做的是为应对激烈的竞争而合并职位以及建立团队,并制定灵活的角色(作用)说明书。而在国内企业中,职位分析这一人力资源管理体系的基石还没有奠定牢固,因此,国内企业不能盲目学习西方企业的管理方式,国内企业首先要做的是做好、做实职位分析,为其他人力资源活动奠定牢固的基础。

本章扩展

案例分析

赵珍最近很兴奋，因为大学刚毕业的她顺利进入HI信息服务公司。这是一家中外合资的信息服务公司，近几年发展迅速。考虑到赵珍在大学学习的是国际企业管理专业，公司把她安排在人力资源管理部工作。

在目前国内的计算机行业，HI算是一家高收益、发展潜力大的公司，它主要为企业和个人提供软件及硬件服务。自1994年创办以来，通过灵活的经营手段，公司在激烈的竞争中保持了领先地位。它是一个人员及技术密集型企业，并且企业的发展主要依赖于它的人力资源。因此HI在人力资源管理方面的最大兴趣是制定政策和程序，提高员工的素质及满意度。由于信息业正以难以置信的速度发展，所以对企业来说，机会很多，但同时企业间对高质量人力资源的需求竞争也非常激烈。HI的管理者深知，新雇员容易吸引，同样地，企业也容易失去他们。目前HI的人员流动率接近其行业的平均水平。

但是在听了人力资源管理部经理佟经理的一番谈话后，赵珍原来乐观的想法改变了。佟经理告诉她，尽管从表面上看，公司有着骄人的经营业绩和良好的发展势头，但是事实上公司内部的管理制度有很多不完善的地方，这些方面严重阻碍公司的进一步发展。佟经理举例说，作为人力资源管理基础工作之一的工作分析，在公司没有得到很好的贯彻落实。随着公司规模的扩大，新的工作不断增加，但是相应的工作描述和工作说明书却没有制定，原有的一些工作描述和工作说明书的内容已与实际情况完全不匹配。佟经理交给赵珍一份旧的工作说明书。造成这种状况的原因在于，初创期员工较少，公司内部的局域网可以使上下级之间和同事之间非常顺畅地沟通，相对扁平的组织结构也使公司各个层次上的员工很容易接近。同部门的工作经常由员工们共同协同完成，职位在公司被定义成是员工之间关于特定技术、专业能力和兴趣的竞赛。有超常能力和成就的员工常被录用，接着很快获得晋升。正因为如此，公司并不注重为每个工作制定工作描述和工作说明书，因为从某种意义上说，这只是一张空文。

但是这种忽略工作分析的做法，随着公司规模的日益扩大，显示出越来越多的弊端。佟经理坦率地告诉赵珍，在公司，人力资源部被认为是一个低效率的团队。比如说，通过绩效评估，发现员工绩效不符合标准的原因，并安排各种培训和锻炼机会以提高这部分员工的技能，增强他们的信心，这应该是人力资源部门的职责。但是由于缺乏准确的工作描述和工作说明书，人力资源部门没有确切的标准来衡量员工的总体绩效，因而也无从发现员工究竟有哪些地方需要改进和提高，更别提为员工制订适宜的培训计划了。因此,在HI,没有部门认为人力资源管理部的员工有这方面的能力和经验。另外,公司主要的奖励系统也似乎和人力资源部没有太大关系。甚至公司的年度职工表彰晚宴也被认为是来自外方总经理的奖励而与人力资源部无关。而按惯例,员工的薪酬奖励计划应该是人力资源部根据工作描述和工作说明书,判断每个工作岗位的相对价值以后,再以此为依据制订的。另外,使新进的员工尽快适应新工作,尽快融合到企业文化中去,并通过安排各种培训和锻炼机会以提高他们的技能,增强他们的信心,这应该是人力资源部门员工的职责。但是在HI,没有部门认为人力资源部能做这件事。因此,新进员工的职前培训很少由人力资源部进行。

正是由于缺乏细致的工作分析,HI的人力资源部在开展工作时显得力不从心。近期,公司又将大规模招聘新员工,佟经理决定先从工作分析这一环节抓起,彻底改变以往人力资源部在人们心目中的形象。他将此重任交给赵珍,要求她在6个月时间内修正所有的职位说明书。

思考题:

1. 如果你是赵珍,你如何看待工作分析在人力资源管理职能中的作用?

2. 为制定新的工作说明书,你将通过哪些具体步骤开展这一工作?

资料来源:董临萍. 工作分析与设计[M]. 上海:华东理工大学出版社,2008.

讨论与思考

1. 如何理解职位分析的概念?与职位相关的术语有哪些?应如何理解?

2. 职位分析的原则是什么?

3. 针对人力资源管理中遇到的不同问题,职位分析能够从哪些方面解决?

4. 职位分析在组织人力资源管理中的意义有哪些?

5. 职位分析是如何组织实施的?

扩展阅读索引

1. 董临萍. 工作分析与设计[M],上海:华东理工大学出版社,2008.

2. 朱勇国,王海滨. 职位分析与职位管理体系设计[M]. 北京:对外经济贸易大学出版社,2010.

第七章

职位分析技术

本章重点介绍了职位分析的方法、内涵、操作流程、优缺点以及适用范围，应着重掌握其实际操作。

第一节　通用的职位分析技术

一、访谈法

（一）访谈法简介

1. 概念。访谈法又称为面谈法，是指职位分析员就某项工作，面对面地询问任职者及其主管以及专家等对工作的意见或看法。

此方法可以对任职者的工作态度与工作动机等深层次内容进行详细了解，通过该方法收集的信息不仅是职位分析的基础，而且可以为其他职位分析方法提供资料，例如通过访谈法获取的信息有助于开发职位分析问卷。访谈法是目前在国内企业中运用最广泛、最成熟并且最有效的职位分析方法；它是唯一适用于各类工作的方法，而且是对中高层管理职位实施职位分析效果最好的方法；访谈还能够促使任职者对工作进行系统性的思考、总结与提炼。

2. 分类。按照结构化程度划分，访谈法分为结构化访谈和非结构化访谈。通过非结构化访谈可以根据实际情况灵活地收集工作信息,但信息缺乏完备性;通过结构化访谈能够收集全面的信息,但不利于任职者进行发散性思维。在实践中,往往将两者结合使用。

3. 内容。访谈内容主要包括:工作目标、工作内容、工作性质和范围、工作责任、工作中遇到的问题、任职者对薪酬与考核等制度的意见和建议等。

知识专栏

通用的职位分析访谈提纲

(一)关于岗位目标

1. 此岗位的工作目标是什么?
2. 此岗位最终要取得什么结果?
3. 从公司角度看,这个岗位具有什么意义和作用?
4. 为这项工作投入经费会有多少收益?

(二)岗位地位

1. 公司上级对此岗位作用的评价如何?
2. 此岗位在公司中的位置及地位如何?
3. 此岗位一年所需的各种经费(比如,经营预算、销售额、用于员工本身的开销)是多少?
4. 此岗位的主管能否为部门或机构节省大笔开支?能否保持岗位的业绩?
5. 此岗位直接为哪个部门或个人效力?
6. 哪些岗位与此岗位同属一个部门?

(三)内外关系

1. 你依据怎样的原则、规章制度、先例和人事制度办事?
2. 此岗位的行为或决策受哪个部门或人控制?
3. 在公司内,此岗位对哪些部门或个人有最频繁的工作联系?有哪些联系?
4. 你是否需要经常会见上司商讨或者汇报工作?
5. 通常,你需要与上司讨论什么问题?
6. 你有下属吗?若有,哪些职位由你管辖?有多少人?分别是谁?
7. 在公司外,此岗位对哪些部门或个人有最频繁的工作联系,有哪些联系?
8. 此岗位需要出差吗?频率如何?经常去哪里出差?为什么出差?

(四)工作中的问题

1. 你认为此工作对你最大的挑战是什么?

2. 你对此工作最满意和最不满意的地方分别是什么？

3. 此工作需要解决的关键问题是什么？

4. 你面临的问题是否各不相同？不同之处表现在哪些方面？

5. 处理问题时有无指导或先例可参照？有哪些处理依据？

6. 你在工作中遇到的问题，在多大程度上是可预测的？

9. 你对哪些问题有自主权？

10. 哪些问题你需要提交上级处理？

11. 你是否经常请求上司的帮助，或者上司是否经常检查或指导你的工作？

12. 你的上司如何指导你的工作？

14. 你是否有机会采取新方法解决问题？

(五)工作成果

1. 你的工作中能够取得什么成果？其中最重要的成果是什么？

2. 通常可以用什么标准衡量你的工作成果？

4. 上司对工作任务的完成情况是否起决定性作用？

(六)岗位要求

1. 此岗位要求任职者具备哪些专业技术，请按重要程度列出，并举出工作中的实例来说明。

2. 通过脱产培训还是在职培训来掌握这个岗位所需的专业技术？

3. 此岗位要求任职者具备哪些知识，请按重要程度列出，并举出工作中的实例来说明。

4. 此岗位要求任职者具备哪些能力，请按重要程度列出，并举出工作中的实例来说明。

5. 此岗位对任职者的职业道德要求是什么？

（二）访谈法的操作流程

通用的职位分析访谈流程包括五个阶段，即准备阶段、开始阶段、主体阶段、结束阶段和整理阶段。

1. 准备阶段。在准备阶段，需要做如下工作：制订访谈计划、培训访谈人员以及编制访谈提纲。

(1)制订访谈计划。访谈计划的目的主要是明确以下内容：

- 明确访谈目标；
- 确定访谈对象（任职者直接上级或是从事本职位 6 个月以上的任职者）；
- 选择合适的访谈方法（例如，访谈的结构化程度以及访谈的形式）；
- 选择访谈的时间、地点（访谈的时间安排以不打搅正常的工作为宜，访谈的场所应该保持安静、整洁、方便)；

• 准备访谈所需的材料和设备。

(2)培训访谈人员。需要对访谈人员做如下培训：访谈原则和技巧、访谈计划、访谈目的和意义、组织和指导访谈人员收集目标职位的相关背景信息。

(3)编制访谈提纲。访谈者根据现有资料，编制访谈提纲，以防止在访谈过程中出现严重的信息缺失，确保访谈过程的连贯性。

访谈提纲中的问题分为通用性问题(开放式)和个性化问题(封闭式)，通过通用性问题收集各方面信息，通过个性化问题收集与职位相关的职责和任务，作为启发被访谈者思路的依据。

2. 访谈开始阶段。此阶段的重点是帮助被访谈者保持信任的心态。首先，访谈者应该营造一种轻松舒适的访谈气氛；其次，向被访谈者介绍访谈的流程以及对被访谈者的要求等；再次，强调本次职位分析的目的、预期目标、所收集信息的用途等；最后，向被访谈者说明本次访谈已经征得其上级的同意，并且参与访谈的全部人员将保证访谈内容除了作为分析基础外，将对其上级和组织中的任何人完全保密。

3. 访谈主体阶段。访谈主体阶段的任务包括：寻找访谈“切入点”、询问工作任务以及询问工作任务的细节。

(1)寻找访谈“切入点”。访谈的“切入点”通常可以是：询问被访谈者所在部门与组织中其他部门的关系，或者目标工作与部门内外的联系，或者询问工作环境。随着访谈的逐步深入，所谈内容应趋于具体和详细，主要询问任职者的各项工作任务“投入”、“行动”以及“产出”。

(2)询问工作任务。询问任职者工作任务时，可以向其提供事先准备的任务清单初稿，与被访谈者就任务清单中所列项目逐条地讨论与核对。在讨论与核对时，可以询问以下问题：

• 我们对这项任务的表述是否准确清晰？

• 我们对这项工作任务的描述所用术语是否正确，是否还有其他更为专业的表述？

• 任务清单是否包含您的全部工作内容？

• 整个任务清单中是否有相互矛盾和逻辑混乱的地方？

• 各项任务表述是否相互独立？

• 哪些内容可以合并或者需要拆分？

如果访谈前没有准备任务清单，可以通过以下问题启发被访谈者：

• 通常你每天工作时要做的第一件事情是什么？

• 接下来你会做什么？

• 你的工作主要由哪些板块构成的,各板块分别包含哪些任务及职责?

(3)询问任务细节。可以运用流程分析的思想,从“投入”、“行动”以及“产出”三个角度询问工作任务的细节。

4. 访谈结束阶段。职位分析员应根据访谈计划把握访谈进程,若需要超过计划时间,应及时与被访谈者及其上司沟通,征得其同意。

在访谈结束阶段,访谈者应就如下问题与被访谈者再次沟通:

• 允许被访谈者提问;
• 追问细节,并与被访谈者确认信息的真实性与完整性;
• 重申职位分析的目的与访谈搜集信息的用途;
• 如果以后需要继续访谈,应告知下次访谈的内容(最终确认成果);
• 感谢被访谈者的帮助与合作。

5. 访谈整理阶段。访谈结束后,及时整理访谈记录,为下一步信息分析提供清晰的和有条理的信息记录。

知识专栏

访谈中的提问方法

(一)根据要求方式的不同可以分为:

1. 提问式:提出问题要求回答。例如:在什么样的情况下你需要去获得上级的批准?

2. 陈述式:直接要求被访人就某一方面问题进行陈述。例如:请告诉我……

(二)根据提问问题的性质可以分为:

1. 开放式:对回答内容完全不限制,给被访者自由发挥的空间。例如:你的日常工作主要包括哪些内容?

2. 封闭式:回答通常是“是”或“否”,或者其他给定的选项。例如:你是否负有人员管理职责?

(三)根据提问内容和时机可以分为:

1. 探究式:对同一个问题进行追问,以获得全面、透彻的了解。例如:在组织用户活动中具体包括哪几个环节?

2. 连接式:对一个问题上下游的或有关联的其他问题进行追问。例如:在完成了用户现场安装后,还需要做什么后续工作吗?

3. 澄清式:对有疑问的问题进行复述,以确认自己准确地理解了被访者想表达的意思。例如:你的意思是你只有权审批300元以下的费用报销单,是吗?

4. 总结式:在被访人基本完成陈述后,总结其陈述内容,予以确认并追问是否有遗漏。例如:你刚才介绍了这个岗位的主要工作包括……,还有其他需要补充的吗?

(四)在访谈时应注意避免以下提问方式:

1. 诱导性问题。例如:我觉得你不喜欢督导你的员工,是吧?

2. 连珠炮式问题。例如:你的日常工作是哪些,你每周要接触多少客户,下多少个订单,有没有权限审批费用?

3. 偏见式陈述。例如:仓保员常常没什么事干是吧?

4. 多选式问题。例如:你是每周、每月还是每两月与客户见面?

(三)访谈法的操作注意事项

运用访谈法收集工作相关信息时,要注意如下几个关键点。

1. 做好访谈准备工作。主要的准备工作有:事前与被访职位的主管沟通确定合适的访谈对象,并提前一周通知访谈对象为访谈做准备;事先对被访职位进行文献研究,初步收集、整理与汇总工作信息,制定访谈提纲。由于被访谈者的文化程度和知识背景不同,每个被访谈者对于访谈问题的理解也不同,应设计不同的访谈结构和内容;对访谈者进行系统的培训。

2. 提问技巧。访谈者应与被访谈者建立互信和睦的关系,访谈者语言表达要清楚,含义要准确,避免使用生僻的专业词汇;不要与员工争论,所提问题要和职位分析的目的有关,不要偏离访谈的中心内容,避免发表个人观点和看法;不要使用轻率的判断性问题和行为,这些都会降低收集信息的准确性。

3. 话题控制。若被访谈者缺乏兴趣、回答过于简单以及访谈者发言过多,则访谈者可以通过转换话题或变换面部表情和姿势等方式缓解现场气氛,同时要克制不打断访谈者的发言。所提问题和谈话内容也不能引起被谈话人的不满,或涉及被谈话人的隐私。

4. 信息记录技巧。当被访谈者提供的信息过于抽象或模糊时,要使用简短的语言或者附和式提问等技巧进行追问。访谈时记下意外的重要信息,尤其是正式访谈计划中没有想到的或新的信息。同时要与被访谈者进行信息确认。

(四)访谈法的优缺点

1. 优点。访谈法的优点主要有:

(1)能够深入广泛地探讨与工作相关的信息;

(2)职位分析人员能够及时地对访谈问题进行解释和引导;

(3)职位分析员能根据实际情况及时地修正访谈提纲中的信息缺陷;

(4)职位分析员能及时对所获得的信息与任职者进行现场确认;

(5)对于职位分析有敌对情绪的任职者,可以通过职位分析员的沟通、引导,最大限度地参与其中。

2. 缺点。访谈法的主要缺点有:

(1)访谈易受到任职者个人因素的影响,导致收集的信息扭曲;

(2)访谈法会对任职者的正常工作甚至组织的日常运转产生一定的影响。

二、观察法

(一)观察法简介

1. 概念。观察法是一种传统的职位分析方法,指职位分析人员直接到工作现场,对某些特定的工作活动进行观察,收集、记录有关工作的内容、工作间的相互联系、人与工作的关系以及工作环境、条件等信息,并用文字或图表形式记录下来,然后进行分析和归纳总结的方法。

2. 分类。观察法主要适用于大量的,周期性、重复性较强的工作,分为直接观察法、自我观察法(工作日志)以及工作参与法三种,由于三种方法在很多方面有共同之处,因此本书以直接观察法为例介绍观察法在职位分析中的运用。

按照结构化程度,观察法可以分为结构化观察法和非结构化观察法。观察法的结构化程度是指观察过程、记录方式、结果整理等环节在多大程度上得以事先确定和统一。

结构化观察法,需要在现有理论模型(如 KSAOS)和对与职位相关的资料进行分析整理的基础上,针对目标职位的特点开发个性化的观察分析指南,对观察过程进行详细规范,严密掌控观察分析的全过程;非结构化观察法只需根据观察的目标定位、所要收集的信息进行观察,方式灵活。国内经常使用非结构化观察法。

(二)操作流程

1. 准备阶段:

(1)确定观察目标。观察的客体主要有个体、小组、团队、组织四个层面。所谓层面定位,是指将所要观察的职位置于怎样的环境中来观察。一方面,可以根据目标职位的影响范围来确定观察的层面,若目标职位涉及整个组织的运行,则将其置于组织层面,以此类推。例如,对于一条流水线,主管人员工作活动的观察应置于整个小组的层面,而对于其中某个操作人员的观察,在个体层面即可。另一方面，也要根据观察的目的（描述或是验证）选择合适的观察客体所处的层面。一般来说，由于描述性观察法需要收集全面完整的信息，因此应针对上述四个层面展开全面的观察；而验证性观察法仅针对所要验证的信息，因此只需根据需验证信息所涉及的客体进行观察即可。

（2）选择观察对象。根据职位分析观察法的目的以及客体的定位，我们应从目标职位任职者中选择合适的观察对象。若目标职位任职者较少（3 个以内），这些任职者都将是观察对象；若目标职位任职者较多，从经济和便利的角度出发，一般选择 3~5 位典型的任职者作为观察对象。当然，在选择的同时可以采用“标杆瞄准”（Benchmarking）的原则，选取绩效水平较高的任职者作为观察对象。

在选定对象后，应该对观察对象进行相关的培训，向他们说明职位分析的目的、操作流程以及最终的影响等，消除其戒备心理。职位分析人员切忌采用“暗中观察”的方法。尽管这种方法能够真实地反映观察对象的实际工作状况，但是这种方法是不道德的，会降低组织成员对组织的信任感，可能会导致职位分析的失败。

（3）选择合适的观察法。观察法的结构化程度是指观察过程、记录方式、结果整理等环节在多大程度上得以事先确定和统一。结构化观察法规范、连贯、可信度高，但又僵化，易造成信息的缺失；非结构化观察法灵活、信息收集面宽，但指导性差、分析整理难度大。

可以通过以下途径增加观察的结构化程度：

• 确定观察的内容，例如观察人与机器的互动、某人特定的行为、工作的时间、体能要求、工作环境、上下级关系以及非正式组织的运行等；

• 确定观察地点，保证可以观测到工作任职者的全部行为，而且不影响被观察人员的正常工作；

• 确定观察的时间跨度；

• 开发结构化表格，以便收集、记录、分析信息。

在现实操作过程中，为了避免两种极端方法的缺陷，我们综合使用两种方法，在两者之间寻找恰当的平衡点，既避免观察的盲目性，又保证了观察的灵活性。

（4）确定观察的时间和地点。为了不影响组织日常运行，观察时间、地点应事先确定。时间、地点的确定应遵循典型性、经济性、全面性、民主性的原则。

（5）确认设备工具。在观察过程中，将有大量的信息需要观察人员进行快速地整理记录，因此有必要采用一些辅助的手段帮助观察员进行记录。常用的设备包括录音机、摄像机等。在对任职者工作活动进行录音、录像之前，应事先告知其目的及方式，避免各种负面影响；但在观察过程中，宜采用“隐形记录”的方式，即各种记录设备应放置于较为隐蔽、任职者无法看到的位置，减少给任职者造成工作压力。同样，观察、记录人员也应处于不显眼的位置，以免影响正常的工作，例如采用“单向玻璃”隔离观察等。另外，其他计时、度量的工具应根据实际观察的需要予以配备。

(6)选拔与培训观察分析人员。在实地观察之前首先需要选拔观察分析人员，要求具备公正客观的态度、较强的沟通能力、文字表达技能以及对行为的理解把握能力，对于某些特殊的工作，需要有较强的体力等。然后对观察分析人员进行培训，目的是增强观察过程的可信度，收集更加准确可靠的信息，培训的内容主要包括职位分析的目的及特点的简介、所要做的准备内容、观察法的操作及其要点等。培训的效果将直接关系到职位分析的质量，培训观察员，可以增加整个观察分析活动的规范性，同时通过集体讨论可以弥补观察方案中的不足之处，增强方案的可行性。

2. 观察实施阶段：

(1)进入观察现场。上述准备工作就绪后，并非意味着观察可以顺利进行了，通常在进入工作现场时，需要做好一些前期铺垫工作，为观察的实施消除一些不利的影响因素。铺垫工作主要有以下几点：

①相互沟通，建立信任。进入现场后，首要的工作是与任职者建立良好的相互信任关系。在对任职者培训阶段，已经初步介绍了与观察工作相关的事项。从实际操作角度来看，仅培训往往是不够的，任职者最关心的是观察工作的直接实施者。为了增加任职者的安全感，使其积极主动地配合观察工作，观察人员应做出以下承诺：尊重隐私权、保证匿名性、授予拒绝参与权和结果知情权。

②简要介绍。观察开始之初，重申工作的目的是有必要的。研究表明，简要介绍观察的目的对于打消任职者的“跟随效应”(投观察者所好)有显著作用，但是过于详细的介绍反而会束缚任职者的行为，因此“开场白”一定要适度。

③安装设备。设备安装应避开任职者，以免对其造成压力。

(2)现场记录。在观察者与任职者之间建立良好的信任合作关系之后，即进入现场观察记录的阶段。观察记录质量的好坏对结果的影响是不言而喻的，因此在观察记录的过程中，观察分析一定要严格遵守观察记录的流程要求，本着严肃、敬业的态度完成对目标职位每个环节的记录工作。现场观察中应注意以下问题：距离适中，适时交流，即时反馈。在进行观察时，一般以标准格式记录观察到的结果。

3. 数据整理分析阶段。观察结束后应对收集的信息数据进行归类整理，形成观察记录报告。数据整理根据采用的方法有不同的整理要求。对于结构化的观察结果,应按照计划要求,对收集的数据进行编码、录入计算机,以便分析;对于非结构化调查,则应按照一定的逻辑顺序(如发生时间)进行整理排列,补齐观察过程中的缩写,形成一份描述性的报告,当然也可加入个人的分析判断。

观察法数据分析是一项庞杂的工作,尤其是对于非结构化观察法,要对大量的活动描述进行归类分析。当观察者与被观察者合二为一时,观察分析就成了工作者的自我记录,也就是本书随后将要涉及的工作日志法。对于工作日志法,本书将会详细解剖信息收集提炼过程,非结构化观察法所获信息可以参照其分析提炼方法进行加工整理,以获取标准化信息。对于结构化观察结果,可以根据设计要求和实际情况采用各种统计分析方法进行统计分析。由于结构化观察法目前在国内运用相对较少,而且主要适用于操作性职位,因此本书不加赘述。

4. 信息确认阶段。在此阶段,要把所有面谈对象以小组的形式召集在一起,把上一阶段形成的关于职位的描述性报告分发给主管和职位的承担者,目的在于确定描述性报告的完整性和精确性。职位分析人员要逐字逐句地检查整个描述性报告,并在遗漏和含糊的地方做出标记。

(三)观察法的操作注意事项

注意事项如下:

1. 观察者要有足够的实际操作经验;

2. 在一定时间内,工作内容、程序、对工作人员的要求等不会发生明显的变化,要求应相对稳定;

3. 观察法适用于大量标准化的、周期较短的以体力活动为主的工作,不适用于脑力劳动为主的工作。

(四)观察法的优缺点

1. 优点。观察法的主要优点有:

(1)职位分析人员能够比较全面和深入地了解工作要求,适用于那些主要用体力活动来完成的工作,如流水线工人、专业技术人员等。

(2)成本低、经济实用,且易操作。

2. 缺点。观察法的缺点有:

(1)不适用于脑力劳动要求比较高的工作,以及处理紧急情况的间歇性工作,如律师、教师、护士、管理人员等工作。

(2)对有些员工而言难以接受,他们觉得自己受到监视或威胁,从而在心理上对职位分析人员产生反感,同时也可能造成操作动作变形。

(3)不能得到有关任职者资格要求的信息。

表 7-1 为观察法记录表。

表 7-1　观察记录表

被观察者姓名:__________　　日期:__________ 观察者姓名:__________　　观察时间:__________ 工作类型:__________　　工作部门:__________
观察内容: 何时开始正式工作? __________ 上午工作多长时间? __________ 上午休息______次? 第一次休息时间从______到______;第二次休息时间从______到______ 上午完成______件产品　　平均多长时间完成一件产品? __________ 与同事交谈______次　　每次交谈约多长时间? __________ 室内温度______度 抽了几支香烟? __________ 喝了几次水? __________ 什么时候开始午休? __________ 出了多少次次品? __________ 搬了多少原材料? __________ 噪音是多少分贝? __________
总述:

三、工作日志法

(一)工作日志法简介

工作日志法是要求任职者本人按工作日志的形式,详细地记录自己在一定工作周期内(通常为一个工作日)的工作内容、时间消耗,以及责任、权利、人际关系、工作负荷、感受等,然后在此基础上进行综合分析,以实现职位分析的目的。工作日志法的主要用途是作为原始工作信息搜集方法,为其他职位分析方法提供信息支持,特别是在缺乏工作文献时,工作日志法的优势尤为明显。

工作日志法的主要用途有两个,其一是提醒作用,即员工在实际工作中,可能会在同时进行多项工作(尤其对企业的最高管理者)时,会因为注意细节而忽略重要的事情,所以及时查看工作日志并进行标注,对企业的每一位员工都有重要作用;其二是跟踪作用,即企业的最高管理者根据工作日志所记录的内容,对相关员工的重要工作事件进行跟踪,在跟踪过程中增加资源支持,把风险降低到最低限度。

（二）工作日志法的操作流程

通用的工作日志法操作流程主要包括三个阶段，依次是准备阶段、实施阶段、信息分析整理阶段。

1. 准备阶段：

（1）表单设计。完整的工作日志包括四个部分，即前言、填写说明、任职者信息、工作日志内容。

工作日志内容的填写项目主要包括以下几个方面：

- 活动名称：工作活动概述；
- 编号：纪录工作活动的顺序；
- 活动方式：准确描述活动是如何进行的；
- 活动对象：工作活动的客体；
- 活动结果：工作活动带来的直接结果；
- 频率：这段时间内重复出现的次数；
- 起止时间；
- 活动地点；
- 工作联系：比如，部门内和部门外的联系；
- 性质：区分常规的还是临时偶然发生的活动；
- 重要程度：分为三级，很重要、重要和一般。

表 7-2 提供了工作日志的范例。

表 7-2　工作日志范例

填写日期：　年　月　日

首先，感谢您在繁忙的工作中抽出时间参与本次职位分析活动，本次职位分析的主要目的是确定此职位新的任职者的培训需求。您填写的工作日志将帮助我们全面界定您所在职位的主要职责。 在接下来的一个月里，请您如实、及时并且全面地填写工作信息，在填写过程中，请您注意以下几点： 1. 请您每工作半小时，按照工作活动发生的顺序如实地记录工作内容（若任务连续不可间断，在任务完成后请立即填写），切勿在一天工作结束后一并填写。 2. 请您严格按照表格要求进行填写，不要遗漏那些细小的工作活动，以保证信息的完整性。 3. 请您提供真实的信息，以免损害您的利益。 4. 请您注意保管，防止文件的遗失。 5. 请于本月末将填写的工作日志交至公司人力资源部××。 当您在填写过程中遇到困难时，请及时与我们联系，电话×××××××× 再次感谢您的支持与合作！ ××公司职位分析项目组

续表

一、工作日志基本信息

姓名：
年龄：
部门：
职位名称：
直接上级：
填写日期：从　　年　　月　　日至　　年　　月　　日

二、工作日志内容

工作序号	工作活动名称	工作活动内容	工作活动结果	时间消耗	备注

______年______月______日　工作开始时间______工作结束时间______

填写人：　　　　　　　　　　　　　　审核人：

(2)确定填写对象。若目标职位的任职者较少,则所有任职者都要填写工作日志;若目标职位任职者较多,从经济、便利的角度看,一般选择5～10位典型的任职者来填写,同时应选取绩效水平较高的任职者。

(3)培训相关人员。在选定对象以后,应该对其进行相关的培训,应向他们说明职位分析的目的、操作流程以及最终的影响等,消除其抵触心理。

(4)确定填写周期。填写周期是指填写的总时间跨度,即工作日志填写的时间范围。一般对于能划分完整工作周期的职位,在可能的情况下,可以选一个工作周期作为填写工作日志的总时间跨度;对于大多数职位,一般选取一个月到一个半月作为工作日志的填写周期。

在尽可能不影响日常工作的前提下,在记录完整准确工作信息的原则指导下,一般每日填写的时间间隔为半小时,过长则会导致填写者因为遗忘而导致信息不准确甚至"创造"信息;过短则会因为填写工作日志而打乱工作节奏,影响工作的正常展开,从而导致信息失真。

2. 实施阶段。实施阶段就是日志填写阶段。有些填写者往往不是在当时当日填写日志,而是在工作日结束时,甚至是过了几天之后再慢慢回忆前几天所做的工作,这样难免会造成信息的失真。因此,职位分析人员需要通过中期讲解、阶段成果分析、职位分析交流会等方法进行过程监控,督促被调查对象保质保量地填写好工作日志。

表7-3是某广播电台听众服务岗位的工作日志示例。

表7-3 某广播电台听众服务岗工作日志

填写日期__××__年__12__月__13__日　　星期__四__

所在部门__听众服务中心__职位名称__听众服务__

任职者姓名__×××__

序号	工作活动名称	工作活动内容	工作活动结果	时间消耗(起止)(全天工作开始时间8:00,结束时间17:30)	工作地点	工作关系	临时/常规	备注
1	信件	领取听众来信	15封	8:00—8:10	传达室	传达室信件收发人员	常规	
2	信件	阅读并回复听众来信	阅读8封 回复5封	8:10—9:10	办公室		常规	
3	热线	接听听众服务热线并做记录,回答听众问题	2次热线	9:10—9:15	办公室	听众	常规	
4	咨询	向节目部门咨询听众问题答案	1次	9:17—9:20	办公室	节目部门	常规	
5	电话回复	给听众打电话解答热线电话中未能解答的问题	1次	9:23—9:30	办公室	听众	常规	
6	信件	阅读并回复听众来信	阅读3封 回复3封	9:32—10:00	办公室		常规	
7	网上回复	阅读并回复电台网站上的听众留言	回复听众帖子15条	10:02—10:30	办公室		常规	
8	信件	阅读并回复听众来信	阅读4封 回复3封	10:32—11:00	办公室		常规	
9	热线	接听听众服务热线并做记录,回答听众问题	1次热线	11:02—11:10	办公室	听众	常规	

续表

序号	工作活动名称	工作活动内容	工作活动结果	时间消耗(起止)(全天工作开始时间 8:00,结束时间 17:30)	工作地点	工作关系	临时/常规	备注
10	接待	登记、接待来访听众	1 次	11:13—11:35	办公室	听众	临时	
11	听众档案	记录听众档案	2 页	11:36—11:45			常规	
12	热线	接听听众服务热线并做记录,回答听众问题	1 次热线	11:46—11:52	办公室	听众	常规	
13	信件	回复听众来信	回复 1 封	13:00—13:15	办公室		常规	
14	信件	寄出回复听众的信件,领取听众来信	寄出 12 封,领取 7 封	13:18—13:48	传达室	外勤人员、传达室信件收发人员	常规	
15	信件	录入整理有代表性的听众意见	9 封	13:52—14:30	办公室		常规	
16	热线	接听听众服务热线并做记录,回答听众问题	1 次热线	14:30—14:33	办公室	听众	常规	
17	信件	听众信件存档	15 封	14:36—14:50	办公室			
18	热线	接听听众服务热线并做记录,回答听众问题	1 次	14:52—15:00	办公室	听众	常规	
19	信件	阅读并回复听众来信	阅读 4 封 回复 3 封	15:02—15:30	办公室		常规	
20	网上回复	阅读并回复电台网站上的听众留言	回帖 20 条	15:32—16:00	办公室		常规	
21	网页	更新电台“听友之家”网页内容	4	16:00—16:25	办公室	节目部门	常规	
22	意见整理	录入、整理听众来信,网上、电话中反映的意见	2 页	16:25—17:00	办公室		常规	

续表

序号	工作活动名称	工作活动内容	工作活动结果	时间消耗(起止)(全天工作开始时间8:00,结束时间17:30)	工作地点	工作关系	临时/常规	备注
23	汇报	上交主任初审《听众反映专辑》或《听众反映内参》,汇报回复听众意见落实情况	1次	17:08—17:30	办公室	主任	常规	
直接上级评语: 情况属实。								

填写者签字: 审核人:

资料来源:北京德威乐普管理顾问公司。

3. 信息分析整理阶段:

(1)信息提炼。信息提炼就是根据工作日志填写的内容从繁杂的日常工作描述中提炼目标职位工作活动的内容。一般说来,根据各项活动不同的完成方式,采用标准的动词形式,将其划分为大致的活动板块,例如"文件起草""手续办理""编制报表"等,然后按照各板块内部工作客体的不同对工作任务加以细化归类,形成对各项活动的大致描述。

(2)工作职责描述。根据日志内容,尤其是工作活动中"动词"确定目标职位在工作活动中扮演的角色,结合工作对象、工作结果、重要性评价,形成任职者在各项工作活动的职责。

(3)工作任务性质描述。区分工作活动的常规性和临时性,对于临时性的工作活动,应在工作描述中加以说明。

(4)工作联系描述。将相同的工作联系客体归类,按照联系频率和重要性加以区分,在职位说明书相应项目下填写。

(5)工作地点描述。对工作地点进行统计分类,按照出现频率进行排列,对于特殊工作地点应详细说明。

(6)工作时间描述。可采用相应的统计制图软件,做出目标职位时间-任务序列图表,确定工作时间的性质。

职位分析日志统计表示例见表7-4。

表 7-4 职位分析日志统计表示例

工作内容	工作职责	临时频次	常规频次
1. 处理信件	领取听众来信,阅读并回复听众来信,录入整理有代表性的听众意见,并对听众信件进行存档		9
2. 接听热线	接听听众服务热线并做记录,回答听众问题		6
3. 咨询	向节目部门咨询听众问题		1
4. 意见整理	录入、整理听众来信,网上、电话中反映的意见		1
5. 听众档案	记录听众档案		1
6. 接待听众	登记、接待来访听众	1	1
7. 网站管理	阅读并回复电台网站上的听众留言,及时更新电台"听友之家"网页内容		2
8. 汇报工作	上交主任初审《听众反映专辑》或《听众反映内参》,汇报回复听众意见落实情况		1

(三)工作日志法的优缺点

1. 优点。工作日志法的优点主要有:

(1)成本低、所需费用较少;

(2)对分析高水平与复杂的工作,显得比较经济有效。

2. 缺点。工作日志法的缺点主要有:

(1)无法对日志的填写过程进行有效的监控,导致任职者填写的活动详细化程度可能会与工作者的预期有差异;

(2)任职者可能不会按照规定的填写时间及时填写工作日志,导致事后填写的信息不完整甚至"创造"工作活动;

(3)需要占用任职者较多的填写时间;

(4)职位的部分任务发生频率低,但是影响重大,是本工作的核心职能,在日志法中,有可能因在填写的时间区间内没有发生,而导致重要信息的缺失。

四、文献分析法

(一)文献分析法简介

1. 概念。文献分析法是一项经济且有效的信息搜集方法,它是指通过对与工作相关的现有文献进行系统性分析来获取工作信息。由于它是对现有资料的分析提炼、总结加工，通过文献分析法无法弥补原有资料的空缺，也无法验证原有描述的真伪，因此文献分析法一般用于收集工作的原始信息、编制任务清单初稿等。

2. 内容。在文献分析过程中需要收集、总结、归纳以下信息：

(1)各项工作活动与任务；

(2)各项工作活动与任务的细节，重点是各项活动、任务的主动词，对于动作出现的先后可用数字加以区分；

(3)知识、技能、能力要求；

(4)特殊环境要求(如工作危险、警告等)；

(5)工作中使用的设备；

(6)工作成果和绩效标准。

(二)文献分析法的操作流程

1. 确定信息来源。信息来源包括内部信息和外部信息，内部信息包括《员工手册》《公司组织管理制度》《职位职责说明》《绩效评价》《公司会议记录》《作业流程说明》《ISO 质量文件》《分权手册》《工作环境描述》《员工生产记录》《工作计划》《设备材料使用与管理制度》《行政主管行业主管部门文件》《作业指导书》等；外部信息可以从外部类似企业相关职位分析结果或原始信息中获取，并作为原始信息加以利用，但必须注意目标职位与"标杆职位"的相似性，也可以从国内外颁布的工作分类标准如《中华人民共和国职业分类大典》、美国的《职位名称辞典》、美国劳工部开发的职位信息网络中获取。

2. 确定并分析有效信息。进行文献分析时，需要快速浏览文献，从大量的文档中寻找有效信息点。当发现有效信息后，可以根据收集信息内容的不同，使用各种符号进行标示，或者采用不同的颜色标示，以便以后快速查找。针对文献中信息不完整和缺乏连贯性的情况，应及时重点标出，在编制职位分析提纲时，作为重点问题加以明示；对于文献中隐含的工作内容以及绩效标准，应深入挖掘，在以后的分析中得以求证。

(三)文献分析法的操作注意事项

1. 甄别信息。对企业现有文献的分析，要坚持所搜集信息的"参考"地位，采取批判吸收的态度，切忌先入为主，让其中错误、多余的信息影响职位分析乃至其他管理活动的最终结果。

2. 做好阅读标记。研究文献时，要按照既定标准记录信息，切忌"走马观花"流于形式。

3. 适度运用文献。注意从文献中获得的信息的适度运用。不能使编制的职位分析工具流于表面，缺乏个性，也不能因旧信息的大量堆积影响任职者的判断。

（四）文献分析法的优缺点

1. 优点。文献分析法的优点有：

(1)分析成本较低,工作效率高；

(2)能够为进一步的职位分析提供基础资料和信息。

2. 缺点。文献分析法的缺点有：

(1)收集到的信息不够全面,尤其是小型企业或管理落后的企业往往无法收集到有效、及时的信息；

(2)一般不能单独使用,需要与其他职位分析方法结合起来使用。

五、主题专家会议法

（一）主题专家会议法简介

1. 概念。主题专家会议法(Subject Matter Expert Conferences ,SMEs)是指熟悉目标职位的组织内部人和外部人就目标职位的相关信息展开讨论,收集数据,验证并确认分析结果。主题专家会议的成员主要包括内部成员和外部成员,内部成员是指任职者、直接上级、曾经任职者、内部客户、其他熟悉目标职位的人;外部成员是指咨询专家、外部客户、其他组织标杆职位任职者。

2. 用途。主题专家会议法在整个组织的管理过程中有着极其广泛的用途,比如德尔菲法等。在职位分析中,主题专家会议主要用于建立培训开发规划、评价职位描述、讨论任职者的绩效水平、分析工作任务以及进行职位设计等。

（二）主题专家会议法的操作流程

1. 确定主持人。主题专家会议的主持人最好是组织内与目标职位相关的中层管理者,还需要人力资源部门的职位分析专业人士对其进行专业指导和培训。

(1)主持人能力要求。SMEs 会议首先要求其主持人有较强的表达能力、协调能力以及阅读并驾驭整个会议的能力。主持人在 SMEs 会议中的作用决定了其是否必须具备与目标职位相关的知识:如果主持人在会议中参与程度较低,仅承担“后勤”工作,则主持人不必具备相关职位知识;若主持人参与程度较高,在会议中扮演重要角色,则主持人应充分了解该职位的相关信息。在国内众多企业的实践中,主持人一般应对目标职位有一定的了解,同时对会议将要使用的各种资料理解透彻,以便更好地推动会议的进程,取得更好预期效果。

(2)主持人的主要职责:①按照会议计划,协调并召集相关人员参加会议;②根据会议日程展开讨论,确保会议有序、高效进行;③根据会议提要,提出讨论范围和内容,及时调整会议议题;④根据与会者讨论结果对目标职位做出判定;⑤准备并分发会议相关资料;⑥对讨论过程中的分歧,会后进行调研复核,并将结果反馈给相关人员。

2. 选择 SMEs 专家。主题专家以 5~8 人为宜,一般应根据会议的主要目的确定 SMEs,如果会议的主要目的是职位设计,则与会的 SMEs 应包括职位的上级、咨询专家、外部客户、其他组织标杆职位的任职者等;若会议的目的是确定任职资格,则与会的 SMEs 主要是上司、任职者、外部专家等。

3. SMEs 会议的准备与组织。为了使会议更高效、更有针对性,需要准备职位分析初稿、问卷、访谈提纲等会议相关材料和其他设施,进行会场安排布置以及做好与会议相关的后勤准备工作。另外应提前通知与会者,并协助其准备好会议所需的相关文件资料。

表 7-5 为某公司主题专家会议议程。

表 7-5　某公司主题专家会议议程

日　程		开始时间
第一天	开场白	8:30
	会议简介	8:45
	讨论具体目标及相关内容	9:00
	讨论工作目标	9:15
	讨论工作陈述并提供相关实证	9:30
	会议休息	10:30
	讨论工作结果及影响	10:45
	介绍并讨论工作任务列表	11:45
	午餐	12:00
	逐项评价并修订任务列表	13:00
第二天	填写与目标职位相关的调查问卷	8:30
	集中分析问卷数据	10:30
	午餐	12:00
	讨论与各项任务相对应的 KSAOS 要求	13:00
	最终定稿	14:30

资料来源:朱勇国. 职位分析[M]. 北京:高等教育出版社,2007.

(三)主题专家会议法的操作注意事项

1. 主题专家会议的主持人最好是组织中与目标管理职位相关的中层管理人员,并注意营造平等、互信的会议气氛。

2. 主题专家会议的组织者应在会议前进行周密的安排,提供相关信息、协调时间、做好会议后勤保障工作等。

3. 主题专家会议应有专人记录，以备查询。

4. 对于主题专家会议未形成决议的事项，应在会后有专人负责办理，然后将成果反馈与会人员。

（四）主题专家会议法的优缺点

1. 优点。主题专家会议的优点有：

(1) 主题专家会议操作简单、成本低，适合各类组织开展；

(2) 可以运用于职位分析的各个环节，具备多方沟通协调的功能，有利于职位分析结果最大限度得到组织的认同以及后期的推广。

2. 缺点。主题专家会议的缺点有：

(1) 结构化程度低，缺乏客观性；

(2) 受到与会专家知识水平及其相关工作背景的制约。

六、问卷法

（一）问卷法简介

1. 概念。问卷法是职位分析中广泛运用的方法之一，它是以书面的形式、通过任职者或其他职位相关人员单方信息传递来实现的职位信息收集方式，由相关人员事先设计出一套职位分析的问卷，然后由承担工作的员工来填写问卷，也可由职位分析人员来填写，最后再将问卷加以归纳分析，做好详细记录，并据此写出工作职务描述。在实践中，职位分析专家开发出大量的不同形式、不同导向的问卷，以满足职位分析不同的需要。问卷法收集信息完整、系统，操作简单、经济，可在事先建立的分析模型指导下展开，因此几乎所有的结构化职位分析方法在信息收集阶段均采用问卷调查的形式。

2. 分类。按照结构化程度划分，调查问卷分为结构化问卷和非结构化问卷。

结构化问卷是在一定的假设前提下，采用封闭式的问题收集信息。结构化问卷具有较高的信度和效度，便于职位之间的相互比较。本书后面章节将介绍几种典型的结构化问卷，比如职位分析问卷（PAQ）和管理职位分析问卷（MPDQ）。

非结构化问卷中的问题都是开放式的，可以全面、完整地收集信息，能够对不同的组织结构进行个性化的设计，因此具有适应性强和灵活高效的优势。但是与结构化问卷相比，非结构化问卷的精度不高，随意性较强。这里先介绍非结构化问卷，定量结构化问卷将在后面介绍。

（二）问卷法的操作流程

通用职位分析问卷法的操作流程包括五个环节，依次是问卷设计、问卷测试、样本选择、问卷发放与回收、问卷处理与运用。

1. 问卷设计。问卷中应当包括如下内容：

(1)职位基本信息，包括任职者姓名、职位、所在部门、学历、工作经历、年龄、薪资水平等。

(2)职位目的。要求任职者使用一段简短的和概括性的语句来揭示职位在组织中存在的目的和作用。填写格式为：工作依据(格式："根据……")+工作内容(格式：动词+工作对象)+工作成果(主要描述工作达到的目的)。

(3)工作职责。按照工作任务的重要程度排列，写出该职位的工作任务，格式为：动词+工作对象+工作目标；还需要任职者估计某一工作职责占其全部工作时间的百分比。

(4)绩效标准。各项工作职责需达到的绩效标准，包括工作结果的数量、时限、质量以及对组织的影响等。

(5)工作联系。与组织内本部门内其他职位、其他部门、上级的联系，以及与组织外联系的联系对象、联系内容、联系频率以及重要性等。工作联系的范畴界定为稳定的、长期的工作联系而非突发性的、偶尔的联系活动。

(6)组织构架，包括二级上级、直接上级、直接下级以及平级。

(7)工作特征，包括工作时间、出差比重、工作负荷等。

(8)任职资格，即工作对任职者的学历、工作经验、知识结构、工作技能、能力与素质等方面的要求。

(9) 所需培训，包括培训的目标、内容、时长、频率以及考核方式等。

(10)职业生涯，即职位晋升通道。

2. 问卷测试。正式下发问卷之前，选取局部职位填写问卷初稿以测试问卷，针对测试中的问题及时修订和完善。

3. 样本选择。针对某一职位进行分析时，若目标职位任职者较少(3 人以下)，则全体任职者均为调查对象；若任职者较多，则选取 3~5 人为宜。

4. 问卷发放与回收。对填写者进行职位分析辅导培训，通过公司内部通信渠道(文件、OA 系统等)发放职位分析调查问卷；填写过程中，职位分析员及时跟踪填写状况，解答疑难问题，组织填写者交流填写心得，统一填写规范。回收问卷前将问卷反馈到被调查职位的直接上级，请他们对问卷中的信息进行确认、修正、签字，确保信息真实性和准确性。

5. 问卷处理与运用。剔除回收问卷中的不合格问卷或重新进行调查，将相同职位的调查问卷进行比较分析，提炼正确信息，编制工作说明书。

(三)问卷法的操作注意事项

1. 问卷设计的注意事项：问卷中要包含详细的填写说明书和填写范例；调查

项目与调查目的应一致;问题的阐述应简明并易于回答;防止提诱导式问题。

2. 对被调查者进行事前培训,说明调查意图,就问卷的内容和填写规范进行讲解。

3. 对调查过程严密控制、及时沟通与反馈。

4. 由被调查职位的上级对信息进行签字确认。

(四)问卷法的优缺点

1. 优点。问卷法的优点主要有:

(1)节省时间,可以在短时间内从众多任职者那里收集到所需要的信息资料;

(2)费用低、速度快,可在生产和工作时间之外填写,不影响正常工作;

(3)调查范围广、样本量大,可用于多种目的、多种用途的职位分析;

(4)调查的资源可以量化,由计算机进行数据处理;

(5)比较适用收集管理职位的工作信息。

2. 缺点。问卷法的缺点主要有:

(1)对问卷编制的技术要求较高,设计理想的问卷要花费较多的时间,人力、物力、财力消耗大。

(2)在使用问卷之前,应进行测试,以了解任职者对问卷所提问题的理解程度,否则因对同样问题的理解差异,不同任职者之间会产生信息资料的误差,进而偏离职位分析的目标。如果职位分析人员为了避免误解需要亲自解释和说明,这就降低了工作效率。

(3)问卷的回收率通常偏低。

(4)对文字理解能力和表达能力较差的人不适合进行问卷调查。

表7-6和表7-7是职位分析调查问卷的示例。

表7-6　职位分析调查问卷

职位分析调查问卷填写说明: 职位分析是人力资源管理体系的基石,并且在企业管理中占据重要的地位。职位分析的目的在于完整地收集一项工作的所有信息,客观地确认工作的职责、工作联系、绩效标准、工作环境和任职资格等内容。 首先感谢您从繁忙的工作中抽空填写本调查问卷,您填写的完整性和真实性对我们进行职位分析非常重要。请您留意每个项目后的说明和示例,可将内容较多的部分写在表格之外,也可以附页补充。请身兼数职的人员将多个职位的职责分开来,最好用不同的颜色标示。如有疑问,欢迎向职位分析项目组咨询,电话为:×××× ××××。请于20××年××月××日前交至人力资源部××处。 再次感谢您的配合! 职位分析项目组 20××年××月××日

续表

一、基本信息	
姓名：	填写日期：　年　月　日
职位名称：	职位编号：
所属部门：	部门经理姓名：
二、调查信息	
1. 请准确、简洁地列举你的主要工作内容(若多于 8 项可以附纸填写，下同)：	
(1) (2) (3) (4)	(5) (6) (7) (8)
2. 请详细描述你的日常工作内容(如果有工作日志，请附后)	
3. 请详细列举你有决策权的工作项目	
4. 请详细列举你没有决策权的工作项目	
5. 请简明地描述你的上级是如何监督你的工作的	
6. 请简明地描述你的哪些工作是不被上级监督的	
7. 请详细描述你在工作中需要接触到哪些职位的员工，并请讲明接触的原因	
8. 请列举你直接领导的下属的职位、姓名和工作内容	
9. 请简明地列举你编写的需要作为档案留存的文件名称和内容提要	
10. 请列举工作中需要用到的主要办公设备和用品	
11. 请描述你在人事和财务方面的权限范围	
12. 你认为胜任这个职位需要几年的相关工作经验？ □不需要　□1 年　□2 年　□3 年　□4 年　□5 年及以上　□不好估计	
13. 你认为胜任这个职位需要什么样的文化程度？ □初中　□高中　□大专　□本科　□硕士及以上　□不好估计	
14. 你认为一位没有相关工作经验的大专学历的人员，需要多长时间培训可以胜任此工作？ 不需要培训　□3 天以内　□15 天以内　□1 个月以内 3 个月以内　□半年以内　□半年以上　□不好估计	
15. 你认为什么性格的人能胜任该职位？	
16. 你认为胜任该职位需要具备哪些能力？	
17. 你认为什么样心理素质的人员能更好地胜任该职位？	
18. 你认为什么样知识范围的人能更好地胜任该职位？	
19. 请描述该职位的工作环境，你认为什么样的工作环境更合适工作？	
20. 你对该职位的评价	
21. 请将该表中没有列出的但你认为有必要强调的内容写在下面	
填写人签字：　　　　职位分析负责人签字：	

表 7–7　职位分析调查问卷

填表日期：　年　月　日

姓　　名：　　　　　　　　工作名称：
部　　门：　　　　　　　　工　　号：
主管姓名：　　　　　　　　主管职位：

1. 任务综述：用个人语言简要叙述自己的主要工作任务。

2. 特定资格要求：列举为完成某项职位所承担的任务，需要具有哪些证书、文凭或许可证。

3. 设备：列举工作中通常使用的设备、机器、工具（如打字机、计算机、汽车、车床、叉车、钻机等）。
机器名称：　　　　　　　　平均每周使用的次数：

4. 常规工作任务：

5. 工作接触：

6. 决策（解释你在完成常规工作过程中所要做出的决策有哪些）：

（1）如果你所做出的判断或决定的质量不高，那么可能会带来什么后果？

（2）如果你所采取的行为不恰当，那么可能会带来什么后果？

7. 文件记录责任（请列出需要由你准备的报告或保存的文件资料有哪些，并请概括说明每份报告都是递交给谁的）：
（1）报告　　　　递交给
（2）保存的资料
8. 监督的频率：为进行决策或决定采取某种正确的行动程序，你必须以一种怎样的频率同你的主管或其他人协商？
（）经常　（）偶尔　（）很少　（）从来不
9. 工作条件（请描述你是在一种什么样的条件下进行工作的，包括内部条件、外部条件、空调办公区域等；请一定将所有令人不满意或非常规的工作条件记录下来）：

10. 资历要求（请你列出为了令人满意地完成职位工作，工作任职者需要达到的最低要求是什么）：
（1）教育
最低学历：
受教育年限：
专业或专长：
（2）工作经验
工作经验的类型：
工作经验的年限：
（3）特殊培训
特殊培训的类型：
特殊培训的年限：

续表

(4)特殊技能 打字　　　　字/分钟　　　　　　　　　　速记　　　　字/分钟 其他
其他信息(请提供前面各项目中所未能包括,但你认为对你的职位来说是十分重要的其他信息):
员工签名:　　　　　　　　　　　　　　　日期:

七、工作实践法

(一)工作实践法简介

工作实践法是指职位分析人员直接参与所研究的工作,由此掌握工作要求的第一手资料的一种职位分析方法。例如,为了实际了解工人的工作状况,佛罗里达州州长在竞选期间的100天里,做了100种不同的工作。

(二)工作实践法的操作流程

工作实践法的操作流程可分为三个步骤,依次是准备阶段、实践阶段和结束阶段。

1. 准备阶段:

(1)工作实践之前,阅读相关资料,例如员工操作手册、工作计划、岗位职责说明等。

(2)与上级主管沟通,安排好工作实践的具体时间。

(3)向员工说明职位分析的目的和意义,以最大限度地获得他们的理解和支持。

2. 实践阶段。在参与工作的同时,注意运用5W1H原则观察工作流程并进行详细的记录,有疑问的地方及时与员工或上级主管沟通。

3. 结束阶段。工作实践结束后,分析整理所收集的信息,并与事先收集的相关资料核对,确定该工作实际流程及相应的工作职责。

(三)工作实践法的操作注意事项

1. 获得组织高层管理者的支持,与他们协调工作实践的具体时间。

2. 在研究技术性要求比较强的工作时,事先对要参与实践的职位分析人员进行培训。

(四)工作实践法的优缺点

优点是可以了解到工作的实际任务以及在体力、环境、社会等方面的要求,适用于短期内可以掌握的工作。

缺点是不适用于需要大量训练和危险的工作。

第二节　以人为基础的系统性技术

一、职位分析问卷法

（一）职位分析问卷法简介

职位分析问卷法（Position Analysis Questionnaire，PAQ）是1972年由美国普度大学（Purdue University）教授麦考密克（E. J. McComick）开发的结构化职位分析问卷，它包括194个项目，其中187项用来分析完成工作过程中员工活动的特征（工作元素），归类为六大部分，另外七项涉及薪酬问题。经过对大量样本进行主成分分析，职位分析问卷可以聚类为33个维度，每个维度包含若干工作元素，每项工作元素都有与之对应的若干等级量表，通过对这些工作元素进行评价，可以反映目标职位在各个维度上的特征。职位分析问卷可以分析商业、工业企业以及公共部门中的各种职位。表7-8为PAQ的六大部分各个维度及其详细说明。

表7-8　PAQ的六大部分各个维度及其详细说明

1. 信息输入：从何处以及如何获得工作所需的信息？	
知觉解释	解释感觉到的事物
信息使用	使用各种已有的信息资源
视觉信息获取	通过对设备、材料的观察获取信息
知觉判断	对感觉到的事物做出判断
环境感知	了解各种环境条件
知觉运用	使用各种感知
2. 体力活动：工作中包含哪些体力活动？需要使用什么工具设备？	
使用工具	使用各种机器、工具
身体活动	工作过程中的身体活动（坐立除外）
控制身体协调	操作控制机械、流程
技术性活动	从事技术性或技巧性活动
使用设备	使用大量的各种各样的装备、设备
手工活动	从事手工操作性相关的活动
身体协调性	身体一般性协调

续表

3. 脑力处理:工作中有哪些推理、决策、计划、信息处理等脑力加工活动?	
决策	做出决策
信息处理	加工处理信息
4. 人际关系:工作中需要与哪些人发生何种内容的工作联系?	
信息互换	相互交流相关信息
一般私人接触	从事一般性私人联络和接触
监督/协调	从事监督协调等相关活动
工作交流	与工作相关的信息交流
公共接触	公共场合的相关接触
5. 工作情境:工作发生的自然环境和社会环境如何?	
潜在压力环境	工作环境中是否存在压力和消极因素
自我要求环境	对自我严格要求的环境
工作潜在危险	工作中的危险因素
6. 其他特征:其他活动、条件和特征	
典型性	典型性工作时间和非典型性工作时间的比较
事务性工作	从事事务性工作
着装要求	自我选择着装与特定要求着装的比较
薪资浮动比率	浮动薪酬与固定薪酬的比率
规律性	有规律工作时间和无规律工作时间的比较
强制性	在环境的强制下工作
结构性	从事结构性和非结构性工作活动
灵活性	敏锐地适应工作活动、环境的变化

(二)职业分析问卷法的操作流程

职位分析问卷法在操作中包含七个步骤:明确目的、获取组织的支持、确定收集信息的方法、培训职位分析人员、与员工沟通项目、收集与分析信息。

1. 明确目的。职位分析本身并不是目的,应用职位分析的结果以更好地实现某些人力资源管理职能才是职位分析的最终目的。职位分析的目的包括建立甄选或晋升标准、确定培训需求、建立绩效评价要素或职业生涯规划等。

2. 获取组织的支持。首先,要明确组织文化,针对不同的文化选择不同的信息收集方式。其次,要确定职位分析的开展方式,明确是从高级职位往下展开还是从低级职位往上推进。最后,制订具体方案并交管理者审定,获得管理层的重视与支持。

3. 确定收集信息的方法。收集职位分析问卷法的数据有很多不同的方式,概括起来无非是两种问题导致了不同的选择:谁来收集数据以及谁是工作信息的提供者。

职位分析人员可以是专业职位分析员、任职人员以及该工作的主管人员,不同的人员决定了职位分析培训的程度不同。

工作信息提供者的选择是与职位分析员的确定相关的。一旦选定了职位分析人员的类型,就必须识别出将提供工作信息的个体。通常,工作信息的提供者是有丰富经验的任职人员。

具体来说,职位分析信息收集范围与方式主要有以下两种典型的方式:

(1)职位分析专业人员填写职位分析问卷,任职人员或直接主管提供工作信息。

(2)任职人员直接填写职位分析问卷。

4. 培训职位分析人员。职位分析人员培训的内容有:熟悉职位分析本身(目的、意义、方法)、职位分析问卷的内容、操作步骤以及收集数据的技巧。

5. 与员工沟通项目。需要传递给员工的基本信息包括:职位分析的目的、时间规划以及数据收集方式等。

6. 收集与分析信息。在确定信息策略、培训职位分析员以及与员工进行必要的沟通之后,便进入了实际的信息收集阶段。需要指出的是,所确定的信息收集范围与方式,特别是职位分析员的类型,将在很大程度上直接决定获取 PAQ 信息的具体方法,诸如访谈法、观察法、直接问卷法等。假设采取的是由专业人员填写职位分析问卷、任职人员或直接主管人员提供信息的方式,那么信息收集的具体方法可以是访谈法或观察法,或者是两者的结合。

在所有 PAQ 填写完毕后,不但可以明确各工作对人员的任职资格要求,而且可以根据需要进行其他分析。例如,几项研究表明 PAQ 测定了 32 项具体的、13 项总体的工作维度,通过这些维度可以对任何一项工作进行评分。而一旦经过评价,工作内容的概况就可以建立起来并用于描述所分析职位的特征。因此,PAQ 使得通过应用工作维度评分,定量化地描述某一职位成为可能。然后这些维度评分可以去直接评估某项工作所需雇员的任职资格,进而开发和挑选出用于评价这些重要员工任职资格的测试和其他甄选技术。

(四)职业分析问卷法的运用

由于 PAQ 的专业性,PAQ 的填写需要在访谈的基础上由专业职位分析人员进行。通过 PAQ 收集的数据信息,在进行完备性、信度与效度的检验后,就可进行计算机分析处理，以运用于人力资源管理各个方面。以下是三种运用较多的职位分析报告形式。

1. 工作维度得分统计报告。工作维度得分统计报告是目标工作在PAQ各评价维度上得分的标准化和综合性的比较分析报告。所有的评价维度得分均采用标准分的形式，标准得分直接反映目标职位与PAQ提供的样本常模在该维度上的差异，百分比直观地说明目标职位在评价维度上的相对位置，以便于不同职位之间的相互比较。

2. 能力测试估计数据。PAQ通过对职位信息的分析，确定该职位对于任职者各项能力的要求，并且通过与能力水平常模的比较，将能力测试预测分数转化为相应的百分比形式，以便于实际操作。能力测试估计数据的重要用途之一为人员甄选录用。

3. 工作评价点值。通过PAQ内在的职位评价系统所收集的职位信息进行评价，确定各职位的相对价值。

（五）职业分析问卷法的优缺点

1. 优点。PAQ的优点有：

(1)PAQ是一种标准化的工具，所以收集到的量化、标准化的信息可以方便、快捷地通过计算机处理。

(2)同时考虑员工与工作两个变量因素，为人事调查、薪酬标准制定等提供了依据。

(3)得出的每一工作的技能数值与等级可用于进行工作评估及人员甄选。

(4)操作性强，不需修改就可用于不同组织、不同工作，所以比较各组织间的工作更加容易，也使得职位分析更加准确与合理。

2. 缺点。PAQ的缺点有：

(1)耗时，并且必须由受过专业训练的职位分析员填写问卷。

(2)PAQ的通用化或标准化的格式导致了工作特征抽象化，不能描述实际工作中特定的、具体的任务活动。

(3)PAQ不适用于工作描述与工作再设计。

二、工作要素法（JEM）

（一）工作要素法（JEM）简介

工作要素法(Job Element Analysis,JEM)是一种典型的开放式人员导向性的职位分析系统，是由美国的普里默夫(E. S. Primoff)研究并开发的。工作要素法的目的在于确定对成功完成特定领域的工作有显著作用的行为及此行为的依据，然后由一组专家级的任职者或其上级对这些显著要素进行确定、描述、评估。通常情况下，工作要素法的分析对象不是某一具体的工作职位，而是某一类具有相似特征的工作，如专业技术人员的工作就是一类具有相似特征的工作。

工作要素法所关注的工作要素非常广泛，包括知识、技术、能力、愿望、兴趣和个性特征等。这些工作要素通过任职者、同事、直接上级和主题专家来收集并确定。但须注意，工作要素法只考虑对完成所研究的工作有重要影响作用的要素，这是工作要素法与职位分析问卷法的区别所在。一般情况下，工作要素法所涉及的工作要素包括如下几类：

1. 知识——专业知识的掌握程度、外语水平、知识面的宽窄等。

2. 技能——计算机的运用、驾驶技术、设备操作技术等。

3. 能力——口头表达能力、判断能力、管理能力等。

4. 工作习惯——爱岗敬业程度、承担超负荷工作的意愿、工作时间的不规律等。

5. 个性特点——自信、主动性、独立性、外向、内向等。

（二）工作要素法的操作流程

工作要素法的职位分析系统主要包括两个步骤，依次是收集整理工作要素、划分职位分析维度并确定各类要素。

1. 收集整理工作要素。在这一过程中，通常由主题专家小组运用头脑风暴法列举出对目标工作的实现有显著影响的要素，并对这些工作要素进行反复的推敲。工作要素的提出应该根据完成目标工作所需要的知识、技能、能力、个人特征等提出，每个提到的要素都是与工作相联系的。同时，成员们应该确保这些工作要素能够覆盖目标工作的要求。

对收集来的工作要素资料进行归类和筛选，形成初步的职位分析维度与子维度。在本阶段结束时，职位分析人员将得到一个职位分析要素类属清单，见表 7–9。

表 7–9　工作要素清单——以专业技术工人为例

专业知识、专业技术、应对困难的能力、记忆能力、变化适应能力、孤独排遣能力、平抑不满能力、激励、组织能力、理论转化能力、抽象能力、判断能力、逻辑思维能力、成就动机、信息接受能力、快速思维能力、想象力、决策能力、亲和力、创造力、敏感性、手工操作能力、体力、健康的体魄、独立性、团队合作性、毅力、自信、责任感、预先计划、内向、外向、果断、理解能力、职业道德、创新精神、好奇、承担超负荷工作、学习的能力、多方面考虑问题的能力、区分主要与次要、自律、自尊、工作时间不规律、心理控制能力、口头表达能力、书面表达能力、时间管理能力、外语运用、计算机运用、调查研究能力、沟通能力、高学历、应付高压力工作的能力、谦虚、同时处理多个问题的能力、冒险意识强、社交能力、推理能力、忍耐力、注重工作细节

2. 划分职位分析维度并确定各类要素。在对工作要素进行了初步归类和筛选之后，可以采用焦点小组的方法对职位分析的维度和子维度进行最终划分。在本阶段中，职位分析专家小组成员组成焦点小组，小组中的每个成员分别根据自己

的标准,运用工作要素表对上一步骤所得出的职位分析要素类属清单中的工作要素进行独立的评估,并确定维度和子维度。在这个过程中,焦点小组的成员评估的工作要素是被打乱的,小组成员独立地对这些进行评估之后,成员集合在一起,运用焦点小组讨论的方法,将各个子维度分别归类到不同的职位分析维度下,从而得到目标工作的职位分析维度和子维度。

(三)工作要素法的优缺点比较

1. 优点。工作要素法的优点有:

(1)工作要素法的开放性程度较高,可以根据特定工作提取个性化的工作要素,能够比较准确、全面地提取出影响某类工作的绩效水平的工作要素。

(2)与其他职位分析系统相比较,工作要素法的操作方法和数值的标准转化过程具有一定的客观性。

(3)工作要素法在人员招聘过程中的人员甄选以及确定培训需求方面具有很高的应用价值。工作要素法分析结果中的选拔性最低要求要素为人员甄选提供了可靠的依据;同时得出的培训要素也为企业确定员工培训需求找到了重要的来源。

2. 缺点。工作要素法的缺点有:

(1)在初步确定目标工作的工作要素时,过于依赖职位分析员对工作要素的总结。不同职位分析员对工作的看法不同,会导致大量的工作要素出现,而其中有些工作要素对目标工作来说并不重要,这无疑会导致许多无用工作,浪费时间和人力。

(2)评分过程比较复杂,需要强有力的指导与控制。

(3)由于焦点小组成员所进行的工作要素评价只是他们的一种主观臆断,并没有客观标准作为基础,所以他们容易偏向于肯定的回答,认为这些要素很重要,另一些要素也很重要,难以取舍。

三、临界特质分析系统

(一)临界特质分析系统简介

临界特质分析系统(Treshold Traits Analysis System,TTAS)是完全以个人特质为导向的职位分析系统。它的设计目的是为了提供标准化的信息以辨别人们为基本完成和高效完成某类工作分别至少需要具备哪些品质、特征,临界特质分析系统称这些品质和特征为临界特质,见表 7-10。

从表 7-10 可以看出,对于临界特质分析系统而言,人的特质可以分为两大类:能力因素和态度因素。其中身体特质、智力特质和学识特质属于能力特质;而动机特质和社交特质属于态度特质。

表 7-10　临界特质分析系统特质表

工作范畴	工作职能	特质因素	描述
身体特质	体力	力量	能举、拉和推较重的物体
		耐力	能长时间持续地耗费体力
	身体活动性	敏捷性	反应迅速、灵巧、协调性好
	感官	视力	视觉和色觉
		听力	能辨别出各种声响
智力特质	感知能力	感觉、知觉	能观察、辨别细微的事物
		注意力	在精力不集中的情况下仍能观察入微
		记忆力	能持久记忆需要的信息
	信息处理能力	理解力	能理解口头表达或书面表达的各种信息
		解决问题能力	能演绎和分析各种抽象的信息
		创造性	能产生新的想法或开发新的事物
学识特质	数学能力	计算能力	能解决与数学相关的问题
	交流	口头表达能力	口头表达清楚、简练
		书面表达能力	书面表达清楚、简练
	行动力	计划性	能合理安排活动日程
		决策能力	能果断选择行动方案
	信息与技能的应用	专业知识	能处理各种专业信息
		专业技能	能进行一系列复杂的专业活动
动机特质	适应能力	适应变化能力	能自我调整、适应变化
		适应重复	能忍受重复性活动
		应对压力的能力	能承担关键性、压力大的任务
		适应孤独的能力	能独立工作或忍受较少的人际交往
		适应恶劣环境的能力	能在炎热、严寒或嘈杂的环境下工作
		适应危险的能力	能在危险的环境下工作
	控制能力	独立性	能在较少的指导下完成工作
		毅力	能坚持一项工作任务直到完成
		主动性	主动工作并能在需要时承担责任
		诚实	遵守常规的道德与规范
		激情	有适当的上进心

续表

工作范畴	工作职能	特质因素	描述
社交特质	人际交往	仪表	衣着风貌达到适当的标准
		忍耐力	在紧张的气氛下也能和人和睦相处
		影响力	能影响别人
		合作力	能适应团队作业

（二）临界特质分析系统的操作流程

完整的临界特质分析系统包括三种分析技术：临界特质分析、职位要求与任务分析、技术能力分析。临界特质分析系统比较注重对被分析职位，也就是关键职位的选择。因为对组织中所有职位进行分析是不切实际的，也是没有必要的。因此职位分析的第一步应该选择和明确需要对哪些职位进行分析。临界特质分析系统采用职业矩阵的方法对职位进行挑选（见表 7-11）。职业矩阵通过两维指标对工作进行分类，这两维指标是：职位族、职位复杂程度及责任大小。

表 7-11　职业矩阵

等级	职位族		
	操作类	维修类	技术类
熟练的			
半熟练的			
初学工			

利用职业矩阵可以区分哪些是关键职位。所谓关键职位，是指那些绝大多数初学者或者较低层次的员工都希望而且在一段时间内也有可能达到的职位。

1. 临界特质分析。在进行临界特质分析时，要由直接主管、主题专家组成员和任职者评价 33 种特质的相关性、等级、实用性，也就是说，评价在该职位上达到可接受（优秀）的绩效水平与哪些特质相关，要求达到哪种等级，这种要求是否实际等。需要注意的是后天特征，比如受教育程度和经验年限等，并不在临界特质分析的特质名单中。

进行临界特质分析一般包括如下步骤：

（1）选择和培训分析团队成员。临界特质分析由一组分析人员完成（包括一名主持人以及至少五名分析人员），然后对团队成员进行培训，培训的内容主要包括职位分析的目的、方法，临界特质分析的操作步骤及注意事项等。

（2）完成临界特质分析卡。临界特质分析开始于临界特质分析卡的填写。临界特质分析卡的内容如表 7-12 所示。填写该卡分为三步完成。

表 7-12　临界特质分析卡（由分析人员填写）

<table>
<tr><td>职位名称</td><td>技工</td><td colspan="4">分析人姓名</td><td colspan="3">MIKE</td></tr>
<tr><td>隶属部门</td><td>生产部门</td><td colspan="4">分析日期</td><td colspan="3">×××</td></tr>
<tr><td rowspan="2">范围</td><td rowspan="2">特质</td><td colspan="3">第一步</td><td colspan="2">第二步</td><td colspan="2">第三步</td></tr>
<tr><td>A</td><td>B</td><td>C</td><td>D</td><td>E</td><td>F</td><td>G</td></tr>
<tr><td rowspan="5">身体特质</td><td>力量</td><td>1</td><td>1</td><td>1</td><td>0</td><td>2</td><td>1</td><td>2</td></tr>
<tr><td>耐力</td><td>1</td><td>1</td><td>1</td><td>1</td><td>2</td><td>1</td><td>2</td></tr>
<tr><td>敏捷性</td><td>1</td><td>1</td><td>1</td><td>1</td><td>2</td><td>2</td><td>2</td></tr>
<tr><td>视力</td><td>1</td><td>0</td><td>0</td><td></td><td></td><td></td><td></td></tr>
<tr><td>听力</td><td>1</td><td>0</td><td>0</td><td></td><td></td><td></td><td></td></tr>
<tr><td rowspan="6">智力特质</td><td>感觉、知觉</td><td>1</td><td>1</td><td>1</td><td>1</td><td>2</td><td>2</td><td>2</td></tr>
<tr><td>注意力</td><td>1</td><td>1</td><td>1</td><td>1</td><td>2</td><td>2</td><td>2</td></tr>
<tr><td>记忆力</td><td>1</td><td>1</td><td>1</td><td>1</td><td>2</td><td>1</td><td>2</td></tr>
<tr><td>理解力</td><td>1</td><td>1</td><td>1</td><td>1</td><td>2</td><td>2</td><td>1</td></tr>
<tr><td>解决问题的能力</td><td>1</td><td>1</td><td>1</td><td>2</td><td>1</td><td>2</td><td>2</td></tr>
<tr><td>创造性</td><td>0</td><td>0</td><td>0</td><td></td><td></td><td></td><td></td></tr>
<tr><td rowspan="4">学识特质</td><td>计算能力</td><td>1</td><td>1</td><td>1</td><td>1</td><td>2</td><td>2</td><td>2</td></tr>
<tr><td>口头表达能力</td><td>0</td><td>0</td><td>0</td><td></td><td></td><td></td><td></td></tr>
<tr><td>书面表达能力</td><td>1</td><td>0</td><td>0</td><td></td><td></td><td></td><td></td></tr>
<tr><td>计划性</td><td>1</td><td>0</td><td>0</td><td></td><td></td><td></td><td></td></tr>
<tr><td colspan="2">决定</td><td></td><td></td><td></td><td></td><td></td><td></td><td></td></tr>
<tr><td>第一步
评定相关性</td><td colspan="8">A 重要性：该特质是否对于完成本工作的某些职能很重要？
请选择 1（是）或 0（不是）。
B 独特性：对该特质的要求是否达到 1、2 或 3 级？
请选择 1（是）或 0（不是）。</td></tr>
<tr><td>第二步
可接受绩效</td><td colspan="8">C 相关性：请填写 A 与 B 的乘积。
D 特质等级：为达到可接受绩效应具备该特质的哪个等级？请填写 0，1，2，3。
E 实用性：预计多大比例的求职者能够达到该特质等级？如果高于 10%，请填写 2；
1%～10%请填写 1；
低于 1%，请填写 0。</td></tr>
<tr><td>第三步
优秀绩效</td><td colspan="8">F 特质等级：为达到优秀绩效应具备该特质的哪个等级？
请填写 0，1，2，3。
G 实用性：预计多大比例的求职者能够达到该特质等级？
如果高于 10%，请填写 2；1%～10%请填写 1；
低于 1%，请填写 0。</td></tr>
</table>

第一步，通过评定每个特质的重要性和独特性来评定它们与职位的相关性。

第二步，确定为达到可接受的绩效水平需要达到各相关特质的哪一等级。

第三步，确定任职者如果试图取得优秀的绩效，他需要达到哪一等特质水平。“优秀绩效”的标准是任职者达到的绩效水平使得他有晋升或工资水平提升的可能。

表 7-12 由分析人员独立完成，并交给主持人。主持人将对每个分析人员填写的临界特质分析卡进行检验，如检验是否有自相矛盾之处，程度上是否有不合要求的地方，以及分析人员的分析是否一致。在分析人员填写临界特质分析卡的过程中不要给他们指导和提示，由他们独立思考并进行判断。

(3)整理并总结临界特质分析卡。在分析人员完成临界特质分析卡的填写后，剩下的内容就由主持人来完成。主持人首先需要检查临界特质分析卡是否存在错误，然后填写表 7-13 中的 H、I 和 J 三列。这三列实际上是临界特质分析卡的一部分，由主持人填写，是对分析人员的评定结果进行处理。

表 7-13　临界特质分析卡(由主持人填写)

范围	特质	第一步			第二步		第三步		主持人		
		A	B	C	D	E	F	G	H	I	J
身体特质	1. 力量	1	1	1	0	2	1	2	0	2	2
	2. 耐力	1	1	1	1	2	1	2	2	2	4
	3. 敏捷性	1	1	1	1	2	2	2	2	4	6
	4. 视力	1	0	0							
	5. 听力	1	0	0							
智力特质	6. 感觉、知觉	1	1	1	1	2	2	2	2	4	6
	7. 注意力	1	1	1	1	2	2	2	2	4	6
	8. 记忆力	1	1	1	1	2	1	2	2	2	4
	9. 理解力	1	1	1	1	2	2	1	2	3	5
	10. 解决问题的能力	1	1	1	2	1	2	2	2	4	6
	11. 创造性	0	0	0							
学识特质	12. 计算能力	1	1	1	1	2	2	2	2	4	6
	13. 口头表达能力	0	0	0							
	14 书面表达能力	1	0	0							
	15. 计划性	1	0	0							
	16. 决策能力	1	0	0							
	17. 专业知识	1	1	1	1	2	1	2	2	2	4
	18. 专业技能	1	1	1	1	2	2	2	2	4	6

续表

范围	特质	第一步			第二步		第三步		主持人		
		A	B	C	D	E	F	G	H	I	J
动机特质	19. 适应变化的能力	1	1	1	1	2	1	2	2	2	4
	20. 适应重复	1	1	1	1	2	1	2	2	2	4
	21. 应对压力的能力	1	1	1	2	1	2	2	2	4	6
	22. 对孤独的适应能力	0	0	0							
	23. 对恶劣环境的适应能力	1	1	1	1	1	1	2	1	2	3
	24. 对危险的适应能力	1	0	0							
	25. 独立性	1	1	1	1	2	1	2	2	2	4
	26. 毅力	1	1	1	1	2	1	2	2	2	4
	27. 主动性	1	1	1	1	2	2	2	2	4	6
	28. 诚实	1	1	1	1	2	1	2	2	2	4
	29. 激情	1	1	1	2	2	3	1	4	5	6
社交特质	30. 仪表	0	0	0							
	31. 忍耐力	1	0	0							
	32. 影响力	1	0	0							
	33. 合作力	1	1	1	1	2	1	2	2	2	4

在对所有分析人员的临界特质分析卡进行处理后,主持人需要再将处理结果通过电脑进行汇总,得到最终的特质分析结果。

2. 职位要求与任务分析。职位要求与任务分析技术是利用职位描述问卷,如任务清单等,对职位包含的任务和要求进行分析和描述。问卷由有代表性的任职者样本进行填写,问卷要求任职者用八分法判断问卷中每项任务或职责的重要性及在整个职位中所占的比重。问卷结果将输入计算机进行聚类分析,从而确定哪些是目标职位的关键性任务职责。

一般而言,职位要求与任务分析的实施包括如下几个步骤:

(1)收集资料。在开始阶段,受过培训的职位分析专业人员要进行资料收集。通过访谈该职位的专业人士,或者通过阅读现有的职位描述资料以及其他书面材料,收集所有关于职位职责的信息。

(2)设计职位描述问卷。在第一阶段收集到的信息将用于职位描述问卷的建立。在发放问卷进行调查之前,应将初步建立的描述问卷交给主题专家小组讨论。

讨论的项目包括:添加一些被忽略的任务和要求;删减一些明显不对的项目;针对目标使用者的特点,理顺问卷中项目的表述和用词,以方便问卷使用者理解。

(3)问卷填写。在给予了适当的指导后,由职位任职者独立地对问卷的每一项描述进行八分评定,其中“0”表示该任务或要求与我的职位完全无关;“4”表示任务或要求对我的职位而言是一项重要的活动;“8”表示这项任务或要求对我的职位至关重要。虽然一份这样的职位描述问卷通常都包括有几百项题目,但任职者一般只需要一两个小时或更少的时间就能较好地完成。

(4)问卷分析。在填写完问卷之后,将用统计方法对问卷结果进行处理。对目标职位而言十分重要的任务或要求将通过一些统计参数加以突显,这些统计参数包括平均值、标准差和频数分布等。一般来说,如果一项职位描述的平均值达到4.0以上,而标准差小于2.0,则所描述的任务将被认为对整个职位而言十分重要。

(5)职位描述的初步结果。在本阶段,将得到初步的职位描述结果。由于每条职位描述都与临界特质分析中的特质相对应,因此在整理职位描述时,可以根据临界特质分析中职位职能的顺序以任务的重要程度顺序对统计分析后筛选出来的重要任务进行排序,得到关于目标职位的职位描述。

(6)比较临界特质分析和职位要求与任务分析结论。临界特质分析主要是由一线的直接主管完成的,代表直接主管的看法。而职位要求与任务分析是由任职者填写问卷的,代表直接任职者的声音。经验表明,两种技术的分析结果一般有85%的一致率。对于不一致的项目需要通过主题专家小组的再次观察来最终确定。

3. 技术能力分析。技术能力分析是临界特质分析系统用到的第三种技术。这种技术适用于对技术知识和技能有重要要求的职位。技术能力分析的目的在于明确完成技术性的职位职能所需要具备的各种能力。技术能力分析的前四步与临界特质分析系统相同,即收集资料、问卷设计、问卷填写和问卷分析。主要的不同之处在于问卷的内容以及问卷中的所有描述对应于一项职能,即“特定信息或技能的应用”。在下面的步骤中,技术能力分析不同于临界特质分析系统。

(1)确定最低要求。在这一步中,需要直接主管或其他主题专家小组成员各自独立地对通过问卷分析确定的关键知识和关键技能进行评价。要评价该条技术、知识或技能:①是否是员工刚上任就需要用到的;②是否需要员工在没有指导的情况下完成。

专家们的评价将被综合平均,最终确 定哪些知识和技能是需要新员工具备,并能在没有指导的情况下独立完成相关的任务。

(2)确定培训需求要素。主题专家还可以评价某项知识和技能要求在任职者工作的什么阶段就需要具备,选择项包括:①在上岗前必须具备;②在上岗后6个月内必须具备;③在上岗6个月后才能具备。那些“在上岗6个月后必须具备”的知识、技能要求将形成新员工培训需求的重要组成部分;“在上岗6个月后才能具备”的知识、技能要求可以成为企业将来培训的选择。

(3)形成技术能力说明书。技术能力分析的最终产品是技术能力说明书。这份说明的内容包括:①对目标职位的实现有重要意义的技术、知识、技能;②新员工就需具备并能在没有指导的情况下独立应用的知识和技能;③需要对新员工进行培训的知识和技能,等等。

(三)临界特质分析系统的应用

在管理实践中,临界特质分析系统经常被用于招聘甄选、人员晋升和管理人员评价中的测评过程。有研究者比较分析了临界特质分析系统进行人员甄选的成本和收益,结果证明临界特质分析系统的分析结果应用在人员甄选上十分有效。

临界特质分析还被应用于评估培训需求、设计培训课程以及评价培训结果。特别是通过技术能力分析,可以确定实现工作绩效所需要的具体技术知识和技能,而且还可以区分哪些知识和技术是新员工就需要具备,哪些知识和技能是需要在新员工中实施培训的,哪些知识和技能是未来需要培训的,从而明确各类型任职人员的培训需求。

(四)临界特质分析系统的优缺点

1. 优点。临界特质分析系统的优点主要是分析结果相对准确,使用范围广泛。

2. 缺点。临界特质分析系统的缺点主要是实用性不强,需要耗费大量的人力和财力,且过于精确复杂,超出了大部分人力资源专家和一线管理者的能力范围。

第三节　以工作为基础的系统性技术

一、管理职位分析问卷法

(一)管理职位分析问卷法简介

管理职位分析问卷法(Management Position Description Questionnaire,MPDQ)是由美国著名职位分析专家亨普希尔(Hemphill)、托诺瓦(Tornow)以及平托(Pinto)等人开发的,是一种结构化的、以工作为基础、以管理型职位为分析对象的职位分析方法,用于管理职位的职位分析。MPDQ主要收集、评价与管理职位相关的活动、联系、决策、人际交往、能力要求等方面的信息数据,通过特定的计算机程序加以分析,有针对性地制作各种与工作相关的个性化信息报告,为人力资源管理各职能板块提供信息支持。

（二）管理职位分析问卷法的结构

MPDQ 作为一套系统性的职位分析方法,主要包含三个板块:信息输入板块、信息分析板块、信息输出板块。

1. 信息输入板块。信息输入板块即 MPDQ 问卷,主要包含 15 个部分、274 项工作行为,由管理职位任职者填写,主要用于收集该职位的相关信息,见表 7-14 所示。

表 7-14 MPDQ 问卷的内容

序号	主要部分	项目释义	题数
1	一般信息	描述性信息,如工作代码、预算权限、主要职责等	16
2	结构图	职位在组织架构中的位置,如上司、平级、下属等	5
3	决策	决策活动描述和决策的复杂程度	22
4	计划组织	战略性规划和短期操作性计划、组织活动	27
5	行政事务	写作、归档、记录、申请等活动	21
6	控制	跟踪、控制和分析项目、预算、生产、服务等	17
7	监督	监督下属的工作	24
8	咨询创新	为下属或其他工作提供专业性、技术性咨询指导	20
9	工作联系	内、外部工作联系,包括联系对象与目的	16
10	协调	在内部联系中从事的协调性活动	18
11	表达	在推销产品、谈判、内部激励等工作中的表达行为	21
12	商业指标监控	对财务、市场、生产经营以及政策等指标的监控与调节	19
13	KSAs	工作对任职者知识、技术和能力的要求以及所需要的培训活动	31
14	自我评价	上述十项管理功能的时间和相对重要性评价,其中“计划组织”功能分为战略规划和短期计划两方面	10
15	反馈	任职者对本问卷的反馈意见以及相关补充说明	7
总　计			274

2. 信息分析板块。MPDQ 针对人力资源管理各职能板块的信息要求和特点,提供了三种用途的评价要素体系(见表 7-15)。

表 7-15　MPDQ 三种管理要素体系列表

管理要素体系	要素	释义	服务的人力资源管理功能
管理工作要素体系	决策	评价、筛选信息；决策的合理过程；做出决策对组织产生实质性的影响	工作描述、人员配置、职位设计等
	计划组织	制定长期战略性规划；制订短期生产、销售、服务、财务等计划	
	行政事务	记录或存档；监控及采取行动确保政策法规的连贯一致；获取、传递信息	
	控制	调节控制人、财、物的配置；索取材料、装备或服务；控制财务收支	
	咨询创新	协助解决特殊问题；为决策者提供信息支持；开发新技术、新产品、新市场	
	协调	与其他成员协调以达到组织目标；整合指导非直接下属；处理冲突或矛盾	
	表达	与客户、政府、社区代表、股东等沟通交流；销售产品和服务；合同谈判	
	指标监控	监控商业指标，例如净利润、销售额、国际经济走向；竞争者产品线服务	
管理绩效要素体系	管理工作	管理生产流程和资源；监控信息；确保产品/项目及时完成	绩效考核
	商业计划	制定有效的战略和短期规划，并推广执行	
	问题处理	分析商业性或技术性问题和需求；确认合适的解决办法和创新	
	沟通交流	沟通的有效性、彻底性、精确性；恰当地分享或交换信息	
	客户/公共关系	代表组织处理与客户、潜在客户、一般公众的关系	
	人力资源开发	通过有效的授权、引导、培训和绩效评价开发员工的潜能	
	人力资源管理	监督、管理员工；提供指导和领导	
	组织支持	与其他管理人员有效互动、协作以支撑个体、群体发展和组织目标实现	
	工作知识	拥有达到组织绩效要求的技术性和管理性知识	

续表

管理要素体系	要素	释义	服务的人力资源管理功能
管理评价要素体系	决策	决策权力等级,决策重要性、复杂性以及决策的自主性	职位评价、培训开发
	解决问题	分析性或创造性思维水平、对问题的洞察力以及解决方法的创造性	
	组织影响	对组织影响的显著性程度,包括该职位对于实现组织目标、开发产品和服务、制定战略或商业规划、获取收益利润以及其他绩效目标的贡献程度	
	人力资源职责	人员督导职责,包括督导、指导的下属人数、级别以及复杂性程度	
	Know-How	该职位所需的知识和专业技术水平	
	联系	组织内部、外部联系的深度、广度、等级以及频率	

(1)管理工作要素体系,包含以工作为基础的 8 个描述性要素,根据工作内容的异同性对管理职位进行描述。其主要用于工作描述、人员配置、工作设计等人力资源管理功能。

(2)管理绩效要素体系,包含对管理绩效有显著影响的 9 个评价要素,重点强调高绩效水平和低绩效水平的外在和内在差异。其主要用于管理人员的绩效考核。

(3)管理评价要素体系,包含 6 项可以明显区分管理工作内在价值差异的评价要素。其主要用于职位评价和培训开发等。

3. 信息输出板块。信息输出板块是 MPDQ 的信息运用部分,通过特殊的计算机处理程序,针对不同的人力资源管理功能板块编制 8 类分析报告,见表 7-16 所示。

表 7-16　管理职位分析问卷法的各类分析报告简介

分析报告名称	主要内容	信息来源	主要用途
1. 管理职位描述	对管理职位的细节性、描述性的总结归纳: (1)财务人事职责权限; (2)工作活动重要性排序; (3)工作联系; (4)决策情景特征; (5)知识技术能力要求	MPDQ 问卷的"一般信息部分"	1. 服务求职者的工作描述 2. 上岗指引 3. 面试基础信息 4. 职位设计 5. 薪酬结构

续表

分析报告名称	主要内容	信息来源	主要用途
2. 管理工作描述	类似于管理工作描述报告，主要针对一组各类职位工作内容的综合性和平均水平的描述，用于构建管理职位描述模版		
3. 群体比较报告	六组对照群体工作内容的主要异同点的对比分析表，区分共有活动和特有活动，按照出现频率进行排序，然后针对各种活动进行重要性评价	MPDQ 问卷中涉及的工作活动	1. 工作分类 2. 工作评价，同工同酬 3. 职位设计 4. 培训开发设计
4. 个体职位剖析	自管理工作要素的 9 个评价维度上将目标职位与所选同职等的职位进行比较分析； 该职位在管理评价要素上的得分以及加权得分	管理工作要素+管理评价要素	1. 确定工作价值 2. 确定职位等级 3. 薪酬设计 4. 制订培训开发计划
5. 群体职位剖析	类似于个体职位剖析，主要对相同的一组管理职位在管理工作要素和管理评价要素上的平均水平进行相关比较分析		
6. 多维度群体绩效剖析	管理绩效要素各维度对于所选一组管理人员的平均重要性程度的综合报告，由此确定各评价要素的权重； MPDQ 中的 KSAs 平均要求水平	管理绩效要素+MPDQ 的 KSAs 部分	1. 确定绩效评价要素权重 2. KSAs 用于人员甄选录用 3. 通过与个体绩效对比，确定培训开发计划
7. 多维度个体绩效剖析	类似于多维度群体绩效剖析，主要对个人管理绩效要素的重要性评价进行分析，以及个体的 KSAs 水平分析，通过与群体水平的对比，对绩效改进和培训开发提供指导		
8. 职位绩效评价表	适用于特定管理职位的绩效评价体系和雇员开发计划，对管理绩效 9 个要素进行深度定义剖析，加以操作化，并附加若干代表性的绩效活动示例	管理绩效要素+多维度群体绩效剖析	1. 绩效评价 2. 人员开发

（三）管理职位分析问卷法的优缺点

1. 优点：

(1)适用于管理职位的分析；

(2)通过计算机程序，管理职位分析问卷法在某种程度上降低了主观因素的影响，同时其最终报告大量以图表形式出现，信息充足，简单易懂，提高了组织人力资源管理的效率；

(3)为管理工作的归类提供了依据；

(4)为薪酬管理、员工的选拔、培训、绩效考核建立了基础。

2. 缺点：

(1)受工作及工作技术方面的限制，灵活性不足；

(2)各种管理分析维度是在对国外管理人员进行实证研究的基础上形成的，在中国必将有个“本土化”的修订过程；

(3)有时耗时长，工作效率较低。

二、功能性职位分析法

（一）功能性职位分析方法简介

1. 概念。功能性职位分析方法(Functional Job Analysis，FJA)是一类以全面完整地描述目标职位的功能性要素为立足点的职位分析方法的总称，是一种以工作为中心的分析方法。它是美国培训与职业服务中心(U. S. Training and Employment Service)的研究成果。FJA 是以工作者应发挥的职能与应尽的职责为核心，对工作的每项任务要求进行详细分析，对工作内容的描述非常全面具体。

2. 理论依据。FJA 的理论依据是共同的人与工作关系理论。这一理论认为，所有工作都涉及工作执行者与数据、人、事三者的关系。通过工作执行者与数据、人、事发生关系时的工作行为，可以反映工作的特征、工作的任务和人员的职能。所谓数据，就是包括数字、符号、思想、口语等与人、事相关的信息、知识、概念，可以通过观察、调查、想象、思考分析获得。所谓的人，是指人或者有独立意义的动作，这些动作在工作中的作用相当于人。所谓事，是指人控制无生命物质的活动特征，这些活动的性质可以以物本身的特征反映出来。

3. 用途。功能性职位分析法广泛运用于公共部门和私人企业，其具体应用体现在：

(1)工作分类：运用于美国雇员服务系统的工作分类；

(2)测试：针对体力工作开展的功能性职位分析法可用于任职资格评价；

(3)绩效标准：任务绩效的加权组合即构成职位的绩效标准；

(4)培训材料：针对功能性能力、专业性能力和适应性能力开发培训项目；

(5)职位设计:根据战略、组织要求将某几项任务合成新职位;

(6)职位评价:通过功能等级的差异确定职位之间的相对价值。

从 FJA 问世以来,大量职位分析专家在其理论基础上开发出若干具体的职位分析方法,主要有美国劳工部的 DOL 系统和 Sidney Fine 开发的功能性职位分析方法等。本节主要以 Fine 的 FJA 为例,简要介绍功能性职位分析方法。

(二)功能性职位分析方法的成果板块

功能性职位分析方法的成果包括:工作任务陈述、功能等级、目标、工作任务对任职者的技能要求、绩效标准、培训内容。

1. 工作任务陈述。在不同的时期或不同的组织中,“工作”本身或其组成部分都处于不断变化之中,而工作任务则处于相对稳定的状态,因此 FJA 将工作任务而非“工作”作为职位分析的基本单位。此板块是针对各项任务的特征进行剖析,按照一定的分析程序编制结构性的工作任务陈述,结构为:行为或活动+工具、装备、资源、工作信息+任务结果。

2. 功能等级。FJA 认为人的工作行为总是体现为和一定的人、信息、事物的关系,而其在不同的工作活动中,与这三者之间的相互作用的形式、复杂程度以及结果有很大差异,对这些差异的准确描述正好构成某项任务区别于其他任务的相对稳定的特征,因此 FJA 在对任务进行标准化描述的基础上,通过界定任职者对于人、信息、事物作用的功能等级,可以更加准确地对目标任务进行描述。工作者的工作行为在与人、信息、事物三者相互作用时,工作行为的难度越大,所需的能力越高,也就说明了工作者职能等级越高。表 7-16 是功能性职位分析的职能等级表,每项职能描述了广泛的行为,概括了与信息、人和事发生关系时工作者的工作行为。

3. 目标。组织目标是由组织战略、计划推导出的对于目标任务的工作要求,由具体任职者填写。

4. 工作任务对任职者的技能要求。任何工作的完成都有一定的标准,而任职者要完成某项工作任务都要具备一些通用技能和特定技能,并且要具备适应其工作环境的能力以满足工作中的需求。在 FJA 系统中,职位对于任职者的技能要求主要体现在三个方面:通用性技能、专业性技能和适应性技能。这三种技能必须要达到某种程度的统一,任职者才能以较高的标准完成工作任务。

5. 绩效标准板块包括定性绩效标准和定量绩效标准,主要界定该工作任务所需达到的效果、质量、数量、时间等方面的要求,同时在绩效标准的确定中往往会体现对任职者专业性技能和适应性技能的评价。

6. 培训内容板块主要根据工作任务所需的通用性和专业性技能,确定完成该项任务所需的通用性技能的培训、专业性和适应性技能的培训。

知识专栏

FJA 功能等级以及功能标度

一、FJA 功能等级

在表 7-17 中,数字越大代表任务越简单,数字越小则任务越复杂。

表 7-17　FJA 功能等级表

信息号码	描述	人号码	描述	事号码	描述
0	综合	0	教导	0	装配
1	协调	1	谈判	1	精确工作
2	分析	2	指导	2	操作-控制
3	编辑	3	监督	3	运转-控制
4	计算	4	使高兴	4	操纵
5	复制	5	劝说	5	照管
6	比较	6	发出口头信号	6	移走
		7	服务	7	处理
		8	接受指导帮助		

二、功能标度

(一)信息功能标度

0. 综合——整合数据分析结果去发现事实,开发知识概念或解释。

1. 协调——在数据分析的基础上确定操作或活动的时间、地点或顺序,执行决定或报告事件。

2. 分析——检查和评估数据,并提出可替代的方案。

3. 编辑——收集、整理、划分有关数据、人员及事物的信息。就经常涉及的信息进行报告,或执行规定行动。

4. 计算——执行算术运算并报告、执行与其相关的规定动作。

5. 复制——转录、输入或发布数据。

6. 比较——判断数据、人、事物具备的功能、结构或组成特征是与原来的标准相似还是不同。

(二)人员功能标度

0. 教导——就总体性格方面与个人打交道,对可能通过法律、科学、临床、精神或其他专业原则解决的问题提供建议、咨询或指导。

1. 谈判——与他人交流想法、信息和意见,以制定政策和计划,共同达成决定、结论或解决方案。

2. 指导——通过解释、演示和实验的方法，向他人教授或培训，或根据技术学科提出建议。

3. 监督——确定或解释一组工人的工作程序，为他们分配具体的职责，维护他们之间的和谐关系，并提高效率。

4. 使高兴——通常通过舞台、屏幕、电视或收音机来使他人高兴。

5. 劝说——影响他人支持某个产品、服务或赞成某个观点。

6. 发出口头信号——与人交谈并向人们发出信号，以传达或交换信息，包括向助理工人提供作业和指示。

7. 服务——满足人们的需要、要求，以及人们表达或暗示的愿望。

8. 接受指导帮助——接收工作任务指示或主管的命令。这种帮助适用于“非学习型”助手。

（三）事物功能标度

0. 装配——通过规划连续运转机器的操作顺序，安装和调整工具、其他机器组件，调整工件或材料的位置，设置控制，以及验证机器功能和生产的工作的准确性来准备机器（或设备），以了解操作应用机器的能力、材料属性和实践知识。

1. 精确工作——使用车身构件、工具或工作辅助工具，在标准达到的最终责任发生的情况下工作，移动、引导、放置物体或材料，并选择合适的工具或材料，调整工具的任务，这需要相当多的判断力。

2. 操作-控制——启动、控制和调整设备机器的进度。操作机器包括在工作过程中设置和调整机器或材料。控制设备包括控制观察仪表、刻度盘、阀门以及其他装置如温度、压力、液体流量、泵速度和材料反应等。

3. 运转-操作——对启动、停止、控制机器或设备的动作，必须进行方向引导以控制移动的距离，并确定其他物体、转动曲柄、车轮 、推动齿轮升降机或杠杆的速度和方向。也包括起重机、输送机（或系统）、拖拉机、炉子加工机、铺路机和起重机等机器。不包括手动动力机器，如手推车和推车，以及电动辅助机器，如电动手推车。

4. 操纵——使用身体、工具或特殊装置来工作、移动、引导或放置物体和材料。对涉及精度的要求和选择合适的工具、物体或材料的判断具有一定的自由权。

5. 照管——启动、停止、观察机器以及设备的功能，包括调整机器的材料或控制机器。例如更换导轨，调整定时器和温度计，转动阀门以允许材料絮凝，以及翻转开关响应光线，进行这些调整几乎不需要判断。

6. 移走——从自动的或由其他工人控制、操作的机器设备处放置、扔掉、倾倒或移走材料。

7. 处理——使用身体、手工工具或特殊装置来工作、移动或搬运物品材料。在达到标准或选择合适的工具、物体或材料方面，很少或根本不需要判断力。

资料来源:US Department of Labor, United States. Employment, Training Administration. The revised handbook for analyzing jobs[M]. Jist Works, 1991.

表7-18为某公司打字员职位的某项工作任务说明示例。

表7-18　某公司打字员职位的某项工作任务说明书示例(部分)

<table>
<tr><td rowspan="5">任务陈述</td><td colspan="3">功能等级</td><td colspan="3">时间比重</td><td colspan="3">一般性教育开发</td><td>编号</td></tr>
<tr><td>信息</td><td>人</td><td>事物</td><td>信息</td><td>人</td><td>事物</td><td>推理</td><td>数学</td><td>语言</td><td rowspan="2"></td></tr>
<tr><td>3B</td><td>1A</td><td>2B</td><td>70%</td><td>5%</td><td>25%</td><td>3</td><td>1</td><td>4</td></tr>
<tr><td colspan="10">目标:(由任职者填写)</td></tr>
<tr><td colspan="10">任务描述:按照标准操作程序要求,编辑打印标准信件格式,包括用于记录特殊信息的表格,并确保其整洁清晰,以备邮寄。</td></tr>
<tr><td rowspan="2">绩效标准</td><td colspan="5">定性</td><td colspan="5">定量</td></tr>
<tr><td colspan="2">文字录入准确合理</td><td colspan="2">表格正确</td><td>变化调整正确</td><td>在X(时间)完成</td><td colspan="2">每页无编辑错误</td><td colspan="2">无信息遗漏</td></tr>
<tr><td rowspan="2">培训内容</td><td colspan="3">通用性</td><td colspan="4">专业性</td><td colspan="3">适应性</td></tr>
<tr><td>如何编辑信件</td><td>如何转换材料、更正错误</td><td>如何合并信件</td><td>如何从材料中获取信息</td><td>标准操作程序</td><td>理解材料信息</td><td>如何使用特殊打字机</td><td></td><td></td><td></td></tr>
</table>

表7-19为功能性职位分析法的成果示例。

表7-19　功能性职位分析法的成果示例

<table>
<tr><td colspan="10">任务代表:GR-08</td></tr>
<tr><td colspan="6">工作承担者的功能及定位</td><td rowspan="2">需要得到的指导</td><td colspan="3">总体教育开发</td></tr>
<tr><td>物</td><td>%</td><td>资料</td><td>%</td><td>人</td><td>%</td><td>逻辑推理</td><td>数学</td><td>语言</td></tr>
<tr><td>3</td><td>65</td><td>3</td><td>35</td><td>1</td><td>10</td><td>3</td><td>2</td><td>1</td><td>3</td></tr>
<tr><td colspan="6">目标:
操作平路机</td><td colspan="4">工作中心:
覆土、翻松路面、铺平、构筑防火隔离带、维修运输路面、清除路面积雪</td></tr>
<tr><td colspan="10">任务:为了完成平路机的日常工作任务,如回填土方、路面维护、路面积雪清除等,操纵平路机的控制系统,将定位轮和机片置于正确的角度,前后、上下、左右移动机片;按照工作程序,借助知识和经验,监督设备的运行,根据情况的变化不断地做出调整,时刻注意其他工人和设备的位置及安全。
(为完成这些任务)</td></tr>
</table>

续表

绩效标准	培训内容
描述性标准： 正确操作设备 警觉、留心	功能培训： 如何操作平路机 如何完成常规的平路机工作，例如回填土方、弄松路面、构筑防火隔离带、维护运输路面、清除路面积雪等 特殊培训：
数据性标准： 所有工作都符合程序要求 没有出现因技术上误操作而造成的事故或损害	特定的平路机知识 工作要求方面的知识 特殊的工作场位知识（例如土层、土壤状况、环境等）
（要达到这些绩效标准）	（工人需要这类培训）

（三）FJA 的评价

FJA 非常清楚地阐述了组织内部关于工作与人的一些理论：必须对任职者“做了什么”和“需要做什么”做基本的区分。任职者在工作范围内所做的主要是处理与信息、人和物之间的关系。尽管任职者的行为或任务可以用无限种方法来描述，但在本质上职能对任职者特征和资格的要求种类和程度都落在一些相对比较狭窄和具体的范围内。与处理各种关系相适应的职能都遵从由易到难的等级和顺序。三个等级序列提供两个衡量指标：复杂性水平和参与比例。职能等级反映了工作者处理各种关系时自主决策空间的大小。

FJA 的不足之处在于操作比较复杂，而且难以把握。

三、关键事件法

（一）关键事件法简介

关键事件法（Critical Incidents Technique，CIT）是一种由职位分析专家、管理者或工作人员在大量收集与工作相关信息的基础上详细记录其中关键事件并具体分析职位特征要求的方法。其特殊之处在于基于特定的关键行为与任务信息来描述具体工作活动。由于关键事件法能有效提供任务行为的范例，因而更频繁地用于培训需求评估与绩效考核。虽然这种方法使用范围有限，但也是一种重要的职位分析方法。

（二）职位分析法的操作流程

1. 获取关键事件。正确编写“事件”的规则：特定而明确；集中描述工作所展现出来的可观察的行为；简单描述行为发生的背景；能够说明行为的结果。

获取关键事件所采用的方法主要有关键事件讨论会议、非工作会议形式（包括观察、访谈和调查等)。这两种方法的目的在于帮助工作人员整理能体现工作绩效与行为的范例。产生结果的过程应该结构化和简单化,以使得回忆和整理的过程尽量容易。

(1)关键事件讨论会议。讨论会议是确定关键事件的最普通的工具,一般有6~12个工作专家参加,由熟悉关键事件的专家来主持会议。工作专家一般是有工作经验的管理者,或有足够的经验和观察力的工作者。职位分析员一般要有多年相关工作经验,最好选择一些口头表达能力较强和好奇心比较强的人,他们一般比较关注别人的工作,能获得更多的信息。

首先要确定会议的方向,即由会议主持人向大家解释研究的工作活动是什么、为什么要编写关键事件、如何编写关键事件以及最终如何应用,然后再选择记录关键事件的方法。在工作会议中有两种方法来记录关键事件的各种方法。其一是分发表格,供大家来填写,见表7-20。

表7-20 关键事件表格

请以您多年的工作经验,回忆工作者在工作中有哪些显著、典型的行为,能够反映出不同的工作绩效:非常有效、非常无效、适中
引起这个行为范例的环境是什么
请详细描述那些能够反映出不同绩效水平的显著行为
这些行为的后果是什么
请填写以下信息
工作名称________________
工作绩效范围________________
绩效等级划分:1、2、3 差 / 4、5、6 适中 / 7、8、9 好

其二是采用非结构化方法。因此必须准备一份简要而全面的说明书,包括每一件事情所包含信息的轮廓。当然,会议主持人可以引导大家就行为规范进行讨论,把大家的发言记录下来,然后按照要求整理成文字。

(2)非工作会议形式:

①访谈。个人访谈也会被用来获取关键范例。一般说来,如果信息来源的口头表达能力要比书面表达能力强,使用访谈法较为适宜。这种方法的最主要的不足在于要花费分析人员大量的时间和精力。

利用访谈这种方法来获取关键范例也与其他大多数两个人的交流一样,需要在一定的环境下才能有效进行。必要的环境要求是:保密、不被打扰、方便访谈者。

②问卷。问卷形式对分析人员的精力和时间来说是最为有效的,但是对调查对象有较高的要求。他们要有较好的书面表达能力和语言组织能力。通常这种方

法适用于律师、经纪人等专业人士。

2. 编辑关键事件。在关键事件收集好之后,必须对其进行编辑加工,为下一步应用关键事件做好准备。除了纠正一些拼写和语法错误之外,首先按照上文所述的要求,检查每个范例是否内容完整,前后格式是否统一;其次要考虑范例的长度,范例必须要有合适的长度才能保证提供必需的信息,但太长会对阅读者带来困难,必须要在这两者之间找到平衡点;最后要考虑读者的认同感,技术语言、职业行话、俗语应该被保留,其中的差别能使它的使用者感同身受。

(三)关键事件法的应用

关键事件法主要应用在绩效评估、培训和工作设计等方面。

1. 绩效评估。关键事件法的一个重要用途就是绩效评估,有几种方法来评估绩效。

(1)行为锚定等级评分法(BARS)。上文的表 7-20 就是一个简单的行为锚定等级评分法的例子

(2)行为观察等级评估法(BOS)。BOS 以个别的和随机的方式应用关键事件,而不按维度和有效性水平进行分组。表 7-21 是一个 BOS 的例子,评估者评估某种行为发生的频率,被评估者的最后得分就是各项关键事件的加权分总和。

表 7-21 行为观察等级评估法(BOS)节选

指导:对管理者绩效面谈行为进行评价,请按以下的等级进行评价
总是——1 分 经常——2 分 有时——3 分
很少——4 分 从不——5 分
在讨论中有效使用下属的信息
熟练地将面谈引导到问题的领域
能有效地对面谈进行控制
对面谈事先做好准备
让下属控制面谈
坚持对下属的问题进行讨论
关注下属对问题的见解
深入到敏感的领域以获得足够多的信息
在讨论敏感问题时让下属感觉轻松
在面谈的过程中表现诚挚
为绩效面谈营造并保持恰当的气氛
对下属的问题无动于衷
对下属的发展提供一般的建议
在下属情绪激动时保持镇静
只询问一些表面性的问题,妨碍问题的深入讨论

(3)混合标准评分法。这种方法要求评价者说明被评价者的工作行为与每一

关键事件相比是更好、相同或者更差。这不仅要求对被评价者的工作水平有准确的估计,而且对评价者绩效评估的一致性也有一定的要求。

2. 培训:

(1)培训需求评估。培训需求评估可以在个人或组织层面上进行。对个人层面来说,培训需求评估过程就是一个集中在可培训领域的绩效评估过程。绩效不佳的雇员要接受在其不足领域的培训。在组织层面进行培训需求评估,需要找出在组织中重复多次发生的负面事件,以此提供给所有雇员知识和技能的培训,来避免未来再次出现这样的问题。

(2)培训设计。表现优异的工作者是组织中培训信息的重要资源。而且他们的优异表现往往是因为拥有特定的技能、有工作援助资源或是掌握特别的诀窍。如果能在关键时间中获取这些信息,组织就可以采用培训的方式推广至所有的雇员,从而提高整体的组织绩效。就此而言,收集行为范例的范围应该主要集中于表现突出的工作者。

3. 工作设计。绩效本身是一个综合的因素,我们还需要关注那些工作者所不能控制的环境因素,这些因素包括设备改良、任务设计等。通过关键事件法,管理者被要求描述绩效不佳的关键事件,详述其中导致不佳绩效的设备与设计缺陷或无效的工作程序。当对较低水平绩效进行描述后,导致这种情况的详细描述会帮助确定任务设计上的缺陷,最终找出工作再设计和设备改良等这样一些改进绩效的措施。

(四)关键事件法的优缺点比较

1. 优点:

(1)关键事件法被广泛应用于人力资源管理的许多方面,例如甄别标准与培训需求的确定,尤其应用于绩效评估的行为锚定与行为观察中。

(2)由于对行为进行观察和衡量,故而描述工作行为、建立行为标准更加准确,能更好地确定每一行为的作用。

2. 缺点:

(1)收集与整理关键事件需要花费大量的时间和精力。

(2)对中等绩效的员工关注不够。

四、工作任务清单分析法

(一)工作任务清单分析法简介

工作任务清单分析法(Task Inventory Analysis,TIA)是一种典型的工作倾向性职位分析系统。工作任务清单分析法是由美国空军人力资源研究室的雷蒙德·E.卡利斯特(Raymond E. Christal)及其助手开发成功的。它的研究始于20世纪50年代，通过从 10 万名以上雇员那里收集实验数据进行验证，前后经历了 20 年时间才趋于成熟完善。

如图 7-1 所示，任务清单系统包括两个子系统：一是用于收集工作信息的一套系统的方法和技术；二是与信息收集方法相匹配的用于分析、综合和报告工作信息的计算机应用程序软件。

其中任务清单系统中收集工作信息的工具实际上是一种高度结构化的调查问卷，一般包括两大部分：一是背景信息，二是任务清单。

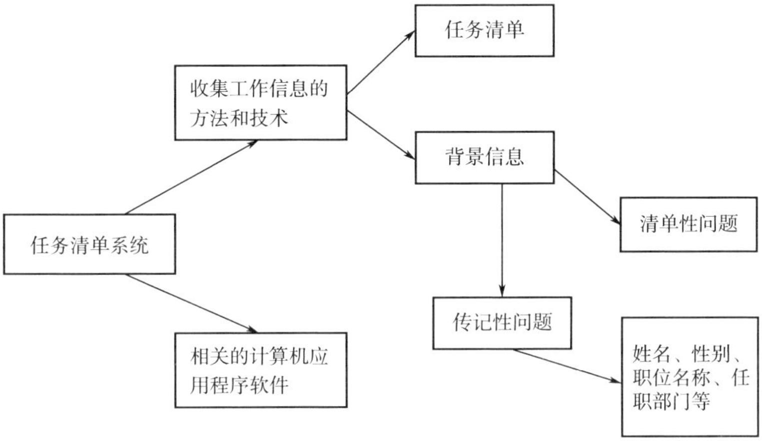

图 7-1　任务清单系统

背景信息部分包括两类问题：传记性问题与清单性问题。传记性问题，是指那些可以帮助分析者对调查对象进行分类的信息，如姓名、性别、职位序列号、职位名称、任职部门、服务期限、教育水平、工作轮换愿望、职业生涯意向等。清单性问题是为了更加广泛深入地了解有关工作方面的背景信息而设计的问题。它为调查对象提供了一套包括问题与答案选项的清单，清单的内容可能包括：所用的工具、设备，所要培训的课程，对工作各方面的态度等。背景信息部分的问题有各种格式，如填空，选择能最恰当地描述你的选项，或者选择所有符合你的选项等。

任务清单部分其实就是把工作按照职责或其他标准以一定的顺序排列起来，然后由任职者根据自己工作的实际情况对这些工作任务进行选择、评价等，最终理顺并形成该工作的工作内容。如果任务清单构建得成功，那么在该职业范围内，每个调查对象都可以选择清单中的某些任务选项，将它们按一定标准组合在一起，从而准确地描述他的工作。在任务清单系统中，任务被定义为工作任职者能够清晰辨别的一项有意义的工作单元，任务清单可以来自对工作的观察，也可以来自另外的任务清单，如某部门的任务清单或某工作族的任务清单；也可以借助于主题专家法进行任务描述。关于任务的描述方法也相当简单,通常是描述一项行动,行动的目标以及其他必要的限定。第一人称代词“我”一般是隐含的任务执行者。根据任务清单使用目的的不同,可以选择和设计相应的任务评价维度及其尺度。最常用的维度有相对时间花费、执行频率、重要程度、困难程度等,尺度可以是5级、7级或9级等。

工作任务清单的调查对象一般是某一职业领域的任职者及其直接管理者。任职者填写背景信息部分,并在任务清单中选择符合他所做的工作项目并给予评价。任职者的管理者通常提供有关工作任务特征的信息,如任务的难度、对工作绩效的影响等。然后运用一定的计算机应用程序软件对收集的信息进行处理、分析、综合,并向管理者提供职位分析报告。

(二)工作任务清单分析法的操作流程

为了说明任务清单分析系统的实施,本节以人力资源部门及其所包含工作职位为例说明如何利用任务清单分析系统对人力资源部门的职位进行分析。

1. 构建任务清单。如前文所述,任务清单的构建有多种方式,可以来自对所研究工作的观察或工作日志;也可以来自另外的任务清单,如某部门的任务清单或某工作族的任务清单;也可以借助于主题专家法进行任务描述。在此,选择从部门清单中演绎出相应职位的工作说明书。

对人力资源部门的任务清单构建可以采用目标分解和调查研究相结合的方法。首先明确人力资源部的部门目标,再由部门目标导出部门职能,然后把部门职能分解为必须要做的工作,再把工作逐步分解,直到分解为各个任务项目。其中每一个分解过程除了理论推导之外,都要参考实际的调查资料。最后,把各个任务项目按一定的逻辑顺序编排起来 ,就形成了用作问卷的人力资源部门的任务清单。

2. 利用任务清单收集信息。任务清单实质上是一个高度结构化的调查问卷。在列出任务清单的基础上加上评价尺度,便成为用于收集信息的工具。在利用任务清单收集信息的过程中,需要注意以下几个方面:

(1)调查范围与对象的确定。可以选取两个以上行业的多家企业的人力资源部门的专职工作人员,这样可以收集到大量的数据,借助计算机进行数据处理后,可以得到有关人力资源部门工作任务的最全面综合的信息。也可以选取一个行业的多家企业的人力资源部门的专职工作人员,这样可以收集到你所关注行业的企业人力资源部门工作任务的大量数据,使所得结论具有行业特点。还可以只对一个企业的人力资源部门的专职工作人员进行调查,这样既可以对该企业人力资源部门的实际工作任务有全面系统的了解,又可以明显发现与调查所用的清单任务的差别,在此基础上可以做进一步的比较研究,为企业人力资源部门工作任务的科学化、规范化做出贡献。

(2)调查方式的选择。如果是集体调查,即把被调查者集中到一起同时进行调查,那么可以由调查实施者本人发放、回收问卷。如果是单独调查,既由被调查者本人选择应答的时间和地点,那么最好通过正式的组织渠道发放、回收问卷。需要强调的是,应当建立一定的控制系统以保证回收率,否则有些被调查者会随手把问卷扔进废纸篓。

(3)选择适当的信息源。一般而言,有关工作执行与否的信息、时间花费的信息,最后由工作执行者本人来提供;而其他一些任务评价信息,如工作的重要程度、困难程度、工作失误的后果严重程度,最好由本工作领域经验丰富的管理者来提供,或至少参考他们的意见。

3. 分析任务清单所收集的信息。任务清单系统收集的信息,绝大部分是量化的,可以应用计算机程序进行统计分析,而且较为成熟的任务清单系统都有自己的应用软件,如 TIA 通常运用 CODAP 系统进行分析,同时也可以借助一些普遍应用的软件,如社会科学统计程序 SPSS、EXCEL 等进行统计分析。至于那些不可量化的信息,或为某些特殊目的收集的附加信息,应根据职位分析的目的进行相应处理,本书不再加以讨论。

由于信息分析的过程主要是应用计算机进行的,所以本书不再对分析的具体方法、程序进行解说,否则将会把简单的问题复杂化。

(三)工作任务清单分析法的优缺点比较

1. 优点:

(1)信息可靠性较高,适用于确定相关的工作职责、工作内容、工作关系和劳动强度等方面的信息。

(2)向管理的许多应用领域都提供了有用的信息,其分析结果可以应用于人力资源预测、人员招募甄选、绩效考核、薪酬管理、培训开发、工作分类以及工作设计等许多方面。比如,从任务清单中得到的数据可以作为确定工作评价项目以及建立工作评价体系的依据。

(3)工作任务清单分析法可以用来描述当前或计划要做的工作。具体的团体性的工作描述可以对工作进行分类或用来确定任职资格要求、环境要求、工作态度要求等。团体性的工作描述还可以对那些由部门、小组、新的员工、女性、上夜班的员工、表达工作不满的员工、老员工、在海外工作的员工、操作特殊设备或运用特殊工具的员工执行的工作进行管理提供最有意义的信息。

(4)可用于工作满意度调查,在少数群体中的运用,设计专门的培训课程,确定任职资格要求,建立个人经验档案,确定工作危险度等。

(5)所需费用较少且难度较小,容易为任职者接受。

2. 缺点:

(1)对“任务”的定义难以把握,即难以明确什么样的活动或内容能被称为“任务”,导致“任务”的粗细程度不一,有些任务描述只代表一件非常简单的活动,有的任务描述却包含丰富的活动。

(2)使用范围较小,只适用于工作循环周期较短,工作内容比较稳定、变化较小的工作。

(3)整理信息的工作量大,归纳工作比较繁琐。

(4)任职者在填写时,容易受到当时工作的影响,通常会遗漏其他时间进行且比较重要的工作任务。

表 7-22 是企业人力资源部门任务清单的示例。

表 7-22 企业人力资源部门任务清单

填写说明(略) 背景信息(略)		
任务清单	评价维度 1 相对花费时间 0=从来不做 1=极少量时间 2=少量时间 3=平均时间 4=大量时间 5=极大影响 是否符合 您的工作	评价维度 2 重要程度 0=毫无意义 1=不重要 2=轻微 3=比较重要 4=非常重要 5=极为重要 如果符合 请评价
[辅助直线经理进行组织规划设计]		
001 研究企业的组织目标与价值系统	□	0 1 2 3 4 5
002 设定组织的目标	□	0 1 2 3 4 5
003 层层分解组织目标,明确必须要做的事	□	0 1 2 3 4 5
004 拟定各部门职位区分原则	□	0 1 2 3 4 5
005 职位分工计划的实施	□	0 1 2 3 4 5
006 拟定各部门直线经理权责划分计划	□	0 1 2 3 4 5
007 制作组织结构图	□	0 1 2 3 4 5
……………………………………………………		

续表

[人力资源规划]		
盘查现有人力资源的数量、质量、结构	□	0 1 2 3 4 5
分析各种因素对人力需求的影响	□	0 1 2 3 4 5
分析各种因素对人力供给的影响	□	0 1 2 3 4 5
制作人力资源供求平衡表	□	0 1 2 3 4 5
制定晋升规划	□	0 1 2 3 4 5
制定人员补充规划	□	0 1 2 3 4 5
制定员工职业生涯发展规划	□	0 1 2 3 4 5
制定培训开发规划	□	0 1 2 3 4 5
制定其他人力规划执行方案	□	0 1 2 3 4 5
……………………………………………		
[职位分析]		
明确职位分析信息的使用目的	□	0 1 2 3 4 5
确定信息收集的类别和范围	□	0 1 2 3 4 5
选择信息收集的方法和系统	□	0 1 2 3 4 5
利用所选方法和系统收集信息	□	0 1 2 3 4 5
整理所收集的信息	□	0 1 2 3 4 5
任职者必备知识、技能、素质分析	□	0 1 2 3 4 5
编写工作说明书	□	0 1 2 3 4 5
……………………………………………		
……………………………………………		
……………………………………………		

资料来源：付亚和．职位分析[M]．上海：复旦大学出版社，2004.

本章扩展

案例分析

张某是某公司的新任人力资源部经理。他希望能够立即在公司开展职位分析，在其就任后的第六个星期，他就将职位分析问卷发给员工，但是填写的结果却令人迷惑不解。从操作员工（机器操作工、技术员、抄写员）那里得到的关于其工作的反馈,与从他们的直接上级那里得到的大不相同。管理者所列出的都是比较简单的和例行的工作职责,而一般员工却认为自己的工作非常复杂,而且经常会有偶然事件发生,自己必须具备各种技能才能处理好工作。

管理者与员工对工作的不同理解更加坚定了张某进行职位分析的决心,他想通过此次职位分析活动,使管理者和一般员工对工作的认识达成一致,出现的争论和错误达到最少。

思考题:

1. 你认为该公司是否应该进行职位分析?

2. 针对该公司的具体情况,你认为应该采取何种方法,才能使职位分析的结果更加有效?

讨论与思考

1. 职位分析包括哪些技术? 各分析技术的优缺点是什么?
2. 工作实践法的操作流程是什么? 有哪些注意事项?
3. 关键事件法的应用主要在哪些方面?
4. 选择主题专家时应注意哪些问题?

扩展阅读索引

1. 彭剑锋,张望军,等. 职位分析技术与方法[M]. 北京:中国人民大学出版社,2004.

2. 肖鸣政,等. 职位分析的方法与技术[M]. 北京:中国人民大学出版社,2002.

第八章

职位说明书的编制

本章分别介绍了职位说明书的概述、职位说明书各组成部分的编写，以及职位说明书的编写误区，应着重掌握职位说明书的内容和编制方法。

第一节　职位说明书概述

一、职位说明书的概念

职位说明书就是对有关工作职责、工作活动、工作权限和工作对人身安全危害程度等工作特性方面的信息进行描述，以及规定工作对从业人员的品质、特点、技能和工作背景或经历等方面要求的书面文件。简单地说，职位说明书就是一份对某项职位的工作内容加以叙述的文件，说明这个职位的任职者应执行的工作、如何执行工作及工作的状态。一份良好的职位说明书可以使职位的职责更加明确，使得衡量此职位的绩效标准更容易制订；由此可以发展出一套人员任用的资格标准（需要哪些技能、经验、知识等），以便在人员的任用选择上实现人岗匹配。

二、职位说明书的内容

职位说明书的内容包括两大部分，即职位描述（Job Description）和职位规范

(Job Specification)。其中,职位描述主要涉及工作执行者实际在做什么、如何做以及在什么条件下做的有关内容;而职位规范——又称为任职资格——说明了工作执行者为了圆满完成工作所必须具备的知识、能力、技术以及其他要求。这两部分并非简单的罗列,而是通过客观的内在逻辑形成一个完整的系统。

（一）职位描述

1. 含义。职位描述是对职位本身的内涵和外延加以规范的描述性文件。职位描述区别于职位规范的地方在于,它是对工作职责、工作活动、工作条件以及工作对人身安全危害程度等工作特性方面的信息所进行的书面描述。

2. 内容。职位描述主要包含如下内容:

(1)工作标识(Job Identification),又称为工作识别,它是关于职位的基本信息。

(2)工作摘要(Job Summary),又称为工作目的,它是对工作内容的简单概括,通常用简洁、明确的一句话表述该岗位的工作内容和存在的价值,包括该岗位的主要职责(What)、范围(Within)、目的(Why)。

(3)工作职责(Responsibilities and Duties),指该岗位通过一系列什么样的活动来实现组织的目标,并取得什么样的工作成果。

(4)工作权限(Authority of Incumbent),指根据该岗位的工作目标与工作职责,组织赋予该岗位的决策范围、层级与控制力度。

(5)工作关系(Relationships),包含两部分内容:第一部分是该岗位在组织中的位置,用组织结构图来反映;第二部分是该岗位任职者在工作过程中,与组织内部和外部各单位之间的工作联系,包括联系的对象、联系的内容、联系的方式和联系的频次。

(6)工作环境(Working Conditions)。工作环境界定的是经常性工作场所的自然环境、安全环境(工作危险性)和社会环境。此外,工作环境还关注由于工作本身或工作环境的特点给任职者带来的工作压力,主要包括:工作时间的波动性、出差时间的百分比、工作负荷的大小。

但是,并非任何职位描述都包括上述内容。其中工作标识、工作摘要、工作职责和工作关系,这四项被称为核心内容,是任何职位描述中都必须具备的,而其余的内容则是选择性内容。具体的区别将在后文讲解职位说明书的编制时详细介绍。

（二）职位规范

职位规范(Job Specifications)又称为任职资格,它界定了工作对任职者的教育程度、工作经验、培训、知识、技能、能力、心理特征等方面的要求。当它作为招聘甄选的依据时,也可以视为任职要求或者雇佣标准。职位描述是对职位本身的内涵和外延加以规范,职位规范则是对人的要求。

三、职位说明书的作用

作为工作分析的成果文件之一,职位说明书无疑凝聚了工作分析的精华,通过标准的职位说明书,组织的层次结构、职位的职责明细、发展道路以及能够适应此职位的必要条件等一系列可以对组织发展产生巨大影响的要素将很清晰地展现在所有人的面前,因此对组织人力资源管理的方方面面有着深远的影响。

(一)人力资源规划

人力资源规划是企业发展战略的重要组成部分,也是企业各项人力资源管理工作的依据,而工作分析是人力资源管理中一项重要的常规性技术,是整个人力资源管理工作的基础,两者密不可分。工作分析结果将直接运用于人力资源规划的整个过程。组织要保证人力资源的储备能够满足组织不断成长的要求,职位说明书所提供的信息包括工作的任务有哪些,以及具备什么样条件的人才能完成这些任务。这实际上决定了需要招聘和雇用什么样的人来从事此种工作,从而也就确定了招聘甄选计划和甄选条件。因此,可以根据公司的总体设计计划、公司各部门的需求以及工作分析的结果来确定所需要的人员配备及组织内已有的人力资源状况。如果两者都相互匹配,则无须外部招聘,只需做好内部人力资源调配工作;如果两者相互不匹配,则需确定要招聘的职位,根据该职位的职位说明书要求进行招聘工作。

(二)招聘与录用

企业招聘的最终目的是要寻找和获取合格的工作候选人,任职规范是成功招聘的基础,如果企业人力资源部门对所要招聘的岗位工作职责不清、任职规范要求模糊,招聘工作将难以获得成功。职位说明书界定了不同工作的任职规范,规定了符合工作要求的人员录用标准,可以客观、公正地评价求职人员,从而使甄选录用工作科学化、正规化,从源头上对工作绩效的影响因素进行控制。

(三)绩效管理

绩效管理的过程就是将员工的实际工作绩效同要求其达到的工作绩效标准进行对比的过程。而员工应当达到何种绩效标准,以及需要完成哪些特定活动都需要通过工作分析来确定。根据职位说明书提供的关于某一项工作的具体内容,制定出符合组织要求的绩效标准,再根据这些标准对员工工作的有效性进行客观评价和考核。

(四)薪酬管理

职位评价是企业薪酬政策的基本依据,为整个薪酬体系提供支撑性资料,是建立健全企业薪酬体系的关键所在。因为职位评价是根据工作分析的结果,按照一定的标准,对工作的性质、强度、责任、复杂性以及所需要的任职规范等因素的差异程度进行综合评估的活动。它的内容主要包括工作的任务和职责、完成工作任务所需要的技能、工作对企业整体目标实现的相对贡献大小、工作的环境和风险等,这些内容恰恰是工作分析所提供的信息。从这一意义上说,一个系统而科学的工作分析过程是薪酬体系建设的必由之路。没有标准的职位说明书提供的标准化的工作信息,要想在组织中,尤其是在规模庞大、层级关系复杂的组织中进行职位评价,简直是不可想象的。

(五)职位优化

职位优化就是为了有效地实践企业目标,提高工作绩效,对工作内容、工作职责、工作关系等有关方面进行变革和设计。通过工作分析,可以对工作内容、工作职责、工作关系、工作流程、工作环境和条件等各方面进行系统的审视,通过改进不合理之处来提高员工的工作满意度和工作效率。而且利用工作分析提供的信息,可以对工作所要完成的具体任务及采用的方法进行重新确认,有助于组织通过工作的丰富化和工作的扩大化来对工作进行再设计,使得人与工作能够更好地匹配。

(六)员工晋升与开发

人力资源管理中一项非常重要的工作是人力资源开发,就是通过一些有效的措施使员工的素质和积极性得到提高,最大限度地发挥员工的潜能,为企业做出更大贡献。通过工作分析,有助于我们根据组织与个人情况判断一个人是否适合一项工作,在不需要培训的情况下,可以为员工提供不同的工作机会,提高人与工作的适应性,使每一个员工在既能胜任又符合自己特点的工作中发挥作用。另外,企业应该根据职位说明书为员工制定晋升、流动的路径图,作为规范化管理的一个基础文件,让每一位员工都清楚只要具备什么的条件就能升到什么职位或几年才能达到什么职位。

(七)员工培训

对员工进行培训是为了满足岗位职务的需要。根据职位说明书的具体要求,可以有针对性地对具有一定文化素质的员工进行岗位专业知识和实际技能的培训,完备上岗任职规范,提高员工胜任本岗本职工作的能力;也可以对一些任职条件不足,但其他方面优秀、符合公司紧急要求的员工进行教育和培训,提升其本身的素质,最后使其达到职位说明书的任职要求;也可以作为新员工入职培训的教材。

第二节　职位说明书的编写

一、编写原则

职位说明书的编写原则有以下几项:

第一,明确清楚(Be Clear)。用准确的文字清晰地描述出职位说明书的每一项要素,为了增强其可读性,尽量避免使用管理学术语。

第二,明确职权范围(Indicate Scope of Authority)。根据所收集信息的分析结果,清楚、准确地指出每个岗位的职权范围。

第三,具体(Be Specific)。不能为了追求简明而导致语言过于抽象,尤其是职责与知识、能力、技术的描述,必须具体完整。

第四,简明(Be Brief)。无论是职位说明书的结构还是语言文字,都应该在清晰准确的前提下使用尽量简明的语言,不拖沓冗长。

第五,结果文件的核对(Recheck)。在职位说明书成形以后,不能认为所有工作就已经结束了,还要将职位说明书对照之前所收集信息的分析结果,让组织内部的相关工作人员对其进行审核与反馈,经过反复修改确认无误之后,编制工作才算完成。

二、编写方法

(一)编写职位描述

职位描述是对职位本身的内涵和外延加以规范的描述性文件。在前文我们已经列举了一些职位描述应包括的主要内容,并且指出了这其中包括核心内容与选择性内容,下面将对这些内容的区分与编写进行详细的讲解。

决定职位描述内容的因素有两点,即职位分析目的与职位描述使用者。

职位分析的目的不同,则所收集到的信息、信息的用途以及结果都可能不同,基于此编制的职位描述也可能不同,详见表 8-1。

表 8-1　根据职位分析目的选择职位描述的内容

分类	内容项目	项目内涵	应用目标
核心内容	工作标识	关于岗位的基本信息,是一个岗位区别于其他岗位的基本标志,通常包括:职位名称、职位代码、所在部门、直接上级职位名称、工作地点、目前任职者姓名、该职位职位等级、该职位薪资变动、工作分析时间、工作说明书有效期、工作分析员人名或代码等	传递职位的基本信息

续表

分类	内容项目	项目内涵	应用目标
核心内容	工作概要	关于该职位的主要目标与工作内容的概要性陈述	
	工作职责	该职位必须获得的工作成果和必须担负的责任	
	工作关系	该职位在组织中的位置	晋升调动管理
选择性内容	工作权限	该职位在人事、财务和业务上做出决策的范围和层级	组织设计与运行、工作评价
	履行程序（职责细分或工作任务）	对各项工作职责的完成方式的详细分解与描述	绩效考核、上岗引导
	工作范围	该职位能够直接控制的资源的数量和质量，以及该职位的活动范围，代表该职位能够在多大程度上对企业产生影响或带来损失	管理人员的职位评价、上岗引导
	职责的量化信息	职责的评价性和描述性量化信息，包括：各项职责所花费时间的百分比，各项职责的重要性排序，各项职责的复杂程度	职位评价、绩效考核
	业绩标准（业绩变量）	对如何衡量每项职责完成情况的规定	提取职位层级绩效考核指标
	工作条件	职位存在的物理环境	职位评价
	工作负荷	职位对任职者造成的工作压力	职位评价
	工作特点与领域		上岗引导、职位评价

不同的职位描述的使用者，对职位描述的内容要求也不相同，详见表 8-2。

表 8-2　根据职位类型选择职位描述的内容

项目	管理职位	专业/技术职位	操作工人
工作标识	✓	✓	✓
工作概要	✓	✓	✓
工作职责	✓	✓	✓
工作关系	✓	✓	✓
工作权限	✓		
履行程序	✓		

续表

项目	管理职位	专业/技术职位	操作工人
工作范围	✓		
职责的量化信息			
工作条件			✓
工作负荷	✓	✓	✓
工作特点与领域	✓		

例如,直线管理者和组织的人力资源管理者对职位描述的内容要求是不相同的。前者从向下属传递组织期望的角度,认为职位描述重在对工作目的和职责的详尽描述;而后者则可能从工作评价与薪酬决策的角度,要求职位描述不仅包括职责的重要程度和复杂程度的相关信息,还要包括工作负荷、工作环境的信息等。因此,不同的职位分析目的与不同的职位描述使用者决定了其对应的职位描述内容也不相同。

下面就每一项的具体内容进行讲解。

1. 工作标识。工作标识(Job Identification),又称为工作识别,是关于职位的最基本信息,它能让人们对职位形成直观的印象,从而把本职位与其他职位区分开来。

工作标识包含两部分内容,即职位的基本信息和职位分析的基本信息。其中,职位的基本信息包含:

(1)工作名称。工作名称是指一组在重要职责上相同的职位总称。

确定工作名称时应遵循如下原则:

①工作名称应该可以比较准确地描述出主要的工作职责,比如电话接线员。

②工作名称的命名应该美化并且不失准确度,比如"售后技术支持工程师"就要比"售后维修员"要美化得多,同时也不失准确性。工作名称的美化不仅会增加工作的社会声望,还可以提高任职者对工作的满意度。

总之,好的工作名称往往既可以准确地概括出工作的内容,又具有明确的区分性(如销售经理、人事主管、网络管理员等)。

(2)职位代码。职位代码应包含职位所在的部门以及该职位所处的层次,通过职位代码,应能够迅速识别出职位所在部门和层次之类的信息,便于管理。

国内企业对职位代码的编制通常采用两种形式,即字母编码或者数字编码。

①字母编码的形式是:"部门名称-岗位数目" 两级形式。例如,市场部经理的岗位编码为"SC-001"。其中,SC 是"市场"汉语拼音第一个字母的组合,而 001 则是按照管理层级和重要程度对部门所有岗位进行排序后得到的数字。

②数字编码的形式是:"部门-岗位数目"两级形式。例如:总经理的岗位编码为"0001",市场部经理的岗位编码为"0004-001"。其中,0004 是按照工作评估进行部门排序后得到的代表部门的数字,001 则是按照管理层级和重要程度对部门

所有岗位进行排序后得到的数字。

(3)所属部门,即岗位所在的部门名称,如“售后技术支持工程师”所在部门为“客户服务部”。

(4)直接上级/下级的职位名称。

(5)所辖人数。所属部门、直接上级/下级的职位名称和所辖人数不仅反映了权力关系(指令与汇报关系),还反映了员工职位晋升路线。

(6)定员人数,即该职位的人员编制。

(7)工作等级,指在组织中存在工作等级分类的情况下,此工作处于哪一等级。

(8)工资水平。

(9)工作地点(或工作场所)。工作地点是指工作的地理位置。对于一般公司,可以用工作所在的部门、分部门、工作小组的名称来定义;对于一些特定的职位,如地区销售专员以及不同路线的巡逻警察,则需要找出其在组织中的工作地点特征标准。

除了以上这9点内容之外,还应该酌情添加工作分析的基本信息。这些基本信息包括:工作分析的时间、职位说明书的有效期、批准人、工作分析员人名或者职位代码。设置编制日期有利于工作说明书的统一管理。

在熟悉了工作标识的内容之后,下面介绍工作标识的编写要求。

编写工作标识,要符合如下几点要求:工作名称概括准确、美观(艺术性)、简练、与市场和国际标准接轨。

需要指出的是,并非上述所有内容都必须编排进职位说明书中,可根据需要,量体裁衣,编制出适合组织自身情况的说明书。

知识专栏

职位说明书职位标识示例

职位名称:销售主管
目前任职者:×××
工作代码:SC-0023
所在部门:市场营销部
职位等级:中级主管级
工作地点:公司总部

2. 工作摘要。工作摘要(Job Summary),又称为工作目的,它是对工作内容的简单概括，通常用简洁、明确的一句话表述该职位的工作内容和存在的价值，包括该岗位的主要职责（What）、范围（Within）和目的（Why）。

工作摘要能够使工作描述的阅读者快速、方便地了解工作的总体性质、中心任务和要达到的目标，理解该职位的特点，将该职位与其他职位区别开来。通俗地讲，就是用一两句话将职位的职责、特点精确地概括出来。

任何职位的存在价值都在于它能够帮助组织实现其战略目标，如果我们能够对组织战略目标做适当的分解，便可以将其同工作摘要的 3W——What、Within、Why 相结合，以确定工作摘要的内容。表 8-3 是对组织战略的分解。

表 8-3　组织战略的分解与工作摘要相结合

职责	该职位如何对这部分组织目标做出贡献？
范围	组织整体目标的哪一部分与该职位高度相关？
目的	如果该职位不存在，组织目标的实现将会发生什么问题？
	该职位为什么需要存在？

工作概要的具体写法可以遵循如下形式：职责+范围+目的。

例如，某电台频道总监的工作摘要如下：“主持本频道的日常管理工作，组织/监督节目制作，确保舆论导向正确、安全播出、节目获奖量等目标的实现，并组织配合广告、产业、播音管理等频道的工作。”

其中，“主持本频道的日常管理工作，组织/监督节目制作，并组织配合广告、产业、播音管理等频道的工作”表示了频道总监的主要工作职责（What）；“本频道”表明频道总监的职责范围（Within）；而“确保舆论导向正确、安全播出、节目获奖量等目标的实现”则表明频道总监完成各项职责应达到的目的（Why）。

值得注意的是，应当通过工作摘要，精确地表达被分析职位的基本职权大小。

知识专栏

《加拿大职位分类大典》中的编号和工作概要举例

工作编号：5130-126	工作名称：上门推销员监理 （SUPERVISOR，DOOR-TO-DOOR SALESMEN）
所属行业：零售业	DPT：138
工作概要：监督和协调上门推销人员的活动（细类 5141）	

3. 工作职责:

(1)含义和内容。工作职责(Responsibilities and Duties)是指该职位通过一系列什么样的活动来实现组织的目标,并取得什么样的工作成果。它是在工作标识和工作摘要的基础上,进一步对职位的内容加以细化的部分。

工作职责包括如下内容:

①日常工作,包括那些经常性的、周期稳定的或常常发生的工作;

②上级分配任务的质量和数量;

③与组织内外人员的关系,包括建议、培训等;

④对于经营记录、利润等的责任;

⑤与上级和下级的权责关系;

⑥所要使用的设备与机器。

(2)职责分析的步骤。进行职责分析主要遵从以下步骤:

①根据组织战略上的部门职能和职责定位,确定该职位需要达到的目的;

②通过对职位目的的分解得到该职位的若干职责板块;

③确定关键职责板块必须达成的目标,例如:人力资源经理的"部门预算"这一职责板块所要达成的目标是"确保部门预算与组织的战略及整体预算保持一致";

④确定达成职责目标的行动;

⑤形成初步的职责描述。

表 8-4 职能与职责目标的对应

职责板块	行动方式	具体对象	职责目标(成果)
部门费用控制	制定、执行和监控	本部门年度费用预算	确保本部门的年度费用与公司的经营计划和预算保持一致

(3)职责板块的描述方式。职责板块是根据业务流程或工作的性质、内容对各项职责的概括表述。对职责板块的描述要遵循"穷举、互斥"的原则,要达到"既涵盖了所有的工作内容,相互之间又不重叠"的目的。

在描述职责板块时,应该按照一定的逻辑顺序进行编写。

如果职责涉及一个具体的流程,则可按照业务流程的顺序进行编写。如电视台的责编的职责板块可按照"选题策划-采访编辑-节目录制-后期制作-节目反馈"这样一个节目制作流程来进行描述。

如果职责板块之间缺乏必要的流程关系,可以根据职责板块之间的相对重要性进行排序,如对某研究院的院办公室主任而言,"行政管理、工作支持"应该列于首位,而"协助研发"等职责应放在后面。

各层级岗位的职责板块模块有所不同,通常情况下管理人员的职责板块要体现其管理职能,例如:人力资源部主任的职责板块有“培训管理”,而人事专员的职责板块应该包含“调研与分析、培训实施、跟踪反馈”;中层管理人员必须有“计划与制度管理”“部门管理”职责板块,而高层管理人员则必须有“规划、计划与制度管理”“分管部门管理”等职责板块。所有职位的工作说明书的职责板块均包括“其他”项,即“领导交办的其他任务”,以保证临时性工作的顺利开展。

原则上,对每个岗位的职能划分一般不超过7项。

(4)工作职责的描述方式。职责是对每项职能执行过程的具体描述,须体现职能中重要的、常规的职责,同时要对每项职责进行权限界定,对于一些具体的、零散的工作活动,应以概括性的语言进行总结式的描述。

描述职责时可按照业务流程的顺序进行描述,对于业务流程关系不强的职能项也可以按照关键性和重要程度来进行具体职责的描述,而且也要遵循“穷举、互斥”的原则。

①描述格式:“动词+名词宾语(动词实施的对象)+进一步描述任务的词语”。例如:“制定本部门阶段性/年度工作计划,报总经理审批后组织实施。”其中,动词“制定”表明这项职责是怎样完成的,宾语“本部门阶段性/年度工作计划”表明了动词实施的对象。部分职责需要增加“报……审批后组织实施”的内容,它表明了该项职责的报送关系与权责关系。

②动词选择。由于编写职位说明书要遵循“明确清楚”的原则,因此应当避免采用模糊性动词进行职责描述。比如,“负责”“管理”“领导”等词都不能保证明确、清楚地描述职责。关于动词使用的说明和示例见表8-5、表8-6。

表8-5　根据作用对象分类的职责描述常用动词

动词作用的对象	相应的动词
针对计划、制度、方案、文件等	编制、制定、拟定、起草、审定、审核、审查、转呈、转交、提交、呈报、下达、备案、存档、提出意见
针对信息、资料	调查、研究、收集、分析、归纳、总结、提供、汇报、反馈、转达、通知、发布、维护管理
某项工作(上级)	主持、组织、指导、安排、协调、指示、监督、分配、控制、牵头负责、审批、审定、签发、批准、评估
思考行为	研究、分析、评估、发展、建议、倡议、参与、推荐、计划
直接行动	组织、实行、执行、指导、带领、控制、监管、采用、生产、参加、阐明、解释
上级行为	许可、批准、定义、确定、指导、确立、规划、监督、决定
管理行为	达到、评估、控制、协调、确保、鉴定、保持、监督
专家行为	分析、协助、促使、联络、建议、推荐、支持、评估、评价
下级行为	检查、核对、收集、获得、提交、制作

续表

动词作用的对象	相应的动词
其他	维持、保持、建立、开发、处理、执行、接待、安排、监控、汇报、经营、确认、概念化、合作、协作、获得、核对、检查、联络、设计、测试、建造、修改、执笔、起草、引导、传递、翻译、操作、保证、预防、解决、介绍、支付、计算、修订、承担、谈判、商议、面谈、拒绝、否决、监视、预测、比较、删除、运用

表 8-6　美国工作分析常用动词库

Study 研究	Produce 生产	Adapt 采用	Rotate 旋转
Maintain 保持	Establish 建立	Develop 开发、发展	Check 检查、核对
Formulate 阐明	Supervise 监督、主管	Provide 提供	Direct 指导
Assist 协助、帮助	Prepare 准备	Analysis 分析	Build 建造
Determine 决定	Coordinate 协调、调整	Route 发送	Discuss 讨论
Locate 定位、查找	Compose 组成	File 文件处理	Authorize 批准
Arrange 排列、安排、协商	Monitor 监督、检测、监控	Report to 报告	Predict 预测
Plan 计划	Administrate 管理、执行	Manage 管理、设法达成、执行	Control 控制
Identify 确认、识别	Conceptualize 概念化	Cooperate 合作、协作	Ensure 保证
Take charge 主持	Gain 获得	Submit 提交	Resolve 解决
Connect 联络	Design 设计	Lead 带领	Research 研究、调查
Evaluate 评价	Calibrate 校准	Test 测试	Keep 保持、维持
Modify 修改	Write 写、起草、执笔	Make 制作	Enter 进入、输入
Oversee 监视	Resale 转售	Forecast 预测	Negotiate 商议、谈判
Compare 比较	Delete 删除	Use 应用	Reject 拒绝
Observe 遵守	Collect 收集	Conduct 引导、传导	Examine 检查
Schedule 计划、制定进度	Read 读	Organize 组织	Permit 批准
Operate 操作	Perform 执行	Post 张贴、布置、邮寄	Participate 参加
Patrol 巡逻	Inspect 检查	Prevent 防止	Greet 问候
Handle 处置	Interpret 解释	Dispute 争论、辩论	Work with 共同工作
Recommend 推荐、建议、介绍	Receive 接收、接待	Cash 兑现	Confer 赠与
Pay 支付	Count 计算	Attend 参加	Verify 核对
Construct 建造、构造、创立	Repair 修理、修正、修订	Review 评论	Interview 面谈
Undertake 从事、承担	Support 支持		

(5)描述工作职责时的注意事项：

①工作职责的描述应谨记 3W 原则，要清楚描述完成什么工作，在什么范围完成工作以及为什么完成工作，而不是笼统地叙述如何完成工作。

②工作职责应当表达出该职位所要取得的所有关键成果。

③工作职责仅仅包含岗位最主要的、最常规性的工作内容，而不包含临时的工

作。如果有必要，部分临时的、动态的工作可归纳在“其他”职责中分类描述，其余的都可以归纳为一句话——“完成领导安排的其他工作”。

④工作职责之间应当相互独立，不允许交叉和重叠。关于职责的交叉和重叠，在本章第二节会详细介绍。

⑤统一职位的若干项职责之间必然存在着某种逻辑关系，而并非任务的简单拼凑与组合；可以按照流程来描述职责，或者并列地描述职责。

⑥避免采用模糊性数量词，如“许多”“一些”等，尽可能表达为准确的数量。

⑦避免采用管理学专业的冷僻术语，如确实有必要，须在工作描述的附件中予以解释。

4. 工作权限。工作权限（Authority of Incumbent）是指根据该职位的工作目标与工作职责，组织赋予该职位的决策范围、层级与控制力度。它主要用于界定履行职责的方式，对职责的履行进行清楚界定，有利于明确职责边界，防止在工作中产生相互推诿的现象。

在进行工作权限界定时可从如下两个角度进行考虑：

（1）对象职责的承担程度。通常针对每一条职责，可以采用“全部承担—部分承担—协助承担”这三个级别来描述工作权限，级别的不同主要表现在动词上。

由于职责中动词所作用的对象可以归纳为两类：第一类是制度/方案/计划/报告，第二类是业务活动，所以针对这两类可以使用相应的工作权限描述方式：

①制度/方案/计划/报告：用审批、审核、主持草拟/设计、分担草拟/设计、协助草拟/设计来区分界定；

②业务活动：用主持、督导、组织执行、分担执行、协助执行来区分界定。

（2）工作权限所指向的对象。根据权限所指向对象的不同，可以采取如下的工作权限描述方式：

①财务权限：批准……元以内的……费用；

②人事权限：批准……类（或级）以下员工的录用、考核、升迁、出差、请假等；

③业务权限：批准……（事项）。

5. 绩效标准。绩效标准（Standards of Performance）是在明确界定工作职责的基础上，对如何衡量每项职责完成情况的规定。按照岗位职责完成情况来衡量，一般是衡量结果，对短期内无法衡量结果的可对过程中的行为表现进行衡量。

常见的指标包括：销售额、市场占有率、工作完成的及时性、事故率、设备利用率、客户投诉率等。

确定绩效标准需要遵循SMART原则。

①S代表具体（Specific），指绩效考核要切中特定的工作指标，不能笼统；

②M代表可度量（Measurable），指绩效指标是数量化或者行为化的，验证这些

绩效指标的数据或者信息是可以获得的；

③A 代表可实现(Attainable)，指绩效指标在付出努力的情况下可以实现，避免设立过高或过低的目标；

④R 代表现实性(Realistic)，指绩效指标是实实在在的，可以证明和观察；

⑤T 代表有时限(Time bound)，指注重完成绩效指标的特定期限。

6. 工作关系。工作关系(Relationships)包含两部分内容：第一部分是该职位在组织中的位置，用组织结构图来反映；第二部分是该职位任职者在工作过程中，与组织内部和外部各单位之间的工作联系，包括联系的对象、联系的内容、联系的方式和联系的频次，这反映了工作的流向范围、沟通技巧和频率，以及该职位对公司内外的影响。

以下是工作关系的编写原则和方法：

(1)组织结构图。组织结构图反映了该职位在组织里上下左右的关系。

在组织结构图中，常用方框表示职位，用直线将被描述职位与它的直接上级、直接下级和平级相连接。例如，某公司人力资源部薪酬主管职位的组织结构见图 8-1。

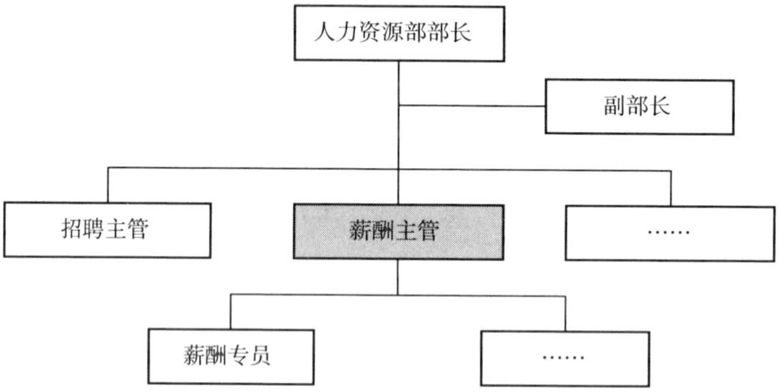

图 8-1　某公司人力资源部薪酬主管职位的组织结构图

在这幅组织结构图中，薪酬主管是被描述的职位，被标灰重点显示。此职位的直接上级是人力资源部部长，而人力资源部副部长协助部长进行管理；此职位的平级包括招聘主管等若干职位，此职位的直接下级为薪酬专员等若干职位。由此我们可以看到，一幅制作标准的组织结构图可以清晰、迅速地反映出组织内部的职位间的责权关系，因此组织结构图也成为职位说明书中不可缺少的一部分。

(2)工作联系。工作联系分为纵向联系和横向联系。

纵向联系是指该职位所在的部门内部发生的工作联系，包括与直接上级发生的联系和与直接下级发生的联系。

横向联系分为两种：

①与组织内、所在部门外的工作联系，指与组织内其他部门频繁的或重要的工

作联系。

②与组织外的工作联系,指在组织以外因工作需要而发生经常性或重要性联系的机构、管理部门、重要客户、服务提供商、中间机构、外部专家、其他单位及个人。

在编写工作联系的时候,要遵循两个原则,即经常性和重要性原则。所谓经常性原则,是指编写工作联系要选择那些经常发生的工作联系。所谓重要性原则,是指对于那些虽然发生频率不高(可能每年一次)但是很重要的工作联系,也要将其编写在工作描述中。因此,在编写工作联系的时候,并非所有工作联系都要列举。

知识专栏

某电台频道总监的工作联系见表 8-7。

表 8-7 某电台频道总监的工作联系

<table>
<tr><th colspan="4">工作联系</th></tr>
<tr><td colspan="2">直接上级</td><td colspan="2">台长</td></tr>
<tr><td colspan="2">直接下级</td><td colspan="2">副总监、专业工作室主任、办公室主任</td></tr>
<tr><td colspan="2">沟通范围</td><td>沟通对象</td><td>沟通内容</td></tr>
<tr><td rowspan="5">电台内部</td><td>频道内部</td><td>无</td><td>无</td></tr>
<tr><td rowspan="4">频道外部</td><td>台务会、编务会、总编室、播音管理部</td><td>节目审查、监听、主持人培训、评稿、参赛等</td></tr>
<tr><td>录制部、网络部</td><td>节目编辑、挂单、设备维修等</td></tr>
<tr><td>广告中心</td><td>广告合作、主持人管理等</td></tr>
<tr><td>财务部/人力资源部</td><td>工资计发、报销、招聘与培训等</td></tr>
<tr><td colspan="2" rowspan="2">电台外部</td><td>节目类型涉及的相关单位</td><td>沟通关系,联系采访</td></tr>
<tr><td>节目制作公司</td><td>音频资料采买</td></tr>
</table>

资料来源:北京德威乐普企业管理顾问有限公司。

7. 工作环境。工作环境(Working Conditions)界定的是经常性工作场所的自然环境、安全环境(工作危险性)和社会环境,具体见表 8-8。此外,工作环境还关注由于工作本身或工作环境的特点给任职者带来的工作压力,主要包括:工作时间的波动性、出差时间的百分比、工作负荷的大小。

职位分析对工作环境条件的关注,集中在工作环境条件对人体的影响方面。因此,工作的物理环境是我们关注的重点。所谓工作的物理环境,是指对工作所处环境的测定结果,通过工作环境测定而确定。工作环境测定又称为劳动环境测定,通常关注对劳动环境中各种有害因素和不良环境条件的测定,因为它们对于分析工作是否对人体造成危害与不舒适具有决定性作用,也是劳动安全保障的重要依据。

表 8-8　工作环境条件

工作环境	工作的自然环境	环境中的温度、湿度、照明度、噪音、震动、异味、粉尘、辐射等
		任职者与上述环境因素接触的时间
	工作的安全环境	工作的危险性
		可能发生的事故、事故发生率及发生原因
		对身体的哪些部分易造成危害以及危害程度
		易患的职业病、患病率以及危害程度等
	社会环境	工作地点的生活方便程度
		环境变化程度
		环境孤独程度
		与他人交往的程度等

工作压力方面,主要包括三个维度:工作时间的波动性、出差时间的比重和工作负荷。在界定工作压力时,可以分等级描述工作压力,具体可以参考表 8-9。

表 8-9　工作压力具体界定

维度	具体界定
工作时间的波动性	定时制:一个工作周期内(管理人员一般为一个月,或者更长),工作量基本没有太大的变化,比如出纳员
	适度波动:一个工作周期内,出现以天计的工作忙闲不均的情况,比如工资发放的主管,在月末比较忙,而平时工作比较轻松
	周期性:在长期的工作过程中,出现强烈的反差,比如市场人员,在投标前期工作极其紧张,但是交工程部门以后则相对轻松
出差时间的比重	经常出差,占总时间的 40%以上
	出差较为频繁,占总时间的 20%~40%
	出差时间不多,占总时间的 10%~20%
	很少出差,占总时间的 6%~10%
	偶尔出差,占总时间的 0%~5%
工作负荷	轻松:工作的节奏、时限可以自己掌握,没有紧迫感
	正常:大部分时间的工作节奏、时限可以自己掌握,有时比较紧张,但持续时间不长,一般没有加班情况
	满负荷:工作的节奏、时限无法自己控制,明显感到紧张,出现少量加班
	超负荷:完成每日工作须加快工作节奏,持续保持注意力的高度集中,经常感到疲劳,经常有加班现象

以上七点内容，便是编写工作描述的主要方法，最后给出一份范例，供读者朋友在学习的过程中参考。

知识专栏

以下是某电台频道办公室主任职位描述，见表 8-10。

表 8-10　某电台频道办公室主任职位描述

职位标识					
职位编号	01	职位名称	办公室主任	所属部门	办公室
职位类型	行政事务类	上级职位	总经理	编制日期	
岗位概要					
协助总监，完成文艺频道节目制作与日常管理工作，承担办公行政、安全、宣传管理等工作，为节目制作、安全播出提供基础保障					
组织结构图					

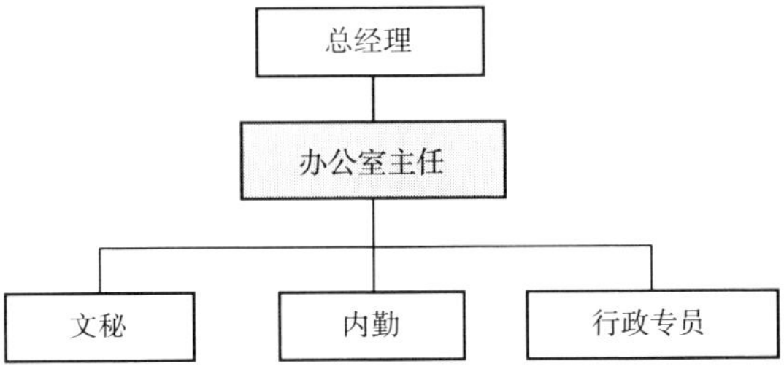

职能职责及要求			
职能	职责	职责行为规范	衡量指标
行政管理	1. 上传下达各项公文、信息、资料	随时处理各种公文、信息的上传下达工作，登记"公文收发记录"，保证准确、高效	信息资料传递的及时性
	2. 起草公文	随时根据上级指标，起草请示、报告、决定、证明等公文，报总经理审批后，提交给相关机构或个人	领导满意度
	2. 信息与档案管理	随时根据公司需要，报送各类信息及资料，重要资料要进行备份与登记 按照《档案管理规定》，随时收集、分类各种文件并进行归档、存档，做好档案登记工作	1. 档案的完备性 2. 是否按规定做好保密工作
	4. 办公设施、工作器材管理	随时对公司办公设备及工作器材进行日常维护，对故障器材及时报维修，对达到使用期限的器材进行审批报废	1. 工作的及时性 2. 员工满意度

续表

<table>
<tr><td colspan="4">职能职责及要求</td></tr>
<tr><td>职能</td><td>职责</td><td>职责行为规范</td><td>衡量指标</td></tr>
<tr><td>业务支持</td><td>支持各部门完成工作</td><td>对公司内部其他部门做相应的支持工作，保障业务顺利进行</td><td>工作准确性
工作及时性</td></tr>
<tr><td>内部管理</td><td>协助管理</td><td>协助董事会制定、完善相关的管理制度与业务流程；
协助完成公司工作计划、工作总结的编制；
协助总经理完成人员的分配、考核、培训等具体事宜</td><td>领导满意度</td></tr>
<tr><td>其他</td><td>完成上级领导交办的各项任务</td><td>保质保量完成上级领导交办的各项任务，及时汇报工作结果</td><td>领导满意度</td></tr>
<tr><td colspan="4">关键绩效指标</td></tr>
<tr><td colspan="4">1. 工作的及时性
2. 工作的主动性
3. 协作对象的满意度
4. 相关手续办理的严谨性
5. 领导满意度</td></tr>
<tr><td colspan="4">工作联系</td></tr>
<tr><td rowspan="4">工作关系</td><td>直接上级</td><td colspan="2">总经理</td></tr>
<tr><td>直接下级</td><td colspan="2">文秘、内勤、行政专员</td></tr>
<tr><td>内部主要关系</td><td colspan="2">公司总经理、主管副总经理
公司内部各职能、业务部门</td></tr>
<tr><td>外部主要关系</td><td colspan="2">社会各相关团体
地方政府领导</td></tr>
<tr><td rowspan="3">工作条件</td><td>工作场所</td><td colspan="2">固定（公司统一办公楼）</td></tr>
<tr><td>工作时间</td><td colspan="2">固定（每周五天、每天八小时）</td></tr>
<tr><td>使用设备</td><td colspan="2">公司提供的计算机、电话、传真机等办公设备</td></tr>
</table>

资料来源：北京德威乐普企业管理顾问有限公司。

（二）编写职位规范

1. 编写职位规范的原则。除了职位描述，职位规范是职位说明书的一个重要组成部分。在学习如何编写职位规范之前，我们有必要首先明确一下编写职位规范必须遵守的几项原则：

(1)必须遵循职位分析的职位原则,即工作分析关注工作或者岗位本身而非任职者本身。例如:“能够经常举起100磅以上的物体”而非“必须很强壮”。要以工作为依据,制定切实的任职资格,即列出的任何资格条件必须与工作有关。

(2)职位规范要符合法律条文,严禁种族、宗教、性别、年龄、身体残疾方面的歧视。切记职位规范是对任职者的要求,而非对现有岗位人员的要求。

(3)一般所列出的任职规范是履行工作职责的最低要求,即必备资格(Junior Requirements),它是雇佣的最低标准。为了顺应职位说明书新的发展趋势,我们也可以遵循“适度偏高”原则,在必备资格的基础上,列出期望具备的资格或者任职者能够出色胜任本职位的资格即期望资格(Senior Requirements),这样有利于为任职者的发展提供牵引和导向。

2. 编写职位规范的方法。如何确定职位规范呢?职位规范的确定方法与技巧有很多,总的来说,可以分为两类,即逻辑推导法和统计分析法。

(1)逻辑推导法。基于逻辑推导建立职位规范的方法又分为两类,即以工作为导向的推导方法和以人为导向的推导方法。这两种方法都依赖主题专家(Subject Matter Expert)。

以工作为导向的职位规范推导方法,是依赖详细的工作描述来获得对员工的要求,即从工作本身的职责和任务出发,分析为了完成这些工作职责和任务,需要任职者具备什么资格条件。

以人为导向的职位规范推导方法,是以任职者获得成功的关键行为或高频率、花费大量时间的工作行为为出发点,分析任职者要从事这样的行为需要具备什么资格条件。

这两种方法的特点是:适用性比较广泛,成本也比较低,但是准确性也相对较低。

(2)统计分析法。统计分析法主要说明以下两者之间的关系:①显示人员特点的一些预测指标,如身高、智力或手指灵活度等;②表示工作绩效的一些表现指标或标准(例如主管人员所评定的绩效等级)。

这一过程包括如下五个步骤:

①进行工作分析并确定如何对工作进行绩效评价;

②挑选出能够作用于绩效水平的那些个人特征,如手指灵活度等;

③测试工作候选人身上的这些特征;

④衡量这些候选人实际工作以后的工作绩效;

⑤对人员特征(手指灵活度等)与工作绩效之间的关系进行统计分析,以判断前者对后者是否有预测作用。

这种方法对企业来说更加具有辩护力，因为如果不能确定某些人员特点与工作绩效的高低是有关系的，那么法律将会禁止企业在招聘员工时将这些人员特点作为筛选依据。如果存在以性别、种族、宗教、年龄、原居住国等为依据的歧视，那么必须有证据说明它们确实能够反映出绩效方面的差别，而这通常需要统计上的效度分析。

3. 编写职位规范的具体内容。在熟悉了编写职位规范的原则与方法后，接下来将详细讲述职位规范的每一项内容的具体编制方法。

一份完整全面的职位规范，一般包含如下项目：教育程度要求（学历及专业要求）、资格证书要求、工作经验要求（一般/专业/管理）、培训要求、知识要求（基础知识/业务知识/组织知识/政策知识/行业知识）、技能要求、能力要求、个性特质要求（包括气质、性格、兴趣、价值观、态度等）以及职业道德要求。

（1）教育程度要求。教育程度要求包含两部分内容——学历和专业。

学历要求是指胜任该岗位所需要的最低学历，比如中专、大专、本科、硕士、博士等。

专业要求是指任职者需要具备什么样的专业才能承担该岗位工作。核心岗位或行业/专业性要求极强的岗位要明确规定专业范围，如财务人员必须是会计专业，播音员可以是新闻学、传播学、媒体创意等专业。

知识专栏

一、美国《职位名称辞典》设计的普通教育水平量表

美国《职位名称辞典》设计的普通教育水平量表（GED），是用来评价为达到要求的工作绩效所需的教育（包括正规和非正规）水平。普通教育水平量表包括3个部分，即逻辑思维能力（又译作推理能力）、数学能力和语言能力。其中每个部分都包括1~6的数字评定量表。评定量表数字越高，代表对普通教育水平的要求越高。对评定量表的简明界定，见表8-11：

表8-11　普通教育水平量表

	逻辑思维能力（推理能力）	数学能力	语言能力
高教育水平	6=使用抽象概念、符号（诸如用公式表示）以及科学原理 ……	6=使用高等微积分、现代代数学或统计方法 ……	6=撰写文学或者技术性报告，或者监督、指导负责撰写的人 ……

续表

	逻辑思维能力(推理能力)	数学能力	语言能力
低教育水平	1=遵循1或2步说明,简单按规则处理问题	1=通过加、减运算进行兑换或衡量	…… 1=2 500字篇幅的文章,写出简单的句子,或者按照正常规范的顺序表述

表8-12是人力资源经理基于美国《职位名称辞典》普通教育水平量表的教育程度要求:

表8-12　普通教育水平量表

普通教育程度——17年以上			
	逻辑思维能力	数学能力	语言能力
具体描述	•能应用逻辑的或科学的方法思考广泛的理论和实际问题 •能运用非文字的符号(公式、科学方程式、图像、乐符等) •能处理抽象和具体的变量,理解最深奥的各种概念	•能应用高等数学和统计技术 •能运用许多理论的数学概念 •能创造性地运用数学方法解决问题	•能撰写报告、文章和编审文献 •能起草契约、合同 •能为各类人员提供咨询意见

二、美国劳工部职位信息网络内容模型——教育程度

1. 教育水平

高中文凭以下

高中文凭(或高中同等学力)

中专毕业文凭

大专课程

大专预科文凭(或其他两年制教育文凭)

学士学位

学士后学位

硕士学位

硕士后学位

第一专业文凭

博士学位

博士后学位

2. 教育计划要求
3. 具体专业教育水平
技术职业学习
商务职业学习
英语/语言艺术
口头交流
语言
基础数学
高等数学
物理学
计算机科学
生物科学
应用科学
社会科学
艺术
人文
体育

资料来源：U. S. Department of Labor Employment and Training Administration. O* NET. Washington, DC: Government Printing Office[Online], www. doleta. gov, 2002.

(2)资格证书要求。资格证书要求是指国家或行业规定的任职者必须持有的执业资格证书。例如，汽车修理厂要求汽车修理技师持有相应的技术资格等级证书。

(3)工作经验要求。工作经验指该工作的任职者需要具备什么样的经验。由于不同组织、不同岗位对经验的要求都不尽相同，描述工作经验可以从三个方面来进行，即社会工作经验、专业工作经验和管理工作经验。这样的分类可以较全面地体现出岗位的行业性和专业性特点。

①社会工作经验，指参加工作的工作经验，包括任职者的所有工作经历。

②专业经验，指从事过相同岗位、相似岗位的工作经验。

③管理经验，指从事管理职位的工作年限。

知识专栏

某游戏制作公司项目经理的工作经验要求见表8-13。

表8-13　某游戏制作公司项目经理的工作经验要求

工作经验	必备条件	理想条件(期望条件)
一般工作经验	3年以上社会工作经验	5年以上社会工作经验
相关工作经验	2年以上游戏行业从业经验	3年以上游戏行业从业经验
专业工作经验	1年以上游戏项目经理经验，参与过知名游戏项目的制作	3年以上游戏项目经理经验；1年游戏测试/策划/美工/程序经验；领导过知名游戏项目的制作
管理工作经验	1年以上担任10人项目小组领导者，有很强的协调能力，熟悉游戏项目的操作流程与管理方法	3年以上担任10人项目小组领导者，有管理20人以上团队的经验；能迅速适应并领导新组建的团队，很强的协调能力；十分熟悉游戏项目的操作流程与管理方法

(4)培训要求。培训要求一般包括：每年需要的工作培训时间、培训的内容以及培训方式。培训主要分为在岗培训、脱岗培训、自我培训三类，它们都需要以整个企业的培训开发政策、制度和体系为基础。这种培训的时间度量往往以周为单位。

现代的培训体系在设计培训方式、内容以及培训时间的时候，往往都是针对不同的职位层级展开设计的。比如，针对基础岗位的职位知识与技能培训、企业的基础技术与产品知识培训；针对中层管理人员的管理技能培训；针对中高层管理人员的经营管理理念培训。因此，在确定某一职位的培训内容时，往往可以根据其在组织中所处的职位层级来确定需要进行什么层次的培训。

知识专栏

一、美国《职位名称辞典》设计的“具体的职业准备”

美国《职位名称辞典》设计了“具体的职业准备”(SVP)，用来度量一个员工学习技术、获取信息以及开发达到平均绩效水平所需要的时间总量，用数字进行分级描述，级别越高，代表进行职业准备的时间越长。表8-14为用来界定具体的职业准备所需时间水平的评分尺度示例。

表 8-14 具体的职业准备(SVP)量表

	级别	时间
长职业准备期	9=	10 年以上
短职业准备期		
	8=	4~10 年(包括 10 年)
	7=	2~4 年(包括 4 年)
	6=	1~2 年(包括 2 年)
	5=	6 个月~1 年(包括 6 个月)
	4=	3~6 个月(包括 6 个月)
	3=	1~ 3 个月(包括 3 个月)
	2=	除了简短示范之外 1 个月以下的(包括 1 个月)
仅仅是简短示范	1=	

例如:DOT 对出纳员的具体职业准备(SVP)定量为 5,即任职者需要 6 个月至 1 年(包括 6 个月)时间进行技术学习、获取知识信息以及自我开发才能达到平均的绩效水平。

资料来源:U. S. Department of Labor. Dictionary of Occupational Titles. Washington, DC:U. S. Government Printing Office,1991:183.

二、美国劳工部职位信息网络内容模型——工作经验和培训

1. 经验和培训

(1)与工作有关的经验;

(2)在职培训;

(3)学徒年限。

2. 组织和机构要求

(1)法定要求;

(2)雇主要求;

(3)工会、行业协会或专业协会要求。

(资料来源:U. S. Department of Labor Employment and Training Administration. O* NET. Washington,DC:Government Printing Office[Online],2002. 网址:www. doleta. gov。)

(5)知识要求。工作对任职者的知识要求可以分四个层级来描述：与工作相关的基础理论知识、专业知识、组织知识和相关的政策法律知识以及其他知识。

①基础理论知识。基础理论知识指那些与工作相关的基础性理论知识，一般为一级学科或二级学科。

②专业知识。专业知识是指充分体现职位独立于其他职位、在短期内不能被其他岗位所替代的专业知识，这类知识通常是在工作中不断实践与研究积累的知识。同一职位在专业知识的掌握难度与分支学科上也有一定的区别。一般情况下，专业知识是岗位最核心的知识，但对于管理人员来说，管理方面的基础理论知识也很重要。

③组织知识。组织知识是指本组织的文化、制度、规定等方面的知识。根据员工所在组织层级和工作特点的不同，应当掌握相应程度的知识。如高层管理人员须有本组织发展战略方面的知识，而一般员工则无须具体战略知识。编写本部分时，要严格按照管理层级来区分。

④相关的政策法规知识及其他。政策法规知识即胜任本职位所应当具备的相关的政策、法律、法规、规章或条例方面的知识。通过了解相关的政策法律知识可以开阔任职者的工作思维与眼界，优化工作质量。这部分知识通常包括政策法规知识、本行业国内外的发展趋势以及相关领域的最新趋势。

此外，由于每个工作所要求的知识掌握程度不同，在职位规范中可以采用分级描述的方式来表现知识掌握程度的要求。例如，可以采用“精通”、“掌握”和“了解”这三级动词，也可以采用“精通”“通晓”“掌握”“具有”“懂得”“了解”这六级动词。

表8-15为人力资源经理的知识要求。

表8-15　人力资源经理的知识要求

基础理论知识	心理学、经济学、管理学、法学、公文写作，等等
专业知识	人力资源规划、工作分析设计、劳资管理、薪酬体系设计、福利管理、考核体系设计、招聘管理、培训规划管理，等等
组织知识	熟悉公司整体战略规划以及战略步骤；熟悉本公司整体运作流程、各项管理制度；熟悉本公司的组织文化；全面了解公司的历史、现状、未来发展定位
相关法律政策知识及其他	熟悉劳动法及其他相关政策法规；了解国内外本行业发展趋势及相关领域的最新趋势

知识专栏

美国劳工部职位信息网络内容模型——知识

1. 商业与管理

监督和管理、记录、经济学和会计学、市场营销、客户及个人服务、人力资源

2. 制造和生产

生产加工、食品生产

3. 工程和技术

计算机和电子、工程和技术、设计、建筑、机械

4. 数学和科学

数学、物理、化学、生物学、心理学、社会学和人类学、地理学

5. 健康服务

内科和牙科、治疗和咨询

6. 教育和培训

教育和培训

7. 艺术和人文科学

英语、英语以外的语言、艺术、历史和考古学、哲学和理论

8. 法律和社会安全

社会安全和保险、法律、政治和法学

9. 通信

电信学、通信和媒体

10. 交通

交通

资料来源:U. S. Department of Labor Employment and Training Administration. O* NET. Washington, DC: Government Printing Office[Online], www. doleta. gov, 2002.

(6)工作技能要求。工作技能是指对与工作相关的工具、技术和方法的运用。这里我们关注几个对所有职位均通用的技能,包括计算机使用技能、公文写作技能、外语运用技能。

知识专栏

一、外企人力资源经理通用技能要求(表 8-16)

表 8-16 外企人力资源经理通用技能要求

通用技能	具体描述
计算机使用技能	熟练运用办公软件,能够顺利完成各项文件的编制、数据统计工作;高效、熟练地运用网络搜集和发送信息
公文写作技能	能准确、迅速、有效地完成工作计划、总结以及相关文件的编制、修改
外语技能	口语和书面英语都十分熟练,能使用流利的英语进行当面或书面沟通

二、美国劳工部职位信息网络内容模型——工作技能

1. 基本技能

(1)内容:阅读能力、有效听力、写作能力、语言能力、数学能力、科学能力。

(2)方法:批判性思考、主动性学习、学习策略、监督。

2. 跨职能技能

(1)社会技能:社会知觉、协调能力、说服力、谈判能力、指导能力、服务倾向性。

(2)解决复杂问题的能力:问题识别、信息收集、信息组织、分析/重组、提出方法、评估方法、执行计划、评价解决方法。

(3)技术技能:操作分析、技术设计、设备选择、安装、编程、测试、操作监控、执行并控制、产品检验、设备维护、故障检验、修理。

(4)系统性思维能力:对愿景的把握、系统知觉、分析后续程序结果、分析主要原因、判断并制定解决方法、系统评估。

(5)资源管理技能:时间管理、财务管理、物料管理、人事管理。

资料来源:U. S. Department of Labor Employment and Training Administration. O* NET. Washington, DC: Government Printing Office[Online], www. doleta. gov, 2002.

(7)心理品质要求。心理品质要求分析是根据岗位的性质和特点,对员工心理素质及其发展程度的要求所进行的综合分析。按照心理学的解释,“心理”是感觉、知觉、记忆、思维、情感、意志、气质、性格、能力等心理现象的总称。“素质”是人先天的解剖生理特点,主要包括人的神经系统、脑的特性,以及感觉和运动器官

方面的特点。本书所采用的“心理品质”,是指人的心理在遗传素质基础上,经过后天的环境熏染和教育所具有的实际水平和发展潜力。

国内外学者对心理品质的研究成果很多,这里我们对其中几个典型的研究理论进行介绍,它们分别是:冰山模型、美国 DOT 系统中一般能力倾向模型(GATB)以及能力要求法中的 52 种能力模型。

在介绍了心理品质的内容和分析方法之后,我们具体介绍一下心理品质中的能力要求和个性特质要求。

首先是能力。在日本,有人把人的能力分为基本能力和应用能力。基本能力是指一个人具有的知识、技能和体力。应用能力包括 12 种能力,具体划分为四组:

第一组属于解决问题的能力,反映了解决问题的三个步骤:理解力、判断力和决断力;

第二组属于创造事物的能力,即创造力、计划力和开发力;

第三组属于在解决问题过程中,对外进行交涉,对内进行协调的能力,即表现力、调解力和涉外力;

第四组属于人的领导能力,即指导力、管理力和统率力。

描述能力要求,可以按照职位族分类描述,例如,经营类工作要求任职者应当具备的能力一般为:公关能力、市场开拓能力、市场调研能力、信息收集能力、分析判断能力、协作能力、学习能力、解决问题能力、应变能力、谈判能力、预测能力、成本控制能力,等等。而技术类工作要求任职者应当具备的能力一般为:分析判断能力、解决问题能力、执行能力、协作能力、演绎能力、归纳能力、学习能力,等等。

其次是个性特质。个性特质主要指个人的性格、气质、兴趣、价值观以及态度,见表 8-17。

表 8-17　常用的个人特质举例

常用的个人特质	
社会使命感	全局意识
责任感	心理承受力
亲和力	保密意识
服务意识	团队精神
个人感召力	进取心

续表

常用的个人特质	
新闻敏感性	仔细、认真
艺术感悟力	专业灵敏度
灵活性	专业精神
主动性	影响力
	……

①性格。性格是人对现实的态度和行为方式中比较稳定的心理特征的总和。例如,正直、诚恳、热忱、谦虚,或者虚伪、懒惰、粗心、傲慢等,都属于性格特征。

瑞士的一位心理学家把人在生活中、与人交往中的性格特点分为四类,即:敏感型、感情型、思考型以及想象型。在实际生活中,仅仅单纯地属于其中某一种类型的人并不多,大部分属于混合型。

这里我们介绍几种对性格的研究成果:卡特尔的16种主要特质、霍兰德的人格类型与职业范例等。详见表8-18、表8-19、表8-20。

表8-18　卡特尔的16种主要特质

特质名称	相对应的具体表现	
乐趣性	孤独	外向
聪慧性	迟钝	聪慧
稳定性	情绪激动	情绪稳定
恃强性	顺从	支配
兴奋性	严肃	乐天
有恒性	敷衍了解	谨慎负责
敢为性	胆怯	冒险
敏感性	理智	敏感
怀疑性	信赖	怀疑
幻想性	现实	幻想
世故性	直率	世故
忧虑性	自信	忧虑
实验性	保守	激进
独立性	合群	自立

续表

特质名称	相对应的具体表现	
自律性	不拘小节	自律严谨
紧张性	心平气和	紧张困扰

表 8-19　霍兰德的人格类型与职业范例

类　型	人格特点	职业范例
现实型偏好:需要技能、力量、协调性的体力活动	害羞、真诚、持久、稳定、顺从、实际	机械师、钻井操作工、装配线工人
研究型偏好:需要思考、组织和理解的活动	分析、创造、好奇、独立	生物学家、经济学家、数学家、新闻记者
社会型偏好:能够帮助和提高别人的活动	社会化、友好、合作、理解	社会工作者、教师、临床心理学家
企业型偏好:能够影响他人和获得权力的言语活动	自信、进取、精力充沛、盛气凌人	法官、房地产经纪人、公共关系专家
艺术型偏好:需要创造性表达的、模糊的且无规律可循的活动	富于想象力、无序、杂乱、理想、情绪化、不实际	画家、音乐家、作家、室内装饰等
传统型偏好:规范、有序、清楚明确的活动	顺从、高效、实际、缺乏想象力、缺乏灵活性	会计、业务经理、银行出纳员、档案管理员

表 8-20　性格类型、特征及相应职业

性格类型	性格特征	相应职业
敏感型	精神饱满,好动不好静,办事爱速战速决,但是行为常带有盲目性;与人交往时往往会拿出全部热情,但受挫折时又容易消沉失望。这类人最多,约占 40%	运动员、政府人员和各种职业的人群中均有

续表

性格类型	性格特征	相应职业
感情型	感情丰富,喜怒哀乐溢于言表,别人很容易了解其经历和困难;不喜欢单调的生活,爱刺激,爱感情用事;讲话写信热情洋溢;在生活中喜欢鲜明的色彩,对新事物很有兴趣;与人交往中容易冲动,易反复无常,傲慢无礼,所以与其他类型人有时不易相处。这类人占25%	在演员、活动家和护理人员中较多
思考型	善于思考,逻辑思维发达,有较成熟的观点,一切以事实为依据,一经做出决定,能够持之以恒;生活、工作有规律,爱整洁,时间观念强;重视调查研究和精确性,但这类人有时思想僵化、教条、纠缠细节、缺乏灵活性。这类人约占25%	在工程师、教师、财务人员和数据处理人员中较多
想象型	想象力丰富,憧憬未来,喜欢思考问题;在生活中不太注重小节,对那些不能立即了解其想法、价值观的人往往很不耐烦;有时行为刻板,不易合群,难以相处。这类人不多,大约只占10%	在科学家、发明家、研究人员和艺术家、作家中居多

②气质。气质指人的典型的、稳定的心理特征,主要表现为情绪体验的快慢、强弱以及动作的灵敏或迟钝方面,是人的心理活动的动力特征。心理学上把人的气质分为四类,即多血质、黏液质、胆汁质和抑郁质,各自对应不同的职业适应性。正如四类气质的名称一样,多血质对应于活泼型,黏液质对应于安静型,胆汁质对应于兴奋型,而抑郁质对应的是抑郁型。表8-21详细描述了每种气质类型的特征及相应职业。

表8-21　气质、特征与其相适应的职业

气质类型	特　　征	相应职业
多血质	优点:具有很高的灵活性,容易适应变化的生活条件,活泼、好动、敏捷 缺点:行为受兴趣影响过大,易冷易热	适合从事与外界打交道的灵活多变、富有刺激性和挑战性的工作,如外交、经商、管理、记者、律师、驾驶员、运动员等 不太适合做过细的、单调的机械性工作
黏液质	优点:沉静、稳重、能忍耐、情感不易外露、注意力稳定,埋头苦干,交际适度 缺点:迟缓、保守、缺乏创造性	善于做有条理的、要求细致和持久性的工作,如会计、出纳员、话务员、保育员、播音员等

续表

气质类型	特　征	相应职业
胆汁质	优点：精力旺盛、态度直率、动作迅速、富于热忱 缺点：行为上往往表现出不平衡性	适合革新、攻关或突击性职业，如导游、推销员、节目主持人、公共关系人员等
抑郁质	优点：办事细心、谨慎、感受力强，在和睦的团队里易于相处 缺点：孤僻、多愁善感、犹豫不决、优柔寡断	适合安静、细致的工作，如校对、打字、排版、检查员、化验员、登记员、保管员等

③兴趣。兴趣是使个体积极探索某种事物的认识倾向。兴趣使人对有兴趣的事物给予优先注意，积极地探索，并且带有情绪色彩和向往的心情。

知识专栏

加拿大职业分类辞典中的兴趣类型与相对应的职业见表 8-22。

表 8-22　加拿大职业分类辞典中的兴趣类型与相应职业

兴趣类型	概念与特点	相应职业
愿与事物打交道	喜欢同事物打交道，而不喜欢与人打交道	制图、勘测、工程技术、建筑、机器制造、出纳、会计等
愿与人接触	喜欢与人交往，对销售、采访、传递信息一类的活动感兴趣	记者、推销员、服务员、教师、行政管理人员、外交联络等
愿干有规律的工作	喜欢常规的、有规则的活动，习惯于在预先安排好的程序下工作	邮件分类、图书管理、档案管理、办公室工作、打字、统计等
喜欢从事社会福利和助人工作	乐于帮助人，试图改善他人的状况，帮助他人排忧解难	律师、咨询人员、科技推广人员、医生、护士等
愿做领导和组织工作	喜欢掌管一些事情，希望受到众人尊敬和获得声望，在企事业单位中起着重要作用	行政人员、企业管理干部、学校领导和辅导员等
喜欢研究人的行为	对人的行为举止和心理状态感兴趣，喜欢谈论人的问题	心理学、政治学、人类学、人力资源管理、思想政治教育等研究工作以及教育、行为管理工作
喜欢从事科学技术事业	对分析的、推理的、测试的活动感兴趣，长于理论分析，喜欢独立地解决问题，也喜欢通过实验找出新发现	生物、化学、工程学、物理学、地质学等工作

续表

兴趣类型	概念与特点	相应职业
喜欢抽象的和创造性的工作	对需要想象力和创造力的工作感兴趣，大多喜欢独立的工作，对自己的学识和才能颇为自信。乐于解决抽象的问题，而且急于了解周围的世界	社会调查、经济分析、各类科学研究工作、化验、新产品开发等
喜欢操作机器的技术工作	对运用一定技术、操作各种机械、制造新产品或完成其他任务感兴趣。他们喜欢使用工具，特别是喜欢大型的、马力强的先进的机器，喜欢具体的东西	飞行员、驾驶员、机械制造、建筑、石油、煤炭开采
喜欢具体的工作	希望能很快看到自己的劳动成果，愿意从事制作能看得见、摸得着的产品的工作，并从完成的产品中得到满足	室内装饰、园林、美容、理发、手工制作、机械维修、厨师等

资料来源：U. S. Department of Labor Employment and Training Administration. O * NET. Washington, DC: Government Printing Office[Online], 2002. 网址：www. doleta. gov。

以上便是编写规范的方法与要领，最后给出一份职位规范的范例，供读者参考，见表 8-23。

表 8-23　某办公室主任资格描述

最低资格条件	
学历	本科
工作经验	3 年以上相关岗位工作经验，其中 1 年以上本行业行政管理工作经验
资格证书	无
核心知识	1. 熟悉公文写作、信息及档案管理、行政管理知识 2. 熟悉公司消防、安全管理制度 3. 熟悉本公司业务流程 4. 熟悉公司各项管理制度、管理体系、组织机构、业务整体运作流程 5. 熟悉本公司发展目标、年度工作任务、分管科室各阶段工作计划等 6. 了解公司的组织文化
核心能力	1. 很强的沟通协调能力，能够妥善处理与上级、平级以及下级之间的关系，促成相互理解，获得支持与配合 2. 很强的领悟及执行能力，能够准确领会领导意图，有计划地组织落实各项任务并及时汇报工作结果 3. 很强的学习能力，能够快速掌握本行业的最新知识与技术，并跟踪运用到工作中

续表

最低资格条件	
通用技能	1. 熟练掌握计算机使用技能,能够完成文件的编制,并且运用网络搜集相关信息、收发信件等 2. 很强的写作技能,能准确高效地完成工作计划、工作总结及相关文件的编制、修改
素质	1. 很强的政治敏锐性 2. 很强的团队协作精神 3. 很强的敬业精神 4. 很强的责任感 5. 很强的主动性 6. 较强的压力承受能力
备注	无

资料来源:北京德威乐普企业管理顾问有限公司。

第三节 职位说明书编写的误区、原因及解决方法

在一些组织进行职位分析时,在访谈过程中,工作分析人员经常可以遇见虽然具备职位说明书,但是任职者仍然认为自己的岗位职责与职位说明书的表述不符,甚至对职位说明书的表述和内容都存有疑问的情况。这是每一个组织的人力资源管理者都不愿意看到的,因为这很可能意味着他们辛辛苦苦做出的职位分析的结果——职位说明书的编制存有问题,或者已经不再适用于现在的组织。

那么,如何提高工作效率?如何充分利用职位分析的结果,编制出准确、实用性强的职位说明书呢?本节将从反面来讲解这个问题,即从对职位说明书编写的误区出发,分析原因,提出解决方案,最终为编写合理的职位说明书提出指导性意见与建议。

在编写职位说明书的过程中,工作人员常常会受到某些主、客观因素的影响而走入以下误区:

一、功能错位

所谓功能错位,是指职位说明书的内容与职位说明书的要求相背离,因此在内容上出现错误;或者说,本不应是职位说明书的文案被当作职位说明书使用,发生

功能错位。

比如,有些企业将职位责任制当成是职位说明书。其实,企业的职位责任制并非职位说明书,虽然责任制也同样描述了员工所应该承担的职责,但是职位说明书还应该包括更多的内容,比如任职资格、组织结构关系等。前面讲过,职位说明书由职位描述和职位规范两部分组成,从不同的侧面对职位信息做了全面的约束,不完整的、违背职位说明书制定原则的文案,是不能称为职位说明书的。

走入这种误区的主要原因在于,工作人员缺乏对职位分析尤其是对职位说明书的科学、完整的认识。参与职位分析及职位说明书编制的人员应该掌握扎实、丰富的人力资源专业知识,对职位分析的内容以及职位说明书的编制方法有系统全面的了解。只有这样,才能保证职位分析的准确性和专业性。

二、职责交叉

确切地说,职责交叉本身并非是什么问题。为适应外部竞争环境,许多企业实行团队化的工作制度,即同一项工作任务需要来自若干不同部门的不同岗位任职人员来共同完成,这就出现了职责交叉。正确地处理职责交叉有助于发挥协作效应,取长补短,提高工作效率。

但是,在编写这些职位的职位说明书的时候,如果不能够明确界定出每个职位所应承担的职责范围,便会使任职者因为职责混杂不清而无法顺利完成工作,甚至有可能造成岗位间相互推诿责任的现象。

为了避免这种现象的发生,在收集信息的时候,工作人员就应该注意界定不同职位间的职责范围,在后续编制职位说明书的时候,也要予以关注。

三、职责重叠

在很多企业中,对于那些工作性质相同,工作量又很大的岗位,仅仅有一个编制是不够的,这时就会出现同一职位下的若干工作人员其职责相互重叠的现象。与职责交叉类似,这也是企业经营管理中可能出现的正常现象。但是如果在编制职位说明书的时候,对于这些看似工作内容类似的职位只编制一份职位说明书,问题就会出现。

例如,在杂志社中,同一专题也可能有不止一个编辑,但是每个编辑所负责的编写范围、要收集的信息类型可能完全不同,这导致了具体的工作方法、工作原则也可能不同。虽然这两个编辑的所属部门、工作性质、岗位名称都相同,但是由于其具体的工作职责有差异,如果只用一份职位说明书来规范,显然是不严谨、不科学的。因此,对于这种有职责重叠的岗位,应该界定分明,分别编写职位说明书。

四、不成体系

在有些企业的职位说明书编制过程中，存在着以下现象：夸大或者缩小职责，职责不完整，任职资格不准确，有些岗位不具备职位说明书，等等。这些现象的存在，使职位说明书的体系遭到了严重的破坏，进而导致其根本不可能为岗位评估、薪酬设计、招聘培训等工作提供科学的依据。

产生这种现象的原因，主要在于组织对职位说明书不够重视，或编写目的不明确。其实，职位说明书编写的过程，也是对企业业务流程重新认识的过程。一套科学、规范的职位说明书能对企业的各项工作及人力资源管理的其他工作提供依据。因此，在编制职位说明书的过程中，应该始终明确工作分析的目的，从组织的领导到基层人员通力配合，科学、严谨、实事求是地完成工作。

以下是一份针对某电台频道的编辑所制定的职位说明书范例，希望读者能够结合本章内容，对此范例加深理解，真正掌握编制职位说明书的相关方法（见表 8-24）。需要注意的是，由于各组织的实际情况不同，因此并非所有前面提及的项目都必须编制在职位说明书内，应该结合实际情况，灵活应变。

案例分析

某电台频道编辑职位说明书见表 8-24。

表 8-24　某电台频道编辑职位说明书

<table>
<tr><td colspan="4">岗位标识</td></tr>
<tr><td>职位名称</td><td>编辑</td><td>所在部门</td><td>某频道</td></tr>
<tr><td>职位编码</td><td></td><td>编制日期</td><td></td></tr>
<tr><td colspan="4">岗位概要</td></tr>
<tr><td colspan="4">承担频道内所辖节目的文字、声像资料收集、编辑、节目制作、协助直播等工作，保证节目达到高质量水准</td></tr>
<tr><td colspan="4">职能、职责及要求</td></tr>
<tr><td>职能</td><td>职责</td><td>职责行为规范</td><td>衡量指标</td></tr>
<tr><td rowspan="2">选题确定</td><td>1. 明确选题方向并提出选题</td><td>根据节目类型及各栏目特点，节目组制作人与编辑讨论确定选题方向与具体播出内容及形式等，经制作人（监制）初审后，上报主管副总监</td><td rowspan="2">1. 是否保质、保量、及时地提出选题
2. 相应的实施方案是否可操作</td></tr>
<tr><td>2. 确定节目选题</td><td>每周频道例会，各节目组制作人、编辑共同讨论下一周或近期的选题，经台务会审定后组织具体实施</td></tr>
</table>

续表

职能、职责及要求			
采访	1. 参与编制采访提纲	针对记者在采访前制定出的采访提纲，结合实际情况进行审核	选题的可用性
	2. 参与拟定文字稿件或整理采访录音	在采访结束后，协助记者整理、编辑文字稿件和采访录音	满意度
	3. 约定嘉宾，直播现场采访	根据栏目特点，预先联系嘉宾，并在记者的协助下与嘉宾沟通采访提纲及直播注意问题	工作的及时性
编辑录制节目	1. 收集各类信息资料（文字、声像等）	根据栏目特点，随时收集相关的各种形式的信息资料（文字、声像等），建立相应的资料库	信息可用率
	2. 编录、剪辑节目声像资料	根据栏目当期主题要求，选择、编辑、剪辑相关的声像资料，至少提前一天，报栏目制作人、总监/副总监二级审听后，与播音员沟通编辑思路，协助完成直播或录播制作	完成的资料的可用性
	3. 撰写节目文字稿及主持串词	根据栏目特点，编写文字稿件及播音员串词，至少在直播节目开始前 1 小时，报栏目制作人、节目组主任审核，总监或副总监审稿后，与播音员沟通编辑思路，协助完成直播或录播制作	完成稿件的可用性
	4. 录播节目工作站挂单	每天 16 点前，根据已经确定的节目单，按照《音频工作站使用规定》《录播节目管理规定》，在工作站本栏目规定的区域内将已经审听无误后的节目进行电脑挂单，提前至少一周了解所辖节目的素材可否准时到达	挂单及时、准确率
协助直播	1. 协助主持人完成直播	根据节目直播进度，及时处理转入直播的热线电话，并协助主持人及时反馈短信平台的信息内容，鼓励听众积极参与	1. 工作的及时性 2. 差错率
	2. 监听直播情况	直播期间，要随时监听听众及嘉宾的谈话内容，若有不妥，要配合技术人员马上采取措施，中断谈话	差错率
	3. 随录直播节目声像资料	对于要重播的节目，要将直播节目一并随机录音，按《重播节目管理规定》编辑、挂单该期节目	差错率
其他	完成上级领导交办的各项任务	保质保量完成上级领导交办的各项任务，及时汇报工作结果	领导满意度

续表

<table>
<tr><th colspan="4">关键绩效指标</th></tr>
<tr><td colspan="4">1. 舆论导向是否正确
2. 选题策划建议水平
3. 获奖情况
4. 挂单准确性
5. 收集文字、声音资料可用率
6. 文字稿件是否符合栏目特点
7. 领导满意度</td></tr>
<tr><th colspan="4">工作联系</th></tr>
<tr><td colspan="2">直接上级</td><td colspan="2">制作人(监制)</td></tr>
<tr><td colspan="2">直接下级</td><td colspan="2">无</td></tr>
<tr><td colspan="2">沟通范围</td><td>沟通对象</td><td>沟通内容</td></tr>
<tr><td rowspan="3">电台内部</td><td rowspan="2">部门内部</td><td>各专业工作室</td><td>嘉宾资源共享、选题沟通、效果研讨等</td></tr>
<tr><td>办公室</td><td>节目制作、播出、嘉宾出入手续等事宜</td></tr>
<tr><td>部门外部</td><td>总编室</td><td>节目宣传</td></tr>
<tr><td colspan="2">电台外部</td><td>社会相关机构/单位/个人</td><td>采访、节目信息来源、推广协作</td></tr>
<tr><th colspan="4">最低资格条件</th></tr>
<tr><td colspan="2">学历</td><td colspan="2">本科</td></tr>
<tr><td colspan="2">工作经验</td><td colspan="2">1 年以上编辑相关工作经验</td></tr>
<tr><td colspan="2">资格证书</td><td colspan="2">广电总局颁发的编辑执业资格证书</td></tr>
<tr><td colspan="2">核心知识</td><td colspan="2">1. 精通传播学、节目策划、语言学、新闻学等专业知识
2. 精通国家、地区及总台相关宣传政策、法规、制度、办法等
3. 熟悉总台各项管理制度、管理体系、组织机构、业务整体运作流程
4. 熟悉本频道发展目标、年度工作任务、节目特点以及节目制作流程
5. 熟练使用工作站、网络、MD 以及各种编辑软件</td></tr>
<tr><td colspan="2">核心能力</td><td colspan="2">1. 很强的构思分析能力、洞察能力,能够依据选题快速捕捉到与栏目相关的各种信息
2. 很强的创新能力,能够针对节目特点及听众需求,提出新思路、新方案
3. 很强的组织协调能力,能够善于理解他人思路,引导共同创作
4. 一定的操作能力,能熟练操作工作站、播出设备、延时装置等</td></tr>
<tr><td colspan="2">通用技能</td><td colspan="2">1. 熟练掌握计算机使用技能,能运用网络和办公软件,顺利完成各项文件的编制、管理,进行工作相关信息的搜集整理、文件收发等
2. 很强的写作技能,能准确有效地完成工作计划、总结以及相关文件的编制、修改
3. 一定的外语使用能力,能够使用字典查阅相关资料(对某些节目的编辑)</td></tr>
</table>

续表

最低资格条件		
素质	1. 很强的政治敏锐性 2. 很强的责任感 3. 很强的团队协作精神 4. 很强的敬业精神 5. 一定的压力承受能力	
备注	无	
签字确认		
	责任人	日期
任职者签字		
直接上级签字		
人力资源部主任签字		
郑重声明:本岗位说明书是员工劳动合同的一部分,旨在说明岗位目前的职责及对任职者的要求;××保留变更工作内容或要求在职人员履行其他职责的权利		

资料来源:北京德威乐普企业管理顾问有限公司。

本章扩展

案例分析

动态学习公司——我们要雇用什么样的人呢?

迁入新办公室的兴奋劲儿刚过,动态学习公司的两大股东梅尔和詹尼弗就开始进行新雇员招聘工作。在其业务计划中,他们已经为刚得到的风险资本投资确定了几个基本目标。他们要雇用一个团队去完成这些计划目标。他们知道,如果没有一个合适的团队,他们的其他目标,如推进销售、扩大网站等,都不可能实现。

他们正要去登广告,梅尔提的一个问题把他们给难住了:“我们要雇用什么样的人呢?”看来他们真的没有想过这个问题。当然,他们知道一般意义上的答案,比如,他们知道至少需要2名销售员、1名程序员、1名网站设计员以及几名能够将导入的资料转化为挂在网站上网页内容的管理员。但是显然,仅仅用职位名称不能提供充分的指导。例如,如果他们不能清楚地说明这些职位的具体任务和责任,他们如何能决定他们是否需要有经验的人呢?如果他们不能清楚地了解职位候选人必须做什么的话,他们如何清楚地确定他们必须寻找具有什么类型经验和技能的候选人呢?他们甚至不知道要问些什么问题。

当然,问题还不止这些。显然还有其他的工作任务要完成,而且这些任务不一定包括在销售员、程序员、网站设计员或内容管理员分工的内容中。比如,由谁负责接听和回应电话?(梅尔和詹尼弗原打算安装一套自动联想式电话号码簿和语音信箱系统,但后来发现其大约要花费1万美元,于是便放弃了)作为一个实际问题,他们知道必须雇个人来负责回应电话和将来电转到有关分机。谁负责记录每个月的费用支出并汇编提供给会计?谁为风险投资商编写月度报告?销售人员是否要自己编写销售宣传资料?公司是否必须雇人去搜索和查找适合做销售员的人,以便给他们打电话或发电子邮件?在该公司不得不购买办公用品时又会发生什么问题?是由公司老板自己去做这些事,还是应当让公司里的其他什么人去替他们做?看来这个工作清单写起来会没完没了。

思考题:

梅尔和詹尼弗必须得通盘考虑其管理活动了,现在他们希望你(他们的管理顾问)能够帮助他们。以下就是他们希望你为他们做的事。

1. 为销售员、网站设计员、程序员和网页内容管理经理这几个职位各起草一套职位说明书,内容包括职位描述和任职规范两部分。你可以使用你想要的任何资料,但是最好是在互联网上查找和搜索相关网页,因为你希望得到的是适合于.com公司的职位说明书和工作任务清单。

2. 切记该公司预算很紧。起草一份短小的建议书,说明应当如何完成案例中该公司所遇到的问题,例如接听和回应电话、汇编销售宣传资料、编制阅读报告以及购买办公用品等。

资料来源:加力·德斯勒. 人力资源管理[M]. 9版. 吴雯芳,刘昕,译. 北京:中国人民大学出版社,2005. 有改编。

讨论与思考

1. 什么是职位说明书,它与职位分析的关系是什么?
2. 职位说明书由哪些部分组成,简述其内容。
3. 职位说明书的作用是什么?

4. 如何编制岗位说明书？
5. 编制职位说明书需要注意避免犯什么错误？

扩展阅读索引

1. 朱勇国，邓洁．工作分析[M].2版．北京：高等教育出版社，2014.
2. 安鸿章．工作岗位研究与应用[M]．北京：中国劳动社会保障出版社，2012.

第九章

职位体系的设计

本章重点介绍了职位设置的方法以及如何通过职位分类法来设计职位体系，应重点掌握职位序列和职位通道设计所要考虑的因素。

第一节　职位设置

一、职位设置概述

职位设置是指将工作设计所确定的工作任务分解为具体的工作，即将组织的目标和功能细化为独立的、可操作的具体业务活动，并按照工作特征的相似性把这些具体的工作进行归纳，确定为某一职位任务、职能和职位间的相互关系。职位设置不仅把组织的目标和功能细化为独立可操作的具体业务活动，而且对员工的工作热情和工作效率有重大影响。职位设置的方法有很多，可以从组织的愿景和使命出发，根据组织结构和管理模式确定职位职能；也可以仅对组织中起关键作用的职位进行职责的分解与整合；还可以根据组织的业务流程确定相应职位；或者参照本行业典型组织的职位进行设置。但是无论采用哪种方法，职位设置的内容是不变的，包括职位的具体任务、职能以及职位间的相互关系三个方面。

职位设置与工作分析是不同的工作。工作分析是对现有职位的分析与描述，以明确各职位的职责权限,为组织的人力资源管理提供依据;而职位设置是对新职位的描述和现有职位的认定与修改,其中心任务是要为组织提供完成战略目标的保证,同时确保组织实现人岗匹配,做到事得其人、人尽其才、人事相宜。通过工作分析可以发现职位设置中的缺陷、问题,从而对原有职位设置进行调整、修改,为职位设置提供验证。

值得注意的是,由于组织所处的环境及各种条件的变化越来越快,在某一段时间做出的职位设置只可能在本时间段内有意义,一旦某些因素发生了新的变化,职位设置必须及时进行调整。另外,由于不同组织的具体情况千差万别,职位设置需要根据组织自身的特点和需求选择恰当的方式方法,而不存在固定的模式。

二、职位设置的内容

(一)工作任务

工作任务可以从任务的广度、深度、完整性和自主性四个方面进行分析设定。

1. 任务的广度。单一的任务会使员工感到枯燥和厌烦,所以,任务设计应尽量使任务多样化,使员工在完成任务的过程中能进行不同的活动,保持对工作的兴趣。

2. 任务的深度。设计的任务能够从易到难具有一定的层次,对员工工作的技能提出不同程度的要求,从而增加工作的挑战性,激发员工的创造力和增强克服困难的能力。

3. 任务的完整性。具有完整性的工作能使员工产生工作成就感,即使是流水作业中的一个简单程序,也应当让员工见到自己的工作成果,感受到工作对组织或者所在团队的意义。

4. 任务的自主性。适当的工作自主权利能够增加员工的工作责任感,使员工感到自己受到了信任和重视,认识到自己工作的重要性,使员工工作责任心增强、工作热情提高。

(二)工作职能

工作职能包含方法、责任、权力、沟通和工作标准五个方面的内容:

1. 方法。方法的设计具有灵活性和多样性,不同职位的工作性质不同,根据工作的不同特点,采取的具体方法也不同。

2. 责任。责任的界定要适度,工作负荷过低或者无压力,会导致员工行为轻率和低效;而工作负荷过高或者压力过大又会影响员工的身心健康,导致员工抱怨和产生抵触情绪。

3. 权力。权力与责任相对,责任越大,则权力范围越广。

4. 沟通。组织内各职位的沟通包括垂直沟通、平行沟通和斜向沟通等形式。

5. 工作标准。工作标准包括工作的行为标准和结果标准(包括任务完成的数量与质量要求、评估体系等)。

（三）职位关系

职位关系是指组织内各职位由工作流程所确定的相互间的关系。组织是一个有机联系的整体,由若干相互联系、相互制约的环节构成。职位关系主要包括上下级职位之间的关系、同一职位不同员工的关系、职位与部门的关系等。

三、职位设置的影响因素

管理者在决定如何设置职位之前必须考虑很多因素。任何职位的设置必须仔细考虑,并与组织的整体战略保持一致。在职位设置时,既要考虑组织结构及运行的因素,也要考虑人的因素。

（一）组织因素

1. 组织的目标和功能。职位设置的基本依据是组织的目标和功能。组织中的每个职位都在为了完成特定目标而设置的组织机构系统的构架之内,职位作为组织系统中的基本单元,其意义是实现组织赋予它的特定任务和目标。因此,每个职位的设置意义、工作内容、工作职责以及工作联系等都是由它所属组织和单位的功能,以及体现这些功能的工作任务和目标决定的。

所以,进行职位设置前,应根据组织的目标确定组织的任务,然后将组织的工作任务按照具体的工作流程进行分解,产生部门的工作任务,确立部门的内部结构和部门职责。职位设置所做的就是将工作任务继续分解为各个职位具体的工作,即将组织的目标和功能细化为独立的、可操作的具体业务活动。

2. 组织结构。组织结构设置应最终落实到职位设置上。传统的机械式组织结构关注等级、规章制度、程序和专业化等因素,这就使得组织的职位主要分为管理岗和员工岗两类,前者数量有限而后者相对较多,任职资格偏重于对业务、技术的要求,薪酬分配以职位等级为基础,员工需要通过自身努力争夺有限的管理岗以取得晋升。

面对不断变化的内外部环境和竞争压力,组织的结构发生了转变:①开始向扁平化发展;②围绕关键流程组成的自我管理型工作团队取代了原来的职能部门;③组织更加注重对流程的管理;④对人才的需求也更为多元化。在这样的组织结构中,职位的边界变得相对模糊,它依据不同项目的性质、需求或者流程来设置职位,根据团队成员的能力确定在团队中的职位高低。

3. 工作流程。良好的工作流程是进行合理的职位设置的前提。反过来,职位设置的重要内容之一也是确立或分析组织的工作流程,对不合理的部分进行改进。进行职位设置时,职位设置人员要明确所设置职位的工作在工作流程中的位置,按照工作流程的要求,以客户为导向,追求系统最优化。这就要求职位设置人员根据组织的目标和功能以及组织结构,对工作流程进行分析和设置,确立组织需要什么样的工作流程才能高效地完成任务。科学的工作流程应该符合工作的逻辑性和活动的配合性。

4. 信息技术和工艺设备的要求。职位设置要充分考虑信息技术进步以及工艺设备的改进所带来的变化。信息技术通过对管理的影响,改变着传统的职位设置,原来所设置的职位已经不能满足这种技术发展的结果,需要进行工作重新设置。例如,随着技术的发展,流水线上进行手工作业的包装工被自动化包装机所代替,那么,监督职位就取代了原来的包装工职位。技术相互依赖的程度也决定了职位设置,当技术的依赖程度低时,可以设置成个人独立工作的方式;反之,当技术相互依赖程度较高、员工必须协同工作时,就设置成团队式的工作方式。

工艺设备的改进也会影响职位的设置。这是因为,工艺设备的改进会引发对任职者知识技能要求的变化,同时工作时间制度也要随之发生改变。职位设置时要根据工艺设备的要求设置工作的组织、人员编制、工作时间制度等。

(二)人员因素

1. 员工技能储备的综合状况。在进行职位设置之前,管理者必须清楚自己的员工所拥有的技能是否匹配或适合新的工作,有时候需要对员工进行更多的培训。但是,某些情况下,员工的能力或者所接受的教育可能使他们无法完成新设置的工作,而这会导致糟糕的工作绩效、挫折感和对工作的不满。但职位设置过于简化工作,员工也许会觉得无聊,缺乏激情,没有挑战,也会对工作感觉不满。这些个体因素会给组织带来糟糕的绩效和较低的劳动生产率。

为了使员工能适应职位设置对其提出的要求,需要对其进行培训,但不幸的是,很多公司负担不起这笔培训费用。很多新进入劳动力市场的人根本无法满足将来工作的要求,因此用于培训的费用也成了职位设置的成本之一。

2. 员工的开发与激励。在职位设置时,还必须要考虑到雇员的愿望、需要和期望,全面权衡经济效率原则和员工生理、心理需要,找到最佳平衡点。有时候组织为了达到培养、开发和激励员工的目的,根据某些特殊人才、关键人才、符合组织长远发展战略的人才自身的知识、能力、技能、个人需求等特点,为其“量身定做”职位。通过增加该职位工作的内在激励性,让员工在适度的工作挑战中提升能力,为优秀人才创造职位和发展的环境。这样有助于实现组织发展和人才发展的双赢。其积极作用表现在以下方面:

(1)战略性地储备人才。对于符合组织长远发展战略但是目前在组织中没有非常合适职位的员工,要尽力为他们安排并创设符合其发展需求的工作。越来越多有远见的组织正在将其用人观念从“以职位为本”逐渐转向“以人为本”,为了适应公司战略目标而有计划地储备人才、培养人才。

(2)为关键人才创造平台。市场经济条件下,竞争实质上是人才的竞争,组织要在市场竞争中立于不败之地,必须树立新的用人观念,构建新的用人机制,充分发挥关键人才的智力作用。

(3)降低人才流失率。根据马斯洛的需求层次理论,每个人都有获得尊重和自我实现的需要,人都希望展示自己的才能,为组织做出贡献,从而赢得社会的尊重。通过合理的职位设置,能够使员工充分发挥自身的才能,做到人尽其才,从而有效地防止人才流失。

四、职位设置的原则

(一)因事设岗原则

组织的发展目标决定了工作的任务,职位是根据不同工作内容和职责设置的,这就是因事设岗。组织中不存在没有工作的职位,如果出现了即为“虚岗”,应该撤除。设置职位既要着眼于组织现实,又要着眼于组织的发展,按照组织各部门的职责范围划定职位,而不能因人设岗;职位和人应是设置和配置的关系,不能颠倒、混淆因果和先后的关系。现代组织越来越需要根据目标来安排工作,根据工作来设置职位。

(二)整分合原则

在组织整体规划的前提下,应该实现职位的明确分工,并在分工的基础上有效地整合,使各职位职责明确,同时又能使上下级职位之间和同级职位之间同步协调,以发挥最大的组织效能。

(三)最少职位数原则

职位在设置时,既要考虑最大限度地节约人力成本,又得尽可能地缩短职位之间的信息传递时间,减少“滤波”效应,提高组织的战斗力和市场竞争力。职位数量过多不仅会增加组织的成本,而且还会出现人浮于事、相互推诿扯皮的现象,但人数也不能太少,否则组织的正常生产就无法进行。职位职责分工的确认过程如图 9-1 所示。

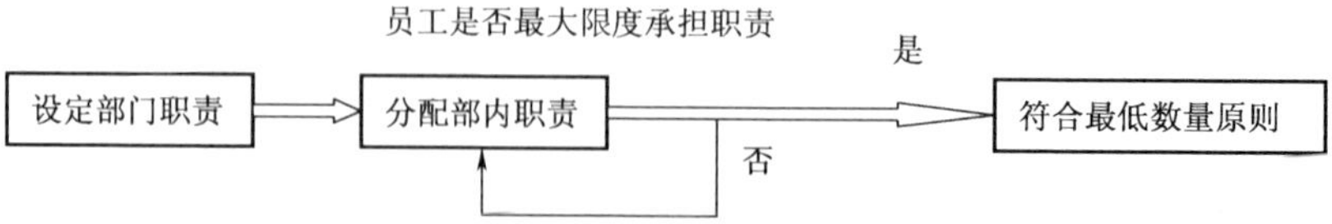

图 9-1 职位责任分工的确认过程

（四）系统化原则

职位设置应从组织整体出发，全面分析和评估各种职位存在的合理性，把组织看作一个完整的系统，用系统论的思想进行职位设置，使职位设置和组织结构设计、部门职能分解相吻合，避免设置职位时遗漏某些重要的工作和职能。

（五）动静结合原则

随着环境的变化、市场的发展和组织的变迁，职位设置越来越趋向动态，为了有效地配合组织中职位的变动，职位设置时需做到动静结合。对于基础性、常规性的职位，设置时无须考虑过多的变动性因素，采用静态分析的方法即可；对于那些受环境影响大，与组织业务紧密联系的职位，设置时不应过于严格死板，而要留有一定的发展和创新的空间，让职位有不断丰富其内涵与职责的余地。

（六）适当管理宽度原则

组织职位的设置还应考虑到管理的效果问题，这涉及不同层级职位数量设计的合理性问题。所谓有效管理宽度，是指组织中上级主管人员能够直接有效地指挥和领导下属的数量。在职位设置时需遵循有效管理宽度原则，要求上级职位与下级职位的数量要保持一个合适的比例，即多少个下级职位对应一个上级职位。

（七）一般性原则

职位设置时应基于正常情况的考虑，不能基于例外情况。例如，90%情况下这个职位的工作需要多少工作量，多大工作强度，而不应过于强调最高峰或者低谷的10%的情况。

（八）客户导向原则

职位设置的最终目的是为客户服务，所以设置时应遵循“客户导向原则”，使得工作流程更加顺畅、精简和高效，从而实现系统运转的最优化。

五、职位设置的具体方法

（一）组织分析法

组织分析法是指首先从整个组织的愿景和使命出发，设计一个基本的组织结构，然后根据具体的业务流程需要，设计不同的职位。在运用组织分析法进行职位设置时，通常分三步进行。

1. 明确组织设计的目标，理顺组织结构。通常情况下，组织结构设计的目标是为每个组织单元制定清晰的较小目标，并协助组织做出高效的决策以实现整体业务目标。理顺组织结构的第一步需要在总部和分支机构之间选择合理的管理模式，理顺其中的集权、分权关系。总部和分支机构之间的管理模式包括财务管理型、战略管理型与操作管理型三种。选择管理模式时，不仅要考虑授权方式，还要考虑总部服务实现的方式。授权方式是指集团总部与下属经营机构之间在管理权限上的划分，它反映了集团总部对经营机构的管控程度。服务实现方式是指集团内各项服务的提供方式，它主要根据服务性质的不同，确定不同的方式，追求服务的质量和经济效益。服务实现方式包括总部直接处理、共享服务中心、外包或外界合作、业务单元共享中心与业务单元内部，如图 9-2 所示。

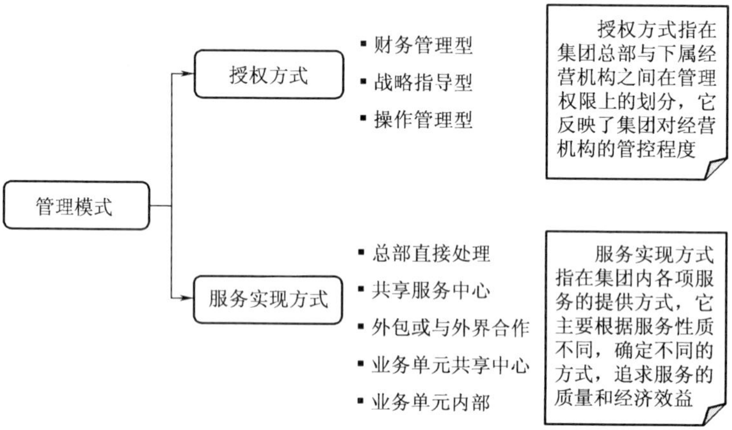

图 9-2　组织管理模式的考虑因素

不同管理模式，其授权方式不同，导致总部所采取的服务实现方式也不尽相同。图 9-3 中具体对比了不同管理模式下，总部与下属分公司关系、管理目标和总部的核心职能三个方面的差异。

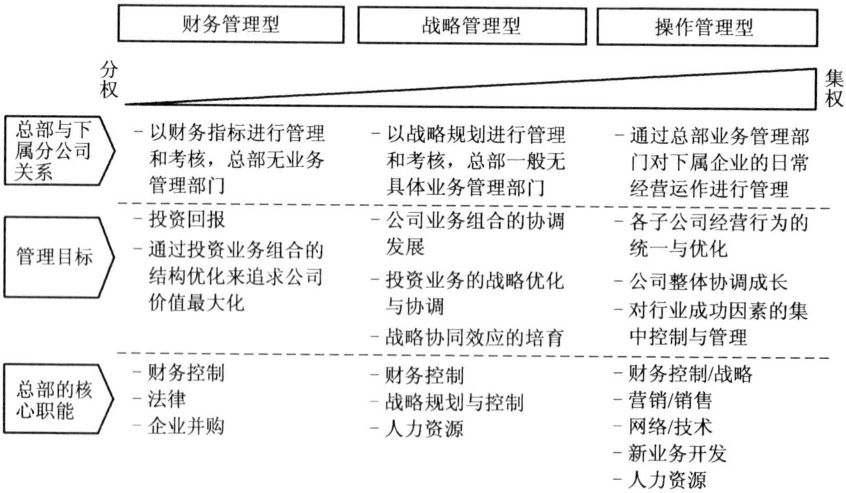

图 9-3　三种不同的管理模式管控程度的对比

理顺组织结构的第二步就是要明确各职能、层级之间在主要职责上的决策流程和汇报关系。表9-1为某公司市场部的决策流程和汇报关系。

表9-1 某公司市场部决策流程和汇报关系

层级 职责	董事会	总经理	分管副总	其他副总	市场部
(1)策略议题					
①中长期市场发展规划	决定权	复核权	审核权		建议权
②品牌发展战略	决定权	复核权	建议权		
③本部门年度财务预算	决定权	复核权	审核权		建议权
(2)营运议题					
①本部门一般员工的招聘录用、考核晋升降级、奖惩、岗位异动					决定权
②市场部门内部中层干部的招聘录用、考核晋升降级、奖惩、岗位异动			决定权		建议权
③对各分公司市场开发工作的日常支持和管理					决定权
④基础及专项市场调研制度和报告			决定权	参议权	建议权
⑤品牌管理			决定权		建议权
⑥部门业务指标的设计、评估及考核			决定权		建议权

2. 组织结构分析法要对各主要职能进行分析，明确各部门的使命和关键职责。在理顺组织结构中的管控模式、决策流程和汇报关系之后，就要对各结构层次上的主要职能进行分析，从而明确各部门的使命和关键职责。图9-4是某组织市场部的使命和在此基础上得出的关键职责。

使命

- 巩固并发展用户群，并以有价值的重点客户为核心
- 保持并发展品牌形象
- 保持在个人与企业市场地位的双重领先，并不断提升公司收入
- 有力地支持分公司的营销运作，但保持营销规划的整体性以及关键职能的集中管理

关键职责

- 品牌管理
- 基础与专项市场研究
- 营销战略规划
- 年度/月度具体营销计划制订与执行监控
- 对分公司日常业务管理：
  - ➢市场推广规划与控制
  - ➢销售规划与控制
  - ➢定价管理
  - ➢产品组合规划与控制
  - ➢客户关系管理
  - ➢业务流程制定与监控

图9-4 某组织市场部的使命和关键职责

3. 在部门内部对职责、任务进行计划分类，再分解到各个职位上。例如，上面所讲的某组织的市场部，内部工作就可以再划分为市场策划、市场调研、促销管理、品牌管理等，可相应设计不同的职位来具体实施，如图 9-5 所示。

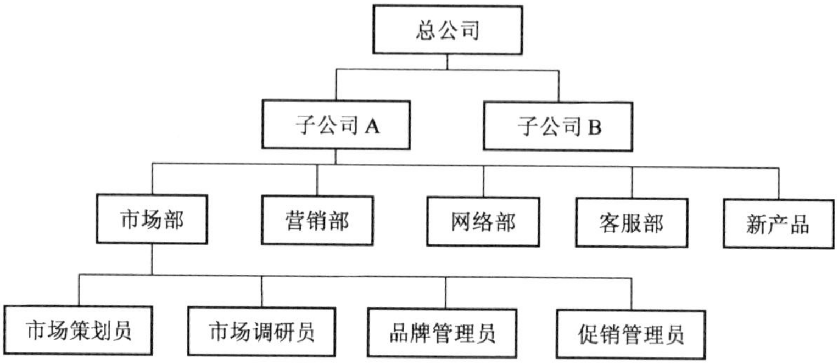

图 9-5　某组织市场部的职位设置

利用组织分析法有一个必要的前提条件，那就是必须有一个相对稳定的业务环境和发展战略，否则难以形成相对稳定的组织结构和职责分工。

（二）职责分析法

职责分析法是指职位设置仅仅集中于对组织的成功起关键作用的工作，通常适用于那些由于时间和预算的限制而无法对整个组织的工作进行全面设计的情况。

在用职责分析法进行职位设置时，首先根据已经梳理的组织结构，分析各部门的关键业务和关键职责，明确需要设定的关键工作。图 9-6 即为某银行业务部职位设置示例。

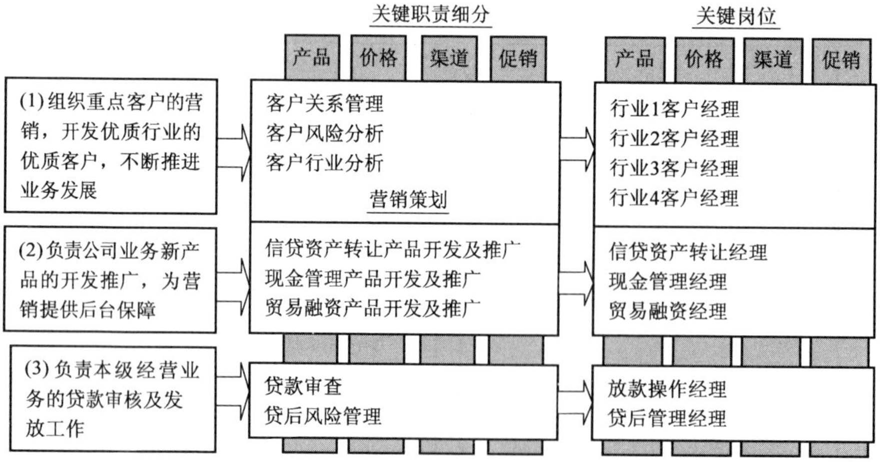

图 9-6　某银行业务部的职位设置

然后根据各部门的工作和主要职责设计,进行工作分析,确定各关键工作的核心角色,由此界定关键工作的主要职责。图 9-7 是某银行职位设置和主要职责示例。

关键岗位	角色	主要职责	
××行业客户经理	营销	▪ 组织对目标客户进行财务分析，了解目标客户的经营状况和风险 ▪ 对目标客户进行全面的营销 ▪ 针对客户复杂金融需求，设计相应的产品组合，确保客户满意度的提高	▪ 对××行业重点客户和优质客户进行客户关系管理 ▪ 组织市场调研分析、客户回访，推进产品创新
产品经理	产品	▪ 整理、分析客户经理反馈回来的客户金融需求 ▪ 对公司业务新产品进行风险预测，设计开发方案，进行投资估算和财务分析 ▪ 根据产品开发方案，及时开发新产品，进行产品测试验收，报监管部门批准 ▪ 通过各种形式将新的公司业务产品向全行进行推广	▪ 进行产品风险分析，参与资产负债产品的定价 ▪ 对新产品的销售情况如客户满意情况、市场占有情况、效益风险情况进行调查评价，评估新产品是否需要改进，进一步扩大推广或退出市场 ▪ 参与客户营销活动
放款经理	放款及贷后管理	▪ 制订、督导实施本级公司业务的市场营销计划，拓展本级自营业务 ▪ 负责对公业务的放款操作 ▪ 进行贷后管理，及时发现并控制风险	

图 9-7　某银行职位设置和主要职责

（三）流程分析法

流程分析法是指根据工作流程来确定职位。当组织采用新的信息系统或改变原有的工作流程时,可以采用这种方法对职位进行优化或设置新的职位。

宏观地说,流程由投入、过程和结果三部分组成,而可以控制的部分包括过程和结果。因此想要让流程合理、高效并达到目的,除了对其结果进行控制之外,还需要对其过程中所经历的时间、所花费的成本、所可能产生的风险进行控制,以保证流程最终促成组织的关键成功因素的实现。因此,在对各主要业务进行分析时,主要应该从时间、成本、风险、结果四个方面考虑是否需要对这些因素进行控制。

运用流程分析法进行职位设置时,重点是在对"现有流程"进行分析的基础上确定"未来流程"。对"现有流程"主要从"当前的工作步骤""瓶颈""需要剔除的多余和无价值的活动"等方面分析,然后综合考虑组织目标、外部优秀的标杆和自身的可行性等方面,确立"未来流程",经过试点进行调试,最后实施推广。这个过程如图 9-8 所示。

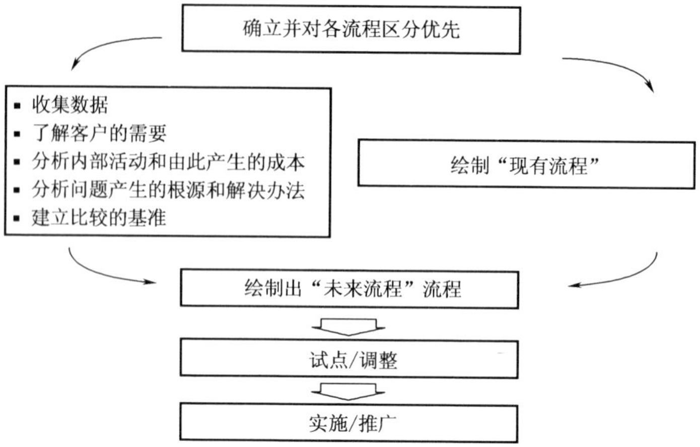

图 9-8　运用流程分析法进行职位设置的过程

（四）标杆分析法

标杆分析法是指在本行业内选取成功的组织作为标杆，以它作为参考进行本组织的职位设置。对于那些不需要对职位进行精确具体设置的组织，这种方法比较直观、简单。但由于各组织的战略、自身条件等总会有差异，所以也不能简单地照抄照搬，而应该在实践中根据自身情况不断进行调整。有些国家的政府部门（如美国劳工部）每年对本国主要行业的岗位、人数、营业额及岗位的平均工资等情况进行统计并公布，这些数据也可以成为组织进行职位设置的参考。

职位设置方法的运用不是绝对的，各组织应该明确各种方法的优缺点，结合组织自身特点以及各部门与工作的实际情况，运用不同的方法。表 9-2 为四种职位设置方法比较。

表 9-2　四种职位设置方法比较

	组织分析法	职责分析法	流程分析法	标杆分析法
优点	·能深入解决许多细节问题，尤其适合于一个大型的传统组织在从事变革之前对方方面面的情况进行确认 ·提供广泛的组织和职位 ·能提交一个与组织长远战略相一致的解决方案	·注意力集中于关键职位，可以用较少的投资得到较高的回报 ·注意力集中于关键业务领域，可以确保得到业务利益 ·这种方法可以比较灵活地用于不同的组织中	·注重于新的管理信息系统对在岗者的影响 ·服从于系统的要求，根据新的信息系统进行调整	·简单易行，可以由组织自身人员设计 ·设计成本低，能够很快帮助组织完成职位设置

续表

	组织分析法	职责分析法	流程分析法	标杆分析法
缺点	·往往会成为基于对一个比较理想的组织模型的设计。这种方法适用于一个组织具有明确的目标,并有长远的战略去实现这个目标的情况,而现实情况往往不是这样 ·职位设计往往会过于复杂和具体 ·需要客户的大力支持	·不是一个综合的方法(注意:它不求面面俱到),有可能对职位与职位之间的衔接处理相对较差 ·可能因为把整个组织的业务分成关键与非关键部分而造成组织内部的摩擦 ·需要较深的专业知识,对客户的需求有较高、较深入地了解	并没有真正投入大量的资源进行职位设置,可能会导致较差的结果	·照办照抄,容易脱离本组织实际,造成新的混乱 ·需要对标杆组织有比较透彻的了解
适用范围	通常适用于大型组织的大范围重组,在重组过程中组织设计和职位设置工作占大部分	通常适用于由于时间和预算的限制而无法对整个组织的工作进行全面设计的情况	适用于较小范围的调整,特别是在实施一个新的管理信息系统时应用	适用于不需要职位进行具体精确设置的组织
要求	必须有一个相对稳定的业务环境和发展战略,否则难以形成相对稳定的组织结构和职责分工	对管理和支持部门内关键岗位的认定要有判断力和决心,否则很难在这些部门运用本办法	参与人员必须十分熟悉工作流程,否则很难提出改进意见。但是,参与人员又必须能跳出原有的、已经习以为常的工作流程,否则也很难提出改进意见	需要对标杆组织或参考数据有比较透彻的了解,否则参考意义有限

七、职位设置的新趋势

(一)职位不确定性的增加

在设置职位时,我们将职位看作相对稳定的、确定性的内容,是对职位内容规范化、标准化的描述,因此职位本身的确定性和可重复性是职位设置的前提。但是,随着工作本身从确定性向不确定性、从重复性向创新性的转变,职位内容本身的变异程度大大增加,能够对职位进行清晰界定的内容变得越来越少。因此,职位设置正在向着一个动态的方向发展。

(二)职位边界模糊化

挖掘并明确规定某一个职位工作与其他职位工作之间的内在差异——主要是

职位目标与职责之间的不同,是职位设置的主要目的之一。传统的职位设置强调对职位职责的明确界定,通过理清职位之间的职责、权限的边界来为组织与管理的规范化提供基础。但是,随着工作本身从重复性向创新性的变化,知识型工作不再强调这一点,而是允许甚至鼓励职位与职位之间的职责与权限的重叠,以打破组织内部的本位主义与思考局限,激发员工的创新能力与意识。在边界模糊的条件之下,怎样的工作内容(例行的还是例外的,甚至以多大频率例外的)应该被包含于职位说明书中,这将成为难以确定的问题。

(三)团队工作和项目工作正在取代传统的个人职位

传统的职位设置是在工业经济下的竞争环境、组织结构和职位职责相对稳定和可以预见的时代里发展起来的,因此对于组织中最基础的单元——职位的设置是最有利于组织有效运转的基础工具之一。但是,随着环境的变化和管理水平的提高,以职位为基础的组织逐渐以工作团队和项目团队为基础来完成组织的目标与任务。团队在执行任务的过程中,并没有明确的、固定的职责分工,而是根据需要,由团队成员自行调整,随机应变。职位设置的对象不再仅仅针对单个职位了,而是更多地关注工作团队和项目组合,由点的分析到区域的分析,由“职位分析”转向“角色分析”。这种动态的工作方式对职位设置提出了新的挑战,如何平衡好岗位的动态性与静态性将成为另一难题。

第二节　职位体系设计概述

在工作设计、职位设置和界定的基础上,我们可以构建组织的职位体系。职位体系是组织员工要完成的各项任务和职责的集合,是实现组织战略目标的客观要求,是组织管理和人力资源工作最基本的载体。

一、职位体系设计概述

(一)职位体系设计的方法和内容

职位体系是指组织内部所有不同的领域的职位按照所属关系和等级关系,形成的职位组合系统。它以组织的战略目标为导向,反映组织中目标、任务、职能的安排,职位之间的关系以及在工作性质、晋升、发展、工作难易程度上的关系,它是人员管理的基础。

职位体系的形成来源于组织管理的需要,它根据人力资源管理的策略,以职位分类法(Job Classification)作为基础,从横向上将所有的职位,按其业务性质分为若干职位序列、职位族,然后从纵向上按责任大小、工作难易、所需教育程度及技术高低分为若干职位通道、职层、职级，对每一职位给予规范的职衔、准确的定义和描述。

职位体系设计形成的内容包括两大方面：从横向看，将组织所有职位根据不同专业领域的职位工作内容相似性横向组合为职位序列；从纵向看，根据各职位的作用贡献，职位从基层不断向高层发展，纵向划分为职位等级后所形成的职位通道。因而职位体系是涉及职位、职位序列、职位通道、职位层级以及职衔等一系列人力资源管理基本要素的职位管理系统，如图 9-9 所示。

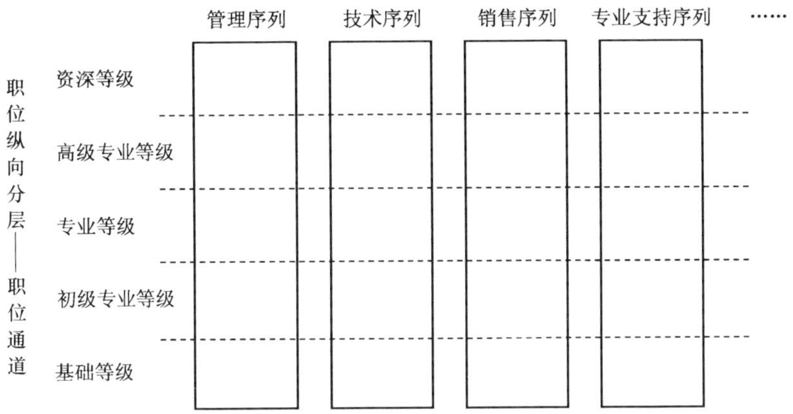

图 9-9　职位体系示意图

（二）职位体系设计的作用

图 9-10 表示的是职位体系在组织战略和人力资源管理中的作用：

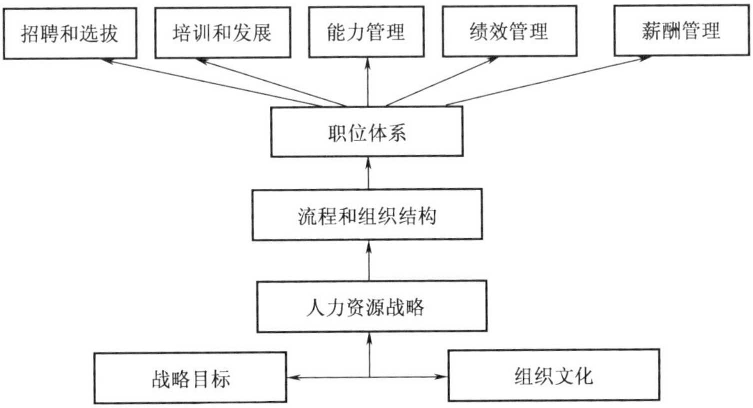

图 9-10　职位体系的作用

1. 职位体系设计在组织战略管理中的作用：

(1)从组织的战略管理来看,职位体系设计通过对职位进行分析,阐明职位的职责和任职要求,不仅将组织的战略目标转换为一系列相互联系和支持的具体工作任务,而且明确了职位间职责的边界,避免了由于边界不清可能导致的责任不明,使组织的每一项工作都得到具体落实。

(2)从组织的人力资源战略来看,职位体系的建立能够明晰组织核心业务的职位界定,以明确需要何种专长与技能的核心人才,能够为实现人才梯队建设提供顺畅的职位通道,从而实现人力资源战略中的人才战略。同时,职位体系强调系统性,通过职位体系整合招聘管理、职业发展、培训开发、绩效管理、薪酬管理等职能,为把人力资源工作重点从单独做好某一项工作转向强调系统整合的战略性人力资源管理提供客观基础。

(3)从组织结构来看,职位是组织结构中的最小要素。作为对职位的分类形成的所有职位的集合,职位体系明确了职位在组织结构中的角色和职责,实现了组织结构划分的意义,如图 9-11 所示。

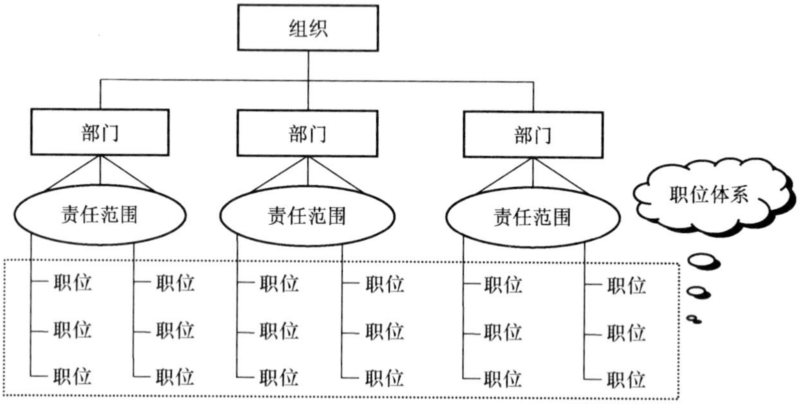

图 9-11　职位体系与组织结构划分

(4)从组织的核心业务流程来看,组织中职位的职责包含了核心业务流程中的所有关键活动,职位序列应与关键增值活动基本对应。

总之,合理的职位体系应以战略为导向,以组织为基础,与流程相衔接,是组织战略目标、组织文化、流程和组织结构向人力资源管理各大模块过渡的桥梁。

2. 职位体系设计在人力资源管理职能中的作用。职位体系是组织对职位的相对细化的管理工具,是人力资源管理主要活动实施的基础和前提,为实现人力资源业务的简化和公平准确创造了条件。科学的职位体系设计可以在以下方面对组织提供有效的帮助：

(1)招聘与选拔。职位体系建立过程中,使职位的标准要求更加明晰化,使人力资源管理工作在人员任用时更具有针对性。

(2)薪酬。职位体系设计认同各职位在组织中重要性的不同,并以此为依据,作为实现同工同酬,建立公平、合理的薪酬制度的基础,有助于调动工作人员的工作积极性,减少争议。

(3)绩效评估。职位体系的建立,为职位的职责与要求建立了轮廓,可作为评估员工绩效的客观依据。

(4)培训。职位体系建立的过程明确了某一职位、知识的各种能力条件。这些能力条件并非人人都能满足或达到,这就需要对员工进行不断的培训,培养其能力。

(5)职业生涯发展。职位体系中的职位通道可以作为员工职业生涯发展的依据。

二、职位体系设计原则

(一)职位体系设计的原则

1. 战略导向原则。战略导向原则强调组织设计职位体系时必须从组织战略的角度进行分析,制定的职位管理政策和制度必须体现组织发展战略的要求。组织的职位体系不仅仅是一种制度,它更是一种机制,驱动和鞭策那些有利于组织发展战略的因素成长和提高,同时使那些不利于组织发展战略的因素得到有效的遏制,并消退和淘汰。因此,在职位体系设计时,必须从战略的角度分析各种因素以及衡量标准。

2. 激励作用原则。职位管理是组织的激励手段之一,组织通过职位管理可以使优秀员工得以晋升,提高员工对组织的忠诚度,激发员工的工作积极性。激励作用原则就是强调组织在设计职位体系时必须充分考虑职位体系的激励作用,以有效调动员工的积极性和创造性,激发员工的工作动机,使员工努力去完成组织的任务,实现组织的目标,同时实现自身的需要,增加其满意度,从而使他们的积极性和创造性持续保持和发扬。

3. 整分合原则。整分合原则是指一个组织必须在整体规划下明确分工,在分工的基础上进行有效的合作,以增强整个组织的效应。在进行职位分类时,应以组织的总目标和总任务为核心,从上至下层层分解,分解为一个个具体的分目标、分任务和子目标、子任务,直至分解落实到每一个职位上;然后,再对这些职位从下至上进行综合,层层保证,确定各职位上下间的隶属关系和左右间的协调合作关系,以确保组织系统的整体功能。

4. 专业化原则。职位体系的设计应当根据组织战略对人才的要求以及不同职位类别工作难度、任职能力要求的复杂性来对不同职位类别进行层级划分。也就是按工作任务的性质进行专业化分工，即组织内的各部门、各岗位都应该尽量按专业化原则来设置，以便使工作精益求精，达到最高效率。

5. 权变的原则。任何系统都必须适应外部环境条件及其变化，和其他有关的系统相互联系，构成一个更大的系统。

（二）职位体系设计的目标

1. 职位管理的标准化。合理规划职位序列，统一职位序列与职位通道和层级，统一职衔与称谓。

2. 建立职业发展的多重通道，为职位的轮换奠定基础。改变单一的行政管理职务晋升方式，通过建立多轨制的晋升阶梯，使管理人员和专业人员都获得通畅的职业发展路径。

3. 为人员规划和使用建立基础，为人员结构比例配备建立职位结构基础，以优化员工队伍结构，提升员工能力，最终提高组织的绩效。

第三节　职位序列的设计

一、职位序列设计的概念

职位序列设计是指利用职位横向分类的方法，根据职位中的业务性质或者承担者的性质和特点，对职位进行横向的区分，形成若干职位类别，即职位序列和职位族的过程。

二、职位序列设计的作用

（一）职位序列设计对于组织的作用

1. 职位序列的划分，体现了人员的任职资格、培训、绩效考核、人员聘用等共同要求，便于对不同领域或方面的职位进行管理。

2. 职位序列的划分便于区分重要的专业领域或经营管理活动的主要方面，有利于合理分配和调整资源。

3. 职位序列的划分便于将员工的才能进行分配，有利于各专业领域或经营管理活动方面的专业化发展。

4. 职位序列是划分职位层级、设计职位通道的前提，进而成为人力资源管理中员工任职资格管理、人员晋升轮换等的基础。

（二）职位序列设计对员工个人的作用

职位序列将人的才能进行分配，能帮助员工人分清各发展领域，便于个人发展领域的定位和选择；员工在明确其发展领域后，能专注于该领域，投入精力，有利于个人成长。

三、职位序列设计需要考虑的因素

（一）各部门职能

在职位序列设计的逻辑图中（见图 9-12），首先要明确实现目标需要什么性质的部门，提供什么类型的职能，然后考虑为执行职能，需要什么样的职位来履行怎样的职责，最后详细确定职位在履行职责过程中需要完成什么任务，完成任务的标准是什么，要完成这些任务需要什么能力，等等。详见图 9-13。

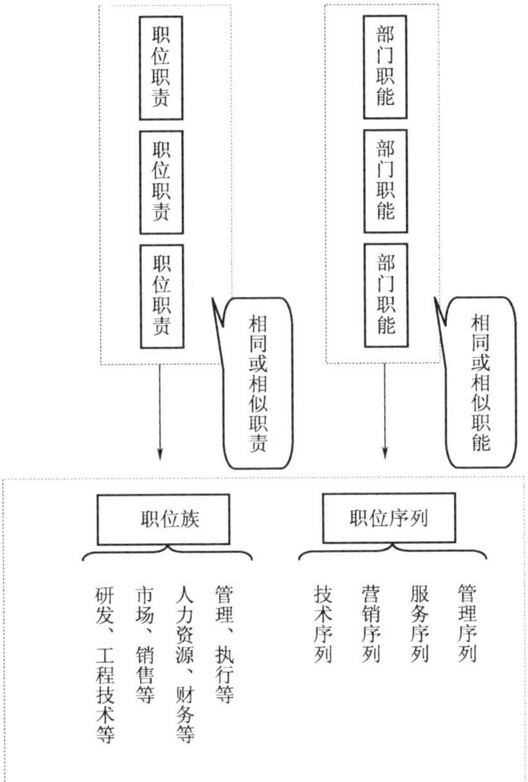

图 9-12　基于各部门职能的职位序列设计的整体逻辑图

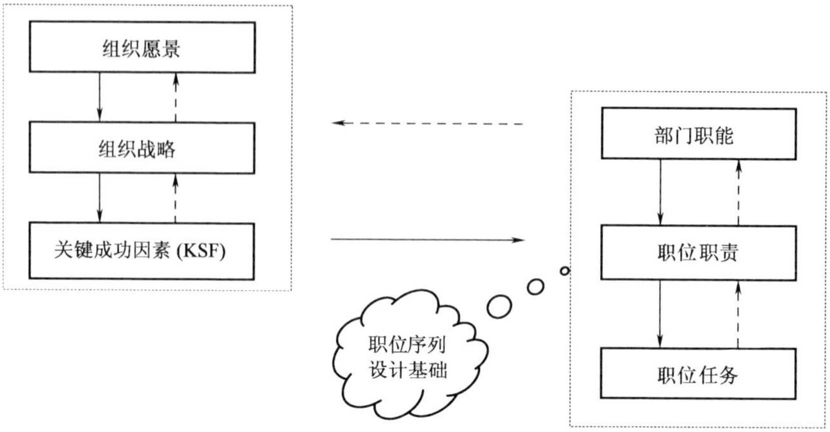

图 9-13　基于各部门职能的职位体系设计的基础图

（二）组织业务流程

职位体系设计以组织的战略目标为导向，应与业务流程相衔接，以组织结构为基础。那么，在设计职位序列时，应对组织的业务流程进行分析，按照活动或任务的相关性，对其中重要的生产、经营、管理活动进行分类、集合。这些经过分类后的活动集合可以作为划分职位序列的主要依据。

组织的业务流程是设计职位序列时应考虑的主要因素，但要注意，最终形成的职位序列不一定与组织的业务流程完全吻合。这是因为：业务流程是组织开展活动的线路，它是依据组织经营活动的进行时间和发展顺序进行设计和规划的，其目的是帮助管理者明确组织经营活动中价值创造的主要环节；而职位序列是以组织经营活动所属的不同专业领域或主要方面来划分的，其目的是明确职位的职责，对职位进行定位，便于管理者协调和管理。基于业务流程和职位体系的不同含义和目的，一般情况下，业务流程不会与职位序列完全对应。

比如，某房地产公司在项目的可行性分析、施工两个环节中都需要进行地质勘探工作，而在设计该公司的职位序列时，两个环节的地质勘探工作可以作为一个职位序列——“勘探设计序列”；再比如，组织的业务流程中，很多环节都需要管理工作（如财务管理、人力资源管理等）的支持，这些管理工作都可以作为管理支持职位序列。下面我们以某房地产公司为例说明业务流程与职位序列的关系，图 9-14 所示的是某房地产公司的核心业务流程。

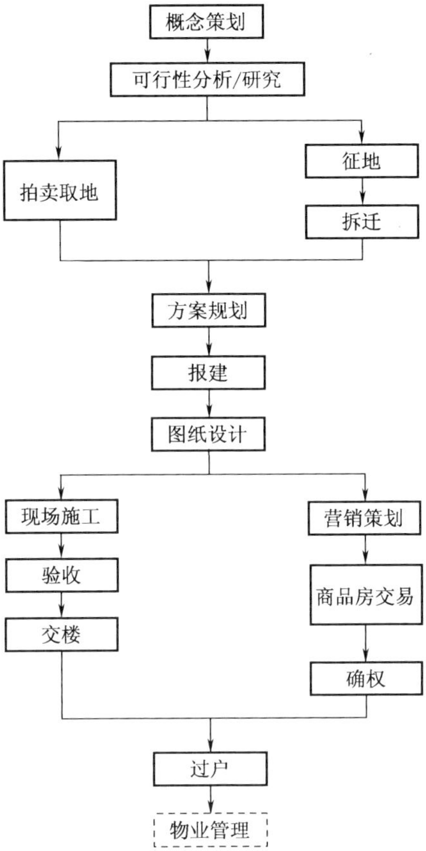

图 9-14　某房地产公司的核心业务流程

在分析核心业务流程的基础上，该公司将职位职责、工作内容相关的职位进行分类，形成以下职位序列，根据核心业务流程中的主要经营活动，按照业务流程的先后顺序，该公司的职位序列划分如图 9-15 所示，每一职位序列下方列出该职位序列的主要工作职责。可以看出，这些职责包含了核心业务流程中的所有关键增值活动。

（三）职位工作内容的相似性

职位工作内容的相似性是划分职位序列的主要依据和根本依据。相似性包括职位性质的相同或相似，职责内容的专业属性相同或相似，工作内容或职责范围属同一方面，等等。比如，依据工作内容的专业领域不同，某地铁工程组织的职位序列划分如图 9-16 所示。

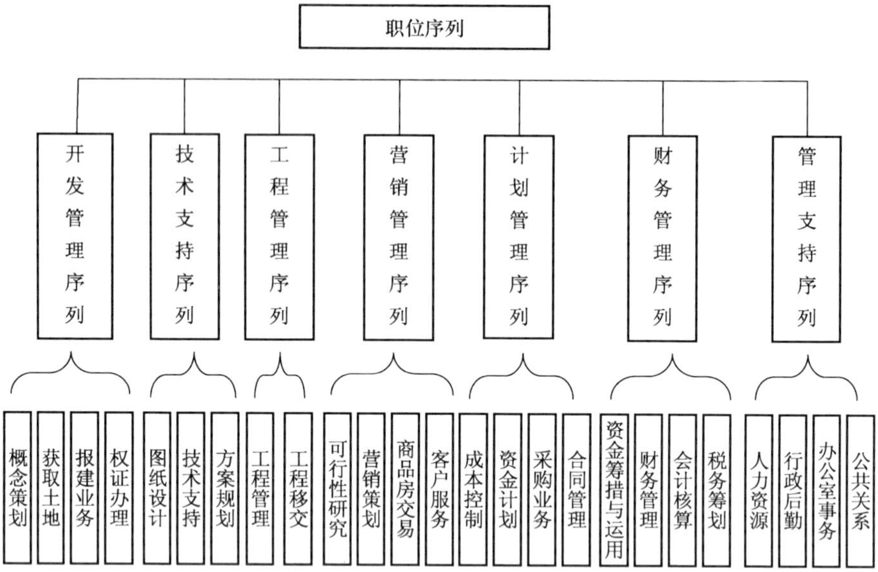

图 9-15　某房地产公司的职位序列划分

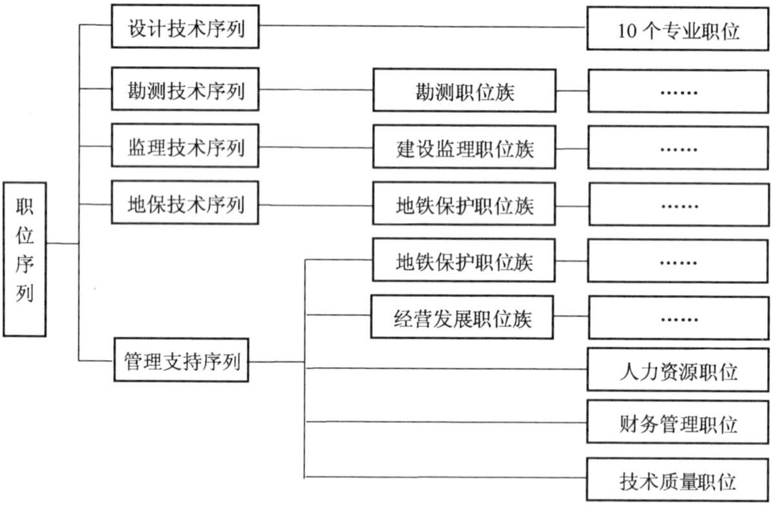

图 9-16　某地铁工程组织的职位序列、职位族和职位划分

（四）行业中的成熟实践

对形成一定规模的行业来说，经营活动类似的众多组织在大量实践的基础上

形成的职位序列划分方法，具有较普遍的适用性，可以作为参照。在设计职位序列时，在立足组织实际的前提下，参考这些行业通用的职位序列划分实践成果，对构造合理、适用的职位序列大有帮助。表 9-3、表 9-4 分别为软件开发行业和生产制造行业职位序列的一般划分。

表 9-3　软件开发行业某优秀组织的职位序列

职位序列	管理序列	技术序列	营销序列	专业序列
职位族	· 五级管理者 · 四级管理者 · 三级管理者	· 系统职位族 · 软件职位族 · 硬件职位族 · 测试职位族 · 结构职位族 · 技术支持职位族 · 技术管理职位族 · 质量管理职位族 · IT 职位族	· 销售职位族 · 产品职位族 · 营销策划职位族 · 公共关系职位族	· 计划职位族 · 流程管理职位族 · 财经职位族 · 采购职位族 · 人力资源职位族 · 项目管理职位族 · 商务职位族 · 秘书职位族 · 法务职位族

表 9-4　生产制造行业某优秀组织的职位序列

职位序列	管理类			技术类		生产类	
	行政管理序列	生产管理序列	供销管理序列	电脑工程序列	模具工程序列	精密模具制造序列	生产支援序列
职位族	· 经营管理 · 财务管理 · 行政总务	· 制造管理 · 质量管理	· 贸易管理 · 采购管理 · 销售管理	· 硬件工程 · 软件工程 · 生产设备维护	· 模具制造 · 软件应用	· 研磨 · 铣削 · 放电 · 成型 · 钳工	· 模具零件 · 成品管理 · 材料 · 热处理 · 焊接 · 表面处理 · 备料作业 · 机电维修

资料来源：郑晓明，吴志明．工作分析实务手册[M]．北京：机械工业出版社，2002：249．略有改编。

（五）组织的职位数量和人数规模

组织的职位和人员数量也是设计职位体系时要考虑的重要因素，如果组织的职位和人员数量较少，就没有必要将职位序列划分得太细，划分太细反而增加了许多不必要的工作，增大了管理的难度。如果职位和人员数量比较多，职位序列的划分也应相对细些，将众多职位划分到比较具体的职位序列中去，并配备相应的人员，便于同类工作或经营活动的统一规划，也便于管理和协调。

第四节　职位通道的设计

一、职位通道设计的内涵

职位通道设计是指从纵向上按责任大小、工作难易、所需知识技能高低，将职位序列分为若干职位职层、职级的过程。

二、职位通道设计的作用

（一）职位通道设计对组织的作用

职位通道的设计是组织对各职位前景和发展的规划，按照这一规划，组织可以有目的、有针对性地展开培训，提高员工能力，发展和扩大各领域的专业人才队伍，更好地为实现组织战略目标服务。

通过职位通道的设计，使不同等级职位责任大小、工作复杂程度与难度、员工能力的高低在组织内部达成共识。管理者可以将达成共识的职位等级作为制定薪酬水平的依据之一，便于实现组织内部的相对公平。

职位通道设计不仅对管理领域内的职位进行等级设计，而且也对技术领域内的职位进行等级设计，这可以改变员工认为“只有跻身管理层，才能得到更好的发展和更高的薪资水平”的旧观念，有利于组织的管理和技术两大领域平衡发展。

（二）职位通道设计对员工个人的作用

职位通道确定了各领域职位的发展出路，能够帮助员工认清各职位的发展趋势，提前“看到”各职位的未来，对职业前途做出明确的选择。

不同的职位等级对员工掌握的知识、技能等方面的要求也不同，根据不同等级职位的要求，员工能对自己在职业发展通道中所处的位置进行正确的定位，也能正确地理解要发展到更高级别的职位，自己还欠缺的知识和能力，从而有针对性地提高、发展个人能力，尽量不走或少走弯路，有利于个人尽快地发展和成长。

三、职位通道设计需要考虑的因素

（一）主要因素

职责的重要性、职责的范围及难度，需要的知识、技能、素质的高低是职位通道设计的主要因素。职责越重要，职责范围和难度越大，那么该等级的职位需要的任职者的知识、技能、素质相对比较高，该职位的等级也较高；反之，职责重要程度越低，职责范围和难度越小，那么该等级的职位需要的任职者的知识、技能、素质相对比较低，该职位的等级也较低。其构成如图 9-17 所示。

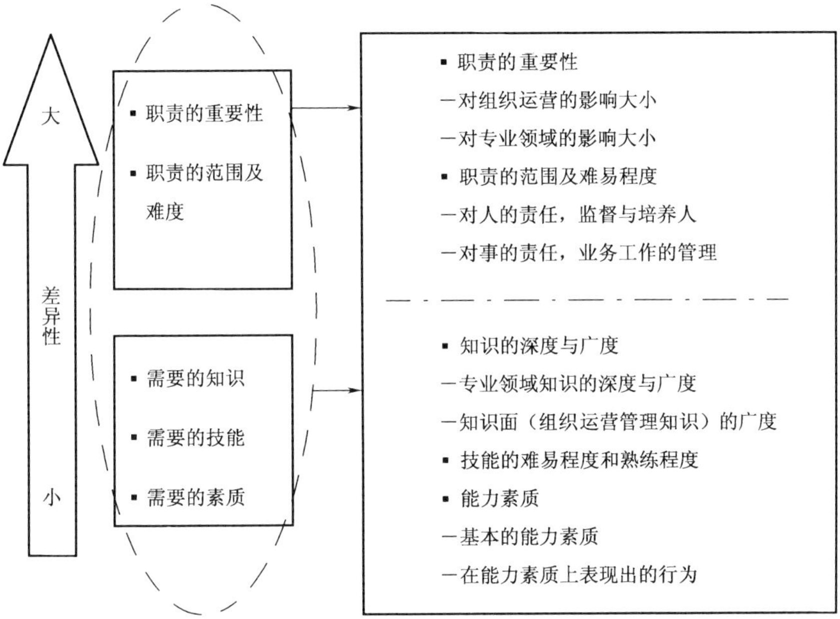

图 9-17　职位通道主要因素构成模型

按照某一序列的职位在职责的重要性和职责的范围及难度，所需的知识、技能、素质的差异性，一般将该类序列的职位划分成为 4~6 个层级。以图 9-18

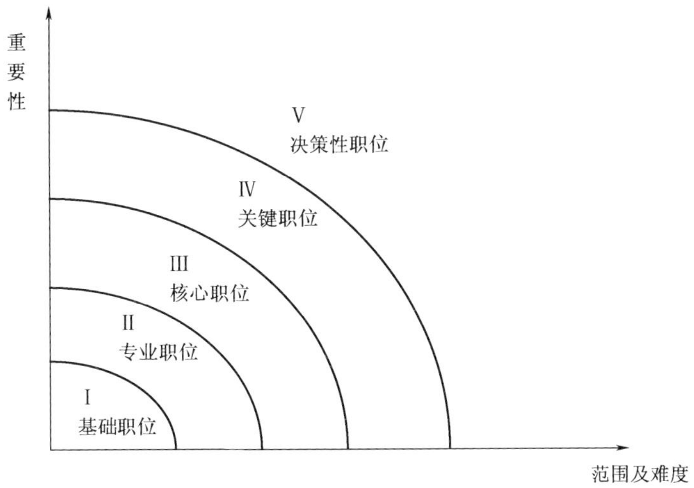

图 9-18　重要性和难度维度下的职位划分

所示的一般性划分为例，按照职责的重要性和职责的范围及难度两个维度，该序列中的职位被分为基础职位、专业职位、核心职位、关键职位、决策性职位，从而形成了该职位序列Ⅰ级到Ⅴ级的五个层级。

接下来，我们看某一特定职位通道设计，表 9-5 所示为某设计院的"工程设计职位序列"的层次划分。在每一个层次的描述中我们可以明确该层次职位对于任职资格、职责与管理范围的要求，即划分的标准。

表 9-5 工程设计职位序列的职位通道设计

层　次	描　述
首席设计师	· 通常是设计院内或行业内公认的技术专家 · 对专业领域有很深的研究，同时对相关专业有一定的了解 · 通常要求该职位开发出一些新的工具和方法给基层的技术人员使用
资深设计师	· 要求在某个特定的专业领域内具有很深的研究，能够在该专业领域内开发或者修改标准的指导原则 · 能够使用一些非常规的方法或技术解决技术或业务上的挑战性问题
高级设计师	· 能够自如地应用事先设计好的专业工具和知识 · 通常需要具有一定年限的设计经验，且参与了一定的项目 · 能够指导基层员工的工作，或者监督基层员工的工作质量 · 在这个位置上，职业生涯向专业技术或管理层两个方向发展
专业设计师	· 通常在有限的监督下，应用具有一定深度的知识 · 要求具备一定的能力去理解来自客户的要求或技术要求，从而应用那些已经开发好的工具
助理设计师	· 通常是该专业范围内的入门职位 · 通常在紧密的监督下从事日常的工作 · 不要求具备相关的工作经验，但学历要求是必需的

职位通道应该设为几个层级，需要考虑组织的实际需要。一般来说，职位层级分为五级，但这种层级还不是完全的职位等级，每个层级里，又有不同的职位和职位等级；而有些组织职位通道还可以划分为三个层级，如规划控制层、组织实施层、操作层（或者称为核心层、骨干层、基础层）三个层级，如表 9-6 所示。

表 9-6　职位通道层级设置举例

	层级	举例		
五层级的职位通道设计	高层管理岗位	总经理、副总经理、总经理助理		
	中层管理岗位/资深专业人士/内部专家	部长、副部长		
	主管/高级专业人士	会计主管、财务主管、高级人力资源专员		
	专业人士	会计、人力资源专员、行政专员、销售代表		
	普通员工	文员、小车司机、人事助理、销售助理		
三层级的职位通道设计		销售序列	产品序列	……
	规划控制层	高级销售总监	高级产品总监	
		销售总监	产品总监	
	组织实施层	高级销售经理	高级产品经理	
		销售经理	产品经理	
	操作层	销售主管	产品主管	
		高级销售代表	高级产品代表	
		销售代表	产品代表	

有时候为了对员工的能力做更细致的区分,需要在层级类别的范围下进一步分等。一般可以将每级划分为四等:预备等、基础等、普通等和职业等。预备等最低,职业等最高,如图 9-19 所示。如果组织的员工人数比较少,每层或每级也可以设计为三等甚至二等,例如设计为基础等、普通等和职业等。

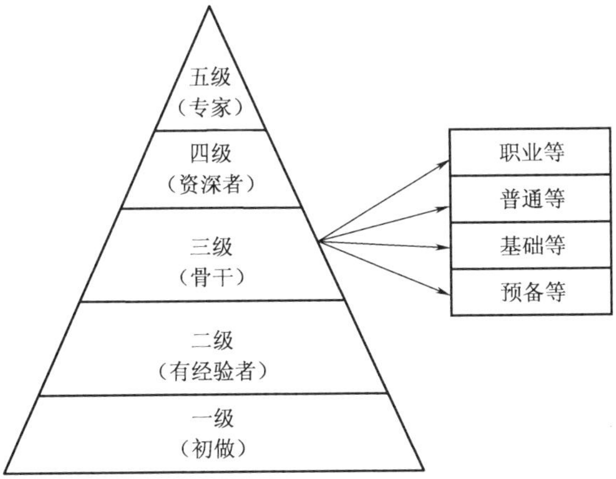

图 9-19　层级类别下的职位分等

（二）其他因素

1. 组织的人员数量的多少和职责分工的粗细。组织的人员数量是确定职位等级数量需要考虑的因素之一。职位通道将某一领域的职位划分到不同的职位等级中，每一职位等级的人数不能过多，过多不便于管理和协调；也不能过少，过少甚至空缺会导致该职位等级失去实际意义。一般来说，比较合理的职位通道结构应该是“橄榄形”——两头小、中间大，也就是说，占组织总人数的比例，基层员工或助理的人数、高层管理者的人数相对较小，而中高层专业人员和普通管理人员的比例相对较大。在设计职位通道时，应根据组织的实际人数和每一职位等级人数占总人数的大致比例，合理确定职位等级的数量。

职位等级数量的设计也要考虑组织的职能划分程度，若组织职能较多、分工较细则需要对多个职位序列进行划分；若组织的职能较少、分工不细，可以对承担主要职能或职责的职位划分较多层级。表 9-7 以人力资源部门为例，说明如何在综合考虑人员数量、职能划分和分工程度的实际情况下划分职位等级。

表 9-7　不同人员数量、职能划分和分工程度下的人力资源部门职位通道设计

<table>
<tr><th rowspan="2"></th><th rowspan="2">层级</th><th colspan="3">职位</th></tr>
<tr><th>招聘</th><th>培训</th><th>薪酬</th></tr>
<tr><td rowspan="5">职能较多、人数众多、分工较细时的职位通道设计</td><td>中高层管理人员</td><td colspan="3">人力资源总监</td></tr>
<tr><td>管理人员</td><td>招聘经理</td><td>培训经理</td><td>薪酬经理</td></tr>
<tr><td>高级专业人员</td><td>高级招聘专员</td><td>高级培训专员</td><td>高级薪酬专员</td></tr>
<tr><td>专业人员</td><td>招聘专员</td><td>培训专员</td><td>薪酬专员</td></tr>
<tr><td>基础人员</td><td>招聘助理</td><td>培训助理</td><td>薪酬助理</td></tr>
<tr><td rowspan="4">职能较少、人数不多、分工不细时的职位通道设计</td><td>管理人员</td><td colspan="3">人力资源总监/人力资源经理</td></tr>
<tr><td>高级专业人员/主管</td><td>招聘主管</td><td>培训主管</td><td>薪酬主管</td></tr>
<tr><td>专员人员</td><td colspan="2" rowspan="2">人力资源专员/助理</td><td>薪酬专员</td></tr>
<tr><td>基础人员</td><td>薪酬助理</td></tr>
</table>

2. 完成职业生涯所需的时间。完成整个职业生涯所需的时间是完成相邻职位等级过渡所需时间的总和。比如，一名基层员工大约需要 15 年时间，才能完成从基层员工到高层管理者这一职业生涯成长。那么，在设计这一领域职位的等级时，不应让员工从现有职位等级过渡到高一级别所需的时间太长，太长易让人产生高不可攀的感觉，使人丧失斗志，甚至员工选择离开组织。同时，时间也不能太短，太短不能对员工起到激励作用，也不利于员工的个人发展。也就是说，职位晋升的周期过长或过短都没有意义。比如，在上面的例子中，将基层员工发展到专业人士

的时间规定为10年(过长)或半年(过短)都是不合理的。

所以,在设计职位通道时,我们应仔细掂量完成这一职业生涯需要的总时间,如果这一时间较长,可以考虑适当增多职位等级,以免职位晋升的周期过长;如果时间较短,可以考虑适当减少职位等级,以免职位晋升的周期过短。

四、职位体系的形成(横、纵、职衔、任职资格标准)和应用

(一)职位体系的形成

通过对职位横向划分形成职位序列/职位族,对职位序列/职位族纵向的划分形成职位通道后,就搭建成了职位体系的基本框架,如图9-20(a)所示。

图9-20 某组织职位体系内各类别职位等级(节选)

在职位体系的基本框架构建完成后,需要为与不同职位序列和不同层级相对应的职位设定名称,也就是通常所说的职衔的设计。职衔是组织对其内部各个类别等级职位的称谓,因此不同的组织对其内部性质层次相似的职位可能会有不同的称呼。例如,同样是专业技术序列最高层级的职位,可能称总工程师、技术总监或者首席专家等。图 9-20(b)是在图 9-20(a)的基础上规定相应职位的名称。

职衔设置应遵循以下原则:

1. 对内统一规范原则。职位名称在组织内部应统一、规范、简明,应与职位的职责相对应,能使人一看名称就大体了解职责内容,各部门相同职位的名称也应一致。一般采用“职业通道等级名称 ”给任职资格的通道级别命名。例如,研发技术通道的级别可以命名为研发技术一级、研发技术二级、研发技术三级、研发技术四级和研发技术五级,以便于组织内部管理。

2. 对外可比较性原则。对职位名称进行确认时应尽量与社会通用名称一致,方便公司对外交流等。在很多组织里,同样是做一线销售的人员,有的公司叫业务员,有的叫业务代表,有的叫销售代表,众多工作职责相同的职位,名称却不一致,这可能会给内部的管理造成混乱,在设定职位名称时,应该尽量与社会通用名称保持一致。

3. 激励性原则。在对外可比较性的基础上,还要适当考虑激励效果。同样的岗位,取一个恰如其分的名字,会给人很大的激励作用。沃顿商学院人力资源中心主任彼得 · 卡普利说,“以前,人们只想获得更多的薪酬,而现在,他们却期望在职位上得到认可,如有必要,他们将会不断前进以获得提升”。例如,为了突出对公司业务代表的激励,可以将业务代表职衔改为客户经理等。但是同时要防止职衔膨胀的危险。

在职衔设计完成后,为不同职位序列和不同层级的职位设计任职资格等级标准是职位体系形成的最后一项内容。任职资格等级标准的建立能够明晰不同类别和不同层级间的职位对任职者的不同层次的要求,它体现了职位体系划分的依据,是界定不同类别和层级职位的标尺。对于任职资格等级标准的设计和管理,我们将在下一章介绍。

(二)职位体系的应用

职位体系最直接的应用是设计员工职业发展通道,员工职业发展通道是根据组织职位分类以及职位分层、分级结果来确定的。

1. 职位序列/职位族划分与发展通道。一般一条划分后形成的职位序列或职位族就对应一条职业发展通道,如图 9-21 所示。

首先,在组织的职务序列或职位族中,对于那些技术含量不高、专业性不强、任职者可替代性很强的职务序列或职位族,我们认为不需要为其设置专门的职业发展通道,如事务性职位族;其次,可从组织发展战略实现角度来审视,按组织现有职

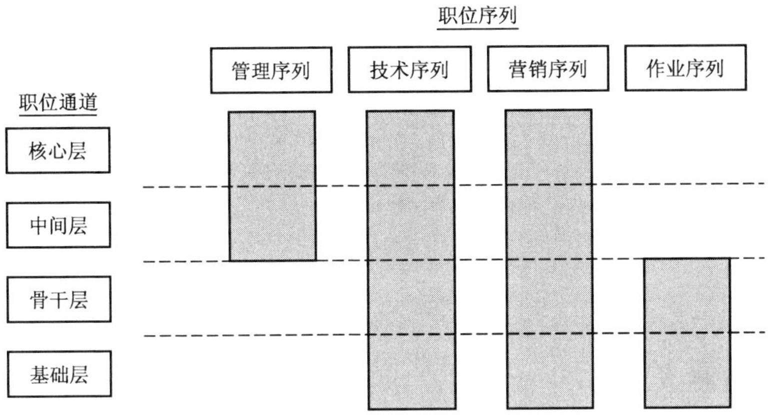

图 9-21 职位序列分层与职业发展通道

位族来设置职业发展通道是否满足组织战略对人才的需求。如果基于目前的职位体系建立起的职业发展通道无法培育出未来组织需要的专门人才,可以增设职业发展通道,增加"市场营销"职位族。实行依据职位序列、职位族的发展通道管理,打破部门的用人差异,实行统一的人才管理标准。

2. 职层/职级、职等划分与职业发展通道。每一个职层和职级代表一个职业发展阶梯。对员工职业发展通道设置阶梯,有利于组织判断各业务系统员工的任职能力和专业水平,也有利于员工个人了解自己的水平,从而制定下一步职业发展的目标。

图 9-22 为最典型的五级双通道模型,五级双通道从横向分为管理通道和专业通道;从纵向上每条通道划分为 5 个不等的级别。专业技术类一般划分为 1~5 级,管理通道则为 3~5 级。专业通道可以进一步细分,不同的通道之间可以相互转换。

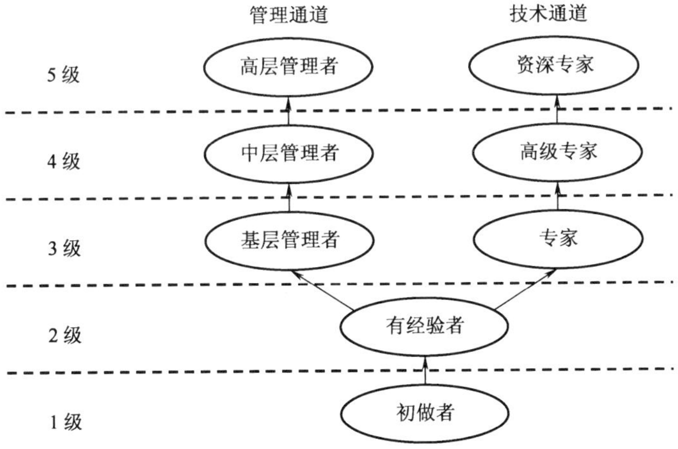

图 9-22 五级双通道模型图

在五级通道发展模型中,每个员工至少拥有两条职业发展通道。以技术人员为例,在获得技术资格二级之后,根据自身特长和意愿,既可以选择管理通道,也可以选择技术通道去发展。由于两条通道的资格要求不同,如果技术特点突出,但领导或管理能力相对欠缺的话,就可以选择在技术通道上继续发展,直至成长为资深技术专家。

本章扩展

案例分析

吉林省网通公司职位体系

吉林省网通公司由原来政企合一的吉林省邮电管理局历经分拆重组演变而来,其前身是吉林省邮电管理局,在先后历经寻呼业务剥离、邮电分营、移动业务剥离、南北拆分、融合重组之后,2005 年 10 月,公司由中国网通集团注资收购,在纽约、香港成功上市,成为中国网络通信集团(有限)公司的子公司。吉林省网通公司紧紧抓住国家实施"以信息化带动工业化"战略的历史机遇,广泛依靠各级政府和社会各界力量,积极跟踪和应用世界先进技术,加快网络技术演进步伐,推进组织转型,把组织建设成为业务种类齐全、服务质量优良、网络运行稳定、现代组织制度基本建立、全面协调可持续发展的宽带通信和多媒体服务提供商。但是随着组织一系列分拆重组的重大演变和市场经营环境的变化及组织自身的发展,作为一家国有特大型组织,同时也是一家海外上市公司,正处于转型时期的吉林省网通公司现有的职位体系暴露出来诸多问题,比如职位序列不足、职位晋升通道不畅、缺少职位及工作分析等,职位体系已经越来越不能适应组织发展的需要,使得组织的人力资源竞争力越来越不能适应现代组织制度的需要,影响员工的工作绩效和职业生涯发展。建立有效的职位体系和职位管理机制,从而有效调动员工积极性和创造性,成为摆在吉林省网通公司管理层面前的一个严峻而紧迫的课题。

吉林省网通公司职位体系的岗位序列划分为管理、技术业务两大序列,如表 9-8、表 9-9 所示。管理岗位的岗位层级为 1~10 级;技术业务岗位的岗位层级分为 1~13 级。

表 9-8 吉林省网通公司管理职位序列表

岗位分类	管理岗位			
	省公司	省会分公司	地市分公司	县局
一	总经理			
二	副总经理	总经理		
三	部门经理	副总经理	总经理	
四	部门副经理	部门经理	副总经理	
五	业务主管	部门副经理	部门经理	局长
六	业务主办	业务主管	部门副经理	副局长
七	业务助理	业务主办	业务主管	部门经理
八	业务员	业务助理	业务主办	业务主办
九		业务员	业务助理	业务助理
十			业务员	业务员

表 9-9 吉林省网通公司技术业务岗位工资标准表

岗位分类	管理岗位		
	省级公司	地市级公司	县级公司
一			
二			
三			
四	高级××经理		
五	××经理	高级××经理	
六	××主管	××经理	××经理
七	××主办	××主管	××主管
八	××助理	××主办	××主办
九		××助理	××助理
十		生产辅助四级	生产辅助四级
十一		生产辅助三级	生产辅助三级
十二		生产辅助二级	生产辅助二级
十三		生产辅助一级	生产辅助一级

员工按照岗位划分为管理、市场经营、运行维护、研发和其他五大类别。分别是：

1. 管理人员，指在各单位组织生产经营活动和从事生产经营及职能管理的人员，包括从事组织策划、法律事务、财务审计、市场经营、人力资源、安全保卫、工会、综合事务管理的人员。

2. 研发人员，指从事经营、技术研究开发的人员。

3. 市场经营人员，指从事经营工作的人员，包括营业、话务、营销、客户服务等人员。

4. 运行维护人员，指各单位从事设备、线路运行维护和日常值守的人员。其中包括网管监控、资源管理、设备和线路维护、综合日常值守、应急通信等人员。

5. 其他人员，指从事后勤保障服务的人员。

上述人员除管理人员划入管理序列管理外，其他均在技术业务序列。在员工晋升方面，以市州分公司为例，技术业务序列的技术人员最高只能达到五级岗，如果再想得到晋升，则需要转为管理人员。在现有的职位体系中，管理人员比例非常高，全省职能管理人员占员工总数比例达到16%，而作为组织产品销售的市场一线人员所占的比例刚刚达到38%，产品研发设计人员不足1%，但是从事运行维护的人员比例约占40%，同时还有相当比例的后勤保障（如物业管理等）非通信生产岗位人员。

思考题：试分析目前吉林省网通公司职位体系存在的主要问题？如果网通公司要进行职位体系设计，该从哪些方面入手？

讨论与思考

1. 职位设置与职位分析有什么区别？

2. 在进行职位设置时有哪些方法可供选择？各自的操作要点有哪些？

3. 职位体系的设计遵循什么逻辑顺序？

4. 职位序列和职位通道设计的标准有哪些？

5. 职位体系的建立为人力资源各项职能提供了哪些支持？

6. 一般组织中的职位序列包括哪些？在职位序列下又包括了哪些职位族？搜集信息，尽可能全面地列出你所找到的职位序列和职位族构成。

7. 分析你所在学校的组织结构及职位设置情况，尝试着对这些职位划分类别，并根据你的经验为这些职位划分等级。最后与其他同学讨论分析你们在划分方式上有什么不同？原因何在？

扩展阅读索引

1. 郑晓明,吴志明. 工作分析实务手册[M]. 北京:机械工业出版社,2002.

2. 胡蔚,陈炳泉,等. 人力资源管理咨询全方案[M]. 广州:广东经济出版社,2008.

第十章

任职资格等级标准的设计与应用

本章重点介绍任职资格等级标准设计和任职资格的管理与应用，读者应着重掌握行为标准、能力标准和基本资格标准的设计流程和方法。

第一节　任职资格等级标准概述

一、任职资格等级标准的概念

（一）任职资格

任职资格（Competence）是指与工作绩效高度相关的一系列人员特征，包括为了完成工作任职者所需具备的基本资格（包括教育程度、经验、业绩）、有效的行为、能力素质（包括知识、技能）等。

（二）任职资格等级标准

任职资格等级标准描述了每个岗位序列、岗位族的不同等级的员工应该知道什么，能做什么，应该如何做，能够做到什么程度。任职资格等级的高低取决于其所具备的条件与能力水平高低。当员工具备更高一级的任职资格时，才能赋予其相应更高一级的岗位。

如果将组织的岗位体系、员工职业发展通道比喻为一栋大楼的通道，那么职业发展的等级就是楼层，而楼层的高度就是任职资格等级标准。有了等级标准，才能对员工的能力进行衡量评价，定位员工现在的能力水平，并清楚下一步的发展目标（图10-1）。

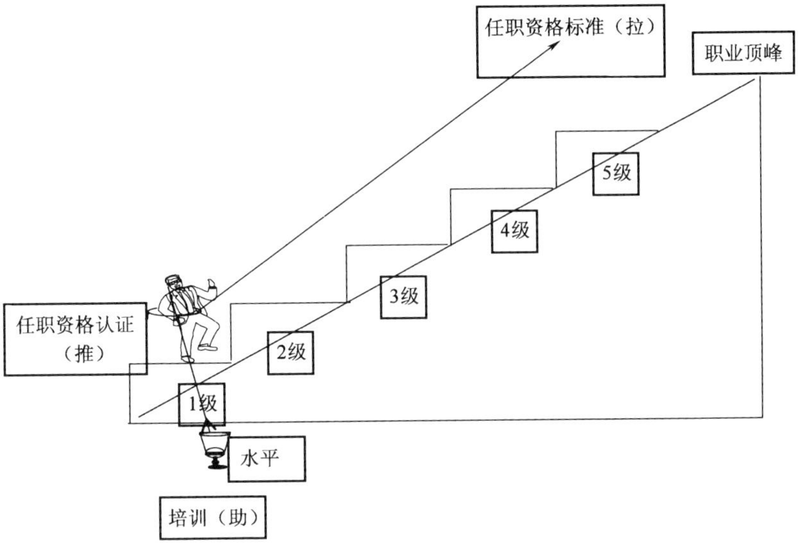

图10-1　任职资格标准及其应用图示

二、任职资格等级标准的基本框架

任职资格等级标准是应该基于学历、经验、绩效，还是其他要素，是任职资格等级标准设计首先要解决的问题。

在岗位体系设计中，组织结构中不同岗位要有相应水平和能力的人员来承担并履行该岗位应负的职责，而业务流程则要求该员工要遵循组织特有的行为方式来工作，这种行为方式对员工技能提出了相应的要求。因此，我们认为，任职资格应该包含担任某一岗位工作的基本条件、行为要求和能力要求三个部分。因而任职资格等级标准应该由基本资格标准、行为标准和能力标准三个部分构成。

（一）基本资格标准

基本资格标准强调的是任职者在专业领域中处在什么样的位置，是任职者技能水平的标尺。它包含教育程度（学历及专业要求）、工作经验（一般经验/相关经验）和业绩等方面的内容。这些标准通过资格证书、背景审查或者绩效评价等方法来进行证明或衡量，具有很高的准确性。

（二）行为标准

行为标准描述了员工以什么样的行为规范来开展工作并取得好绩效，通过行为模块、行为要项、行为标准项三个层次来分析。

行为标准界定了员工应该以什么样的行为规范来开展工作并取得好绩效。如果将基本资格标准、能力标准作为良好绩效输出的基础条件来加以控制的话，那么行为标准则是其过程控制的必备条件。管理学的20/80法则认为，高绩效的工作是由80%的正确过程控制与20%的无障碍沟通来获得的。只有过程的正确才有可能使工作结果正确，过程越来越被管理工作所重视。因为不管你具备多么好的能力标准，如果不落实于行为当中，良好的绩效也只能是追求的目标而已。

（三）能力标准

能力标准是依据组织发展战略和组织管理实际要求制定的，是管理者评价某一序列层级或岗位上任职者能力水平的标准和依据，包括知识技能、社会角色、自我形象、个性、动机，界定了员工适合做什么，能做什么，及能做到哪种程度。其中，知识和技能是能力标准的主要构成。能力标准难以测量或者测量的准确性较低，但是与工作绩效相关性更高。

行为标准是由业务流程提炼而来，是能力标准提炼的前提和依据。行为标准可以作为行为规范最终写入任职资格等级标准中，但很多情况下，它是作为提取能力标准的中间变量存在的，最终并不出现在任职资格等级标准中。

在能力维度中，知识是人才发挥作用的基础要求，没有良好的知识底蕴，专业化的程度会大大降低，这就是我们在工作中经常看见的有些人满腔热情，但是缺少方法，最后的工作成效并不理想；技能是在知识的基础上，综合运用知识的能力，如果没有对知识的综合运用能力——技能，知识就不能够发挥作用，这也就是我们经常看见的高学历、低能力的现象。

在基本资格维度中，教育程度、经验与业绩是衡量能力的直接可见的信息依据。

综上所述，我们可以得出："基本资格标准（基础条件资格）+有效行为标准（应该怎么做）+能力素质标准（适合做什么）= 高绩效（做出了什么）"。

表10-1是通用任职资格等级标准框架内容：

表 10-1　通用任职资格等级标准框架内容

标准	组成部分	组成要素	内容描述
基本资格	教育	教育水平	对学历的要求
		专业	对所学专业或过去从事专业的要求
		培训经历	与本岗位工作相关的培训
	经验	一般经验	社会工作经验,主要是工作年限
		相关经验	与岗位相关的专业领域、管理领域的工作经历,包括工作时间长短、具体工作项目内容(规模、类型、参与程度等)
	业绩	业绩	在组织内或组织外从事本专业工作取得的工作成果
行为	行为模块:某类专业关键的业务工作模块	行为要项:有效完成该业务模块的关键内容	行为标准项:有效完成行为要项的成功行为步骤
能力	知识	专业知识	是员工从事本岗位族工作所需要具备的专业技术知识,包括与本职工作相关的其他专业知识
		环境知识	与本岗位族工作相关的国家法规与政策
			组织竞争对手的基本情况
			与本岗位族工作有关的行业管理惯例
			与本岗位族工作有关的国际惯例
		组织知识	组织制度与政策
			组织结构及本部门的组织结构
			与本岗位族工作有关的各业务流程
			组织文化等
	技能	通用技能	现代社会职场中必备,几乎在所有单位所必需的技能(类别和熟练程度),如:办公设备的使用、软件使用、基本外语、公文写作等
		特殊技能	针对岗位工作所要解决和处理的问题而需要的操作能力,如:统计分析技能、焊接技能等

三、任职资格等级标准设计的作用

(一)引导建立起组织的"能力库"

建立符合组织战略发展所需要的能力库,对于组织战略目标的实现非常重要,在能力库中不但定义了符合组织战略发展所需要的知识,而且还定义了所必需的技能与价值观。如果组织未来的战略重点发生变化与转移，由于能力库与组织战略有紧密的逻辑关系，能力库自然而然地要发生变化，使组织的能力库始终支持战略的发展。

（二）了解每个岗位的培训需求，指引培训

任职资格应指引员工与组织一同发展。任职资格可以比较好地将组织发展与个人发展有机地结合起来，因为员工可以通过学习、培训提高自己的技能，进而在一定范围内提高自己的收入与就业机会，而员工在自我学习或者接受培训时，会以任职资格作为指引。也就是说，员工的培训会紧密支持组织发展战略。

（三）指引组织的招聘工作

在组织招聘的过程中参考任职资格，可以从各个方面对应聘者进行评价，有效地避免招聘的随意性与不确定性；另外，可以塑造公平的招聘环境，使得只看能力，不重学历成为可能。

（四）建立组织选拔合格专业化人才的管理体系和机制

在员工的晋升通道上，可以通过资格等级标准对员工进行指引，使员工能够对个人的未来发展做适当的定位。员工可以通过资格等级标准的指引，学习成长；组织可以通过资格等级标准，选择符合组织发展需要的人才。

（五）提高了薪酬的合理性

通过建立能力库，引入资格管理，可使得在相同岗位上的员工，由于能力、知识、态度的差别，在个人收入上有所区别，以在组织内部建立良好的竞争和学习氛围。

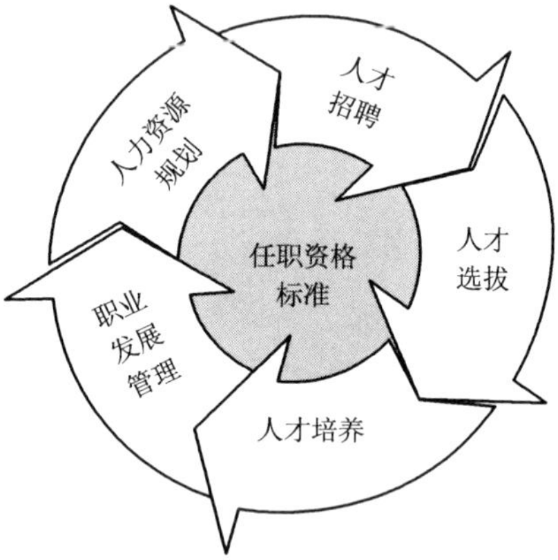

图 10-2　任职资格标准在人力资源管理中的价值

图 10-2 是任职资格标准在人力资源管理中的价值。

四、任职资格等级标准设计的原则及影响因素

（一）任职资格等级标准设计的原则

1. 源于工作。标准级别的划分、标准的内容都应从分析实际工作而来，而不能仅从技能本身进行推理。

2. 结果导向。任职资格标准认证所需的素材应尽可能取自员工日常工作成果，尽量减少为认证而额外增加工作。

3. 现实性与牵引性相结合。这是指要明确任职资格标准界定的能力等级特性：

(1)现实性——达标标准。任职资格标准需要归纳提炼组织中优秀员工的成功工作行为，以反映组织员工能力的实际水平，普通员工通过努力也可以做到。

(2)牵引性——优秀标准。任职资格标准不能仅限于员工目前的能力水平，还应该借鉴业界优秀的做法和先进的经验，并纳入任职资格标准中。

4. 持续改进。这是指要针对标准本身不断完善、不断发展，这包含两层含义：

(1)标准需要适应组织业务发展的要求。任职资格标准是和组织业务紧密联系的，因此，伴随组织业务的发展，任职资格标准的内容和要求也需要进行相应的调整，以适应组织业务的要求。

(2)标准需要随员工能力的提升而修订。伴随员工岗位化水平的不断提高，任职资格标准也要相应地进行调整，以不断牵引员工能力的发展。伴随标准的提高，组织中员工能力的基准也在不断地提升。

（二）任职资格等级标准设计的影响因素

任职资格标准设计的影响因素如图 10-3 所示：

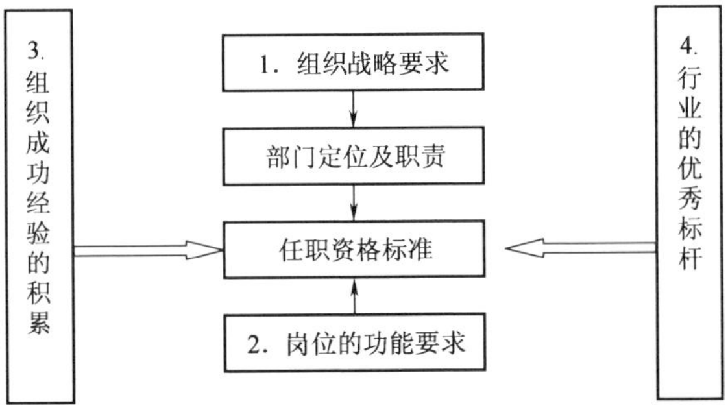

图 10-3　任职资格标准设计的影响因素

1. 组织战略要求。任职资格标准必须符合组织的业务要求和发展方向，组织对员工队伍的期望是什么，在设计时予以考虑。

2. 岗位的功能要求。仔细分析各岗位的功能，将岗位功能分解成多项工作任务，然后明确每次工作任务要达到的结果及不同层级的能力要求，再建立初步的任职资格基础。

3. 组织成功经验的积累。任职资格标准中各级别的内容是从目前组织中业绩优秀人员的行为中提炼出来的，可以把这些员工的关键成功因素反映到标准中，以固化以往的工作经验，为其他人员提供行为改进的指引。

4. 行业的优秀标杆。在关注组织内部的同时，也要引进同行组织先进的工作方法、技术和工具，结合组织实际情况进行分析、借鉴、吸纳、创新，以形成全面的任职资格标准。

五、任职资格等级标准设计流程

如图 10-4 所示，任职资格等级标准设计以岗位体系设计为基础，主要包括行为标准设计、能力标准设计和基本资格标准（教育、经验和成果）设计三个模块，我们将在接下来的三节分别介绍这三个模块的内容。

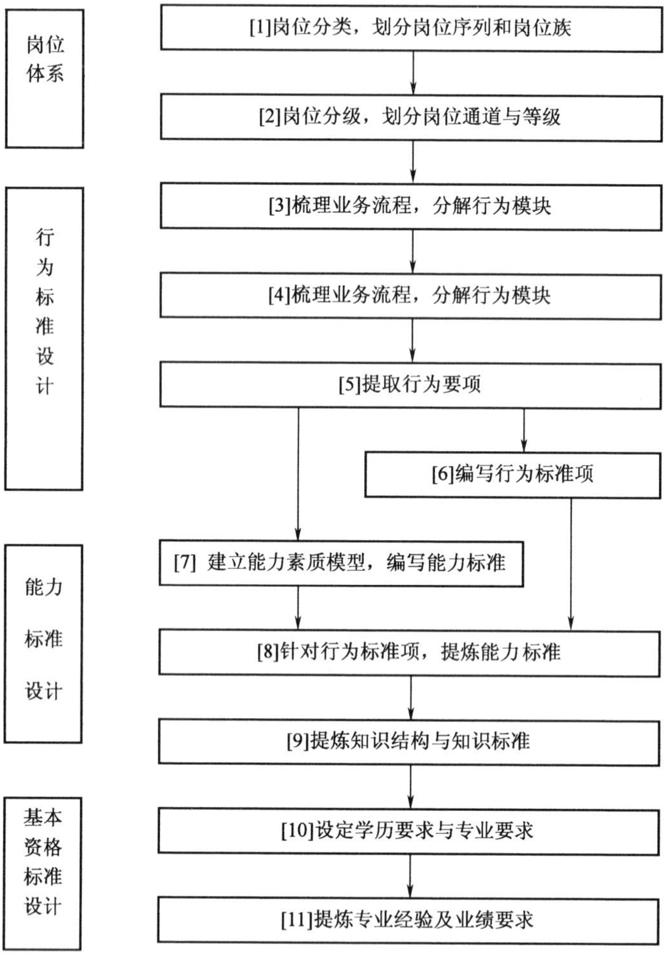

图 10-4　任职资格等级标准设计流程

第二节 行为标准的设计

一、行为标准的内涵

行为标准描述的是员工应该以什么样的行为规范来开展工作更容易取得好的绩效。它包括三个层次的内容,见图 10-5。

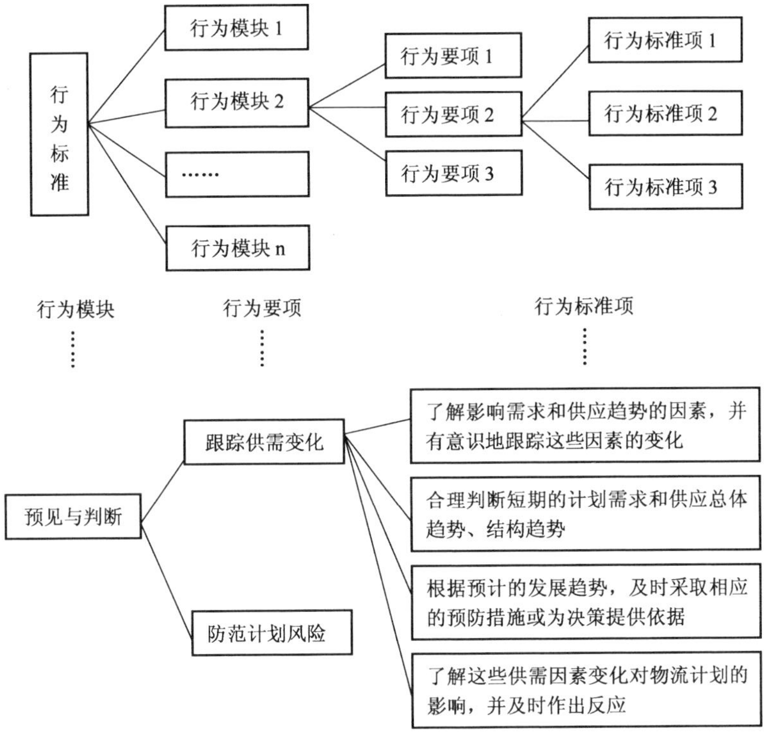

图 10-5 行为标准的构成及某岗位行为标准构成举例

(一)行为模块

行为模块是指影响某类岗位族业绩最为关键的若干业务模块(或工作领域)。在一套行为标准中,一般可选择 4~6 个最为重要的行为模块。

(二)行为要项

行为要项是有效完成该业务模块的关键步骤。一个行为模块可以细分为 3~5 个行为要项。

（三）行为标准项

行为标准项是有效完成行为要项的关键行为。标准项用行为语言按行为要项逐项进行描述，一般每个行为要项的标准项可设计为2~3个。

二、行为标准的设计流程

（一）岗位序列相关信息的收集与分析

明确总体任职资格标准设计的工作方向，例如：

1. 明确本岗位族相关业务的发展规划与变革趋势。
2. 明确本岗位族专业人员管理的难点和问题。
3. 明确本岗位族专业人员能力状况及未来的发展方向与目标。
4. 宣传高层对任职资格标准的期望。

（二）分析该岗位序列中关键岗位的功能，提炼关键行为模块

提炼关键行为模块，即要明确某岗位族关键的业务工作模块，应按照以下四个步骤进行。

1. 罗列工作内容：将属于该岗位族的所有岗位的工作内容全部弄清楚。

2. 提炼工作模块：总结归纳各岗位工作内容为若干工作项目，打破岗位和部门的界限，将工作内容统一在岗位族当中，形成工作模块分析表。

3. 筛选关键模块：任职资格标准是通过一个岗位族的关键工作内容来衡量或规划业务人员的能力与行为。因此，需要区分出哪些是关键模块，哪些是非关键模块，从已形成的工作模块列表中，根据关键业绩指标和未来的业务发展要求，明确关键行为模块。工作模块的提炼以及关键工作模块的筛选，如图10-6所示。

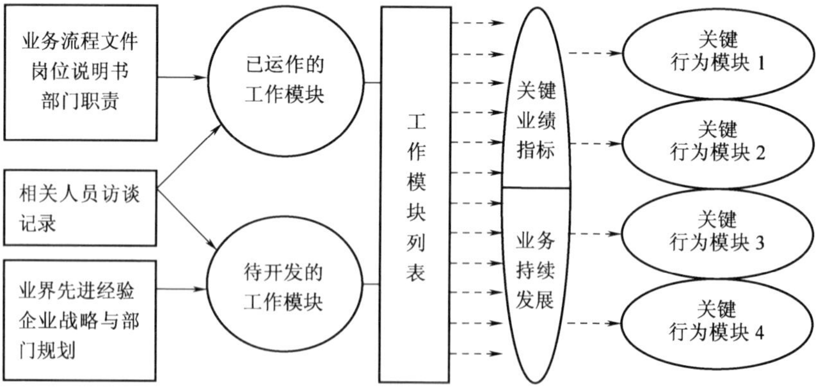

图10-6　工作模块提炼和关键模块筛选

4. 总结业务模式：明确关键模块之间的相互关系，保证关键工作模块恰当地反映了业务运作的实际情况。最终形成的关键行为模块即为下一流程“设计行为要项”的分解对象。如表 10-2 所示的就是某企业 IT 岗位族的关键行为模块。

表 10-2　某企业 IT 岗位族的关键行为模块

关键工作模块	主要内容
IT 设计与规划	▪ IT 系统规划 ▪ 需求分析 ▪ 实施计划制订 ▪ 系统设计
IT 维护	▪ 系统维护 ▪ 网站维护 ▪ 安全维护 ▪ 工作站维护
IT 实施	▪ 应用系统实施 ▪ 应用系统运行
IT 业务支撑	▪ IT 资源管理（软件、硬件、知识产权、技术资料） ▪ IT 合作伙伴管理 ▪ 培训与咨询服务

（三）分解与岗位功能相关的工作任务并设计行为要项

1. 设计行为要项，要明确为成功完成行为模块所必须采取的若干关键任务。在分析行为要项时，可以遵循以下三个思路：

（1）从工作开展的内在逻辑关系或流程关系［如图 10-7（a）］进行分析。例如，对行为模块“培训需求分析”进行分解，按照工作的逻辑顺序形式，可以分解为“制订调查方案”、“实施调查”、“分析调查数据”和“确定培训需求”四个行为要项，如图 10-7（b）所示。

同理，研发技术通道的“产品设计”模块可以分解为“可行性分析”“概要设计”“详细设计”“集成测试”等行为要项，这实际上是按产品研发流程框架进行分解的；而管理通道三级行为模块“工作任务管理”模块可以分为“制订工作计划”“组织实施计划”“指导与监控计划的实施过程”等行为要项，这实际上就是按 PDCA①的过程进行分析的。

① PDCA 循环又叫戴明环，是英语单词 Plan（计划）、Do（执行）、Check（检查）和 Action（行动）的第一个字母，PDCA 循环就是按照这样的顺序进行质量管理，并且循环不止地进行下去的科学程序，它是全面质量管理所应遵循的科学程序。

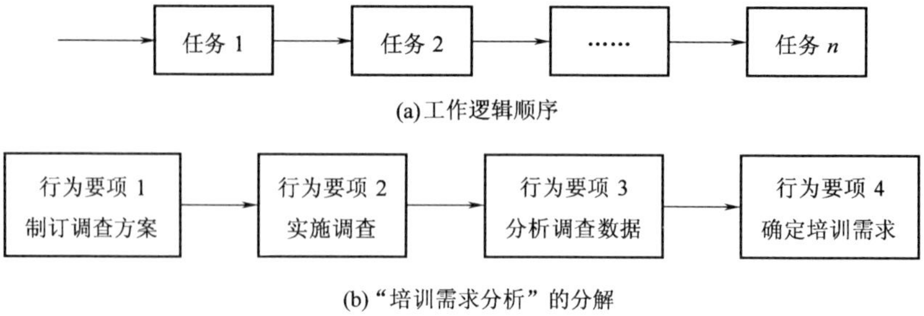

图 10-7　从工作关系/流程分解关键行为模块

(2) 从工作活动范围进行分析。从同一个行为模块分解成的行为要项之间，存在上下左右或内外等位置关系，形式如图 10-8 所示。

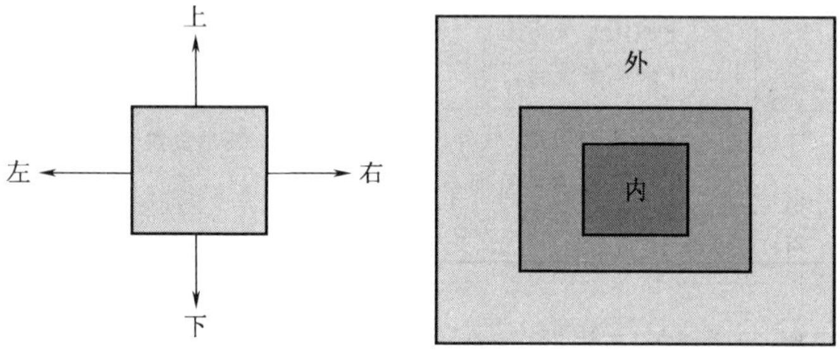

图 10-8　从工作活动范围分解关键行为模块

例如，“影响与促进决策”行为模块可以分解为“进行决策”“促进上级决策”“参与同级决策”等行为要项，就是从组织中上下左右的范围进行分解的。而“团队气氛建设”行为模块可以分解为“建立并维护部门内良好的工作关系”“与相关部门建立良好的关系”等行为要项，这实际上就是按部门内、外的维度进行分解的。

(3) 从活动内容本身的组成部分进行分析。将行为模块按组成部分分解为行为要项，这些行为要项之间是相互并列的[图 10-9(a)]。例如“信息处理”行为模块可以分解为“接听电话”“收发邮件包裹”“处理传真与电子邮件”等行为要项，如图 10-9(b)所示。

同理，“工作环境的管理”行为模块可以分解为“硬环境管理(设备、卫生等)”“软环境管理(案例、知识库等)”等行为要项。

按以上思路进行分析，可以确定某行为模块的行为要项。每个行为模块的

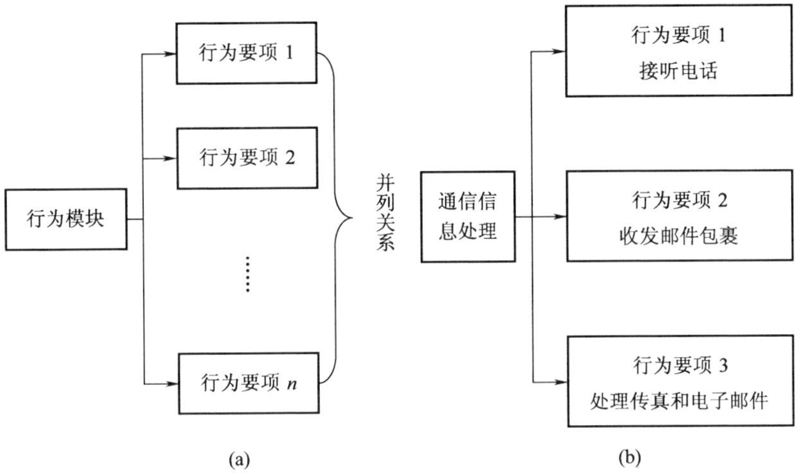

图 10-9　从工作组成部分分解关键行为模块

行为要项一般可分解 3~5 项,但不需要将上述分析所得的所有活动全部纳入行为要项中,行为模块中的关键要项,或者该类人员较薄弱的环节,才考虑纳入行为要项中。例如,在“工作任务管理”的分析中,并不一定要将 PDCA 四个活动全部纳入行为要项中。

行为模块、行为要项的设计与组织中员工的能力水平密切相关。如果员工在某方面普遍比较差,就可以纳入标准中,牵引员工提升这方面的能力水平。但是,一旦大部分员工都达到要求,就可以用新的行为要项代替。

2. 设计任职资格标准的级别,概括行为要项:

(1)明确级别定义。根据第八章岗位体系岗位通道的设计结果,我们进一步明确级别的定义,确定该岗位族各岗位层级的总体特征是什么。

(2)分析级别差异。根据级别定义,与专业人员一起讨论各个级别在关键工作模块上的工作内容与能力差异,差异包括纵向差异和横向差异两个内容。简单理解,纵向差异指的是高级别的人员能做而低级别的人员做不了的事情。横向差异指的是高级别的人员与低级别的人员都能做,但是高级别的人员比低级别的人员做得更好的事情。

(3)概括行为要项。归纳各个级别的工作内容要求,提炼出各个级别的行为要项。下面仍以某企业 IT 岗位族为例,其形式如表 10-3 所示。

表 10-3　某企业 IT 岗位族各级别行为要项

岗位层级 / 行为要项 / 行为模块	1 级	2 级	3 级	4 级
IT 规划与设计	需求调查 资料管理	系统初步规划 项目立项 项目实施计划 子系统结构设计	IT 总体规划 项目可行性分析论证 系统的总体架构设计	IT 战略规划 系统设计评估
IT 实施与建设	网络基础工作	系统资源配置 项目安全建设 系统调试与测试 项目实施过程监控	项目实施管理 项目系统集成 企业安全体系建设	整体系统集成
IT 管理与维护	IT 设施日常 保养与维护	系统运行状况监控 故障处理 资源管理	系统性能优化与调整 资源配置评估与优化	—
IT 业务支撑	—	合作伙伴管理 技术咨询 用户培训	合作伙伴选择与评估	—

（四）设计行为标准项

完成行为要项以后，就需要进一步分析每个行为要项应该如何一步步落实，即设计资格等级标准的标准项。行为标准的标准项要求细化到具体的行为动作层面，描述具体的操作内容。以“制订工作计划”为例，其标准项需要明确工作目标，分析资源情况，考虑工作任务与进度的安排，以及预先考虑在计划执行过程中可能遇到的问题等。

建立行为标准项时，需要注意以下要点：

1. 每一条行为标准应该尽可能描述清楚四方面的内容，即行为内容（做什么）、行为方式（怎么做）、行为结果（输出什么），以及衡量标准（输出结果的质量和形式/载体要求）。

例如，综合运用方法研究、作业测定、工效学等基础知识（行为方式），对由 4M1E[①] 构成的整体运作状况进行分析、研究，发现存在的问题（行为方式），并在此基础上提交改进方案（行为结果），并获得上级的认可（衡量标准）。

2. 行为标准之间要体现行为的内在逻辑。这一点与根据行为模块划分设计

---

① 4M1E 指 Manpower（人力）、Machine（机器）、Material（物料）、Method（方法）、Environments（环境），故合称 4M1E 法，即人、机、料、法、环的现场管理五大要素。

行为要项的思路是相同的。下面我们以行为要项“作业分析与现场改善”为例，编写行为标准(图 10-10)。

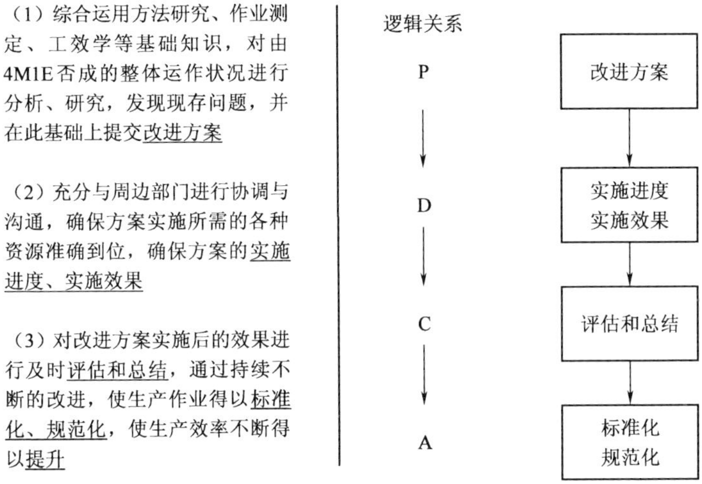

图 10-10　要项“作业分析与现场改善”的行为标准编写

第三节　能力标准的设计

能力标准来源于能力素质模型，它是由能力素质模型将每个岗位序列所需要的特定能力素质通过科学的方法提取出来，形成相对固定的能力条目；之后，使用重要程度和熟练程度/掌握程度两个维度对每个能力条目的等级要求进行定义；最后，针对特定序列层级的行为要项要求，筛选能力条目与不同层级的岗位进行匹配，从而固化形成能力标准体系。能力标准的设计要以能力素质模型的建立为基础，在这里，我们首先讨论能力素质模型是如何建立起来的。

一、能力素质

（一）能力素质的含义

能力素质亦被称为“素质”“胜任力”，源于英语“Competency”，意思为能力、技能[①]。它是驱动一个人产生优秀工作绩效的各种个性特征的集合，反映的是可

① 朗文出版公司辞典部．朗文当代高级英语辞典[M]．北京：商务印书馆，朗文出版社中国有限公司，1998.

以通过不同方式表现出来的个人的知识、技能、个性与内驱力等,是判断一个人能否胜任某些工作的起点,是决定并区别绩效差异的个人特征。

一般认为,它主要包括以下几个层面:

1. 知识:即个人在某一特定领域拥有的事务型与经验型信息,如对某类产品营销策略的了解等。

2. 技能:指个人掌握和运用专门技术的能力,如商业策划能力等。

3. 社会角色:指个人对于社会规范的认知与理解,如以企业领导、主人翁的形象展现自己等。

4. 自我认知:即个人对自己身份的知觉和评价,如将自己视为权威、教练、参与者或执行者等,它表现出来的是个人的态度、价值观与自我形象。

5. 特质:即一个人的个性、心理特征对环境与各种信息所表现的一贯反应,如善于倾听、处事谨慎、做事持之以恒等。

6. 动机:即推动个人为达到一定目标而采取行动的内驱力,如希望把自己的事情做好,希望控制和影响别人,希望让别人理解和接纳自己等。

(二)能力素质模型的含义

能力素质模型(Competency Model)是指为了完成某项工作,达成某一绩效目标,要求任职者具备的一系列不同能力素质要素的组合,其中包括不同的动机表现、个性与品质要求、自我形象与社会角色特征以及知识与技能水平等。能力素质模型中包括对能力素质的分类、能力素质释义、能力素质的不同等级划分等方面,这些方面共同构成某个岗位的能力素质模型。

(三)通用能力素质

1989年,麦克利兰对全球200多项工作所涉及的素质特征进行了观察研究,经过发展与完善,共提炼形成了21项通用能力素质要素,构成了能力素质词典(Competency Dictionary)的基本内容。这21项要素概括了人们在日常生活和行为中所表现出来的知识与技能、社会角色、自我概念、特质和动机等特点,形成了企业任职者的能力素质模型。

基于麦克利兰队能力素质特征进行研究和分析,后来的学术界和企业界都在各自研究和实践的基础上,将能力素质特征词典加以丰富和细化,使之不仅具有更广泛的适用性,而且变得更加清晰有效。

例如,某研究机构提出了20个能力维度,六大类的能力素质,具体包括:

1. 成就特征:成就欲、主动性、关注秩序和质量。

2. 助人/服务特征:人际洞察力、客户服务意识。

3. 影响特征:个人影响力、权限意识、公关能力。

4. 管理特征:指挥、团队协作、培养下属、团队领导。

5. 认知特征：技术专长、综合分析能力、判断推理能力、信息寻求。

6. 个人特征：自信、自我控制、灵活性、组织承诺。

再如，某咨询公司提出了更为详尽的通用能力素质词典，并且对行为进行了分级，见表 10-4。

表 10-4 某咨询公司通用能力素质词典举例（节选）

<table>
<tr><td colspan="2">督导能力(DIRECTING WORK THROUGH OTHERS)
为了组织及其客户的最佳利益，在必要时指导他人行为的能力</td></tr>
<tr><td colspan="2">一　　级</td></tr>
<tr><td>作出指导：要给予充分的指导。提出的需要和要求要明确、具体
行为示范
➢ 给出非常具体的指导方向
➢ 清楚解释支持目标的原理/理论
➢ 提出要求时提供清晰的目标和参数
➢ 检查员工是否知道对他们的期望</td><td>典型行为
➢ 制定 SMART 目标（具体的、可测量的、可实现的、有结果的、及时的）。鉴别和讨论主要工作要求和成功指标（时间、数量、质量、行为）实现的最终结果（是否得到了增加或发展）。讨论为什么这些因素是重要的
➢ 通过与员工当面确定目标，确保绩效目标与期望的清晰。要求员工以书面形式总结关于最低期望的协议，并保留一份副本。为增加清晰度，讨论任何你不同意或认为有必要增加的内容
➢ 作出指示或提出要求时，要进行总结或理解测试（要求他们向你反馈对于要求的理解）。设法核实讨论的方法、可利用的资源以及发送时可能出现的任何风险</td></tr>
<tr><td colspan="2">二　　级</td></tr>
<tr><td>有效分配任务：为了将个人从常规事物中解脱出来，以便进行更有价值的或长远工作的考虑，明确地分配常规工作细节。在分配工作和从别人那里接受工作时要坚定而自信（如：对于不合理的要求要勇于说“不”）
行为示范
➢ 为使个体可以从事其他工作，进行任务或责任分配
➢ 给别人完成常规任务的自由，不乱加干涉
➢ 为避免个人或工作小组的超负荷劳动，可以拒绝额外的任务分配
➢ 分配工作时，给予充分的自主</td><td>典型行为
➢ 寻找机会将你的工作分配给雇员，以便腾出时间思考组织或部门所面临的更广泛的议题。监督员工的进步，为其提供指导，但允许雇员有尽可能多的合理的工作自由
➢ 保持一份可使用的部门技能清单，并详细记录能力水平和是否愿意从事新工作的倾向。工作分配要与个人发展计划和个人技能有明显联系，然后分配任务并跟踪雇员以确保任务正被正确地执行着
➢ 对过去有时会妥协的要求，尝试着稍加解释便予以拒绝。你会发现这种为别人设置防线的做法，只要做得适度、合理，将有助于在你的小组成员中产生一种更清晰和导向性的感觉</td></tr>
</table>

续表

<table>
<tr><td colspan="2">督导能力(DIRECTING WORK THROUGH OTHERS)
为了组织及其客户的最佳利益,在必要时指导他人行为的能力</td></tr>
<tr><td colspan="2">三　级</td></tr>
<tr><td>建立明确的绩效标准:依靠清楚的标准监督绩效。设立普通标准并根据这些标准进行一致性比较
行为示范
➤ 设立可测量的员工绩效优良标准
➤ 根据被接受的标准和目标,检查并反馈进度
➤ 进行一致性的交流以提供高质量的绩效、产品和服务</td><td>典型行为
➤ 为雇员工作提供清晰、及时的反馈。让他们知道什么事情做得好,哪些事情未达到你的期望。明确可以或不可以继续的行为。定期提供这样的反馈,员工将能更迅速、更准确地意识到你的期望与标准
➤ 更加侧重设立与协商关键职能的先后顺序,将主要职责分配给下属,预期分权结果。确立这些标准,将会更加明确职责分配及其结果的重要性
➤ 开发出判断所有员工工作的模式或系统。用这种模式增加工作评价的一致性,使雇员能够进行自我评价,提高工作绩效</td></tr>
<tr><td colspan="2">四　级</td></tr>
<tr><td>采取有效措施,解决绩效问题:直接、坦率地面对别人的绩效问题。及时提出问题
行为示范
➤ 抓住对质量负责的员工
➤ 告诫失败的后果或定期预测的好处,来采取措施改进绩效
➤ 采取明确的行动或坚定的立场,纠正绩效问题,保证制订出可行性计划
➤ 在适当时候,有效运用纪律/惩处程序。</td><td>典型行为
➤ 保持一份与雇员间相互合作或沟通绩效问题的具体记录。定期回顾这个记录和召开工作回顾会议。直接与雇员探讨你担心的事件,这种探讨只针对行为而非针对个人
➤ 在会上要求有绩效问题的员工帮助你为下一步工作设立绩效目标。清楚地表述成功或失败的工作后果,为员工提供一份被认可的文件副本。进行目标追踪,以便及时应对继续存在的绩效问题
➤ 腾出时间坐下来谈论和检查每一位员工的工作,总结其强项与劣势。与别人交谈以寻求发展必要绩效品质的机会或提供任何有助于提高个人绩效的建议
➤ 熟悉公司的绩效发展和纪律程序的政策。用你的人力专员讨论解决绩效问题的最优/最佳策/战略</td></tr>
<tr><td colspan="2">影响力(INFLUENCE)
说服或影响他人接受某一观点,采用某一议程,或从事某一具体行为的能力</td></tr>
<tr><td colspan="2">一　级</td></tr>
<tr><td>运用直接说服法,以试图产生影响:呈现合理的论据、数据和具体的实例,并清楚地组织事实与论据</td><td>典型行为
➤ 在提出论点之前,组织好观点;列出提纲,确保论点清晰、简洁和深思熟虑;提出问题的方式更具影响力</td></tr>
</table>

续表

<table>
<tr><td colspan="2">影响力(INFLUENCE)
说服或影响他人接受某一观点,采用某一议程,或从事某一具体行为的能力</td></tr>
<tr><td>行为示范
➤ 清晰地解释相关事实;呈现合理的、准备充分的案例
➤ 运用直接的证明(诸如关于实质特征的数据、意见一致范围与利益等)进行说服
➤ 提出有说服力的论据以支持个人观点,要求对方做出承诺或保证</td><td>➤ 准备论点时,检查一下哪种强有力的证据可以支持你的主张;找出这些信息并在提出问题时使用这些信息;当试图影响他人时,数据总是有价值的
➤ 开会时注意观察别人是怎么发挥影响力的;记下他们诸如发布信息或搜索信息、表达原理、证实和总结的重点,以及他们对反对意见的处理和建立联盟的语言行为;然后判断你能否在必要时具体运用其中的一些技巧</td></tr>
<tr><td colspan="2">二　　级</td></tr>
<tr><td>采用行动或语言引起别人的兴趣和想法。预测你的语言或行动将会造成何种影响
行为示范
➤ 通过指出他们的忧虑以及强调共同利益来说服他人
➤ 预期别人怎样反应,并采取相应的表现方式
➤ 根据相应的需要采取实时的风格和语言应对
➤ 用案例或论据创造出一个“双赢”的解决方案来实现双方目标</td><td>典型行为
➤ 尽可能多地了解将要会见的人的情况,在第一次会面时运用;将兴趣放到个人事务上,使对方更易于接受你和你的观点
➤ 预测听众的反应,为他们可能提出的批评准备可供选择的论据;既然不是人人都有相同的动机,设计出偶然性论据是非常重要的;通过大量的论据为你的观点辩护,这就增加了影响听众的可能性
➤ 熟知听众关心/忧虑的问题;试图说服这些人时,应查明哪种资料是最有影响力的;汇集这些资料,以此提出你的观点;知道什么能激发别人;当试图获得听众的支持时,懂得诱发这些动机</td></tr>
<tr><td colspan="2">三　　级</td></tr>
<tr><td>采取多元化习惯化的影响战略:采用多样的行为去影响听众,每一种行为要适应其目标听众
行为示范
➤ 运用新的宣传媒介吸引听众
➤ 开发有选择性的信息发送媒介,每种媒介适应不同听众的兴趣
➤ 使用的宣传方式适于整合关键听众的“兴奋点”,并结合其他关键事件和策略以提高你的影响力</td><td>典型行为
➤ 花时间准备可选择性的论据并应用在说服性的努力上;优先使用可能对听众最具诱惑力或影响力的术语
➤ 当设计一份提出决定性议题的计划时,要密切关注重要的股东;查明他们的利益/动机和对其施加影响的个人;利用这些资源,发展你的论据;针对其需要设计你的论据,还要获得那些影响股东的人们的支持以确保成功;运用大量的说服性资料将会让你产生更大的影响力
➤ 理解你的合作者和客户,查明每一个合作者或客户独有的问题、关心的事件和动机;记录下这些信息,在制定将会直接或间接影响他们的决策时应用</td></tr>
</table>

续表

<table>
<tr><td colspan="2">影响力(INFLUENCE)
说服或影响他人接受某一观点,采用某一议程,或从事某一具体行为的能力</td></tr>
<tr><td colspan="2">四　　级</td></tr>
<tr><td>运用复杂、间接的影响:通过第三者或专家来施加影响。结成联盟,建立幕后支持系统,构成影响别人行为的有利形势
行为示范
➢ 游说关键性人物,了解并解决他们的忧虑和担心,利用这些个人去支持自己的观点,影响他们
➢ 通过确保他们的参与,给人们以结果的承诺
➢ 精心策划事件以间接影响他人(如计划时间的安排、策划关键事件、预测有关关键联盟的提议、影响证言等)</td><td>典型行为
➢ 当非正式影响他人时,更少采取直接的方法;可以包括给出提议预测,做些幕后工作以获取关键人物的支持等
➢ 在本组织内外与有影响的个人建立联系;可以利用他们的影响和声望来支持你的立场
➢ 加深对非正式组织的理解;经常让同事了解组织内部工作运行的实际情况</td></tr>
</table>

二、能力素质模型的建立

(一)建立能力素质模型的原则

建立能力素质模型,必须遵循以下几个方面的原则:

1. 战略导向原则。能力素质模型决定于组织战略,它的设计以组织的使命、愿景和战略目标为基础,以确保员工具备的能力素质与组织的核心竞争力一致,为组织的长期目标服务。

2. 分类分层原则。能力素质模型的建立基于各岗位族或岗位的不同任务和职责,能力与素质要项的选择,它既要囊括不同岗位所必需的通用素质要求,也要呈现员工在某个特定角色或工作中所需的特殊的、独特的核心能力、素质,必须注重概括性与区分性的结合。

(1)分类。员工能力素质分类是建立能力标准的基础,按照不同的素质类别及其要求构建组织所需的能力素质结构。根据能力素质要项的不同适用范围,能力素质模型可以分为三个类别:组织核心能力素质、岗位序列专业能力素质、关键典型岗位专业能力素质,如图 10-11 所示。

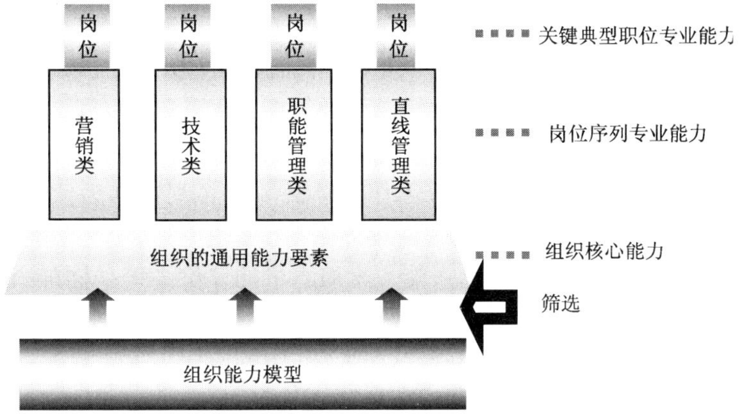

图 10-11 组织能力素质分类

组织核心能力是指反映组织的价值观、文化和经营准则，是所有员工应该具备和展示的，它是组织文化的反映，是组织内对员工行为的要求，体现组织公认的行为方式；岗位序列专业能力是指组织内（尤其是同一岗位序列内）多个角色都需要的技巧和能力，但重要程度和精通程度有所不同；关键典型岗位专业能力是指某个特定角色和工作所需要的特殊技能，大多是针对岗位来设定的，为完成该岗位工作所应具备的特殊能力。

（2）分层。根据每层能力使用重要程度和掌握程度对每个能力条目进行定义，依据定义进行分层，如表 10-5 所示。

表 10-5 能力层次的定义方式举例

能力标准	分层定义
责任心	层次 1　基本要求
	层次 2　基于第一层基础上表现出的能力要求
	层次 3　基于第二层基础上表现出的能力要求
……	……
调研能力	层次 1　有个别能力倾向
	层次 2　能在较基本的情况下应用
	层次 3　能在复杂的情况下应用
	层次 4　能传授或指导别人

3. 绩效导向原则。能力素质模型构建的基本原理是辨别优秀员工与一般员工在知识、技能、社会角色、自我认知、特质、动机等方面的差异。对每一项能力或

素质均按照水平的不同、分级别进行行为特征描述,以区分同员工的不同能力水平,进而预测员工的未来工作绩效。

(1)能否显著地区分工作业绩,是判断一项能力素质的唯一标准。也就是说,在实际工作中,表现优秀与表现一般的员工必须在所确认的能力素质上有明显的、可以客观衡量的差别。

(2)判断一项能力素质能否区分工作业绩必须以客观数据为依据。任何主观判断、理论假设和过去的经验必须有客观数据的支持才能成立。在确定能力素质后,组织还需要建立能客观衡量个人能力素质水平的评价系统。同样,评价系统的有效性也必须经过客观数据的检验。评价的结果必须能显著区分工作业绩。在此基础上,设计能力素质在各种人力资源管理工作中的应用。

4. 动态原则。随着组织的发展、环境等方面的变化,能力素质要求也会随之发生改变,指标的增减、绩优标准的变化,都要求能力素质模型需要在一定的时间与范围内进行不断的调整、修改,以确保其准确性。

(二)建立能力素质模型的方法

1. 能力素质模型的方法概述。为了获得某一岗位的能力素质,我们需要利用不同的方法收集大量的数据信息以进行分析、归纳,可以采用的方法包括:行为事件访谈法、专家小组座谈法、工作职责分析法以及调查问卷分析法。

(1)行为事件访谈法:这是通过对绩优员工和一般员工的访谈,获取与高绩效相关的能力素质信息的一种方法。

(2)专家小组座谈法:通过召开在某一领域有较深研究、较高造诣的专家座谈会,获取某岗位族或岗位所需要的能力素质。

(3)工作职责分析法:通过分析不同岗位的职责,得到完成这些职责所必需的专业能力素质。

(4)调查问卷分析法:通过发放问卷调查初步得到的能力素质要项,进行统计分析,修订能力素质模型。

2. 行为事件访谈法:

(1)行为事件访谈的含义。行为事件访谈(Behavioral Event Interview ,BEI),又称“关键事件访谈”,由美国哈佛大学心理学教授麦克利兰(David C. McClelland)开发,采用结构化的问卷对优秀和一般的任职者分两组进行访谈。通过对比分析访谈结论,发现那些能够导致两组人员绩效差异的关键行为特征,继而演绎成特定岗位任职者所必须具备的素质特征。

(2)行为事件访谈的目的。“行为事件”的目的在于通过访谈者对其职业生涯中的某些关键事件的详尽描述,揭示与挖掘当事人的素质,特别是隐藏的潜能部分,用以对当事人未来的行为及其绩效产生预期,并发挥指导作用。

采用行为事件访谈法时,要求被访谈者列出他们在工作中发生的关键事件,包括成功事件、不成功事件和负面事件三种,并且让被访者详尽地描述整个事件的起因、过程、结果、时间、相关人物、涉及的范围以及影响层面等。同时,要求被访者描述自己当时的想法或感想,例如是什么原因使被访者产生类似的想法以及被访者是如何达成自己的目标等,在行为事件访谈结束时最好让被访谈者自己总结一下事件成功或不成功的原因。

(3)行为事件访谈的实施过程。通过图 10-12,我们可以大致了解行为事件访谈的流程。实施行为事件访谈时,首先要进行访谈前的准备,了解被访者的相关信息(背景情况、姓名、职务、所属部门等)并确定访谈提纲、访谈时间、访谈地点等。在进入访谈时,首先明确访谈的目的、内容、信息的用途等方面,建立彼此的信任。当被访对象开始介绍其工作时,需要其重点强调目前的工作内容、流程,并引导其集中、清楚地描述一些具体的事例,以利于我们对其工作职责的了解与梳理。访谈的核心目的是了解被访者对关键事件的全面详尽的描述,事件的数量以 4~6 个为最佳。通过其描述,提炼、概括工作所需的素质特征,并将访谈中获得的信息加以整理,以进一步分析、确认。

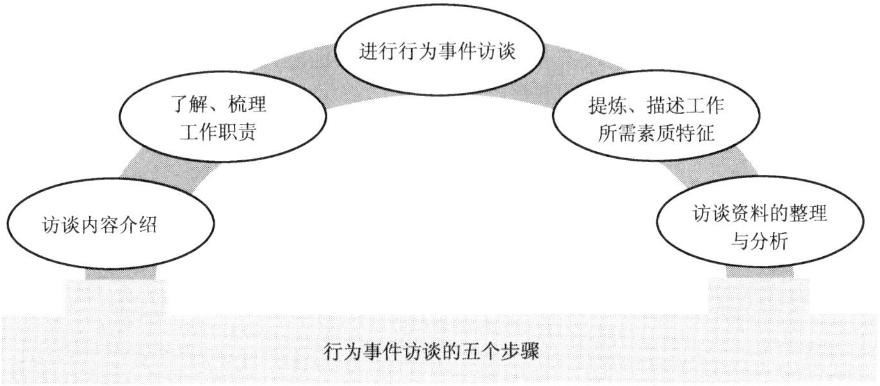

图 10-12 行为事件访谈的五个步骤

行为事件访谈的优点是能够有效地解释素质与行为的驱动关系,为组织实施招聘面试、人才培育与规划等提供导向性信息,并对如何实现与获得高绩效具有指引作用。但是,它的缺点也不容忽视。一次有效的访谈需要耗费的时间较长(一般 2 个小时左右),对访谈人员的要求较高,访谈规模较小,这些因素直接导致了成本的增加。同时,由于这种访谈的针对性很强,所以容易导致所收集的信息不够全面。

(4)基于行为事件访谈记录的编码。在行为事件访谈结束后,接下来要对能力素质模型进行编码工作,编码的作用在于将 BEI 所收集到的"故事"细节分类并量化,将行为描述转化成层级,也就是归纳杰出者和胜任者的差异特质并分出层级。而这一过程形象地被称之为编码。一般来说,只有经过编码的 BEI 信息,才会产出能力素质模型的标准文档——"能力素质辞典"。

编码的过程可以分为以下三步:

第一,通过分析访谈记录,对篇幅较长的访谈记录进行概括,形成初步的指标。分析的结果,是将大篇幅的访谈记录归纳为一两句描述性的话。请注意,这里所说的是初步的指标而非最终的指标,初步的指标是对原始资料的初步归纳,是杂乱无序的,是为确定最终指标服务的。

第二,进一步浓缩和概括指标,对其进行概括和提炼。这一步的结果是将"一两句描述的话"浓缩成一到两个词语。

表 10-6 记录了某通信公司客户经理的原始访谈记录及归纳出的指标。

表 10-6 某通信公司客户经理的原始访谈记录编码

原始的行为事件访谈记录	行为归纳 (行为/能力指标)	指标主题
因为我这个人是大大咧咧的,跟客户处得不错,我想尽量处成朋友关系,而不是说你是客户我是什么,相当于两个人的互动,就是保持一种比较平和的心态。虽然是我们公司为他服务,但是我们大家也尽量能够成为朋友,而不是一种纯粹的服务与被服务的关系。大家友好相处,就像现在你跟我,我也希望跟你友好相处	保持平和的心态,将工作中的关系发展为朋友关系	平和心态 建立朋友关系
当时时间紧,只有一个月的时间,我当时所带的那个小组,加我八个人。我们公司排第一到第五的都是我们小组的人,我们也拿了团体的第一名,我们公司也拿了全省第四名。当时给我的一个感触就是,任务下来,你与其去抱怨它,我干不了这么多,不可能完成,还不如说你去试一下,尽你自己的能力,你能完成多少就算多少	在面临任务和压力时,保持积极心态,首先去执行和适应	积极乐观的心态 承担压力 迎接挑战 行动导向

续表

原始的行为事件访谈记录	行为归纳（行为/能力指标）	指标主题
鼓励呗，因为本身要实施的任务是人家已经认为不可能成功的事，那你认为呢？要逐渐地消除一些心理上的顾虑，就好像你刚才一进来说“我是受你们公司委托的”，我才可以比较公开地跟你谈，是不是？就是消除以下那些顾虑，还有呢，无论在哪种情况下说，你个人的优秀表现一般都不会大过一个团队，就像“1+1”不一定会大于2，但你要想办法让“1+1”大于2，怎么做呢？当时我们是8个人，有两个是新成员，6个是老组员。这两个新成员一上岗就面临这个比较艰巨的任务，你要教他，让他尽量能做到一点，获得成就感，这就是我当时的一个重要角色，我不但要完成自己的分内职责，跟人家一样做，而且还得看着他们，知道他们今天做了什么、做得怎么样，明天又会做什么；你还要不断跟他打气，因为当时任务确实比较重	采取方式消除团队成员的顾虑，培养团队荣誉感，并以身作则	鼓励 建立自信 经常交流 团队荣誉感
……	……	……

三、能力标准设计流程

（一）能力素质模型的建立

1. 了解现状、理解目标。建立能力素质模型的首要步骤是明确组织的发展战略和目标、与实施战略计划的关键环节相关的核心岗位，了解组织结构，搞清组织文化和价值观；同时，明确人力资源管理者和组织高层领导关心的焦点问题以及组织期望的最终结果。

2. 明确绩优标准。明确绩优标准，就是要制定一些明确的标准与规则，用来确定和衡量什么样的绩效是优秀的，什么样的绩效是较差的。绩优标准一般采用工作分析和专家小组讨论的办法来确定。即采用工作分析的各种工具与方法明确工作的具体要求，提炼出鉴别工作优秀的员工与工作一般的员工的标准。

专家小组讨论则是由优秀的领导者、人力资源管理层和研究人员组成的专家小组，就此岗位的任务、责任和绩优标准以及期望优秀领导表现出的能力素质和行为特点进行讨论，得出最终的结论。如果客观绩优指标不容易获得、不容易量化衡量或经费不允许，一个简单的方法就是采用“上级提名”。这种由上级领导直接给出工作绩优标准的方法虽然较为主观，但也是一种简便可行的方法。组织应根据自身的规模、目标、资源等条件选择合适的方法确定绩优标准。

3. 选取研究样本。根据岗位要求，在从事该岗位工作的员工中，分别从绩效优秀和绩效普通的员工中随机抽取一定数量的员工进行调查。如果目的是为了确立合格水平的基本能力素质标准,还可以抽取绩效差的样本,用以推断某项工作不成功的影响因素。一般来说,每个工作的研究样本都应该包含至少 20 个对象(12 名绩效优秀员工与 8 名一般绩效员工),以避免在进行统计分析时因样本量小而导致的结果的失真。

4. 收集研究样本的能力素质数据信息。收集研究样本的能力素质信息时,可以采用多种方法,包括行为事件访谈法、专家小组座谈法、工作职责分析法以及问卷调查法,其中,以行为事件访谈法为主。

5. 分析数据信息。分析数据信息的过程包含如下几步:

(1)将录音资料、访谈记录等进行归纳整理,需要整理的资料包括被访者的岗位及工作职责描述、行为事件描述和任职者的素质,最终汇总、编辑成行为访谈报告。

(2)重点分析对员工关键行为、思想或感受有显著影响的过程片段,发现绩优员工与绩效一般的员工处理时的反应与行为之间的差异,识别导致关键行为及其结果的、具有区分性的素质特征,以提纲的形式列出任职者所具备的素质特征。

(3)形成初步结论。

6. 编码。通过行为访谈报告提炼能力素质,对行为事件访谈报告进行内容分析,记录各种能力素质在报告中出现的频次。然后对优秀组和普通组的要素指标发生频次和相关的程度统计指标进行比较,找出两组的共性与差异特征。根据不同的主题进行特征归类,并根据频次的集中程度,估计各类特征组的大致权重。

7. 论证能力素质模型。采用统计分析等方式,对初步归纳的所有素质要项进行论证与筛选,确认素质项目是否能够将绩效优秀的员工与绩效一般的员工区分开来。同时,进一步精炼素质要项及其定义和分类。最后,初步形成目标岗位的能力素质模型。

论证的步骤是:

(1)将一系列的能力素质转换成一份 360°反馈调查问卷。

(2)从不同部门选取处于三个绩效等级的员工——超过绩效标准的、达到绩效标准的和低于绩效标准的——分别让他们参与进来,将问卷发给直接下属、同事、老板,并且如果合适,也把问卷发给外部客户。

(3)分析数据。将问卷结果按个人列表,分析能力素质与不同绩效等级之间的相关程度。如果二者能力素质与高绩效相关,则认为这一能力素质具有协同效度。此外,还需要考察高绩效群与低绩效群之间能力素质的显著差异。如果能力素质与高绩效群之间的相关性较弱，应考虑行为描述是否清楚。

8. 评估与确认能力素质模型。在能力素质模型的框架形成之后，还要通过管理实践对能力素质模型进行评估与确认。一方面，通过与相应岗位的任职者及其上级进行讨论，确认能力素质模型中的素质要项是否为驱动任职者达成高绩效的关键因素，以及对素质要项的界定与划分是否准确、是否还有其他重要的素质被遗漏，等等。这种修正方式能够使能力素质模型更具操作性，并使员工通过参与讨论，强化对组织所需素质的认识，有利于员工通过提高自身素质、改变行为方式实现个人工作绩效的改进。

（二）针对行为要项和行为标准项，提炼技能标准

1. 针对行为标准项的每一项，结合“能力素质模型库”，逐项进行提炼所需要的技能项目。以某组织人力资源管理岗位族为例，根据之前建立完成某组织人力资源岗位族能力素质模型库（表 10-7），针对行为要项和行为标准项，提炼技能标准（表 10-8）。

表 10-7　某组织人力资源岗位族能力素质模型库

	技能名称	技 能 定 义
通用技能	调研能力	运用适当的调研技术和方法开展调查研究活动的能力
	写作能力	具有本业务文档的撰写能力
	组织协调能力	组织调动各方力量，进行有效协调，领导团队，完成既定目标的能力
	指导能力	具有指导他人开展业务的能力
	人际沟通能力	有效理解并维系良好人际关系的能力
	办公工具使用能力	使用相关办公软、硬件的能力
专业技能	系统分析能力	条理清晰、层次分明的分析、总结、归纳问题的能力
	素质测评能力	运用评价中心的测评方法对测评人员进行测评
	业务分析能力	对其他岗位族业务进行有效分析的能力
	心理分析能力	为员工做心理调适与心理咨询的能力
	口头表达能力	清晰、完整、正确的表述自己观点的能力
	数理统计分析能力	运用数理统计方法分析相关数据的能力
	成本分析能力	运用成本分析等方法、工具分析人工成本的能力
	公共关系能力	有效进行人际沟通，建立并维系良好关系的能力

表 10-8　某组织人力资源岗位族技能标准提炼(节选)

岗位族名称:人力资源管理岗位族				
行为模块	行为要项	行为标准项	技　能	
1	人力资源战略规划——战略与规划制定(动态调整与执行、指导与审定)	环境分析——编写环境分析报告	收集资料	系统分析能力 业务分析能力 数理统计分析能力 调研能力 写作能力 组织协调能力 指导能力 人际沟通能力 办公工具使用能力
			参与编写报告	
			编写报告	
			审核、指导	
		人力资源需求分析	(同上)	
		人力资源供给分析	(同上)	
		制订规划	参与编写规划	
			编写规划	
			审核、指导	
	人力资源战略规划——人力资源管理体系设计与优化	分析与诊断	……	
		制订优化方案	……	
	人力资源战略规划——综合信息管理(信息系统、信息汇总、信息综合分析)	信息系统构建与维护	……	
		信息收集、整理、分析与运用	……	
			……	
		员工档案管理	……	
	人力资源战略规划——员工满意度测评与调研	问卷设计	……	
		数据统计分析与建议	……	
2	教育培训——教育培训体系优化	分析与诊断	……	调研能力 写作能力 组织协调能力 口头表达能力 指导能力 人际沟通能力 办公工具使用能力
		制订方案(体制、课程、师资、教材)	……	
			……	
	教育培训——培训管理与实施	需求调查和分析	……	
		制订计划	……	
		组织实施	……	
		培训评估	……	
	教育培训——智力引进	项目计划制订	……	
		项目实施	……	
		项目评估	……	

2. 定义每一岗位层级的技能要求等级。分析行为要项下对各层级岗位的行为标准项要求，确定该层级岗位在各技能上的等级要求，如表 10-9 所示。

表 10-9　某企业人力资源岗位族的技能等级表（节选）

岗位族名称：人力资源管理岗位族						
	技能名称	三级职员	二级职员	一级职员	高级职员	资深职员
人力资源战略规划	系统分析能力	NA	2	3	4	5
	业务分析能力	NA	2	3	4	4
	数理统计分析能力	2	3	3	4	4
	调研能力	2	3	4	5	5
	写作能力	2	3	4	4	5
	组织协调能力	2	3	4	5	5
	指导能力	2	3	4	4	4
	人际沟通能力	NA	NA	3	4	5
	办公工具使用能力	3	3	3	3	NA
教育培训	调研能力	2	3	3	4	5
	口头表达能力	2	3	3	4	4
	写作能力	NA	2	4	4	5
	组织协调能力	2	3	3	4	NA
	指导能力	NA	2	3	4	5
	人际沟通能力	2	3	4	4	5
	办公工具使用能力	3	3	3	3	NA

注：NA，不做要求。

2，实践过的，在有协助的情况下能够运作。

3，具有无需协助的运作能力，可以成功完成大多数任务。

4，具有独立的运作能力，可以带领和指导其他人有效运作。

5，可以给出专家级的意见，能领导其他人成功运作，被其他人当作权威；具有正确的评判能力，能够总结出有用的改进意见。

（三）提炼知识结构和知识标准

1. 根据业务模块要求并参照“行为标准项”，提炼相应的知识结构和主要内容，并规定掌握程度。提炼中遵循兼顾现实与未来需要的原则，结合行为要项以及参照资深人员为标杆的标准。

2. 根据上一步提炼的知识结构，提取知识标准，确定需要掌握的标准级别。结果如表 10-10 所示。

表 10-10　某企业人力资源岗位族知识标准等级表（节选）

知识标准分类		标准级别	岗位层级				
			三级职员	二级职员	一级职员	高级职员	资深职员
专业知识	专业技能知识	调查研究方法	1	2	3	3	4
		统计分析	1	2	3	3	3
		工作分析	2	3	4	4	5
		人员素质测评	2	3	4	4	4
		薪酬管理知识	1	2	2	3	4
		绩效考核知识	2	3	3	4	5
		培训开发	1	2	2	3	4
		招聘与甄选	NA	1	2	3	3
		合同管理	NA	1	2	3	3
	基础知识	管理学	2	2	2	3	4
		组织行为学	2	2	2	3	4
		心理学	1	2	3	3	3
		政策法规	1	2	3	3	3
通用知识	组织知识	企业文化等	1	2	3	4	5
	环境知识	航天知识	2	2	2	2	2
	办公知识	外语知识	2	2	2	2	2
		财务知识	1	2	2	2	2
		办公自动化软件知识	3	3	3	2	2

注：NA，不做要求。

1，有限的了解能力，仅仅有一般的、概念性的知识。

2，充分了解，在有协助的情况下，可以完成工作。

3，熟练掌握，可根据这些知识独立完成工作。

4，深入彻底了解，熟练运用，并可以带领和指导其他人有效地运作。

5，全面的掌握和运用，能够总结出有用的改进意见。

第四节　基本资格标准的设计

基本资格标准是在明确某一岗位具体的行为能力标准后，对其人员准入条件的规定。基本资格标准包括教育程度、经验和业绩三个维度，如图 10-13 所示。基本资格标准是衡量行为能力水平的硬性指标，其特点在于信息易于获取，标准易于量化比较。很多人认为教育水平、经验和成果水平是行为能力的反应，应该属于能力标准或行为标准的一部分，但是基于教育水平、经验和业绩水平易于获取和衡量的特性，以及在设计方法中它与隐性的行为能力有很大的不同，所以在设计任职资格等级标准时，应该把基本资格标准作为单独的模块进行设计。

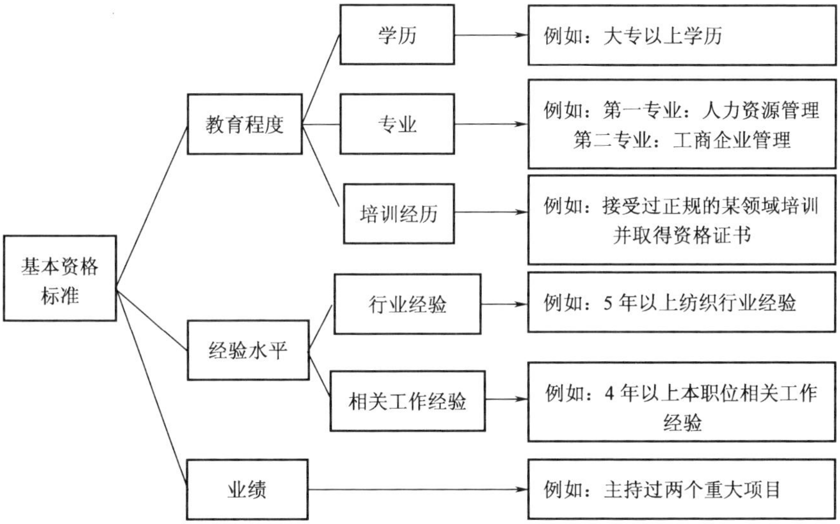

图 10-13　基本资格标准内容框架及举例

一、教育程度维度

正式的教育程度要求包含两部分内容，即：学历要求（教育层面）和专业要求（教育范围）。

（一）学历要求

学历要求是指国家规定的大中专院校的教育层次对应，比如：高中（中专）、大专、本科、硕士、博士等。在从学历要求角度建立基本资格标准时，结合组织实际要求,可以按照表 10-11 所示划分等级,设计学历标准。

表 10-11　按学历要求的基本资格标准等级划分

级　别	定　义
一级	高中(中专)及以下
二级	大专
三级	本科(双大专)
四级	硕士(双学士)
五级	博士(双硕士)

(二)专业要求

专业要求是指任职者需要具备什么样的专业才能承担该岗位工作。对于核心岗位或专业性要求极强的岗位,则更要明确规定专业范围。在从专业要求角度建立基本资格标准时,则应该根据已经建立的岗位体系中的岗位序列和岗位族的特征要求,结合教育部门的专业划分,设计专业标准。

(三)培训经历

某些岗位要求任职者必须接受过特定类别的培训后才能上岗,一般通过合格证书来核实和评价。例如,企业内部培训师必须参加过内部培训师培训,并拿到合格证书。

二、经验与成果维度

(一)经验

经验是任职资格非常重要的一个维度,经验可以进一步分为行业经验、相关工作经验等。

1. 行业经验。行业经验是指该岗位对任职者在行业从业经验上的要求,例如:一些 IT 行业企业招聘 IT 销售工程师对 IT 行业从业经验有最低的限制。

2. 相关工作经验。相关工作经验是指相类似的岗位工作经验,例如:IT 企业招聘 IT 销售工程师还要求市场营销的工作经历。

由于工作时间是衡量经验的最直接有效的信息,任职资格等级标准划分,一般采用从事该工作的年限长短来定级别,如行业工作年限、相关工作年限等,表 10-12 所示的是基于工作年限的一种经验维度标准的设计方法。

表 10-12　基于工作年限的一种经验维度标准设计

级　别	定　义
一级	1 年以下
二级	1~2 年
三级	2~4 年
四级	4~7 年
五级	6~11 年
六级	11~15 年
七级	15 年以上

（二）工作经验与教育程度之间的替代关系

教育程度与工作经验，二者之间往往会存在着可以相互替代的关系。例如，对于同一岗位，大学本科毕业具备 2 年工作经验的人，与大学专科毕业具备 5 年工作经验的人都同样能够胜任，并且他们之间并不存在显著的绩效差异。对于这种关系，我们在基本资格标准设计中，可以运用"学历与工作经验的二维替代表"来表达，如表 10-13 所示。

表 10-13　学历与工作经验的二维替代表

学历 工作年限	大专以下	大　专	本　科	硕　士	博　士
应届毕业生	√	√	√	√	—
1 年	√	√	√		—
3 年	√	√			—
5 年	√				—
7 年	√				—
9 年	√				—
11 年	√				—
11 年以上	√				—

例如，某岗位可以由大专、本科和硕士三种不同学历的人担任，但大专学历的人需要具备 5 年的工作经验，本科学历的人需要 3 年工作经验，硕士学历的人只需要具备 1 年工作经验，而博士学历的人则不适合该岗位的要求。

（三）业绩

业绩是指在组织内或组织外从事本专业工作取得的工作成果。比如，对于研发人员来说，其业绩一般包括：申请技术专利数、制定或修订国家级标准数、发表论文数、完成技术攻关项目数、新产品开发数等。

以上所属教育程度、专业经验和成果综合形成任职资格等级标准中的基本资格标准。以某组织工程技术序列为例，设计形成的基本资格标准的形式如表 10-14 所示。

表 10-14 某组织工程技术序列基本资格标准

职层	教育程度		专业经验		业绩
	学历	专业	行业经验	领域经验	
5 级工程师	中专或以上	热能动力、机械制造或近机械类专业	9 年	大学本科 10 年，大专 15 年，中专 20 年	至少主持过 2 个重大项目
4 级工程师	中专或以上		5 年	大学本科 8 年，大专 12 年，中专 16 年	至少主持过 2 个大型项目
3 级工程师	中专或以上		3 年	大学本科 5 年，大专 8 年，中专 12 年	参与过 4 个项目并主持 1 个以上项目
2 级工程师	中专或以上		1 年	大学本科 1 年，大专 3 年，中专 5 年	至少参与过 2 个项目
1 级工程师	中专或以上		N/A	N/A	至少参与过 1 个项目

第五节 员工任职资格的管理

在任职资格等级标准建立后，我们需要进一步探讨任职资格等级标准体系如何管理和维护，为员工能力和行为管理等战略性人力资源管理工作奠定基础。

一、任职资格管理者职责的划分

任职资格的管理要由相关组织，专业人员来承担相应的职责，各相关部门和人员责任划分，如图 10-14 所示。

管理者	职责
人力资源委员会	1. 明确组织任职资格管理制度的指导思想与工作原则 2. 审定组织任职资格管理制度，任职资格标准与评价方法 3. 对任职资格管理过程中的特殊问题进行决策
各专业人力资源委员分会	1. 系统深入理解并宣传组织任职资格管理制度 2. 定期组织实施员工任职资格评价 3. 与人力资源部共同设计、优化本专业任职资格标准与评价方法
人力资源部门	1. 拟定并不断优化、宣传任职资格管理制度 2. 组织各业务部门开发并不断优化任职资格标准与评价方法 3. 审核任职资格评价结果，并接受和调查处理员工相关的投诉
任职资格专员	1. 推动并组织任职资格管理制度在组织各部门的实施，为各部门任职资格管理工作提供专业咨询与支持 2. 及时受理员工对任职资格管理制度的咨询与申诉 3. 向人力资源委员会提供任职资格管理制度优化的建议与方案
员工	1. 深刻理解任职资格管理制度的内涵 2. 在日常工作中自学运用任职资格标准，牵引自己不断提高职业化水平 3. 为完善任职资格管理制度提出中肯的改进建议

图 10-14　任职资格管理者职责

二、任职资格等级管理和修订的基本原则

（一）以工作业绩为导向原则

任职资格等级标准管理坚持的第一个原则是必须能够带来工作业绩或能力的提升,这样的标准管理才能得到承认。

（二）能升能降的原则

任职资格标准不能终身制,要动态调整,对员工能力进行适时的评估,以反映员工真实的能力水平,保持人力资源的持续活力。

（三）持续改进与提高原则

员工能力在不断提升,组织业务在不断变化,任职资格管理工作也需要及时优化和调整。要根据组织发展和业务变化情况,阶段性修正、完善任职资格等级标准中的各要素内容。同时,对于任职资格管理工作本身也需要适时的评估和改进。

（四）共同参与原则

任职资格体系的管理需要员工、管理者和组织的沟通和共同参与。

第六节 任职资格体系的应用

在任职资格管理工作的支持下，通过任职资格等级认证过程可以鉴定员工的任职资格等级，对员工的能力有一个客观的了解；同时，任职资格等级标准及其管理结果也可以更广泛地应用于人才聘用和人才培养等活动中。

一、员工任职资格等级的认证

（一）任职资格等级认证的概念

任职资格等级认证是在岗位体系和任职资格等级标准的基础上，将员工的实际工作表现和能力水平与任职资格等级标准进行比较，对员工是否具有相应任职资格而进行的鉴定活动。

（一）任职资格等级认证的概念

以任职资格的等级标准为判断依据，对不同的评价要素要设计不同的评价方法，以确保评价方法科学有效，见表 10-15。

表 10-15 基于标准类别特征的认证方法参考

标准组成		认 证 方 法
基本资格标准	教育程度	证书认证
	经验水平	背景分析、书面考试
	业绩	绩效结果评价
能力标准	知识	知识考试（开、闭卷） 撰写业务论文/业务文案 参加课程培训即可视为通过考核
	技能	任职资格评价会
行为标准		调查问卷法 任职资格评价会 关键事件观察鉴定

1. 知识考核。知识的考核可以通过笔试、业务论文/业务文案的撰写来考核，也可以通过参加课程培训，同时也可以将两者相结合。

根据任职资格等级标准的知识点，组织也可以开发出不同级别的课程；然后给每一门课程确定学分，并确定每个级别任职资格的必备知识和分数要求；最后为每门课程配备相应的师资并组织开发配套的教材、讲义等培训资源,从而形成分类分层的任职资格课程体系。在此基础上,组织根据需要进行考试或其他形式的测评,以检验培训的成果,评价参与者的资格水平。

2. 专业技能评价。对于专业技能的评定,则需要通过组织任职资格定级评价会集体评议完成。

(1)任职资格定级评价会的组织。任职资格定级评价会是任职资格定级评价的主要场合,一般由任职资格评价专家小组、被评价人和证据三个要素组成。

任职资格评价专家小组是任职资格评价的主要负责人。原则上,任职资格评价专家小组成员要尽可能保持稳定,同一类专业人员的评价由一个专家小组完成,以保证标准把握的一致性。专家小组人选必须是该业务的高层主管或业绩资深人员,每个小组以3~5人为宜。专家小组的主要职责是:深刻准确地理解任职资格等级标准和任职资格评价程序,客观公正地进行任职资格评价,向被评价人提出改进建议。

被评价人是符合任职资格定级参评条件的员工。其主要的责任包括:深刻准确理解任职资格等级标准和任职资格评价程序,在人力资源专业人员的指导下进行认真的自检评价,整理真实、有效、充分的任职资格证据并及时提交,认真回答任职资格评价专家小组提出的问题,虚心听取专家小组的改进建议并在实际工作中改进。

任职资格评价证据是被评价人实际工作过程中产生的产品和成果、经历的项目等,是任职资格评价的主要依据。

(2)专业技能的评价实施。专业技能评价分成两个部分,即评价前期准备工作和评价过程。评价步骤如图10-15所示。

①被评价人分类。首先要确定同一岗位族中的不同小类,然后对不同小类人员的技能按重要性程度赋予不同的权重,最后计算出每个等级的原始分数区间。表10-16是某企业财务管理岗位族被评价人分类表。该企业财务人员在每一个专业技能项上权重是不一样的,对于该类人员来说,最重要的专业技能项的权重为3,次重要的权重为2,一般重要的权重为1,不做要求的权重计为0。

在明确权重的基础上是分数区间的计算,区间的最低分是假设被评价人在每个技能项上达到1级的要求,因此每个技能项上的得分均为1分(符合1级要求得1分,符合2级要求得2分,因此类推),各技能项得分乘以相应权重后累加之和即为最低分;最高分是假设被评价人在每个技能项上都达到5级的要求,因此每个技能项上的得分均为5分,各技能项得分乘以相应权重后累加之和即为最高分。

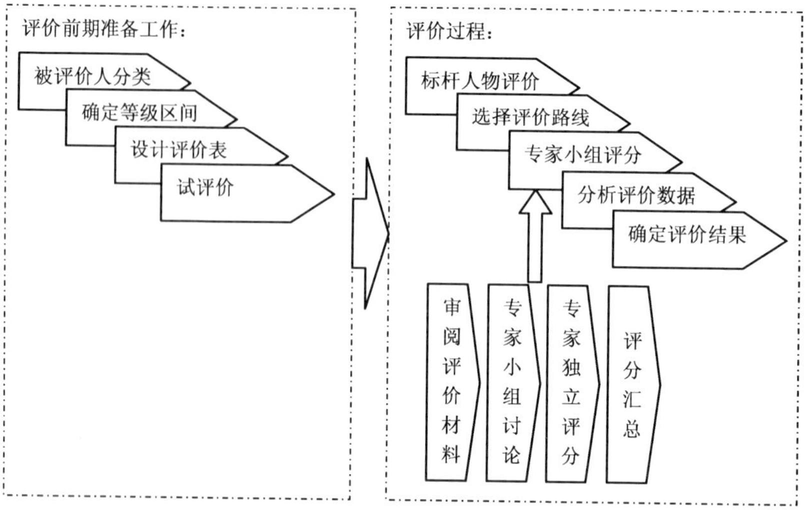

图 10-15 专业技能评价步骤

表 10-16 某企业财务管理岗位族被评价人分类表

序号	技能项 \ 权重	财务核算人员权重	财务分析人员权重	资金管理人员权重
1	财务处理	3	1	2
2	会计稽核	3	1	2
3	会计报表处理	3	3	2
4	成本管理	2	2	1
5	税务管理	2	1	1
6	资金管理	1	2	3
7	财务分析	2	3	3
8	财务检查	2	1	3
9	财务制度建设	3	3	3
最低分~最高分		21~105	17~85	20~100
百分制调整系数=100/最高分		0.95	1.18	1

②确定等级区间。由于岗位族内各小类人员各技能项权重不同,各等级的原始分数区间也不同,因此可以通过百分制调整系数将每个人的原始分数转化为百

分制分数，这样，同一小类的人员以调整后的分数按同一个等级分数区间来确定专业技能评价结果。

③设计评价表。评价表要针对每一小类设计，列举技能项目内容、各项目相应的权重和评分栏。

④试评价。试评价的目的是测算权重设置是否恰当，验证任职资格等级标准在评价时是否可操作。试评价首先需要根据主管直觉判断，在不同级别人员中找出 2~3 个代表人物，如果评价结果与之前的判断差异很大，则需要进行深入分析，找出问题所在。

⑤标杆人物评价。标杆人物评价的目的是要通过评价标杆人物，每位专家充分讨论各自评价结果的差异点，找出理解上的分歧，统一专家小组各成员之间的评价尺度。

⑥选择评价路线。任职资格评价通常会在一个时间段同时评价若干申请人，这时，评价专家组在评价路线上主要有两种方式可以选择。一是以被评价人为中心，即对一个员工评价完所有技能项后再评价下一个员工；二是以专业技能项为中心，即评价完所有员工的第一个专业技能项后再评价下一个技能项。当然也可以根据需要两条路线交叉使用。

⑦专家小组成员评分，内容包括：审阅评价材料、专家小组讨论、专家独立评分、评分汇总平衡四个步骤。

⑧分析评分结果数据。从多个角度来分析专家小组各成员给出的评分结果，如果发现专家小组各成员的评分差异异常，需要进行原因分析并及时处理。如果针对一个岗位族的评价有很多不同的专家小组，还需要分析各个小组的评价尺度并对结果进行适当的调整。

⑨确定评价结果。评分调整后，根据等级分数区间，确定每个人的专业技能等级。

3. 行为认证。行为认证的操作可以通过调查问卷法，调查问卷的发放对象按 360°方式选择，一般在 10 人以上，至少包括员工的主管 2 人（直接行政主管、业务主管），工作相关流程上下游人员各 3 人，员工下属和同事 2 人。行为认证也可以通过任职资格评价会的方式，方法和步骤与专业技能评价相似。其他的操作方法这里不做详细讲述。

依据任职资格等级标准，采取不同的标准组合和评价方式，可对员工的能力有一个较为客观的认识。

二、基于任职资格体系的人才聘用

在许多组织中，管理者往往用一些模糊、概念性的词汇，作为对单一的某一岗位候选人才的评价标准。但这样的人才评价标准的描述缺乏对人才要求的明确定义，同时缺乏基于岗位体系的岗位间的参照比较标准，所以在这样的组织中，人才聘用系统很难构建起来。

基于任职资格体系基础上的组织人才聘用的本质是建立一套动态的、例行化运作的人才甄别、选拔、培养、使用、淘汰的机制。任职资格等级标准明确描述了对于不同通道，不同层级的任职要求：对新入职人员的定级、岗位体系中序列内和跨序列的岗位调整提供了重要的依据。

（一）为新入职人员的定级提供标准和方法

新入职人员的定级，即新入职人员任职资格初始等级的确定，是指员工第一次参加岗位资格等级认证，在此之前，员工属于哪个岗位通道，在通道中的级别没有明确的认定。新入职人员定级的流程如图 10-16 所示。

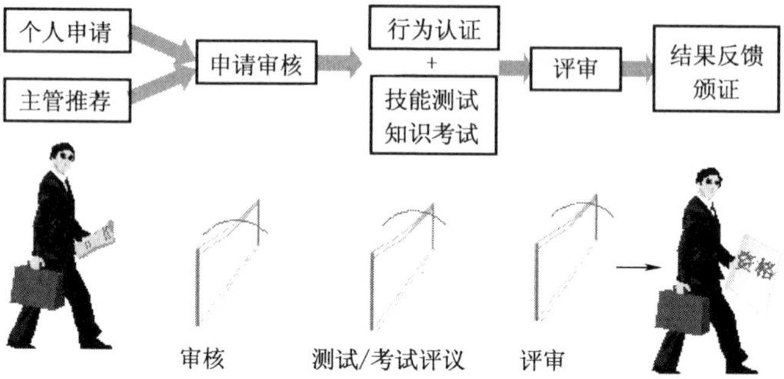

图 10-16　新入职人员定级的主要流程

1. 确定岗位通道类别。根据员工所承担的岗位，按“岗位序列/岗位族”的划分确定员工所属的岗位通道类别。

2. 受理申请。在确定员工任职资格所属等级的过程中，原则上采取由被认证员工的直接主管推荐的模式，员工个人负责准备相关个人材料，提出申请。

3. 基本任职资格审核。基本任职资格标准是某一等级的最低门槛，应首先对员工的基本任职资格进行审核，确定其是否符合最低要求。资本任职资格审核的内容包括教育程度、工作经验、工作绩效等。

4. 行为认证、知识和技能测试。在基本任职资格审核之后，对照任职资格标准中的行为标准和能力标准要求，对员工进行行为认证、知识和技能测试。

5. 专家组综合评审。在对所有维度标准测试后，专家组需要综合各维度评定结果，确定被评价人的所属岗位通道等级。

6. 结果反馈。在综合评审后，评价者需要向被评价人说明其优点和不足，与其沟通讨论下一步如何改进，而不是指告诉被评价者是哪个任职资格等级而已。

（二）任职资格等级的调整为岗位体系中职级的调整提供重要依据

任职资格等级标准使各岗位间存在了类别和层级间的可比性，为人才能够在岗位通道内层级的变更、岗位通道间岗位的转换奠定了基础，从而实现任职资格等级调整与岗位的上岗、下岗、平调等动态管理的顺利对接，促进员工能力发展与岗位发展的匹配关系。

任职资格等级不是终生的，对于那些能够不断学习，提升自己的职业技能，为组织创造价值的员工，组织可以通过调整他们的任职资格等级，给他们更多的回报；而对于那些工作表现和知识技能相对退步的员工也要通过调整他们的任职资格等级，给予相应的警示。

1. 任职资格等级调整的类别。任职资格等级调整根据内容可以分为任职资格升级、任职资格保级、任职资格降级和任职资格等级破格提升等几种类型。

在任职资格等级的初始认定后，员工被安排到与之能力水平相应的岗位，在这个岗位，员工要依据任职资格等级标准中“行为标准”规定的行为方式开展工作，这以后就会有三种可能的情况：

(1)任职资格升级。如果员工在规定的任职资格等级调整周期内，绩效一直非常优秀，组织认为他不仅能够胜任当前的工作，而且具备承担更多责任的潜质，可以完成难度更大或者更适合他的工作。因此，组织可以给他提供任职资格等级提升机会，但是他的能力是不是确实提高了，他的任职资格是不是确实可以上升到更高的级别，则需要按照之前介绍的任职资格定级的程序和方法以更高的标准来衡量评定。

(2)任职资格保级。如果员工在规定的任职资格等级调整周期内能够胜任目前的岗位，但绩效一般，这种情况下，组织可以保留该员工现有的任职资格等级，不再需要进行任职资格的评价和调整。

(3)任职资格降级。如果员工在规定的任职资格等级调整周期内，业绩总是非常差，那么，组织有理由相信该员工已经不符合目前任职资格等级标准的要求。这时，可以在原有岗位通道中降低任职资格等级，而选择其他岗位通道也是应对这种情况的调整办法。

(4)任职资格的破格晋升。当组织某一岗位出现人才紧缺，或者员工的业绩表现和能力潜质的确十分出色时，组织可以考虑对其任职资格等级进行破格提升。

2. 任职资格等级调整的流程：

(1)根据前一个周期内员工的绩效考核结果来判断员工任职资格等级调整与否，是任职资格升级，还是任职资格降级。

(2)如果员工有资格参加任职资格升级评价，那么组织就可以按照任职资格定级的程序和方法对其进行定级评价。

总之,任职资格等级标准的调整可以为岗位体系中职级的调整提供重要的依据。同时,任职资格等级调整的机制为员工提供了等级提升的机会,也带来了降级的风险,从而激活了淘汰机制,可对人才产生激励作用。

三、基于任职资格体系的人才培养

任职资格体系涵盖了当下的素质能力模型,且内涵更为宽广,从岗位角色定位、层级定义、素质、技能、工作过程最佳行为、最佳工作成果等方面,以全过程、系统的角度,对组织中"人"的管理提出全面解决方案。对于人才的培养而言,基于任职资格来进行培养,是经过实践证明了的最佳方案。两者的关系如图 10-17 所示:

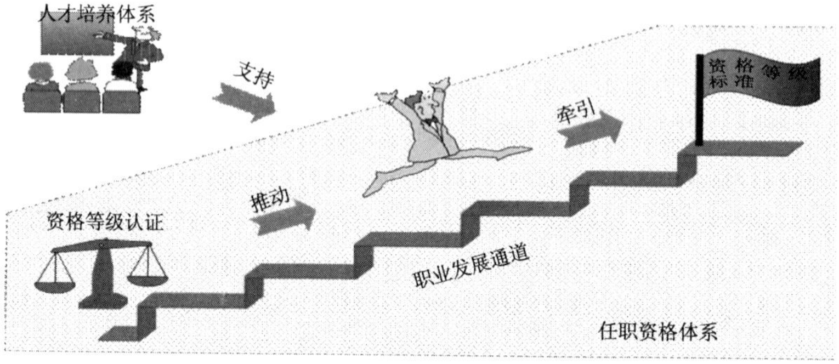

图 10-17　任职资格体系与人才培养体系

任职资格体系明确了组织对员工的能力和行为要求,它有以下几个作用:

(一)为人才培养体系解决了人才培养的源头问题

这其中包括组织应该把员工培养成什么样子,明确了员工目前的能力状况,以及员工哪些能力已经达到了组织的要求,哪些是迫切需要加强的能力短板。最终通过分析,得出人才培养的基本需求点,如图 10-18 所示:

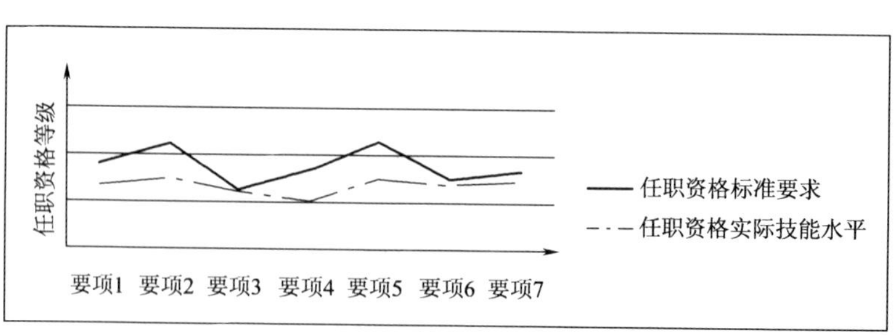

图 10-18　员工任职资格行为要项达标分析图

（二）为人才培养的措施选择提供了分析依据

人才培养需求点分析的结果往往是一个或一系列问题，这包括员工能力本身的问题，也可能包括组织的管理问题。对于员工能力本身的问题，针对不同的问题，也需要选择针对性的培养措施，而不能一概而论。通常，不同的培养措施适合解决不同的问题。例如，需求分析时发现：如果员工缺乏所需的技能和知识，不知道如何执行，此时人才培养措施选择用培训解决方案最佳；如果是员工具备了执行任务的技能和知识，但工作输入、工作输出、工作结果的反馈不足，此时选择的最佳措施不是培训，而是改进业务流程；又如员工知道要做什么，但是不知道做得怎么样，此属于沟通、反馈问题，也不适合培训员工本人，最佳的解决方案是对主管进行培训。

（三）为培训课程体系的设计提供了系统化的思路

传统的培训体系建立在部门或岗位需求的基础上。如果按部门来确定需求，由于每个部门均有不同类别的岗位，这些岗位的培训需求很可能完全没有共性，这样的需求分析必定不系统；如果按岗位要求来确定培训需求，仍然侧重于单个岗位，以中型企业为例，岗位往往达几百个，必定由于岗位过多导致成本过高，操作困难。

而基于任职资格等级标准体系上的培训体系设计则避免了这些问题。因为任职资格标准是建立在岗位体系框架的基础上的，它将错综复杂的岗位按性质相同的原则归为有限的几个大类，并进行分级，使得培训体系的建设能够聚焦到特定的方面，从而大大提升培训的系统性、针对性、有效性。基于任职资格建立起分类分层的培训体系，如表 10-17 所示。

表 10-17　基于任职资格建立起分类分层的培训体系

岗位序列	管理序列	专业技术序列	……	培训课程体系
任职层级	五级	五级	……	高级
	四级	四级、三级	……	中级
	三级	二级、一级	……	初级

不同类别、不同层级的培训课程体系构成了“分类别、分层级”的矩阵结构，如图 10-19 所示：

同时，任职资格等级标准明确了每一通道内岗位层级的知识和技能要求，因此，组织在培训体系设计中可以针对不同资格的人员分别进行达标辅导培训、再开发培训，使培训更有针对性，与工作联系更密切，并通过对培训方式、培训课程的系统整合达到节约培训成本的目的。

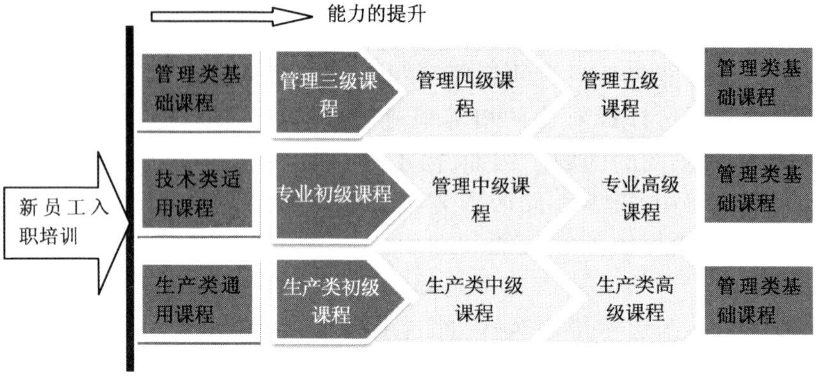

图 10-19　不同类别、不同层级的培训课程体系

根据任职资格等级标准中各通道、各级别的基础知识和技能设计达标培训；根据员工任职资格等级认证的情况增加提升能力短板的培训；同一通道不同级别或者相关通道同一级别的岗位对于某系通用能力具有相同的要求，这样就可以采取公共培训的方式开设通用能力的培训课程。例如，可以为初级岗位设计“公文写作”“商务礼仪”“有效沟通”，为中级岗位设计“教练技术”“宣讲技巧”，为高级岗位设计“变革管理”“战略规划与经营计划”等方面的培训。

综合系统提升培训内容、提升能力短板培训内容和公共培训内容，可以建立员工培训的系统性培训体系，如表 10-18 所示：

表 10-18　某跨国公司管理人才培训计划

课程级别	培训目的	培训课程	培训时间
一级	提高参与者的自我管理能力和团队建设能力	培训内容：企业文化、自我管理能力、个人发展计划、项目管理、了解及满足客户需求的团队协调技能	与工作同步的一年培训；分别为期 3 天的两次研讨会和一次开课讨论会
二级	让参与者准备好进行初级管理工作	综合项目的完成、质量及生产效率管理、财务管理、流程管理、组织建设及团队行为、有效的交流和网络化	与工作同步的一年培训、为期 5 天的研讨会两次和为期两天的开课讨论会一次
三级	开发参与者的企业家潜能	公司管理方法、业务拓展及市场发展策略、技术革新管理、公司全球机构、多元文化间的交流、改革管理、企业家行为及责任感	一年半与工作同步的培训；为期 5 天的研讨会两次

续表

课程级别	培训目的	培训课程	培训时间
四级	塑造领导能力	企业价值、前景与公司业绩之间的相互关系，高级战略管理技术，知识管理、识别全球趋势，调整公司业务，管理全球性合作	与工作同步的培训两年；每次为期6天的研讨会两次
五级	提高领导能力	根据管理学知识和公司业务的需要而制定，随着二者的发展变化，培训内容需要不断更新	根据需要灵活掌握

通过分类、分层次的管理教程培训体系，为组织中正在从事管理工作的员工或有管理潜能的员工得到学习管理知识和参加管理实践的机会。这些教程旨在提高参与者管理自己和他人的能力，使他们不断地提升自己的能力，具备更高级别管理者的任职资格，同时也在员工间建立了密切的内联网络联系，增强了组织和员工的竞争力，达到了开发员工管理潜能、培养组织管理人才的目的。

（四）为员工职业发展的规划奠定了良好的基础和保障

组织任职资格的建设就是将员工的职业发展和组织对人才能力水平提升的要求结合在一起，以促进员工与组织共同成长。从任职资格的构成和应用可以发现两者之间的密切关系，如表10-19所示：

表10-19　两者的对应关系

员工职业发展	任职资格体系
职业发展路径的选择	任职资格等级
职业发展水平评估	任职资格等级标准
	资格标准认证
职业技能的持续提升	任职资格的应用（人才培养计划、人才聘用计划）
对员工职业发展的激励	

任职资格体系与员工职业发展之间的对应关系建立以后，就会让员工们清晰地认识到任职资格体系不仅仅是组织对员工能力的评估体系，也是自身的职业发展体系，员工可以根据组织规划的任职资格等级来规划个人的发展路径。

以某著名企业的实践为例，公司各级主管每年除了与员工签订个人绩效目标计划之外，还会根据员工的任职资格达标情况，与员工沟通，一起制订相应的能力提升计划。样例如表 10-20 所示：

表 10-20　员工能力提升计划

<table>
<tr><td colspan="15">姓名：张田　部门：人力资源部　部门经理：李雪　制定时间：2015 年 1 月 15 日　监督人：李雪</td></tr>
<tr><td colspan="15">个人能力提升承诺：在 2015 年一年中，提升倾听和获取正确信息的能力，提升组织和计划能力，争取能够独立承担新员工培训、新经理训练营的大型培训项目</td></tr>
<tr><td>衡量标准</td><td>实施办法</td><td>1</td><td>2</td><td>3</td><td>4</td><td>5</td><td>6</td><td>7</td><td>8</td><td>9</td><td>10</td><td>11</td><td>12</td><td>效果评价</td></tr>
<tr><td rowspan="6">1. 年终考核时，经理不再认为沟通是我获得良好业绩的一个主要障碍。
2. 独立组织一次大型培训项目，学员对教务和组织工作满意度在 4 分以上</td><td>1. 参加公司内部培训课程《有效沟通》</td><td></td><td></td><td></td><td></td><td></td><td></td><td></td><td></td><td></td><td></td><td></td><td></td><td>已经参加</td></tr>
<tr><td>2. 参加公司内部培训课程《人际交往心理常识》</td><td></td><td></td><td></td><td></td><td></td><td></td><td></td><td></td><td></td><td></td><td></td><td></td><td>已经参加</td></tr>
<tr><td>3. 协助同事王五组织二期新员工培训</td><td></td><td></td><td></td><td></td><td></td><td></td><td></td><td></td><td></td><td></td><td></td><td></td><td>基本满意</td></tr>
<tr><td>4. 参加第一期总经理集训营的筹备工作</td><td></td><td></td><td></td><td></td><td></td><td></td><td></td><td></td><td></td><td></td><td></td><td></td><td></td></tr>
<tr><td>5. 找一位亲和型的同事，请他多指点</td><td></td><td></td><td></td><td></td><td></td><td></td><td></td><td></td><td></td><td></td><td></td><td></td><td></td></tr>
<tr><td>6. 走访优秀企业，了解它们组织大型培训的经验</td><td></td><td></td><td></td><td></td><td></td><td></td><td></td><td></td><td></td><td></td><td></td><td></td><td>走访××企业，考察报告提出了一些有新意的想法</td></tr>
<tr><td colspan="15">年终评价：经过一年的发展，张田已经可以独立承担大型的培训项目，成长为合格的培训专员；给予正确信息的能力还有待加强</td></tr>
</table>

任职等级标准成为员工职业发展不同阶段中的努力目标，为员工提供了职业发展的标尺，员工可以按照等级标准要求来不断提升自己的任职资格水平。同时，周期性任职资格等级调整，让员工看到了自己晋升和角色转换的可能性，是顺畅的职业发展通道建立的基础和保障。

本章扩展

案例分析

A企业经历十几年艰辛创业和发展,已成长为一家集技术投融资、项目建设和项目托管于一体的综合性专业环境工程公司。凭借雄厚的技术力量,公司拥有国家重点环境保护实用技术示范工程多项,并在印制线路板废水治理、电镀废水治理、印染废水处理、高浓度有机废水处理和生活污水处理等领域形成了一套成熟、稳定的处理工艺。

随着国家环保法律的强制限制和各类大型工业园的建立,公司有了更多的发展机会。公司未来几年的战略目标是:适应和配合大型工业园区的发展和独立承接工业园的托管项目。

由于业务领域的延展和项目的数量增多,经常出现技术方案一改再改的情况,而且近期出现了一次重大失误。一个大项目由于在资质申报过程中一份文件过期而导致项目没有中标,这给公司高层的震撼很大。由于业务的增长速度加快,以前技术人员既是技术方案的制订者也是公司业务的开展者这样的工作方式使得他们对下属的技术指导和技术开发都难以兼顾,加上技术人员比较追求完美的特点、不善于和客户进行商务洽谈,导致他们每天叫苦连天,分身乏术。技术阶梯队伍出现断层,高素质的技术人员压力巨大,但是成就感却非常低,技术开发、技术积累、经验复制的速度缓慢,重复的工作一做再做。为了激励技术人员和专业人员,公司设立了副经理、副部长等管理岗位,导致公司岗位管理混乱,个人成长只有“当官”这一条路。提拔上来的人与以前想象的差距很大,但是只能“凑合用”,由于提拔的人管理能力欠缺和忙于救火式的工作方式,带领的下属团队意识、能力培养都没有到位,很大程度影响了公司项目的运作。激励手段单一,好几名高级研发人员看不到自己的成长空间,跳槽到竞争对手那里,给公司造成了损失。

国内企业在发展的过程中类似A企业这样的情形非常之多。他们普遍遇到了同样的发展瓶颈,即员工的职业化程度不高,管理人才和专业人才不能满足业务的需要,没有完善的绩效考核,激励失衡,好的经验无法传递,业务开拓后才发现没有人才储备。现有的人才离未来的发展差距太大。

分析思路:传统的人力资源管理平台关注的是针对某一岗位族的“一个岗位”,反映的是一个岗位对企业战略中应负的责任。而企业基于业务发展往往需要为某一岗位族的员工比如研发类工程师依据不同的能力设立成长阶段路标。企业关注的是能力的成长,这个能力不是抽象的能力,而是组织基于成果经验和未来发展要求的“知识、技能、文化、贡献、行为规范”的实际工作能力，关注的是业务工作过程的管理和实现，这是传统的“知识”为核心的能力转变为“职业化的行为”为核心的能力的突破。岗位为基础的“人”锁定在一个固定的“岗位”，而为每个岗位设立发展轨迹显然是不现实的。一个岗位的能力只是一个“点”，无法成为一类岗位族中任职能力的多个点而形成的“面”。

这个瓶颈单纯用传统的绩效考核办法是无法解决的。绩效考核关注过程的结果。虽然绩效方案中也设计了能力指标，对员工能力发展有一定的牵引性，但是归根到底与目标设定相关，绩效考核中没有也不可能对能力成长设立系统的方法和操作评估。即绩效考核还是没有解决“怎么样的过程才是做得好”的标准。同时，由于目标偏重对短期利益的关注而牺牲了公司的长远利益，促使员工关注当前目标的达成而忽略组织能力的长远建设。即使员工想成长也不知道如何成长，组织想帮助员工成长也不知道如何帮助。依据绩效考核结果制订的“行动改善计划”是发现一次改善一次，缺乏系统的联系和一致性。

这个瓶颈单纯用传统的薪酬激励方法也是无法解决的。因为岗位评估主要解决的是对岗位与岗位之间当前价值的量化问题，从根本上无法解决员工的长远发展需要和内在激励问题，此外，对同一岗位的任职者，它也无法解决横向攀比及内部公平问题。

而基于员工的职业发展通道和任职资格等级标准来设定员工的绩效体系、培训体系、报酬体系、成长体系，无疑是解决组织能力和员工发展的关键点。强调员工职业发展通道，强调企业要求的行为规范、技能、贡献、文化、知识等特征的任职资格是解决上述问题的一个有效途径。它解决了企业需要什么样的人（何种知识、技能、贡献），该怎么做事（行为表现），有什么贡献（成果和业绩）。

思考题：

根据以上分析思路，判断我们为A企业设计任职资格等级标准，能否帮助其解决面临的问题？如果可以，尝试为A企业设计任职资格等级标准。

讨论与思考

1. 任职资格等级标准设计中的行为标准、能力标准和基本资格标准设计存在什么样的联系？

2. 任职资格等级标准是如何应用于人力资源管理中的？

3. 思考一名人力资源部门经理应该具备哪些素质。利用本章所学的知识，设计一个人力资源部门经理的能力素质模型。

4. 利用网络、书籍等渠道，搜集人力资源管理岗位族的任职资格等级标准,分析其中包含哪些类型的信息?它们是否符合本章中讲述的任职资格等级标准的设计原则?如果不符合,你将怎样修改?

5. 任职资格定级包括哪些流程?任职资格评价会的一般工作步骤有哪些?

扩展阅读索引

[1]饶征,彭青峰,等. 任职资格与职业化[M]. 北京:中国人民大学出版社,2004.

[2]秦杨勇,杨广明,等. 平衡记分卡与能力素质模型建立[M]. 北京:中国经济出版社,2007.

第十一章

岗位等级薪酬

本章重点介绍了岗位等级薪酬的操作步骤和方法，读者应着重掌握进行岗位评价和确定岗位等级薪酬结构的方法。

第一节　岗位等级薪酬概述

一、岗位等级薪酬的概念

薪酬是对员工付出的回报，其本质要求是同工同酬，这就需要全面衡量员工的付出，其中最主要的是员工在岗位上按照职责要求的工作付出，可以通过岗位的职责大小、难易程度、工作环境以及所要求的知识、技能等因素来衡量，将岗位分成若干等级，每个等级确定不同的薪酬，从而形成了岗位等级薪酬，它强调工作本身对组织的价值。

现代薪酬体系包括岗位等级薪酬、能力薪酬和绩效薪酬，如图 11-1 所示。岗位等级薪酬是整个薪酬体系的基础，能力薪酬和绩效薪酬都是在岗位等级薪酬的基础上建立起来的，都要反映不同岗位类别、岗位等级的差异。

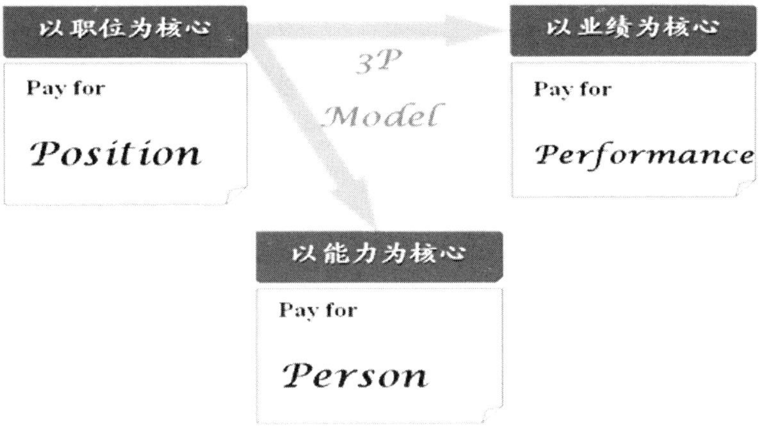

图 11-1 薪酬设计的 3P 模型

二、岗位等级薪酬体系设计的程序

(一)进行岗位分析,形成岗位说明书

岗位分析是指采用科学的手段与技术,收集、比较、综合有关工作的信息,为组织规划、人力资源管理以及其他管理行为服务的一种管理活动。岗位说明书是岗位分析的重要成果文件,它主要包括工作职责、业绩标准、任职资格要求、工作条件等,它是岗位价值评价的基础信息。

(二)进行岗位评价,建立岗位等级结构

岗位评价是通过一套标准化的评价指标体系,对各岗位的相对价值进行评价。岗位相对价值评价的方法主要包括排序法、分类法、因素比较法、要素计点法等。其中,要素计点法和分类法是目前组织中运用最多的岗位评价方法。

(三)运用岗位等级结构,建立岗位等级薪酬体系

1. 通过薪酬调查,确定市场薪酬线。在岗位价值评价之后,还需要对标杆岗位进行外部市场薪酬调查,并将外部薪酬调查的结果和内部岗位评价的结果相结合,将岗位等级或者岗位点数作为横轴,将薪酬作为纵轴,拟合形成市场薪酬线。

2. 根据薪酬策略,确定组织薪酬政策线。组织根据自己的人力资源战略、薪酬策略,确定组织的薪酬政策线,从而为薪酬结构的设计提供基础。

3. 确定薪酬结构。薪酬结构是指组织内不同岗位等级之间的薪酬差别,反映了组织内部各岗位等级(或岗位相对价值)之间及其对应薪酬之间的一种关系。薪酬结构设计主要指确定薪酬等级数量、薪酬范围和重叠程度等。

第二节 岗位评价及岗位等级结构

一、岗位评价的特点

岗位评价(Job Evaluation)是指系统地确定组织中每一个岗位相对于其他岗位的价值的过程。这一过程是用于设计薪酬结构,而不是用于评价任职员工绩效的。在岗位评价的过程中一般以技能(Skill)、责任(Responsibility)、努力程度(Effort)和工作环境(Working Conditions)作为岗位评价的主要因素或称为报酬因素。但是就一个具体的组织而言,在其进行岗位评价时除了以上四个大的因素外,还应考虑其自身的组织战略、组织文化、外部市场状况以及组织或员工自身的承受能力等因素。

(一)岗位评价“对事不对人”

岗位评价的对象是组织中客观存在的具体岗位,其评价的核心是岗位的职责、任职资格及岗位条件等,而非以“人”为中心对岗位的现有任职者进行评价。这也是很多组织在岗位评价过程中常犯的错误。

(二)岗位评价是对各项岗位在组织中的贡献价值的评价

岗位评价是对各项岗位特定的岗位任务对组织的贡献价值进行比较、评价的过程,而非对任职者的岗位绩效进行评价,也就是说,岗位评价依据的是在一般情况下,该岗位职责的重要性、难易程度,而不是现在的任职者在这一岗位上所作出的贡献大小及完成任务的好坏。

(三)岗位评价衡量的是各岗位之间的相对价值,而不是绝对价值

岗位评价是对同一组织内不同岗位间的相对价值进行评价,根据预先选定的报酬要素及各等级标准,对各岗位逐一进行测评,得出各个岗位的相对价值,使岗位之间有一个比较的基础,并形成相对的价值体系。最后再按评定结果,将各岗位之间的相对价值划分为一定的等级,使不同的岗位间具有一定的价值可比性,而非确定薪酬的绝对价值。也就是说,岗位评价可以根据各岗位的内在要求,将其分类、定级,力图指出什么级别应当获得较高的薪酬,但并不对每个级别的合理薪酬制定标准。因为薪酬绝对价值的确定仍需参照社会上各类岗位的供求关系及组织自身的支付能力,最终员工能得到的薪酬水平还要受到员工自身条件和员工绩效的影响。

二、岗位评价的主要步骤

（一）岗位评价准备阶段

1. 确定岗位评价的目标。在进行岗位评价的准备阶段，首先要确定岗位评价的目标，即组织通过岗位评价要解决的问题，要达到的效果。所有组织都希望通过岗位评价建立公平合理的岗位等级薪酬，但是由于不同组织面临的问题不一样，各个组织的具体操作目标是不同的。比如，在刚刚重组的组织中，岗位评价就是要解决各重组部分薪酬公平性的问题以及与以前薪酬体系的对接问题；再比如，很多组织在运行一段时间后，岗位的职责、对组织的重要程度等会发生变化，这就需要通过岗位评估，来确定这些岗位的相对公平的薪酬。

2. 了解组织现状。组织是一个错综复杂的系统，各项岗位之间有着密切的关系。在考察组织每项岗位之前，必须先对整个组织有所了解，这包括组织的历史、现状、组织战略目标、组织性质、组织所属行业特性、组织规模、组织结构、关键产品和市场、生产流程以及人员状况，等等。

3. 选取标杆岗位（Benchmark Jobs）。在大型组织中，由于岗位众多，很难同时将所有的岗位都进行评价。因此，需要首先选择一部分标杆岗位（或称为基准岗位）进行评价，然后与外部的组织薪酬水平进行对比。标杆岗位是指那些在大多数组织中都存在，且工作职责和任职资格条件差异不大的一般化工作。标杆岗位一般包括四点特征：第一，其工作内容或职责是在长期以来相对稳定，且被大多数人熟知和认可的；第二，是基本上所有组织都有的岗位；第三，是组织中有代表性的岗位，与非标杆岗位具有可比性；第四，通常是以劳动力市场用来确定薪酬水平的岗位。一般选择标杆岗位时，需要在组织中选择10%～15%的标杆岗位进行岗位评价。

4. 建立岗位评价委员会。岗位评价委员会的职能一般是根据岗位分析的结果，针对组织内部的所有或部分岗位进行岗位评价体系的设计，选择评价方法，并对相应岗位作出评价，形成岗位等级。这些岗位可以由一个小组完成，也可以由多个小组分工协作共同完成。一般来说，在比较小型的组织中，由于评价岗位的难度也会相应比较小，因此建立一个岗位评价委员会，即可完成所有的岗位。但对于规模较大或岗位类别较多的组织来说，评价岗位不但在难度上有所提高，而且在岗位量方面也不可小视。因此，就应建立多个评价委员会，将评价岗位的各个环节进一步细分。所以，不同的组织中岗位评价委员会的职能、责任和权力可能会有很大差别。

5. 选择评价方法，建立评价体系。岗位评价的方法主要包括要素计点法、分类法、排序法和因素比较法。在选择岗位评价的方法时，应该考虑使用单一的岗位评价方法是否可以用来评价所有不同类别的岗位。在实际操作中,可以采用一种评价方法评价所有类别的岗位,也可以采用多种方法来评价不同类别的岗位。在选择评价方法时,还是应着眼于组织的需求和所能接受的程度。

每种评价方法都要建立自己的评价体系。岗位评价体系由岗位评价指标、各指标的分级定义以及各指标的权重构成。选择岗位评价指标时,大多数岗位评价指标都是由技能、责任、努力程度和岗位环境四大类组成的,也可以从各项岗位的岗位流程的输入、处理、输出及岗位环境或岗位条件的角度,提炼出对各岗位具有代表性的抽象化指标。组织再根据自身特点及现状将这些概括的因素分为更多的、更适用于组织的具体因素。在选定并定义了评价指标后,就需要为这些指标赋予不同的权重,即确定各个评价指标的相对重要程度。

(二)岗位评价实施阶段

1. 培训岗位评价人员。对岗位评价人员进行培训是十分重要的,正如我们前面所提到的,即使岗位评价体系设计得再完美,一旦执行者对其理解上出现偏差,或由于某种利益的驱使不能公正地依照评价体系作出决定时,评价岗位只能是徒劳无功,甚至还会给组织带来负面影响。

因此,除了要向岗位评价人员清楚地传达组织进行岗位评价的目的,以及岗位评价所能为组织和员工个人带来的利益,使他们摆正对岗位评价的态度之外,还必须通过培训,使他们准确掌握岗位评价方法、评价流程,正确理解岗位说明书中所包含的内容,以及被评价岗位的其他相关信息。

2. 岗位的初评和正式评价。岗位评价过程中,由于评价者中可能会有来自组织不同层级的成员,因此,他们不一定对人力资源岗位十分精通,所以需要一个熟悉评价体系和评价方法的过程。为此,可以让评价人员对某些岗位进行初评,从中发现问题,并加以解释。通过这种方法,可以使评价者对岗位评价体系从逐步熟悉到能灵活运用。同时通过初评,还可以有效地检验评价因素及评价方法的选择是否具有很强的代表性和适用性。实际操作中,可以选用一个大家很熟悉的岗位作为初评对象,各评价者进行独立评价,然后检查各自评价结果的差异性,查看差异形成的原因,并加以改善,使评价者对评价体系和评价方法的使用和标准的掌握达到一致。

初评通过后,便可对标杆岗位进行正式评价。在需要的情况下,对评价结果进行一定范围内的调整。通过对标杆岗位的评价,再将其他非标杆岗位与相应的标杆岗位进行对比评价,就可以确定组织内所有岗位间的相对价值,形成所有岗位的岗位等级。

(三)岗位评价结果应用阶段

1. 岗位等级转换成薪酬等级。岗位评价通过比较岗位信息建立起岗位等级结构,它为建立新的基于岗位的薪酬体系提供了基础。岗位等级只是对岗位的相对价值进行了比较排序,但并没有确定各等级的绝对薪酬水平。以岗位等级为基准建立薪酬体系的第一步,就是将岗位等级转换为薪酬等级。这部分内容见本章第三节。

2. 与员工进行沟通并建立申诉机制和程序。岗位评价的结果对组织内的每一位员工来说都很重要。在整个岗位分析和评价的过程中,组织都应该正式和组织内成员进行交流,使评价的目的、方法、标准等充分透明化,使他们认识到岗位评价的重要性,并让他们亲身参与到岗位评价当中来,从而有助于员工对评价过程和结果的理解和接受。

同时,组织应该建立申诉机制和程序,给予员工发表自己见解的机会与途径,避免由于不满且无法从正当途径得到科学合理的解释,而使员工内部产生不安定因素。

(四)岗位评价完善与维护阶段

随着组织经营状况的不断变化,组织战略目标的转移,以及一些岗位内容的变化,当初的岗位评价体系根据的现实基础已经发生了变化,那么就意味着这套评价方案已经失去了现实意义。因此,为了避免这些问题的出现,避免使岗位评价体系成为一纸空文,就必须把岗位评价看作是一个不断完善的过程。通过岗位日常评价及维护机制,实现随着客观条件的变化对建立后的岗位价值评价进行动态调整。

1. 日常维护。日常维护主要针对组织内产生的新岗位。一般来说,在新岗位产生后就应先按照已经建立起来的岗位评价体系对其进行岗位评价,将其纳入岗位等级结构中去。日常维护的另一项职责就是在实行了岗位评价之后,当某些岗位发生了变化时,对其重新作出评价。

2. 定期维护。为了保持岗位评价体系能够与时俱进,就需要建立一套定期检查维护的制度体系。其主要岗位是:第一,检查标杆岗位是否仍具有代表性,是否需要更新;第二,检查升级和降级情况;第三,检查等级是否出现堆积;第四,检查“红圈岗位”的处理情况;第五,检查评价指标及权重是否需要重新调整;第六,检查薪酬结构是否需要进行调整,薪酬水平是否需要提高。这样做的目的是为了保证岗位评价能够满足组织发展的正常需要。

三、岗位评价的方法

(一)要素计点法

要素计点法(Point Method),也称点数法、评分法,是一种定量的岗位内容评估方法。定量方法是赋予基准岗位的可补偿因素一定的数值,这些数值加起来就是岗位总价值。岗位的相对价值通过所有岗位的总价值量来体现。要素计点法的操作流程大致可分为三个阶段：

1. 准备阶段，即拟订岗位评价体系的阶段：

(1)选择评价因素。在要素计点法中，评价因素的选择非常关键，它是整个评价方法的核心。这些因素能反映岗位如何为组织创造价值，它们源于岗位本身和组织的战略方向。因此，在选择评价因素时，必须以所评价的岗位以及组织的战略和价值观为基础，从而使最终受薪酬结构影响的利益相关者能够接受。

例如，美国管理技术协会在20世纪40年代制定的《国民岗位评价方案》中，将生产、维修、仓库、销售、服务等领域的岗位的评价因素归纳为四大类：智能（再细分成知识、技能、经验三个子因素）；责任（再细分成对仪器设备责任、对材料或产品责任、对他人安全责任和对他人岗位责任四个因素）；体能（再细分成体力和注意力集中程度两个因素）；环境（再细分成岗位条件和危险性两个因素）。

(2)明确各评价因素的定义。这是对已确定的岗位评价因素，用最浅显、最清楚、最肯定的语言一一定义，使每位评价者甚至每一名员工都能一目了然，都能清楚地了解到每一评价因素所要评价的内容。

(3)确定各评价因素的等级。这是把每一个评价因素按照组织的实际需要，细分成多个轻重不同的等级，如把岗位对知识的要求分成五级，把岗位对经验的要求分成五级等。等级划分好以后，还要对细分后的每一等级进行准确的定义。

(4)确定各评价因素的点数。首先应确定各评价因素的点数之和，即总点数。总点数多少，应以便于使用和划分岗位等级为原则。目前，英国、美国一般使用的总点数为500点，中国台湾为600点。然后，确定各因素的配点，即岗位评价因素的权重与点数。在确定各评价因素权重时，要以各个评价因素在总体中的地位和重要性为根据。组织在给评价因素赋予权重时，还应根据自身所处状况及各类岗位的性质和特征加以确定，因素的权重必须反映组织对各因素重视程度的差别。一般来说，比较重要的因素赋予的权重较大；重要性较小的因素赋予的权重较小。在对各评价因素赋予权重后，就可以根据之前确定的评价总点数计算各评价因素的配点了。其公式如下：

$$Y_i = T \times f_i$$

式中：Y_i——第 i 项评价因素的点数；

T——总点数；

f_i——第 i 项评价因素的权重。

前面提到的美国的《国民岗位评价方案》中采用的权重为：智能50%，250点；责任20%，100点；体能15%，75点；环境15%，75点。

同时，在确定各因素权重的过程中，管理层的参与至关重要，因为只有这样才能准确地抓住组织的战略目标，才能使岗位评价达到为组织目标服务的目的。

(5)确定各子因素等级的点数。确定各子因素等级的点数时，一般可以分为算术法和几何法两种。

①算术法:先用每一子因素配得的总点数除以子因素的级数,得出的这个数值既是最低一级的点数,同时也是各级间点数的等差级差。然后,用级数乘以点数差即得出各级点数。公式为:

$$y_i = t/n \times i$$

式中:y_i——第 i 级的点数;

t——各子因素的总点数;

n——分级数;

i——第 i 级。

如前面提到的美国的《国民岗位评价方案》中,知识子因素配得的总点数为 70,用 70 除以级数 5 即得最低点数 14,也就是一级点数 14。然后 2×14=28,即为二级配点。其他因素也依此进行,形成岗位评价因素配点表(表 11-1)。

表 11-1　生产、维修、仓库、销售、服务人员岗位评价因素配点表

因素	子因素	级别 1	级别 2	级别 3	级别 4	级别 5
智能	1. 知识	14	28	42	56	70
	2. 经验	22	44	66	88	110
	3、才智、创造力	14	28	42	56	70
责任	1. 对各种仪器设备所负责任	5	10	15	20	25
	2. 对材料或产品所负责任	5	10	15	20	25
	3. 对他人安全所负责任	5	10	15	20	25
	4. 对他人岗位的责任	5	10	15	20	25
体能	1. 体力	10	20	30	40	50
	2. 注意力集中程度	5	10	15	20	25
工作环境	1. 工作条件优劣程度	5	10	15	20	25
	2. 危险性	10	20	30	40	50

资料来源:康士勇 . 薪酬设计与薪酬管理[M]. 北京:中国劳动社会保障出版社,2005.

②几何法:首先,确定各级间的等比关系,即等比级差。级差的确定应依据各组织岗位评价的目的来定,因为岗位评价的最终结果岗位等级是要应用到薪酬结构的设定当中去的,因此,如果级差越大就会使最终的岗位等级间的差距越大,而依此设计出来的薪酬激励性也就越大。第二步,根据级差及各子因素配得的总点数计算各级的点数。

公式为:

$$y_i = t/(1+r\%)^{n-i}$$

式中：y_i——第 i 级的点数；

t——各子因素的总点数；

n——分级数；

i——第 i 级；

r——等比级差。

比如，还是知识这个子因素，其总点数为 70，设其级差为 30%，则第一级的点数就为 $70/(1+30\%)^{5-1}=25$，相应的第二级就为 32。依此类推，就形成了等比级差的岗位评价点数表。

当然，具体选择何种方法确定各级配点值，还应视组织的具体情况而定。同时，配点也是一个不断完善的过程，通过几次的调整，最终找到适合组织需要的等级配点。

2. 实施岗位评价阶段。在确定了评价因素、衡量标准和权重、配点之后，就可以开始对每一项岗位进行评价了。

进行岗位评价，即根据岗位评价体系对各项岗位的实际情况，在各评价因素上逐一进行评价，确定其所在的级数及相应的点数。最后将每一评价因素上所得的点数汇总，即得到各项岗位的总点数。表 11-2 是一个组织通过要素计点法，对某个岗位进行岗位评价的结果。

表 11-2　某岗位的岗位评价结果表

岗位名称：　　　　岗位编号：01-03-14　　　　所属部门：组织办公室

因素名称	等级	得分
1. 知识	3	42
2. 经验	3	66
3. 才智、创造力	2	28
4. 对各种仪器设备所负责任	2	10
5. 对材料或产品所负责任	1	5
6. 对他人安全所负责任	1	5
7. 对他人岗位的责任	2	10
8. 体力	1	10
9. 注意力集中程度	4	20
10. 岗位条件优劣程度	2	10
11. 危险性	1	10
总分		216

3. 形成岗位等级。划分岗位等级，也称划岗归级。首先，根据各岗位所得的岗位评价总点数，对岗位按升值进行排序。其次，根据经验确定岗位等级数目，计算划分岗位等级的点数幅度。

公式为：

$$B=(M_{max}-M_{min})/(N-1)$$

式中：B——点数幅度；

M_{max}——最高等级点数；

M_{min}——最低等级点数；

N——薪酬等级数。

4. 根据点数幅度确定每个等级的点数区间。最后，根据每项岗位的评价点数，按照薪酬等级点数表“对号入座”。把所有的岗位归并到相应的等级中去，形成最终的岗位等级（表 11-3）。

表 11-3　岗位等级表

等　级	点数幅度	等　级	点数幅度
一级	110 分以下	八级	291 分~320 分
二级	111 分~140 分	九级	321 分~350 分
三级	141 分~170 分	十级	351 分~380 分
四级	171 分~200 分	十一级	381 分~410 分
五级	201 分~230 分	十二级	411 分~440 分
六级	231 分~260 分	十三级	441 分~470 分
七级	261 分~290 分	十四级	471 分~500 分

在上例中，岗位评价结果的分数为 216 分。将其套入岗位等级表，应属第五级等级范围之内，即 201 分~230 分之间，则该岗位的岗位等级为第五级。依照这种方法将所有岗位进行套级，就得出了所有岗位的等级顺序。

（二）分类法

分类法（Job Classification），也称为分级法或等级描述法，是对排列法的进一步完善。分类法主要从横向和纵向两个角度，对组织中的所有岗位进行分类。横向是指按照岗位性质和特点将组织中的所有岗位分为大类、中类和小类；纵向是指按照岗位责任大小、技能要求、劳动强度、劳动环境等要素指标对岗位进行分等。在此基础上，赋予每个类别、每个等级以明确的定义，为岗位建立起一套完善的分类等级体系。最后，将组织中的所有岗位套到相应的类别和等级中去。利用分类法在对岗位进行评价时，不仅要在同类岗位中进行不同等级的比较，同时还要在不同类别的岗位中进行比较，最终得出所有岗位的相对价值。

1. 分类法的实施步骤：

(1)信息收集，明确组织的岗位设置。成立岗位评价委员会，收集各类相关资料信息。由于分类法是要先建立岗位分类等级体系，因此，必须首先明确组织现有的部门分工、岗位设置等。

(2)划分岗位类别。划分岗位类别，即对组织中的所有岗位进行横向分类，也就是根据各种岗位的不同性质，将各种岗位划分为大类、中类和小类的过程。

岗位横向分类是一个由粗到细的过程。一般先将组织内全部工作按照岗位性质划分为若干大类。之后，按照岗位性质的异同，将大类中工作任务相同的工作归入同一个中类。最终，将中类细分为小类。

组织在具体实施工作横向分类时，可以参照两种分类方法，即：按照任职者的性质和特点进行横向划分，或者按照工作的地位和作用进行划分。

①按照任职者的性质和特点，对岗位进行横向分类。例如，某公司将其全部岗位分为生产类和管理类两个大类，然后根据劳动分工的特点，将这两大类划分为若干中类或小类。具体见表 11-4。

表 11-4　某公司生产类和管理类的工作分类表

大类	中类	小　类	工作名称
生产类	操作岗位	水泥及水泥制品工	水泥制造工、建筑预制件制作工、水泥配料工、水泥看磨工等
		石棉及石棉制品工	石棉制品制造工、抗高温石棉制作工、抗酸石棉制作工等
		砖瓦制品工	采土机操作工、搅拌机操作工、挤压机操作工、制坯机操作工等
		其他非金属矿物制品制造工	炭粉制造工、炭棒制造工、石墨制造工、石膏制造工、滑石粉制造工等
	辅助岗位	运输工	原料运输工、半成品运输工、成品运输工等
		库工	原料仓库保管员、半成品仓库保管员、成品库保管员等
		装卸搬运工	汽车装卸搬运工、火车车皮装卸搬运工、手推车装卸搬运工等
		维修工	机械维修工、电器维修工、工具维修工、仪表维修工等
		其他辅助工	工具保管员、专用车辆司机
	后勤服务岗	医疗卫生	外科医生、内科医生、眼科医生、牙科医生等 化验员、护士、门诊挂号员、病理档案员等
		物业管理	（略）
		福利设施	食堂管理员、炊事员、采购员等

续表

大类	中类	小　类	工作名称
管理类	工程技术	设计	产品研究、产品设计、标准化等技术岗
		工艺	工装设计、机加工工艺、热加工工艺等技术岗
		检测	计量、材料检测、产品质量检验等技术岗
		试制	新产品试制、实验检验等技术岗
	企业管理	综合	计划、统计、信息中心、政策研究、企业管理、经济活动分析等管理岗
		工业工程	安全技术、工厂规划、劳动定额等管理岗
		人力资源	薪酬、调配、福利、保险、组织等管理岗
		销售	经营、市场推销、售后服务、物价等管理岗位
		行政	文书档案、安全保卫、消防、涉外管理等主管级岗位
		财务	会计、审计、经济核算等管理岗
	其他岗位	教育培训	技工学校教师、培训中心教师、教务主管等
		图书资料	图书室、资料室、复制等

资料来源:安鸿章. 工作岗位研究原理与应用[M]. 北京:中国劳动社会保障出版社,2005:12.

②按照岗位在组织中的地位和作用划分。例如,某电器公司将全部岗位分为:生产、技术、管理、市场营销和供应服务五大类,对每一大类又继续细分,如技术大类又分为:科研、设计、工艺若干小类;生产大类又细分为车工、铣工、刨工、磨工、钳工等小类。

岗位横向分类的注意事项:

- 每个岗位只能归入一个类别,而不能同属于两个及两个以上的类别。
- 当某岗位的性质分别与两种以上工作类别有关时,应当归属到程度最高的那一类中。
- 当某岗位与两种以上岗位类别的程度相当时,应当归属到占时间较多的那一类中。
- 岗位分类的层次宜少不宜多,一般不宜超过三个层次。
- 直接生产人员的岗位分类应当根据组织的劳动分工与协作的性质和特点来确定。
- 管理人员岗位分类应当以它们具体的职能来划分。
- 岗位分类的粗细应当遵循实用原则,不宜将类别划分得过细。

(3)建立岗位等级。岗位纵向分级是指在岗位横向分类的基础上,根据工作繁简难易程度、责任大小以及任职资格条件等因素,对同一小类中的岗位划分出不同等级。由于各个小类的岗位性质和特点不同,岗位数目也不同,所以各个小类里划分级别的数目也不相等。一般最少可以分为5~7档,最多可以分为 11~17档。

岗位纵向分级的注意事项:

▪ 划分岗位等级要充分考虑各个岗位之间深层次的差异,紧密结合岗位任务的繁简难易程度、承担的责任以及任职资格条件等因素。

▪ 要体现组织的薪酬管理策略,如果薪酬设计差距小,可以相应地多设等级;反之,则少设。

(4)岗位等级定义。岗位等级定义,即给建立起来的工作等级在职责权限、技术要求、智力要求、脑力和体力耗费程度、需要的培训和经验、工作环境等方面作出明确的界定。当然,评价要素的选择也是因组织的特征或需要而定的。

等级定义要为岗位等级的评价分类提供标准,因此要清楚地描述出不同等级岗位的特征及其重要程度。在分级定义中对低级别的岗位定义大致是:能够在领导者指导下处理简单的日常工作,很少或不要求工作人员具备独立判断、处理问题的能力。等级定义是分类法中最重要也是最困难的工作,它必须使两个等级之间在技术水平和责任大小等方面的差异显而易见。相对于其他工作来说,这一环节最为繁琐,所需投入的精力也最多。

(5)岗位相对价值评价。在这一步中,由评价者依据工作分类划等定义,并根据其对某一岗位的职责、难易程度以及必备的知识和经验的理解,来决定每个岗位应列入哪一类岗位中的哪个等级。如果岗位分类和等级划分的定义精细准确,那么这一步工作就相当容易了。但如果定义含糊抽象,致使评价者理解不一,就会影响评价分类的准确性。

通过将岗位归类、归等之后,我们可以很清楚地了解到在同一工作组中,不同工作的相对价值。但仅这样是不够的,我们想要知道一个组织中所有岗位的相对价值,就还要评价出不同岗位类别中不同等级岗位之间的相对价值。为了使各个小类的级别之间能够直接进行横向比较,以及在各个小类岗位之间建立起横向和纵向联系,必须在划分级别的基础上,根据岗位的繁简难易程度、责任大小和任职资格条件等因素,对各个小类的岗位进行横向的分析比较,然后将它们纳入统一的等级内,从而使不同小类、不同级别的岗位,纳入一个由等级、级别和小类组成的三维岗位体系之中。我们选择表 11-4 中的四个小类对岗位的横向比较加以说明,如表 11-5 所示。

表 11-5 某小类工作的各等级间横向比较表

等级＼岗位类别	销售	人力资源	行政	福利设施
1	1			
2	2	1		
3	3	2		
4	4	3		
5	5	4		
6	6	5	1	
7	7		2	
8	8		3	
9	9		4	
10			5	
11			6	1
12				2
13				3
14				4

如表所示，销售类岗位被分为九个等级，人力资源类岗位被分为五个等级，行政类岗位被分为六个等级，福利设施类岗位被分为四个等级。表的左列表示组织中所有岗位等级，因此处于同一行的岗位，表明其在组织中的相对价值是相等的。即销售类岗位的第六等，与人力资源类岗位的第五等，以及行政类岗位的第一等，在组织中处于同样的地位。这样，就实现了不同类别岗位之间的横向比较。

2. 国际国内的岗位分类标准简介：

(1)《国际标准职业分类》(International Standard Classification of Occupation, ISCO)。1958，国际劳工局制定了《国际标准职业分类》，其修订版于 1966 年日内瓦第十一届劳工统计专家会议上通过，并于 1968 年第二次出版。国际劳工局制定的这套职业的系统化分类体系标准(1981 年第四次印刷①)分为四个层次：8 大类、83 小类、284 细类、1 506 种职业项目。这 8 大类分别是：

大类 1：专家、技术人员及有关岗位者。

① 《国际标准职业分类》，1988 年中译本，原劳动人事出版社。该标准是根据 1968 年修订，第四次印刷版翻译，1988 年以后国际劳工局对其进行了修改。

大类2:政府官员和企业经理。

大类3:事务性岗位者和有关岗位者。

大类4:销售岗位者。

大类5:服务岗位者。

大类6:农业、牧业和林业岗位者。

大类7:生产和有关岗位者,运输设备操作者和劳动者。

大类8:不能按职业分类的劳动者。

该分类体系采用十进制编码,每一项职业都对应一个专门编码。例如,"劳资关系和人事经理"属于大类二(政府官员和企业经理),小类2-1(经理),细类2019(未归入别处的经理),职业项目2-19.80。

(2)美国有关公务员岗位的分类。1923年,美国联邦政府首次将公务员岗位分为职门、职组、职系、岗级等层次。1949年,政府就将9个职门合并为GS(General Schedules)和CPCS(Crafts,Protective and Custodial Schedules)两大类岗位。1954年取消CPCS类,其中的一部分岗位并入GS类。同时,职系的划分也改变了过于繁细的倾向,1952年分为27个职组,569个职系;1958年变为23个职组,524个职系;1965年缩减为22个职组,439个职系。

(3)《加拿大职业分类辞典》。全书分为上下两卷,将有关自然科学、社会科学、工程技术、医疗卫生、教育、卫生、体育、行政、公务等各种职业划分为23个大组、81个小组、499个细组,共计11 300多个职业,对每个职业的名称、定义、岗位内容、性质、特征和职业心理生理的要求都作了详尽的说明和严格的规定。

(4)《中华人民共和国国家标准:职业分类与代码》(GB 6565—1986)。这是我国在人口普查基础上制定的职业分类标准。它起源于1982年全国第三次人口普查,1986年6月21日,国家统计局和国家标准局发布了此套标准,将全国职业分为8个大类、63个中类和303个小类。

1999年,当时的国家质量技术监督局、人事部、劳动和社会保障部以及国家统计局对其进行了修改,形成了新标准GB/T 6565—1999。新标准将现有的全国职业分成8个大类、65个中类和410个小类。这8大类分别是:国家机关、党群组织、企事业单位负责人;专业技术人员;办事人员和有关人员;商业、服务业人员;农、林、牧、渔、水利业生产人员;生产、运输设备操作人员及有关人员;军人;不便分类的其他从业人员。例如,环境清洁卫生工人,被列在大类4(服务业人员),中类8(居民生活服务人员),小类4(环境卫生人员)中,其代码为4-84。

(5)《中华人民共和国职业分类大典》。《中华人民共和国职业分类大典》的编制于1995年初启动,历时4年,1999年初通过审定,1999年5月正式颁布。中央、国务院50多个部门以及有关研究机构、大专院校和部分企业的近千名专家学者参加了编制岗位。

它将我国职业归为8个大类、66个中类、413个小类、1 838个细类(职业)。8大类分别是:

第一大类:国家机关、党群组织、企事业单位负责人,其中包括5个中类,16个小类,25个细类。

第二大类:专业技术人员,其中包括14个中类,115个小类,379个细类。

第三大类:办事人员和有关人员,其中包括4个中类,12个小类,45个细类。

第四大类:商业、服务业人员,其中包括8个中类,43个小类,147个细类。

第五大类:农、林、牧、渔、水利业生产人员,其中包括6个中类,30个小类,121个细类。

第六大类:生产、运输设备操作人员及有关人员,其中包括27个中类,195个小类,1 119个细类。

第七大类:军人,其中包括1个中类,1个小类,1个细类。

第八大类:不便分类的其他从业人员,其中包括1个中类,1个小类,1个细类。

目前,在上述的各类职业标准中,由原劳动和社会保障部编纂的《中华人民共和国职业分类大典》影响最大,并且国家依据这一标准已经构建了一套系统的职业标准以及职业资格的鉴定制度,因此,企事业单位在开展岗位分析的活动中,应当将其作为岗位评价和岗位分类的重要依据之一。

(三)排序法

排序法(Job Ranking),也称简单排序法、序列法,是岗位评价中使用较早的一种较为简单的评价方法,同时也是最易于理解的。它是指由经过培训的有经验的评价者,依据对岗位所承担责任、困难程度等基本情况的了解,比较每两个岗位之间的级别关系,从而对各项岗位的重要性作出判断,并根据岗位相对价值的大小按升值或降值顺序排序来确定岗位等级的一种岗位评价方法。排序法可以分成简单排序法、轮流排序法和配对比较排序法。

1. 简单排序法。简单排序法也称排序法,是一种最为简单的岗位评价方法。岗位评价人员只需根据自己在岗位中长期积累的经验,通过主观判断的方法,对岗位的相对价值进行排序。具体步骤如下:

(1)将要评价的岗位名称分别写在卡片上,将所有卡片放在A公文筐中。

(2)在A中任意选取两张卡片进行比较,选取两者中较好的,并将较差的一个放到B公文筐中。

(3)再从A中抽取一张卡片,将其与手中较好的那张卡片进行比较,取出其中较差的一张放入B中。

(4)重复上一步骤,直到将A中的卡片都比较完为止。那么,最后握在手中的卡片就是价值最高的岗位。

(5)再从B中任取两张卡片进行比较,并重复2~4的步骤,直到将每个公文筐中价值最高的岗位都选出来为止。

为了避免评价者的主观偏见,我们可以将整个程序再重复一遍。但两两比较的结果是选择较差的卡片留在手中,最后会得到一个从低到高的岗位排列排序。从理论角度讲,如果两次评价的过程都是客观的,那么这种相反的程序也应该得到相同的岗位序列,但如果有差异,就要进一步比较。

2. 轮流排序法。轮流排序法也称交替排序法,是简单排序法的进一步延伸,可以依据以下操作步骤进行:

(1)评价者先在所有岗位中判断出价值最高的一个,并将岗位名称写在另一页纸上的第一行,然后将原来那页纸上的岗位名称划掉。

(2)再判断所有岗位中价值最低的一个,同样将它的岗位名称从原来那页纸上划掉,将岗位名称写在另一页纸上的最后一行。

(3)依法效仿。再从剩下的岗位中选择出价值最高的岗位和最低的岗位,整个过程一直持续到所有岗位都进行了排序为止。

3. 配对比较排序法。它是指将所有要比较的岗位,分别列在表格的各行和列中。这种表格就是所谓的配对比较排序表。

例如,某部门有A、B、C、D、E、F六个标杆岗位,利用配对比较的方法对其进行评价。先将六个岗位横竖排列于表中,把每一个岗位与其余的五个岗位逐一比较,并作出不难、难度相同或者难的判断,其记号分别为"2"、"1"和"0"。最后在表中"总分数"一栏加总计算每项岗位的最后得分,得分最高的岗位其对组织的价值也就最高(表11-6、表11-7)。

表11-6　配对比较表

岗位名称	A	B	C	D	E	F	总分数
A		2	2	2	2	2	10
B	0		2	2	2	2	8
C	0	0		1	2	2	5
D	0	0	1		2	2	5
E	0	0	0	0		2	2
F	0	0	0	0	0		0

经配对比较后,各岗位在比较中所获得的总分数决定了各岗位等级排列的先后。

表 11-7　岗位相对价值排序表

总　分　数	岗位名称	岗位相对价值次序
10	A	1
8	B	2
5	C	3
5	D	
2	E	4
0	F	5

由于排序法是一组岗位评价人员相对独立地对各岗位进行评价的过程，所以，无论使用上述哪种排序方法，为了确定最终的岗位序列，就需要将各评价者的评价结果进行汇总。一般的做法是将全体评价者个人评定的结果进行加权平均，从而确定最终的岗位价值序列。

如利用简单排序法，其汇总结果如表 11-8：

表 11-8　简单排序岗位等级最终评定汇总表

岗位名称	A	B	C	D	E	F
评价者 A	1	2	3	4	5	6
评价者 B	1	2	4	3	6	5
评价者 C	1	2	3	3	5	6
评定序数之和	3	6	10	10	16	17
参加评定人数	3	3	3	3	3	3
平均数	1	2	3. 33	3. 33	5. 33	5. 67
岗位相对价值次序	1	2	3	3	4	5

如利用配对比较法，其汇总结果如表 11-9：

表 11-9　配对比较排序法岗位等级最终评定汇总表

岗　　位	A	B	C	D	E	F
评价者 A	10	8	5	5	2	0
评价者 B	9	9	6	4	1	1
评价者 C	10	8	4	6	2	0
评定序数之和	29	25	15	15	5	1
参加评定人数	3	3	3	3	3	3
平均数	9. 67	8. 33	5	5	1. 67	0. 33
岗位相对价值次序	1	2	3	3	4	5

根据表 11-9 可知，被评价的六项岗位的相对价值，按升值排序依次为：F、E、D 和 C、B、A。

（四）因素比较法

在因素比较法（Factor Comparison）中，最重要的是先决定岗位评价的因素和标杆岗位，再用评价因素和标杆岗位制成关键岗位分级表，其余岗位以此表为尺度决定其地位。由于关键岗位应得报酬是可知的，那么在评价其他岗位时，只要与关键岗位的各个项目进行比较，就可以得出各评价项目应得的货币价值。

由于因素比较法能给出各岗位进行比较后的相对量化价值，因此，它被广泛应用于各类不同的组织当中。许多人力资源咨询机构致力于因素比较法的研究，为不同组织建立了各具特色的因素比较体系。其中，应用最为广泛的就是海氏（Hays）咨询公司的岗位评价方法。

因素比较法的具体实施步骤如下：

1. 收集岗位信息，确定评价因素。从各个角度收集与岗位有关的信息，包括岗位说明书、岗位日志、相关制度规定，还可以通过访谈、现场写实的方式，对岗位的实际操作状况加以了解。对所收集的岗位信息进行汇总整理，并提炼出能够涵盖各项岗位的评价因素。经过以前的经验积累，岗位评价因素一般包括脑力、技能、体力、责任和岗位条件五项。当然，组织也可以根据自身需求，以及岗位特点从其他角度设立评价因素。

2. 确定标杆岗位。选择若干具有广泛代表性的、并且现行薪酬比较合理的岗位，作为标杆岗位。标杆岗位的数量一般为 15~30 项。

3. 在每一因素上给标杆岗位排序。将标杆岗位按照在各因素上的相对重要性进行排序，形成标杆岗位分级表。例如，某组织选取 A、B、C、D、E、F 六项岗位作为标杆岗位，这六项岗位的分级表如表 11-10。

表 11-10　标杆岗位分级表

等级顺序	脑　力	技　能	体　力	责　任	岗位条件
1	岗位 A	岗位 A	岗位 D	岗位 A	岗位 F
2	岗位 B	岗位 B	岗位 E	岗位 B	岗位 C
3	岗位 C	岗位 D	岗位 F	岗位 D	岗位 A
4	岗位 D	岗位 C	岗位 C	岗位 C	岗位 B
5	岗位 E	岗位 E	岗位 B	岗位 E	岗位 E
6	岗位 F	岗位 F	岗位 A	岗位 F	岗位 D

4. 对标杆岗位的薪酬率在每一因素上分解并排序。将各标杆岗位的现行薪酬，按前面确定的五项因素予以适当的分配。由于评价者在岗位评价过程中完全

独立进行,因此,不同的岗位评价人员对同一标准岗位在各因素上的薪酬分解就会出现分歧。为解决这一问题,我们就需要汇总所有的评价结果,并利用均值法最终确定某一岗位在各评价因素上的薪酬率。例如,对岗位 A 的薪酬分解如表 11-11 所示。

表 11-11　岗位 A 的薪酬分解表

评价者	脑力(元)	技能(元)	体力(元)	责任(元)	岗位条件(元)	现行薪酬数元/小时
评价者甲	0.8(10%)	0.8(10%)	3.2(40%)	0.8(10%)	2.4(30%)	8.00(100%)
评价者乙	0.4(5%)	1.2(15%)	2.4(30%)	1.2(15%)	2.8(35%)	8.00(100%)
评价者丙	0.8(10%)	1.2(15%)	2.4(30%)	0.4(5%)	3.2(40%)	8.00(100%)
合计(甲+乙+丙)/3	0.67(8.38%)	1.06(13.24%)	2.67(33.38%)	0.8(10%)	2.8(35%)	8.00(100%)

利用这种方法,我们就可以得出所有标杆岗位的薪酬分解表,如表 11-12 所示。

表 11-12　标杆岗位薪酬分解表

岗位名称	脑力(元)	技能(元)	体力(元)	责任(元)	岗位条件(元)	现行薪酬数元/小时
岗位 A	0.67	1.06	2.67	0.80	2.80	8.00
岗位 B	1.00	2.00	2.50	1.50	3.00	10.00
岗位 C	1.80	3.60	1.20	3.00	2.40	12.00
岗位 D	2.70	3.45	0.75	2.25	5.85	15.00
岗位 E	4.14	4.50	0.90	4.50	3.96	18.00
岗位 F	6.00	6.00	1.00	6.00	1.00	20.00

在形成标杆岗位薪酬分解表后,根据各标杆岗位在每一因素上的薪酬率,就可以在每一因素上对标杆岗位进行排序。结果如表 11-13 所示。

表 11-13　标杆岗位各因素薪酬率排序表

岗位名称	脑力	技能	体力	责任	岗位条件
岗位 A	1	1	6	1	3
岗位 B	2	2	5	2	4
岗位 C	3	4	4	4	2

续表

岗位名称	脑力	技能	体力	责任	岗位条件
岗位 D	4	3	1	3	6
岗位 E	5	5	2	5	5
岗位 F	6	6	3	6	1

5. 比较两套排序，排除无法使用的关键岗位。将步骤 3 和步骤 4 中得出的标杆岗位分级表与标杆岗位各因素薪酬率排序表进行比较，看两次排序中标杆岗位在各因素上的顺序是否一致。如某个标杆岗位出现两次排序位置不一致的情况，则将该岗位删除（表 11-14）。

表 11-14　标杆岗位两次排序比较

岗位名称	脑力		技能		体力		责任		岗位条件	
	1	2	1	2	1	2	1	2	1	2
岗位 A	1	1	1	1	6	6	1	1	3	3
岗位 B	2	2	2	2	5	5	2	2	4	4
岗位 C	3	3	4	4	4	4	4	4	2	2
岗位 D	4	4	3	3	1	1	3	3	6	6
岗位 E	5	5	5	5	2	2	5	5	5	5
岗位 F	6	6	6	6	3	3	6	6	1	1

6. 按照分配给每一因素的薪酬率将标杆岗位排序。依照标杆岗位薪酬分解表，将标杆岗位在各因素上进行排列，并编制因素比较尺度表。首先，将一定间度的小时薪酬数额列入表格第一列，再依照某一标杆岗位的薪酬分解表在因素比较尺度表中找到相应的位置。例如，岗位 A 在脑力因素上分解的薪酬率为 0.67 元/小时，其在因素比较尺度表中的位置，就为脑力因素与每小时薪酬为 0.7 元的交叉点（表 11-15）。

表 11-15　因素比较尺度表

每小时薪酬（元）	脑力	技能	体力	责任	岗位条件
0.70	岗位 A				
0.80			岗位 D	岗位 A	
0.90			岗位 E		

续表

每小时薪酬(元)	脑力	技能	体力	责任	岗位条件
1.00	岗位 B		岗位 F		岗位 F
1.10		岗位 A			
1.20			岗位 C		
1.30					
1.40					
1.50				岗位 B	
1.60					
1.70					
1.80	岗位 C				
1.90					
2.00		岗位 B			
2.10					
2.20					
2.30				岗位 D	
2.40					岗位 C
2.50			岗位 B		
2.60					
2.70	岗位 D		岗位 A		
2.80					岗位 A
3.00				岗位 C	岗位 B
3.50		岗位 D			
3.60		岗位 C			
4.00					岗位 E
4.20	岗位 E				
4.50		岗位 E		岗位 E	
5.00					
5.50					
5.90					岗位 D
6.00	岗位 F	岗位 F		岗位 F	

7. 使用因素比较尺度表比较所有其他岗位。将标杆岗位以外的各项岗位逐项与刚建立起来的标杆岗位因素比较尺度表相比较。这一步是一个要素一个要素地判定与标杆岗位最类似的每项岗位,求得该项岗位的相应位置,并查出各项因素薪酬,再将各项因素薪酬相加,而得出该项岗位的薪酬。例如,岗位X在脑力因素上与岗位D相似,在技能因素上与岗位E相似,在体力因素上与岗位C相似,在责任因素上与岗位D相似,在岗位条件上与岗位B相似。对应因素比较尺度表中各标杆岗位的位置,我们就可以知道岗位X在每个因素上的位置及薪酬率,从而计算出该项岗位的小时薪酬率。岗位X的小时薪酬率为,2.7+4.5+1.2+2.3+3.0=13.7元/小时。

(五)四种岗位评价方法的比较

经过以上的介绍,我们已经可以清楚地了解到各种岗位评价方法以及其操作过程,而在组织进行岗位评价时应当选择何种岗位评价方法,或哪几种岗位评价的组合方式来进行组织的评价岗位呢?这就需要我们首先掌握各种评价方法的特点及其适用范围,再结合组织的现实状况来加以选择。

在此我们将分别从评价方法的类型、评价对象、比较的方法、优势、劣势及适用范围六个维度,对排序法、分类法、要素计点法和因素比较法进行比较,如表11-16所示。

表11-16 四种岗位评价方法在实践应用中的比较

比较指标	排序法	分类法	要素计点法	因素比较法
客观性	差	差	中等	中-高
精确性	低	低-中	中-高	中-高
信 度	低	中等	中-高	中等
自我辩护性	差	差-中	中-高	较高
管理负担	轻	轻	中	重
沟通难易	容易	容易	较容易(取决于计划本身的设计)	较复杂
操作成本	低	低-中	中-高	中-高
复杂性	简单	较简单	较复杂	较复杂
组织适应性	强	强	强	较强

第三节　岗位等级薪酬体系

一、通过薪酬调查，确定市场薪酬线

薪酬调查的作用在于解决薪酬的外在竞争力问题。组织通过薪酬调查来收集行业内类似岗位的薪酬、福利等信息。薪酬调查的成果在于薪酬调查报告的形成与市场薪酬线的制定，以此作为组织自身的薪酬水平定位和调整的依据。

（一）薪酬调查

1. 明确薪酬调查的对象。薪酬调查的对象，最好是选择与自己有竞争关系的组织或同行业的类似组织以及有类似岗位的组织。重点考虑员工的流失去向和招聘来源。

2. 进行恰当的岗位配比。岗位匹配的准确程度是影响薪酬调查数据准确性和使用价值的最为关键的问题，因为在某些行业，具有相似名称的岗位其职责却会相差很大，收集这样岗位的信息显然没有什么意义。要确定组织中的岗位与薪酬调查所描述的岗位匹配程度，可以试着将岗位评价应用于受调查的岗位。如果它所获得的评价分值等于或接近组织中的岗位，就可以认定这两个工作是匹配的；如果这两个岗位的评价分值不一致，那么就可能需要对市场中的岗位的薪酬率进行校正，使之与组织中的岗位相匹配。

3. 收集和分析相关有用的薪酬信息。薪酬调查的数据信息应包括：组织特征（组织结构图、规模、地点、产品和服务）；等级范围特征（最小、最大和中点薪酬、这一薪酬范围的平均薪酬、范围内的薪酬分布）；岗位特征（岗位描述和岗位规范、在岗位等级中的位置、奖金和激励方案）；福利（带薪休假、保险和保健方案、养老金、补贴和其他福利计划）；管理实践（岗位评价的实际情况、生活成本调薪），等等。最终形成数据分析报告，内容包括年度的薪酬增长状况、不同薪酬结构对比、不同岗位和不同级别的岗位薪酬数据、奖金和福利状况、长期激励措施以及未来薪酬走势分析等。

（二）将市场薪酬信息与组织内部的岗位价值结合起来

我们已通过岗位评价确定了组织内各岗位的相对价值，划分了岗位等级，通过薪酬调查，得到了市场薪酬水平；接下来的工作是将岗位等级划分、岗位评价点数与市场薪酬调查数据结合；将岗位等级或者岗位点数作为横轴，将薪酬作为纵轴，拟合形成市场薪酬线。

市场薪酬线表达了岗位评价分值（内部的岗位价值）和市场薪酬（外部的岗位

价值)之间的关系,它将为组织薪酬水平定位提供参考依据。

二、根据薪酬策略,确定组织薪酬政策线

(一)确定组织薪酬策略

组织修改市场薪酬线以反映它们自己的薪酬政策。从市场角度看,一个组织选择薪酬水平可采用领先、滞后、追随或混合的策略。

1. 领先型薪酬策略。采用这种政策的组织通常具有这样的特征:规模较大、投资回报率较高、薪酬成本在组织经营总成本中所占的比率较低、产品在市场上的竞争者少。充当薪酬领袖的组织并非是为了出风头,它们往往期望从自己的高成本支出中获得相应的收益。较高薪酬水平的可能收益包括:较高水平的薪酬往往能够很快为组织吸引来大批可供选择的求职者;高薪还能减少组织在员工甄选方面所支出的费用;较高的薪酬水平提高了员工离职的机会成本,有助于改进员工的工作绩效;较高的薪酬有利于减少因为薪酬问题引起的劳动纠纷,同时有利于提高公司的形象和知名度。

2. 市场追随策略。所谓市场追随策略,也可以被称为市场匹配策略,实际上就是根据市场平均水平来确定本组织的薪酬地位的一种常见做法。事实上,这是一种最为通用的薪酬政策,大多数组织都是这种政策的执行者。实施这种薪酬水平政策的组织往往既希望确保自己的薪酬成本与产品竞争对手的成本保持基本一致,从而不至于在产品市场上陷入不利地位,同时又希望自己能够保留一定的员工吸引力和保留能力,不至于在劳动力市场上输给竞争对手。采取这种薪酬政策的风险可能是最小的,它能够吸引到足够数量的员工为其工作,只不过在吸引那些非常优秀的求职者方面没有什么优势。

3. 滞后型策略。采用滞后型薪酬政策的组织往往相对较小,大多处于竞争性的产品市场上,边际利润率比较低,成本承受能力很弱。受产品市场上较低的利润率所限制,没有能力为员工提供高水平的薪酬,这是实施滞后型薪酬政策的一个主要原因。

4. 混合政策。所谓混合政策,是指组织在确定薪酬水平时,是根据岗位的类型或者员工的类型来分别确定不同薪酬水平决策,而不是对所有的员工均采用相同的薪酬水平定位。

混合政策最大的优点就是其灵活性和针对性,对于劳动力市场上的稀缺人才以及组织希望长期保留的关键岗位上的人采取薪酬领先政策,对于劳动力市场上的富余劳动力以及鼓励流动的低级岗位上的员工采取市场追随政策甚至滞后政策,这样既有利于公司保持自己在劳动力市场上的竞争力,同时又有利于合理控制公司的薪酬成本开支。此外,通过对组织薪酬构成中不同组成部分采取不同的市

场定位策略，还有利于公司传递自己的价值观以及达成自己的经营目标。

（二）绘制组织薪酬政策线

如图 11-2 所示，横轴表示岗位评价的点数，纵轴表示岗位的薪酬水平。岗位与薪酬的关系可以是直线的。图 11-2 中直线 A、B 反映了不同的薪酬差距：直线 A 较为陡峭，说明岗位之间薪酬差距比较大，相对来说其激励作用也大；而直线 B 较为平坦，说明岗位之间的薪酬差距较小。同样，岗位与薪酬的关系也可以是非线性关系的，如图 11-2 中的曲线 C、D、E、F，分别代表了某公司的薪酬政策线，以及市场薪酬分别在 25 分位、50 分位和 75 分位的三条市场薪酬曲线。从曲线的形状可以看出，岗位等级高的薪酬增长的速度快于岗位等级低的岗位。事实上，薪酬曲线在组织中是比较常用的，它表示岗位等级低的薪酬水平低，提高比较少的薪酬就能产生激励作用；而岗位等级高的，薪酬也高，需要增加较多的薪酬才能达到激励效果。图 11-2 中评价点数与多种薪酬线的关系还说明，评价点数的多少与薪酬率的高低，两者关系是正相关的，但不是正比例的。

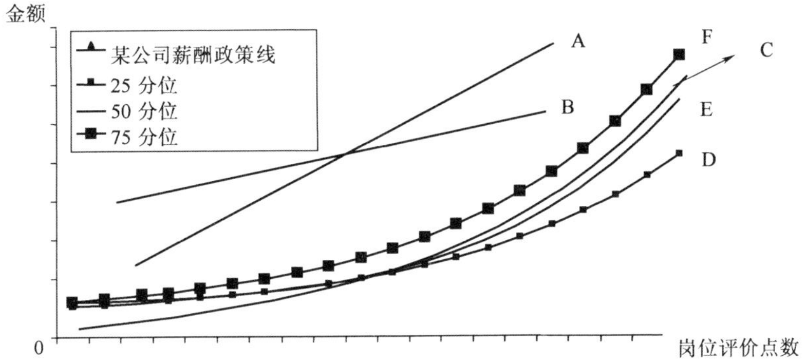

图 11-2　某企业薪酬政策线与市场薪酬比较

从图 11-2 中我们可以看出，曲线 C 表示某组织的薪酬政策线。对于岗位评价点数低的岗位，其薪酬水平低于市场薪酬 25 分位的水平；对于岗位评价点数高的岗位，其薪酬水平高于市场薪酬 50 分位的水平。也就是说，对于岗位评价点数高的岗位实行的是领先型薪酬策略，对于岗位评价点数低的岗位实行的是滞后型薪酬策略。

组织最终将确定怎样的薪酬水平以及如何调整其自身的薪酬政策线形状，需要在岗位评价结果的基础上，结合组织战略、行业性质、历史条件、人事政策以及薪酬理念等因素进行综合考虑。

组织薪酬政策线的最终建立，为下一步骤"薪酬结构设计"提供了良好基础。

三、确定薪酬结构

薪酬结构设计是为组织中员工个体的薪酬率的决策和管理提供一个框架。要解决的主要问题包括:一个薪酬结构中应该设计多少薪酬等级;中位值及中位值增幅如何确定;薪酬等级带宽有多大;相邻等级之间的重叠程度有多大以及薪酬等级内的梯级如何设计,等等。

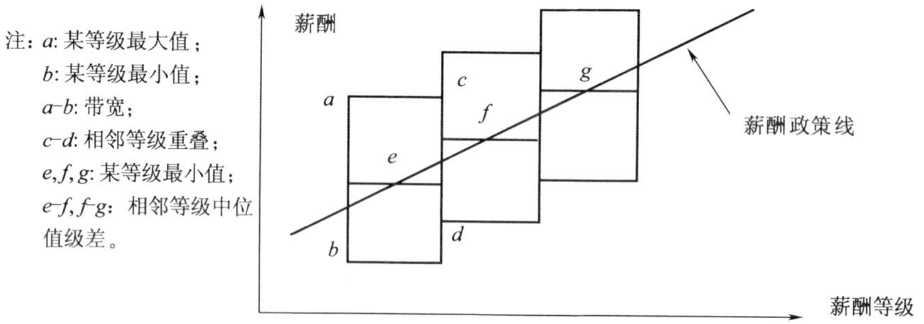

图 11-3 薪酬结构图

(一)薪酬等级的确定

岗位等级结构已经根据各岗位评价点数对岗位进行了初步的等级划分,但由于岗位评价针对的是组织中的标杆岗位,没有涉及组织中的所有岗位。因此,在薪酬结构设计的初始阶段要对岗位的等级作更为细致的划分,以将一些未评价的岗位也包括进去。同时还要反映出不同岗位等级之间的价值差距(表 11-17)。

表 11-17 某公司部分岗位等级结构

岗位等级	岗位名称	评价点数
1	保卫	120
2	文秘 出纳	215 270
3	会计 招聘主管	335 360
4	财务主管 行政主管	445 460
5	人力资源总监 财务总监 营销总监	540 565 580

如表 11-17 所示，岗位评价结束后我们以 100 点为界，对标杆岗位的评价点数进行了粗略的等级划分。在对其进行更细致的岗位等级划分时，我们可以采取以下四种方法：一是恒定绝对级差，即各岗位等级中的最高点之间的差相等，如表 11-18 所示；二是变动级差，即岗位等级越高，相邻的两个岗位等级的最高点之间的差异就越大，如表 11-19 所示；三是恒定差异比率，即绝对级差与下一岗位等级最高点之间的比例是恒定的，如表 11-20 所示；四是变动差异比率，即岗位等级越高，相邻的两个岗位等级之间的差异比率越大，如表 11-21 所示。

表 11-18　恒定绝对级差的岗位等级表

岗位等级	岗位点数等级		绝对级差	差异比率(%)
	最小值	最大值		
1	101	130		
2	131	160	30	23
3	161	190	30	19
4	191	220	30	16
……				

表 11-19　变动绝对级差的岗位等级表

岗位等级	岗位点数等级		绝对级差	差异比率(%)
	最小值	最大值		
1	101	130		
2	131	145	15	12
3	146	175	30	21
4	176	215	40	23
……				

表 11-20　恒定差异比率的岗位等级表

岗位等级	岗位点数等级		绝对级差	差异比率(%)
	最小值	最大值		
1	101	130		
2	131	150	20	15
3	151	173	23	15
4	174	199	26	15
……				

表 11-21　变动差异比率的岗位等级表

岗位等级	岗位点数等级		绝对级差	差异比率(%)
	最小值	最大值		
1	101	130		
2	131	150	20	15
3	151	176	26	17
4	174	211	35	20
……				

假定根据第一种方法,我们将表 11-17 的岗位进行进一步的岗位等级划分。其结果如表 11-22 所示:

表 11-22　岗位等级划分及点值变动区间

岗位点值等级	变动区间	岗位点值等级	变动区间
1	101~130	9	341~370
2	131~160	10	401~430
3	161~190	11	431~460
4	191~220	12	461~490
5	221~250	13	491~520
6	251~280	14	521~550
7	281~310	15	551~580
8	311~340		

在对岗位等级进行细分的基础上,我们就可以将组织中的所有岗位全部纳入这个岗位等级表中了。但就各组织状况而言,一个组织可能不会设置如此多的薪酬等级。因此,组织在设定薪酬等级时,应根据组织中员工的贡献等级或相对价值等级来划分,当然同时还要考虑组织的薪酬目的、岗位特征、组织文化等因素进行判断。因此,也就可能对现有的岗位等级进行合并,形成范围更宽的薪酬等级。划分薪酬等级主要依据的是岗位在技能、能力要求上的重要差异。

(二)中位值及中位值级差的确定

1. 中位值的确定。中位值是薪酬结构设计的基础,并应作为与市场进行比较的基础。最能影响中位值大小的因素是某岗位的现行市场薪酬率。确定中位值的方法有以下两种:

第一种方法是根据薪酬政策线确定。薪酬政策线是组织在市场薪酬线确定的基础上结合自身特点绘制出的曲线，各个薪酬等级的中位值从图上就可以直接看出来。这种方法成本很高，强调外部公平性的组织更多地采用这种方法。

第二种方法是组织先人为确定某一等级的中位值（结合此岗位过去的平均薪酬、此岗位的现行市场薪酬），然后根据级差推算出各个薪酬等级的中位值。这种方法容易操作。

2. 中位值级差的确定。中位值的级差指两个相邻薪酬等级中位值之差的百分比，体现的是处于两个相邻薪酬等级中的岗位间相对价值的差异。级差反映了等级递进的增加率。一般说来，低等级之间级差较小，等级越高级差越大。

中位值的级差在确定时，可以参考市场上相应的薪酬差异。在确定合适的中位值级差时要考虑如下问题：

（1）中位值级差越小，薪酬等级就越多；级差越大则薪酬等级数越少。也就是说，3%的差额可能会有50个薪酬等级，而20%的差额可能只有5~6个薪酬等级。前一种中位值级差变化较小的情况存在于薪酬水平较低的等级中，后一种中位值级差变化较大的情况则存在于较高的薪酬等级中。

（2）中位值级差过大，容易使在岗员工感受到不同岗位的价值差，但员工晋升的成本较高；级别差异过小，使晋升员工不能得到相应奖励。

（3）在级差确定过程中，管理者要考虑到中位值级差的递增是采用统一比率还是随着薪酬等级的提高而采用不同的比率，即采用统一的级差还是分层设置。很多国有企业在进行薪酬分配制度改革时，为避免高等级和低等级间的收入差距拉得过大（相对以前的平均主义而言）不能被员工接受，以及薪酬增量不足时，通常采用统一的级差的设置方法；而分层设置更能体现两个相邻薪酬等级中的岗位间相对价值的差异，这种差异在低等级间差的较小，在高等级间差的较大。

在传统的薪酬结构中，通常采用下列级差设置：一般员工设置为10%~15%；专业人员及一般管理人员设置为20%~25%；中级管理层设置为30%~40%。

（三）薪酬等级带宽及带宽重叠度设计

薪酬等级带宽或区间指每一薪酬等级的级别宽度，反映同一薪酬等级的员工因工作性质及对公司影响不同而在薪酬上的差异。一般说来，薪酬等级的宽度随着层级的提高而增加，即等级越高，在同一薪酬等级范围内的差额幅度就越大。带宽包含薪酬等级的最小值、最大值、中位值三个部分。等级最大值指该等级员工可能获得的最高薪酬；等级最小值指该等级员工可能获得的最低薪酬。

中位值、带宽、最小值与最大值与之间的关系如下：

$$带宽=(最大值/最小值-1)\times 100\%$$

$$最小值=2\times 中位值/(2+带宽)$$

$$最大值=(1+带宽)\times 最小值$$

1. 带宽确定的依据。这主要包括两方面内容：一方面是工作的绩效变化范围。如果一个特定岗位上的不同努力(包括能力和工作态度)投入不能产生工作绩效的明显变化,那么该工作的带宽就相对较小。如果不同的努力投入能带来工作绩效的明显变化,那么该工作的带宽就相对较大。

另一取决于岗位等级所涉及的技能与职责的复杂程度。如果岗位所涉及的技能与职责能在较短时间得以掌握,则此等级薪酬的带宽较窄。而管理人员等较高的岗位所需学习时间较长,继续提升的机会也较小,所以其相应的带宽较大。

在传统的薪酬结构中,通常采用下列带宽设置：生产型/支持型岗位带宽设置为15%~25%;管理型/专业型岗位设置为25%~45%;高级管理岗位设置为40%~60%。

2. 带宽重叠度的确定。带宽重叠度指相邻两个薪酬等级的重叠情况。重叠度从某种程度上能够反映组织的薪酬战略及价值取向。一般说来,低等级之间重叠度较高,等级越高重叠度越低。

在薪酬结构中,带宽之间可能没有重叠,也可能有重叠,重叠部分意味着在两个相邻薪酬等级中的员工有拿到同样薪酬的可能,即较低等级上的优秀员工可以比较高等级能力或业绩较差的员工获得相等或更高的薪酬。

带宽间重叠部分的大小取决于薪酬等级数的多少、中位值的级差和带宽的大小。当薪酬等级较多时,级差会较小,等级之间的重叠度会很高;反之,重叠也较小。

（四）薪酬等级内的梯级设计

当一个薪酬等级的最大值、中位值、最小值确定后,可以考虑是否需要在薪酬等级的薪酬区间即带宽内设置多个梯级。员工在带宽中处于哪个梯级以及梯级晋升,都取决于员工的能力和工作业绩。这就增加了薪酬变动的灵活性,使员工在不变动岗位的情况下,随着技能的提升、经验的增加而在同一薪酬等级内逐步提升薪酬。

本章扩展

案例分析

A公司岗位等级薪酬的设计

一、案例主题词

岗位特征要素　标杆岗位　权重　岗位和薪酬等级

二、案例正文

(一)公司背景介绍

A公司是中外合资兴建的大型轿车生产经营企业,大股东包括六家公司和银行,其中中方的主要合资方为某国有特大型汽车公司。A公司成立于1992年,坐落在武汉市,设计规模为年产30万轿车和40万台发动机。一次规划,分两期建设,第一期投资100多亿元人民币,已形成了15万辆整车和20万台发动机的生产能力,已经生产出1.3~2.0升排量多种系列的轿车,市场占有率已达8%。

A公司现有员工5 000多人,下设五个部门,分别是人事公关部、技术采购部、财务规划部、商务部和生产部,其中生产部下设武汉、襄樊两个工厂。管理层次为四层,总经理管辖五个大部,在各部下面的管理层次为按职能领域划分的分部,如采购分部、质量分部、公关分部等,分部下面为室级机构,最后为一般工作人员。

A公司在成立之初,由于是高起点、高投入的现代化轿车企业,因此吸引了不少优秀人才,本科以上学历的员工达70%,其中博士就有7人,正规硕士研究生有100多人。但从1992年到2001年,人才流失现象非常严重,博士生全部流失,硕士生流失了一半,人员更换了近1/5。

人才流失与公司这几年发展不景气有关,与公司的薪酬水平和薪酬政策也有很大关系。1992年,一般管理人员和技术人员的月薪酬为1 000多元,到2001年,在中国经济年均8.3%的速度飞快增长时,A公司的薪酬水平还在以每年几十元的水平递增,增长的薪酬仅够冲抵个人应缴纳的税费,已远远落后于同行业的薪酬水平,导致优秀人才纷纷跳槽。另一方面,公司的薪酬政策也出现了严重问题。由于A公司的中方大股东为特大型国有企业,A公司的管理层几乎全部来自该特大型国有企业,因此它的薪酬政策几乎照搬了国有企业的做法:强调资历和工龄,同一岗位,不论干得好坏,总是工龄长的比年轻人薪酬高。这种薪酬政策大大挫伤了年轻人的积极性。

通过对公司内部员工思想动态、管理现状以及几年来离职人员状况的分析,公司高层已深刻意识到必须进行薪酬制度改革,提出了建立体现内部公平性、对外具有竞争性的岗位等级薪酬的目标,并责令人事部门制订实施方案,要求在6个月内达成目标。

(二)建立项目小组

为确保岗位等级薪酬的顺利建立,首先要建立明确的项目组以及各项目组的任务分工和工作职责。

(三)岗位评价

A公司有1 000多个岗位,涉及生产、技术、商务、财务、计算机等各个领域,范围较广。为确保不同职能领域的岗位等级具有可比性,能体现一般操作工人到总经理不同层次的差异性,设计一个统一性的岗位评价方案较为合适,同时建议采用要素计点法,因为要素计点法通过清楚明确的定义要素和量化分数值来进行比较,减少了主观决定的成分,让员工更容易接受。

1. 设计十要素。设计十要素为:知识、经验、活动范围、决策责任、工作失误后果、内部联系、对外联系、督导职责、所督导员工人数、研究与分析。其中,决策责任、失误后果及经验占了比较大的权重。这10个要素下面又制定了不同级别的评价标准。

2. 设计十要素的权重以及各级别赋予的分数值(见表11-23,要素权重和级别点数分值分配表)。

先用每一子因素配得的总点数除以子因素的级数,得出的这个数值既是最低一级的点数,同时也是各级间点数的等差级差。然后,用级数乘以点数差即得出各级点数。公式为:

$$y_i = t/n \times i$$

式中:y_i——第 i 级的点数;

t——各子因素的总点数;

n——分级数;

i——第 i 级。

表11-23 要素权重和级别点数分值分配表

因素	权重分配	分数分配	级别点数							
			1	2	3	4	5	6	7	8
知识	9%	90	15	30	45	60	75	90		
经验	13%	130	26	52	78	104	130			
活动范围	10%	100	20	40	60	80	100			
决策责任	16%	160	20	40	60	80	100	120	140	160
失误后果	14%	140	28	56	84	112	140			
内部联系	5%	50	10	20	30	40	50			
外部联系	8%	80	16	32	48	64	80			
督导职责	12%	120	15	30	45	60	75	90	105	120
督导人数	6%	60	10	20	30	40	50	60		
研究分析	7%	70	14	28	42	58	70			
总计	100	1 000								

3. 确定岗位等级数和分数区间(见表11-24,岗位等级数和分数区间对照表):

表 11-24　岗位等级数和分数区间对照表

岗位等级	分数区间	岗位等级	分数区间
21	897~1000	10	254~284
20	799~896	9	227~253
19	714~798	8	202~226
18	637~713	7	181~201
17	568~636	6	161~180
16	507~567	5	143~160
15	453~506	4	127~142
14	404~452	3	113~126
13	360~403	2	101~112
12	321~359	1	1~100
11	286~320		

4. 操作方案及流程。由于A公司是一个大型的轿车生产经营企业，涉及的职能领域广，岗位多，要求薪酬体系改革到位的时间紧。因此，它的操作方案设计如下：先选择部分标杆岗位，运用上述要素计点法进行评价，将整个岗位等级构架建立起来，在标杆岗位的评价结果得到决策委员会的认可后，运用类比法将其余岗位进行比较、排列、分等，将所有岗位等级结构建立起来，在薪酬制度改革到位后，再组织评价委员会按计划对运用类比法插入的等级结果进行评价验证。

（1）岗位评价过程（图 11-4）：

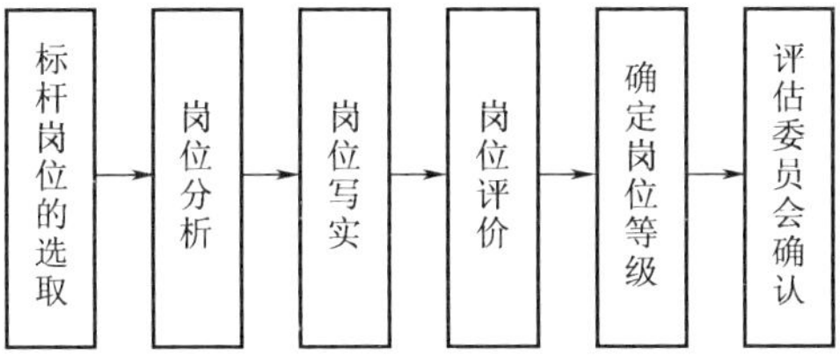

图 11-4　岗位评价过程示意图

①标杆岗位的选取。评价委员会通过对A公司所有岗位进行分析，在充分考虑涉及不同的职能部门以及具有不同层次、具有广泛代表性的基础上，选择了40个标杆岗位。

②岗位分析。岗位分析是通过一定的方法，对所要评价的岗位进行研究，以确定该岗位的内容、任务、职责，与其他岗位的关系以及该岗位的工作环境和任职要

求等要素，即系统、准确地搜集和组织岗位相关的信息，常用的方法有：问卷调查法、访谈法、工作日志法和现场考察法。由于A公司已经建立了良好的岗位管理基础即岗位描述，岗位描述已经包含了岗位工作内容、职责、责任、内外联系程度、工作环境、任职条件等，基本涵盖了10个要素的内容。为此，建议只需采用访谈法这一种岗位分析方法。

③岗位写实。依据岗位评价所需确定的要素内容，对岗位分析所获得的信息进行整理、归纳，清楚简洁而又充分，并按照一定的格式记录、填写《岗位评价记录表》，以作为对岗位进行评价、评分的主要依据。在此之前，要求规范所有岗位的岗位描述，岗位描述是岗位写实的一种补充。

④岗位评价。依据岗位分析获得的信息（《岗位评价记录表》），对照十要素法和岗位评价标准，对所评价岗位的各要素进行对比、分析和研究，确定其合理的对应序列级别，以获得相应等级的量化分值。

评价方法：

群体决策法，即岗位评价委员会的全体成员依据岗位分析、岗位写实和评价标准，对评价岗位所对应的要素级别进行分析、讨论和研究，原则上以全体成员的一致意见来确定其合理的对应级别序列。

结果计算：

将岗位评价委员会确定的各要素所对应级别的分数输入到《岗位评价分表》，见表11-25。运用设计的小程序自动计算出该岗位的总分数值、所对应的岗位等级以及该总分值所处的等级位置。

表11-25 岗位评价记分表

部门	岗位名称	知识	经验	活动范围	决策责任	失误后果	内部联系	外部联系	督导职责	督导人数	研究分析	总分数值	岗位等级	岗位位置

结果验证：

将计算机统计出的岗位等级结果与现行岗位薪酬状况及非量化的重要性排列进行对比分析，对偏离较大的岗位的十要素对应级别进行重新评定，对很难达成一致意见或难以诠释的岗位予以剔除，直到产生一个满意的结果即标杆序列。

⑤项目决策委员会的确认。岗位评价委员会将40个标杆岗位的评价结果以及初步建立起来的结果提交至公司项目决策委员会,由项目决策委员会讨论、审议,并以项目决策委员会主任即公司总经理签字生效为准。

(2)选择的标杆岗位评价结果见表11-26:

表11-26　标杆岗位评价打分表

序号	岗位名称	知识	经验	工作范围	决策责任	失误后果	内部联系	外部联系	督导职责	督导人数	研究分析	总分数值	岗位等级	岗位位置
1	整车销售分部主任	4	5	5	4	5	5	5	5	6	3	494	15	77%
2	武汉总厂厂长	5	5	5	4	4	4	3	5	7	3	448	14	92%
3	质量分部主任	4	5	4	5	4	4	4	4	5	4	440	14	75%
4	直接采购分部主任	4	5	4	4	4	4	5	4	5	3	401	13	95%
5	公关分部主任	4	5	4	3	5	3	5	4	4	3	394	13	79%
6	产品工艺分部主任	4	5	4	4	4	4	3	4	5	4	391	13	72%
7	调度中心主任	4	5	5	4	4	4	4	4	4	3	391	13	72%
8	会计分部主任	4	5	4	4	4	3	5	4	4	3	388	13	65%
9	售后服务分部主任	4	5	4	4	4	4	4	4	5	3	383	13	53%
10	技术支持分部主任	4	5	4	4	4	3	3	4	4	4	378	13	42%
11	北京大区主任	4	4	4	3	5	3	5	4	4	3	375	13	35%
12	人员管理分部主任	4	5	4	4	4	4	3	4	4	3	365	13	12%
13	物流分部主任	4	5	4	3	4	4	2	4	5	3	340	12	50%

续表

序号	岗位名称	知识	经验	工作范围	决策责任	失误后果	内部联系	外部联系	督导职责	督导人数	研究分析	总分数值	岗位等级	岗位位置
14	总装分厂厂长	4	5	4	3	3	3	3	4	5	3	321	12	0%
15	整车定义室经理	4	4	4	3	3	3	3	3	3	4	294	11	24%
16	技术支持室经理	4	4	4	3	3	3	3	3	3	4	294	11	24%
17	金属材料室经理	3	4	3	3	3	3	3	3	3	4	275	10	68%
18	技术援助室经理	3	4	3	3	3	2	3	3	4	4	274	10	65%
19	发动机采购室经理	3	4	3	3	3	3	4	3	3	2	256	10	6%
20	综合会计室经理	3	4	3	3	3	3	3	3	3	3	255	10	3%
21	总装维修工段长	3	4	3	3	3	2	2	3	4	2	236	9	35%
22	成本核算室综合会计	3	4	2	3	3	3	3	1	1	3	334	8	92%
23	整车定义室整车设计	3	3	3	3	2	2	3	2	2	4	221	8	79%
24	零件加工工艺	3	4	3	2	2	3	2	1	1	4	217	8	63%
25	技术支持室系统支持	3	3	3	2	3	3	2	1	1	4	216	8	58%
26	宣传总编兼宣传策划	3	4	3	2	3	2	3	1	1	3	211	8	38%
29	广告室广告资料	3	3	3	2	3	2	3	1	1	3	198	7	85%
30	生产应用室程序分析	3	3	2	2	2	2	2	1	1	4	192	7	55%

续表

序号	岗位名称	知识	经验	工作范围	决策责任	失误后果	内部联系	外部联系	督导职责	督导人数	研究分析	总分数值	岗位等级	岗位位置
27	秘书室党委书记秘书	3	4	3	2	3	3	3	1	1	2	205	8	13%
28	机械技术员	3	4	3	2	3	2	1	1	1	3	199	7	90%
31	经理部整车销售业务	3	3	3	2	2	2	4	1	1	2	187	7	30%
32	质量标准方法	3	4	3	2	2	2	2	1	1	2	181	7	0%
33	薪酬管理员	3	3	2	2	2	3	1	1	1	2	161	6	0%
34	维修钳工	2	3	2	2	2	2	1	1	1	2	150	5	41%
35	车身/装饰班长	2	2	2	2	2	2	1	2	3	1	148	5	29%
36	科技档案管理	2	2	2	1	2	2	1	1	1	2	132	4	33%
37	总部办公楼管理员	1	2	1	2	1	2	1	2	2	1	127	4	0%
38	油漆检查室质检员	2	2	2	1	2	2	1	1	1	1	126	3	100%
39	机动车司机	1	3	1	1	1	1	1	1	1	1	115	3	15%
40	仓库保管员	1	1	1	1	2	1	1	1	1	1	108	2	64%

(3)A公司的岗位等级状况。在上述标杆岗位等级结构的基础上，岗位评价委员会对全公司所有岗位进行类比插入，最终确定了所有岗位的等级结构(包括第二阶段运用要素计点法验证岗位等级)(见表11-27，不同岗位类别的等级分布表)。

表 11-27　不同岗位类别的等级分布表

类别 等级	总经理	党委书记	部长	分部主任	室经理	技术人员	管理人员	直接工人	辅助工人
1									
2									
3									
4									
5									
6									
7									
8									
9									
10									
11									
12									
13									
14									
15									
16									
17									
18									

(四)建立岗位等级薪酬

1. 薪酬调查,确定市场薪酬线。选择与自己有竞争关系的组织或同行业的类似组织以及有类似岗位的组织进行薪酬调查,搜集类似岗位的薪酬、福利等信息,然后将组织内岗位相对价值与市场薪酬水平相结合,确定出市场薪酬线,如图 11-5 所示。

2. 确定薪酬政策,绘制本企业薪酬政策线。根据企业实际情况,决定采用混合型薪酬策略,针对不同类别的岗位采取不同的策略。如图 11-6 所示:曲线 B 代表市场薪酬线,曲线 A 代表本企业的薪酬政策线。对于岗位评价点数低的岗位,其薪酬水平低于市场薪酬水平;对于岗位评价点数高的岗位,其薪酬水平高于市场薪酬水平。

3. 确定薪酬结构。根据企业薪酬政策线,确定出各岗位等级的薪酬中位值;

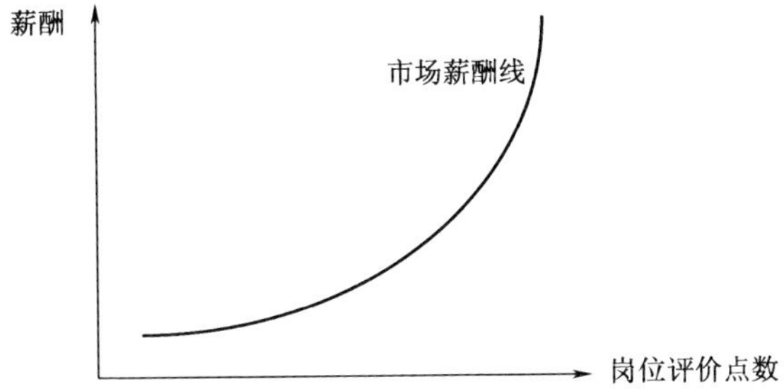

图 11-5　市场薪酬线

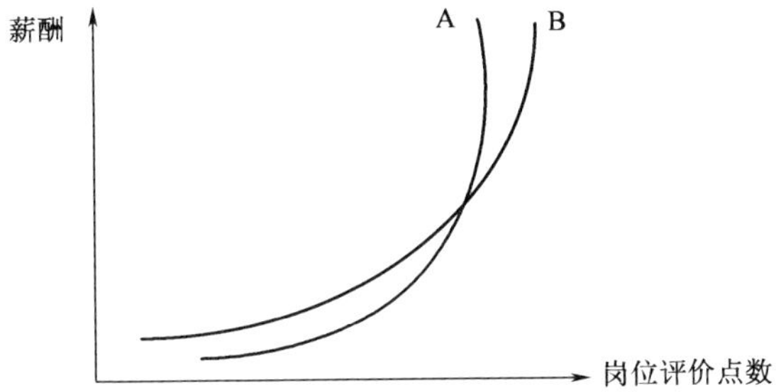

图 11-6　A 公司薪酬政策线

根据各等级岗位的绩效变化范围以及技能与职责的复杂程度确定各岗位等级的最大值和最小值。图 11-7 展示的是等级最高的 8 个岗位等级的薪酬结构。

三、岗位等级薪酬设计总结

首先,利用十要素计点法的岗位评价方案顺利完成了对 A 公司 1 000 多个岗位等级的划分和排序,建立起了新的薪酬等级构架,让管理层和员工都知道公司是采用了科学的方法完成了岗位等级的划分和排序,提升了管理层和员工对这种薪酬体系的认可度。

其次,这种评价方案打破了以前按资历、论工龄的陈旧薪酬政策,真正体现了按岗位重要性计酬的理念。并且它参照了现在国际上通用的岗位评价方案,其评价结果即岗位重要性的排列也体现了岗位的市场价值,真正做到与市场接轨,让不同类别、不同专业的人员按照市场的价值规律重新定位自己。另外,通过建立起清晰的岗位等级构架,让员工明确自己的职业生涯发展方向。

最后,通过实施以这种岗位等级构架为基础的岗位薪酬体系,执行按岗位的重要性和贡献的大小领取薪酬的薪酬政策,充分调动了员工的积极性,尤其是让年轻骨干看到了自己的价值,员工的流失率也明显降低。

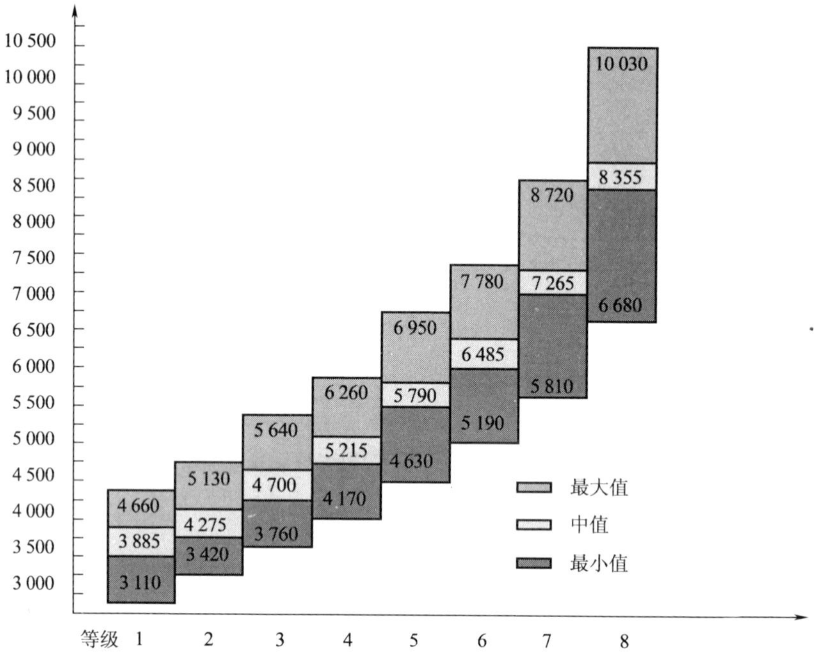

图 11-7 A 公司等级最高的 8 个岗位等级的薪酬结构

思考题:

A 公司的薪酬现状出现了哪些问题? A 公司是如何设计岗位等级薪酬方案的? 达到了怎样的效果?

讨论与思考

1. 简述岗位薪酬设计的步骤。
2. 简述岗位评价的基本流程。
3. 简述岗位评价的四种基本方法。
4. 如何将岗位等级转换为薪酬结构?

扩展阅读索引

[1]乔治 T 米尔科维奇,杰里 M 纽曼. 薪酬管理[M]. 9版. 成德礼,译. 董克用,校. 北京:中国人民大学出版社,2008.

[2]迈克尔·阿姆斯特朗,狄娜·斯蒂芬斯. 员工薪酬管理与实践手册[M]. 李剑锋,孔磊,译. 北京:中国财政经济出版社,2008.

附　录

附录1　任职资格标准模板——实际案例：销售类任职资格标准

第一部分　概　　述

一、标准名称：销售类任职资格标准

二、标准定义：销售类任职资格标准是指从事区域客户平台建设、项目运作、区域市场规划等工作内容的岗位胜任要求

三、标准适用范围：销售类

四、标准等级：本标准共设五个等级，分别为：一级标准、二级标准、三级标准、四级标准、五级标准

五、标准结构：本标准包括级别角色定位、基本资格标准、技能标准

第二部分　级别角色定位

级别角色定位

级别	角　色　定　位
零级	客户线的初做者
一级	具有本专业的一些基本知识或单一领域的某些知识；在适当指导下能够完成单项或局部的业务
二级	具有本专业基础的和必要的知识、技能，这些知识和技能已经在工作中多次得以实践；在适当指导的情况下，能够完成多项或复杂的业务，在例行情况下能够独立运作
三级	具有本专业某一领域全面的、良好的知识和技能，在某一方面是精通的；能够独立、成功、熟练地完成本领域一个子系统的工作任务，并能有效指导他人工作
四级	精通本专业某一领域的知识和技能，熟悉其他领域的知识；能够指导本领域内的一个子系统有效地运行，对于本子系统内复杂的、重大的问题，能够通过改革现有的程序/方法来解决，熟悉其他子系统运作

续表

级别	角色定位
五级	精通本专业多个领域的知识和技能;能够准确把握本领域的发展趋势,指导整个体系的有效运作,能够指导本领域内的重大、复杂问题的解决
六级	能够洞悉本领域的发展方向,并提出具有战略性的指导思想

第三部分 标准核心模型

销售类任职资格标准模型

核心内容 \ 任职资格级别		一级	二级	三级	四级	五级
基本条件	营销业务知识	(略)	通过例行考试			
	产品知识		通过例行考试			
核心技能	客户平台建设能力		所有核心技能达到2级	两项3级,其他项2级	两项4级,其他2级/一项4级、其他项3级	一项5级,一项4级,其他为3级/三项4级,其他为3级
	项目运作能力					
	区域市场规划能力					
可选技能	品牌推广能力		一项1级以上	一项达到2级	一项达到3级	一项达到3级
	市场拓展能力					
	网络规划与设计能力					

第四部分 标准核心内容描述

一、最低经验标准

资格级别	工作经验
一级	连续从事营销工作1年以上
二级	获得营销一级资格后,连续从事营销工作1年以上
三级	获得营销二级资格后,连续从事营销工作2年以上
四级	获得营销三级资格后,连续从事营销工作2年以上
五级	获得营销四级资格后,连续从事营销工作2年以上

二、必备知识

级别	分级描述
一级	1. 了解公司核心产品的相关知识;了解公司非核心产品的卖点和市场空间 2. 了解通信网原理,熟悉电信网的结构、特点和发展趋势;理解产品组网基本原理和典型解决方案的思路,熟悉核心产品的典型应用和样板点,对竞争对手的产品有一定的认知 3. 熟悉订单流程与商务管理业务知识、货款回收与融资业务知识、组织运作常识、投标业务等方面的知识 4. 了解公司的概况、产品发展战略与服务等方面的知识
二级	1. 熟悉公司核心产品的相关知识;了解公司非核心产品的卖点和市场空间 2. 了解网络发展演进的思路,熟悉公司核心产品发展趋势、产品特点、产品卖点、产品市场空间与市场机会点、产品引导思路和竞争策略、典型解决方案的优点(组网思路)、样板点推介及竞争对手产品的优劣势 3. 熟悉订单流程与商务管理业务知识、货款回收与融资业务知识、组织运作常识、投标业务等方面的知识 4. 了解公司的概况、产品发展战略与服务等方面的知识
三级	1. 熟悉公司核心产品的相关知识;了解公司非核心产品的卖点和市场空间 2. 了解网络发展演进的思路,熟悉公司核心产品发展趋势、产品特点、产品卖点、产品市场空间与市场机会点、产品引导思路和竞争策略、典型解决方案的优点(组网思路)、样板点推介及竞争对手产品的优劣势 3. 掌握订单流程与商务管理业务知识、货款回收与融资业务知识、组织运作常识、投标业务等方面的知识 4. 熟悉公司的概况、产品发展战略与服务等方面的知识
四级	1. 掌握至少一个公司核心产品的相关知识,如产品基本结构、技术特点和业务提供能力等;熟悉公司非核心产品的卖点和市场空间 2. 熟悉产品技术和网络的发展趋势和演进思路、公司产品的发展(路标)、公司产品在国内电信网络上的地位、公司产品在世界同类产品中的地位和优劣势、公司产品技术特点和引导思路、公司产品市场空间和产品策略、公司产品典型市场应用、公司典型网络解决方案、竞争对手的市场策略、产品特点及在国内网络上的地位 3. 掌握订单流程与商务管理业务知识、货款回收与融资业务知识、组织运作常识、投标业务等方面的知识 4. 熟悉公司的概况、产品发展战略与服务等方面的知识;了解公司产品发展战略

续表

级别	分级描述
五级	1. 掌握至少两个公司核心产品的相关知识;熟悉公司非核心产品的卖点和市场空间 2. 熟悉产品技术和网络的发展趋势和演进思路、公司产品的发展(路标)、公司产品在国内电信网络上的地位、公司产品在世界同类产品中的地位和优劣势、公司产品技术特点和引导思路、公司产品市场空间和产品策略、公司产品典型市场应用、公司典型网络解决方案、竞争对手的市场策略、产品特点及在国内网络上的地位 3. 精通营销业务相关知识 4. 熟悉公司的概况、产品发展战略与服务等方面的知识;了解公司产品发展战略

三、技能标准

销售类任职资格标准共包含三项技能:客户平台建设能力、项目运作能力、区域市场规划能力。

1. 技能等级定义

技能水平分为1~5级,各级别的定义如下:

等级	熟练程度	评价标准
1级	有限的运作(Perform)能力	初做者,经验有限
2级	在有协助的情况下的运作能力,实践过的知识	在有协助的情况下,在多种场合运作,在例行情况下独立运作过
3级	无需协助的运作能力,触类旁通的知识,可以成功完成大多数任务	重复的、成功的经验和案例
4级	深入彻底的知识,可以带领和指导其他人有效运作	有效的,资深的,带领他人运作的经验
5级	可以给出专家级的意见,能领导其他人成功运作,被其他人当作磋商者和领袖;全面的知识和正确的评判能力,能够总结出有用的改进意见	全面的、广博的,领导他人运作的经验,咨询经验

2. 销售类任职资格标准各项技能定义及分级描述

(1)技能名称：客户平台建设能力

技能定义：是指采取有效的方式方法，与客户建立良好、稳固的关系平台的能力。

等级	分级描述	评价要素	评 价 标 准
1级	有限的运作(Perform)能力	(略)	
2级	在有协助的情况下的运作能力，实践过的知识	工作角色	能够与省局科级人员或主管工程师层级人员建立稳定关系，或与地市局影响层建立稳定关系
		客户满意度	1. 客户对公司售前、售中、售后满意度较高，对申请人的评价也较高 2. 能较好地处理历史遗留问题和客户的异议 3. 所负责区域客户投诉不多于1次
		公关能力	1. 对于负责的客户群领域，建立了全面的市场关系平台 2. 在负责期间，客户关系得到了提升 3. 具有较好的公关技巧；能够与局方科级人员或主管工程师层级人员建立稳定关系
		信息渠道建设	具有强烈的信息收集意识，在所负责区域建立了有效的信息渠道
		信息平台建设	1. 建立有规范、方便查询的信息档案，并经常进行整理和充实，信息全面、真实 2. 对公司的信息调查要求能及时反馈
		公司品牌的树立	1. 能够成功地组织样板点考察、公司考察、技术交流会、用户恳谈会等活动 2. 通过上述活动，有效地推动了所负责区域公司品牌的提升，客户对公司认可程度高
		公关策划	1. 年初按公司要求制定公关策划，并在每季度修改 2. 公关报告对客户的现状反馈准确，能够提出有效地提升客户关系的措施
		服务收费	经常向客户进行服务收费宣传，在售前、售中、售后都能很好支持服务的收费工作

续表

等级	分级描述	评价要素	评价标准
3级	无需协助的运作能力，触类旁通的知识，可以成功完成大多数任务	工作角色	能够与省局处级层级人员建立长期稳定的关系，或能与地市局副局等决策层级建立关系
		客户满意度	1. 客户对公司售前、售中、售后满意度较高，对申请人的评价也较高 2. 能较好地处理好历史遗留问题和客户的异议 3. 所负责区域客户投诉不多于1次
		公关能力	1. 对于负责的客户群领域，建立了良好、均衡、稳固的市场关系平台 2. 在负责期间客户关系得到了提升 3. 具有较好的公关技巧；能够与局方处级层级人员建立长期稳定的关系
		信息渠道建设	具有强烈的信息收集意识，在所负责区域建立了有效的信息渠道
		信息平台建设	1. 建立有规范、方便查询的信息档案，并经常进行整理和充实，信息全面、真实 2. 对公司的信息调查要求能及时反馈
		公司品牌的树立	1. 能够成功地组织样板点考察、公司考察、技术交流会、管理研讨会、高层拜访、用户恳谈会等活动 2. 通过上述活动，有效地推动所负责区域公司品牌的提升，客户对公司认可程度提高
		公关策划	1. 年初按公司要求制定公关策划，并在每季度修改 2. 公关报告对客户的现状反馈准确，能够提出有效地提升客户关系的措施，实施后效果明显
		服务收费	经常向客户进行服务收费宣传，在售前、售中、售后都能很好支持服务的收费工作
4级	深入彻底的知识，可以带领和指导其他人有效运作	工作角色	与省局处级/副局级层级人员建立长期稳定的关系，表现为稳定的中层支持力；或与地市局级层级建立长期稳定关系，表现为地市局稳定的高层支持力
		公关规划	规划全面、均衡，对客户的分析准确，对各种类型的客户都能有针对性的策略，公关策略手段有创新
		客户满意度	1. 客户对公司售前、售中、售后满意度很高，对申请人的评价也很高 2. 所负责区域客户没有投诉
		信息平台建设	1. 在所负责区域建立了有效的、多边的信息渠道 2. 强烈的信息收集意识，建立有规范、方便查询的信息档案，并经常进行整理和充实，信息全面、真实 3. 公司的信息调查要求能及时反馈

续表

等级	分级描述	评价要素	评价标准
4级	深入彻底的知识，可以带领和指导其他人有效运作	公司品牌树立	充分利用公司已有的高层互访、高层技术交流、公司考察等常规手段以及其他创新性的策略，显著地提升了所负责产品、客户群或区域的公司品牌，关键客户对公司高度认可
		公关能力	1. 以良好的个人修养、丰富的知识、敏感的机会把握能力和个性化的公关手段，赢得客户对个人和公司的信任和认可，具有较强的攻坚能力 2. 工作期间，普遍客户关系改善较大，对决策层客户有明显的吸引力和影响力 3. 与局方处级/副局级层级人员建立长期稳定的关系，表现为稳定的中层支持力
		服务收费	经常向客户进行服务收费宣传，在售前、售中、售后都能很好支持服务的收费工作
5级	可以给出专家级的意见，能领导其他人成功运作，被其他人当作磋商者和领袖；全面的知识和正确的评判能力，能够总结出有用的改进意见	工作角色	省局局级层级客户关系改善较大，建立了长期稳定的关系，对其决策有较好影响，保证决策层的一贯支持
		公关规划	1. 规划全面、均衡，要考虑到政府、金融、行业协会等周边公共关系的建立以及市场的长远发展和市场培育 2. 对客户的分析准确，对各种类型的客户都能有针对性的策略，公关策略手段有创新
		客户满意度	1. 客户对公司售前、售中、售后满意度很高，对申请人的评价也很高 2. 所负责区域客户没有投诉
		信息平台建设	1. 在所负责区域建立了有效的、多边的信息渠道 2. 具有强烈的信息收集意识，建立有规范、方便查询的信息档案，并经常进行整理和充实，信息全面、真实 3. 对公司的信息调查要求能及时反馈
		公司品牌树立	充分利用公司已有的高层互访、高层技术交流、公司考察等常规手段以及其他创新性的策略，显著地提升了所负责产品、客户群或区域的公司品牌，关键客户对公司高度认可
		公关能力	1. 以良好的个人修养、丰富的知识、敏感的机会把握能力和个性化的公关手段，赢得客户对个人和公司的信任和认可，具有较强的攻坚能力 2. 工作期间，省局局级层级客户关系改善较大，建立了长期稳定的关系，对其决策有较好影响，保证决策层的一贯支持
		服务收费	经常向客户进行服务收费宣传，在售前、售中、售后都能很好支持服务的收费工作

(2)技能名称：项目运作能力

技能定义：是指在销售项目及其他跨部门推动的各项工作中，运用项目管理的方法，驾驭跨功能部门团队的能力。

等级	分级描述	评价要素	评价标准
1级	有限的运作(Perform)能力	(略)	
2级	在有协助的情况下的运作能力，实践过的知识	工作角色	地市级项目组关键成员
		项目成功率	通过一段时间的工作，保持一般市场的项目成功率
		项目策划与总结报告质量	1. 策划：分析思路清晰，逻辑性强；策略实用，计划可操作 2. 总结：对照当初策划报告总结经验与教训，在总结中不断提高自己的策划能力
		项目档案	必须保存有立项表、项目策划、关键信息资料、重要客户拜访报告、重大阶段进展报告、项目分析会纪要、项目总结等关键资料
		项目实施与过程控制	1. 能够按照总体计划制订阶段性计划及监控点，并按监控点检查项目进展情况 2. 定期组织项目分析会对项目进行阶段性的讨论和总结，并形成纪要发送项目组所有成员及项目监控人 3. 能够及时掌握竞争对手及客户的动态变化并实施相应的应对措施 4. 能够判断问题的重要程度，不能解决的问题及时上报求助
		项目协调与配合	虚心听取多方面意见，很好地配合他人工作
		技术商务谈判	1. 事先进行谈判策划，有能力独立进行谈判，掌握多种谈判技巧 2. 能够妥善处理客户的要求，不随意给客户承诺
3级	无需协助的运作能力，触类旁通的知识，可以成功完成大多数任务	工作角色	省级重大项目项目组关键成员
		项目成功率	通过一段时间工作，稳定提升一般市场的项目成功率
		项目策划与总结报告质量	1. 策划：分析思路清晰，逻辑性强；策略实用，计划可操作 2. 总结：对照当初策划报告进行总结，思想论点深刻
		报告规范性	项目结束后能够及时总结，在总结中不断提高自己的策划能力
		项目实施与过程控制	1. 能够按照总体计划制订阶段性计划及监控点，并按监控点检查项目进展情况 2. 定期组织项目分析会对项目进行阶段性的讨论和总结，并形成纪要发送项目组所有成员及项目监控人 3. 能够及时掌握竞争对手及客户的动态变化并实施相应应对措施 4. 能够判断问题的重要程度，有能力亲自解决大部分问题，不能解决的问题及时上报求助或协调资源

续表

等级	分级描述	评价要素	评 价 标 准
3级	无需协助的运作能力，触类旁通的知识，可以成功完成大多数任务	项目档案	必须保存有立项表、项目策划、关键信息资料、重要客户拜访报告、重大阶段进展报告、项目分析会纪要、项目总结等关键资料
		协调与配合	能够协调项目组内部的分工协作，虚心听取多方面意见，很好地配合他人工作
		技术商务谈判	1. 事先进行谈判策划，有能力独立进行谈判，掌握多种谈判技巧 2. 能够妥善处理客户的要求，不随意给客户承诺
		融资与回款	有较好的融资回款意识，经常对客户进行融资推广，回款指标完成良好
4级	深入彻底的知识，可以带领和指导其他人有效运作	工作角色	省级或国家级重大项目项目经理
		市场培育	通过策划组织推动一系列的营销活动，有计划地培育市场，提前引导和经营市场战略项目，充分挖掘市场潜力，改善市场格局，使市场能够持续、稳定地发展
		项目策划	1. 能准确分析出影响项目成败的关键问题、机会点；思路清晰，逻辑性强 2. 针对项目中的关键问题有操作性强的解决方案，有效指导项目实际运作
		项目总结	及时对项目以会议和文字方式进行深刻总结，提炼出经验和教训，并主动与同事共享
		项目实施与过程控制	1. 能及时得到高层次、重要的信息，进行准确判断 2. 善于较强地调动相关公司资源及部门内部资源的能力 3. 能预见项目运作中的重大问题，并制定有效的防范措施来化解问题；有能力解决项目运作中出现的重大问题
		协调与配合	能够合理配置项目组成员，协调项目组内部的分工协作，营造项目组良好的工作气氛
		技术商务谈判	事先进行充分的策划准备，能很好地把握客户的心理，熟练运用各种谈判技巧，达到预设的目标
		合同质量	在一般的市场环境下，付款方式及商务条款高于公司的期望，符合订单流程，规范性好
		融资回款	有强烈的融资回款意识，经常向客户进行融资推广。回款目标完成优秀

续表

等级	分级描述	评价要素	评价标准
5级	可以给出专家级的意见，能领导其他人成功运作，被其他人当作磋商者和领袖；全面的知识和正确的评判能力，能够总结出有用的改进意见	工作角色	公司级变革项目主要参与人或项目经理
		市场培育	具有前瞻性的长远市场眼光，通过策划组织推动一系列的营销活动，有计划地培育市场，提前引导和经营市场战略项目，充分挖掘市场潜力，改善市场格局，使市场能够持续、稳定地发展
		项目策划	1. 能准确分析出影响项目成败的关键问题、机会点；思路清晰，逻辑性强 2. 针对项目中关键问题有操作性强的解决方案，有效指导项目实际运作，给出意见及指导
		项目总结	及时对项目以会议和文字方式进行深刻总结，提炼出经验和教训，并主动与同事共享
		项目实施与过程控制	1. 能及时得到高层次、重要的信息，进行准确判断 2. 具有较强地调动相关公司资源及部门内部资源的能力 3. 能预见项目运作中的重大问题，并制定有效的防范措施来化解问题；有能力解决项目运作中出现的重大问题
		协调与配合	能够合理配置项目组成员，协调项目组内部的分工协作，营造项目组良好的工作气氛
		技术商务谈判	事先进行充分的策划准备，能很好地把握客户的心理，熟练运用各种谈判技巧，达到预设的目标；经常培训与指导相关人员培养此项技巧
		合同质量	在一般的市场环境下，付款方式及商务条款高于公司的期望，符合订单流程，规范性好
		融资回款	有强烈的融资回款意识，经常向客户进行融资推广；回款目标完成优秀

（3）技能名称：区域市场规划能力

技能定义：指能够运用市场分析的各种方法，制定有针对性、有竞争力的产品解决方案，进而制定市场发展策略并进行市场发展规划的技能。

等级	分级描述	评价要素	评价标准
1级	有限的运作(Perform)能力	(略)	
2级	在有协助的情况下的运作能力，实践过的知识	工作角色	在协助下，可以对本客户群的一个区域级市场进行市场规划
		信息描述	客户、对手信息完整、全面，符合市场真实情况
		市场分析	1. 客户需求分析结论准确、全面 2. 能分析出市场的主要机会、问题点
		策略	可操作，可评估，有一定的针对性，能够将公司的营销策略和市场实际情况有机结合
		市场策划的写作与实施	1. 在策划报告完成前组织过相关人员讨论 2. 能够严格按照规划报告实施，并且在每个季度对规划报告进行自检和建议；在年底能够对照年初的规划报告和实际情况进行分析，总结经验教训
3级	无需协助的运作能力，触类旁通的知识，可以成功完成大多数任务	工作角色	能够单独对本客户群的一个区域级市场进行市场规划
		信息描述	客户、对手信息完整、全面，符合市场真实情况
		市场分析	1. 客户需求及建设思路分析结论准确、全面 2. 竞争优劣势分析准确、全面 3. 能分析出市场的主要机会、问题点
		策略	可操作，可评估，针对性强，能够将公司的营销策略和市场实际情况有机结合，对实际市场运作有指导意义
		市场策划的写作与实施	1. 在策划报告完成前组织过相关人员讨论 2. 能够严格按照规划报告实施，并且在每个季度对规划报告进行自检和修正；在年底能够对照年初的规划报告和实际情况进行分析，总结经验教训
4级	深入彻底的知识，可以带领和指导其他人有效运作	工作角色	对本客户群的重要区域市场进行卓有成效的市场规划
		信息收集与分析处理	通过敏锐的洞察力和广泛、有效、均衡、可靠的信息渠道，了解并掌握本领域内宏观政策等宏观环境信息，并能够对各种信息进行正确的分析处理，得出进一步的信息

续表

等级	分级描述	评价要素	评价标准
4级	深入彻底的知识,可以带领和指导其他人有效运作	市场分析	1. 能够准确地分析预测出市场的发展潜力、市场格局及发展趋势、竞争对手的策略手段及所辖市场的网络现状、发展趋势 2. 能够把握市场节奏,敏锐地捕捉到市场重大机会点与增长点,预见市场的重大问题
		目标策略	1. 目标具有挑战性、牵引性、前瞻性 2. 市场策略有一定创新,具有针对性、实用性、延续性
		市场规划的实施与总结	1. 能够有效地落实市场规划中制订的工作计划并指导他人完成 2. 按季度或阶段及时检查、总结规划实施情况 3. 充分预见可能出现的问题,并提前确定相应的防范应变方案措施,对目标、策略进行修正
5级	可以给出专家级的意见,能领导其他人成功运作,被其他人当作磋商者和领袖。全面的知识和正确的评判能力,能够总结出有用的改进意见	工作角色	对各区域市场规划具指导意义
		信息收集与分析处理	通过敏锐的洞察力和广泛、有效、均衡、可靠的信息渠道,掌握行业发展趋势、本领域内宏观政策等宏观环境信息,并能够对各种信息进行正确的分析处理,得出进一步的信息
		市场分析	1. 能够准确地分析预测出市场的发展潜力、市场格局及发展趋势、竞争对手的策略手段及所辖市场的网络现状、发展趋势 2. 能够把握市场节奏,敏锐地捕捉到市场重大机会点与增长点,预见市场重大问题,具有半年以上的预见性
		目标策略	1. 目标具有挑战性、牵引性、前瞻性 2. 市场策略有一定创新,具有针对性、实用性、延续性,能对市场整体产生积极的、长远的推动作用
		市场规划的实施与总结	1. 能够有效地落实市场规划中制订的工作计划 2. 按季度或阶段及时检查、总结规划实施情况 3. 充分预见可能出现的问题,并提前确定相应的防范应变方案措施,对目标、策略进行修正

第五部分　附则

(略)

附录2 某公司专业技术岗位序列任职资格标准

		一级工程师	二级工程师	三级工程师	主任工程师	资深技术专家	首席专家
知识	专业知识	要求大学以上或相当于大学水平的专业基础知识；对某部分技术能初步理论联系实际（核心的专业知识必须达到一级，其他关联性较强的专业知识达到零级以上）	需要系统的本专业基础理论知识和专业技术知识（核心的专业知识必须达到二级，其他关联性较强的专业知识达到一级以上，其他至少达到零级以上）	需要系统的本专业基础理论知识和专业技术知识，熟悉本专业国内外现状和发展趋势；对全系统技术有较好的掌握（核心的专业知识必须达到三级，其他关联性较强的专业知识达到二级以上，其他至少达到零级以上）	需要系统坚实的本专业基础理论知识和专业技术知识，较宽的知识面，掌握本专业国内外现状和发展趋势；较精通全系统技术，在某一方面能有效地指导别人（核心的专业知识必须达到四级，其他关联性较强的专业知识达到三级以上，其他至少达到一级以上）	需要坚实广泛的专业基础理论知识，知识面广博，对相关学科有较好的认识，对某一技术领域有深入的研究，并取得一定成果；精通全系统技术，在某一方面有专长（核心的专业知识必须达到五级，其他关联性较强的专业知识达到四级以上，其他至少达到三级以上）	需要坚实宽厚的专业基础理论知识，对本工作领域有很深的造诣；得到行业的公认；对全系统技术非常精通，至少在某方面有精湛的造诣（核心的专业知识必须达到六级，其他关联性较强的专业知识达到四级以上，其他至少达到三级以上）
	产品知识	了解产品的类别、规格、型号及其主要应用领域及质量标准，能初步理论联系实际，能就上述问题与客户进行简单的沟通与交流	掌握产品的类别、规格、型号及其主要应用领域及质量标准，能在与客户交流时，独立运用知识对于一般性的技术疑问进行解答	掌握产品的类别、规格、型号及其主要应用领域及质量标准，能在与客户交流时，独立运用知识对于一般性的技术疑问进行解答	熟悉产品的类别、规格、型号及其主要应用领域，质量标准与检测方法，对于客户提出上述领域的疑问，不仅仅能够运用知识对一般性技术问题进行分析总结进行解答，还具备解答的高度正确性；对于一些有难度的疑问也能初步分析总结	熟悉产品的类别、规格、型号及其主要应用领域，质量标准与检测方法，对于客户提出的有较深难度的问题能够找出问题所在，组织人员有效解决	熟悉产品的类别、规格、型号及其主要应用领域，质量标准与检测方法，对于客户提出的有较深难度的问题能够找出问题所在，组织人员有效解决

续表

		一级工程师	二级工程师	三级工程师	主任工程师	资深技术专家	首席专家
知识	公司知识*	一级：熟悉员工手册中的基本内容	二级：了解公司发展历史，熟悉本公司相关管理制度、流程	三级：全面了解公司的历史、现状、未来发展方向、目标以及相关管理制度、流程	三级：全面了解公司的历史、现状、未来发展方向、目标以及相关管理制度、流程	四级：熟悉公司整体运作流程、制度，了解公司整体战略规划以及战略步骤	四级：熟悉公司整体运作流程、制度，了解公司整体战略规划以及战略步骤
	行业知识*	一级：了解行业现状	二级：对行业未来几年的发展趋势有一定的认识	二级：对行业未来几年的发展趋势有一定的认识	三级：不仅了解本行业的发展趋势，也较熟悉相关行业的影响及其走势	四级：对行业发展及相关行业对本行业的影响能够做出十分精辟的分析，对未来相当长时间内的行业竞争格局与发展趋势有深入把握，判断结果具有一定的准确性	四级：对行业发展及相关行业对本行业的影响能够做出十分精辟的分析，对未来相当长时间内的行业竞争格局与发展趋势有深入把握，判断结果具有一定的准确性
	法律知识	—	—	基本了解	基本了解	基本了解	基本了解
技能	计算机技能	二级以上：掌握与工作相关的计算机及信息系统应用知识，能熟练借助软件进行方案的编辑与打印	二级以上：掌握与工作相关的计算机及信息系统应用知识，能熟练借助软件进行方案的编辑与打印	二级以上：掌握与工作相关的计算机及信息系统应用知识，能熟练借助软件进行方案的编辑与打印	二级以上：掌握与工作相关的计算机及信息系统应用知识，能熟练借助软件进行方案的编辑与打印	二级以上：掌握与工作相关的计算机及信息系统应用知识，能熟练借助软件进行方案的编辑与打印	二级以上：掌握与工作相关的计算机及信息系统应用知识，能熟练借助软件进行方案的编辑与打印
	英文水平	一级：要求借助英文字典能看懂专业英文科技资料	二级：要求能较熟练地阅读专业英文科技资料，能用英语简单会话	二级：要求能较熟练地阅读专业英文科技资料，能用英语简单会话	三级：要求能针对专业科技资料进行中英文互译，能用英语进行交流，但不一定要求流利	四级：要求能流畅地用英语进行交流，能自如地对专业科技资料进行中英文互译	五级：要求能流畅地用英语进行交流，能较熟练地进行写作，能快速自如地对专业科技资料进行中英文互译

续表

		一级工程师	二级工程师	三级工程师	主任工程师	资深技术专家	首席专家
技能	数据库	基本操作必须具备	基本操作必须具备	基本操作必须具备	基本操作必须具备	基本操作必须具备	基本操作必须具备
	产品设计能力	一级：了解产品设计的流程框架及主要步骤与方法，能够在别人的指导下从事产品设计整个过程中其中某一部分工程（非核心过程）	二级：熟悉产品设计的流程框架及主要步骤与方法，能够在别人的引导下从事产品设计整个过程中重点步骤的工作，基本能独立操作，但可能时时要求别人指导	三级：熟悉产品设计的流程框架及主要步骤与方法，能够在别人的引导下从事产品设计整个过程中重点步骤的工作，完全能独立操作（基本不太要求别人指导）	四级：十分熟悉产品设计的流程框架及主要步骤与方法，能够引导产品设计的全部过程，指导别人工作	五级：精通专业内的产品设计流程的框架及主要步骤与方法，不仅仅能够引导产品设计的全部过程，指导别人工作，而且擅长解决产品设计中疑难的问题及重大产品设计	六级：要求能够密切注意公司内外的环境变化，能够提前采取技术预防措施，避免研发问题的出现
	生产技术改进能力	一级：能够在别人的指导下从事本专业技术改进整个过程中其中某一部分工作，并且随时需要别人指导	二级：能够在别人的引导下从事本专业内生产技术改进整个过程中重点步骤的工作，基本能独立操作（但时时需要别人指导）	三级：熟悉产品设计的流程框架及主要步骤与方法，能够在别人的引导下从事产品设计整个过程中重点步骤的工作，完全能独立操作（基本不太要求别人指导，只需要大方向上的点拨）	四级：能够引导本专业一般性的生产技术改进的全部过程，指导别人工作，对涉及其他专业的技术改进也有一定的认识	五级：精通专业内的生产技术改进工作，不仅仅能够引导技术改进的全部过程，指导别人工作，而且擅长解决车间现场技术改进中疑难问题及重大的技术改进，对于涉及的其他专业内的专业技术改进能够有引导的能力	六级：要求能够密切注意公司内外的环境变化，能够提前采取技术预防措施，避免生产技术问题的出现

续表

		一级工程师	二级工程师	三级工程师	主任工程师	资深技术专家	首席专家
技能	书面表达能力	二级：利用一定的文法规范：在书面沟通时需要也能够利用一定的文法规范；关键事件：能够独立地按照专业文件规范编写一般性的专业技术文件，意图能够表述清楚	二级：利用一定的文法规范：在书面沟通时需要也能够利用一定的文法规范；关键事件：能够独立地编写一般性的专业技术文件，意图能够表述清楚	二级：利用一定的文法规范：在书面沟通时需要也能够利用一定的文法规范；关键事件：能够独立地编写一般性的专业技术文件，意图能够表述清楚	三级：指导专业规范文件：对专业文体体系的规范十分清楚，指导整个文件过程编写；关键事件：指导整个文件过程编写，所有内容往往表叙述得十分清楚，该节省字数的地方绝不啰唆，该详细的地方表述得十分翔实	三级：指导专业规范文件：对专业文体体系的规范十分清楚，指导整个文件过程编写；关键事件：指导整个文件过程编写，所有内容往往表叙述得十分清楚，该节省字数的地方绝不啰唆，该详细的地方表述得十分翔实	三级：指导专业规范文件：对专业文体体系的规范十分清楚，指导整个文件过程编写；关键事件：指导整个文件过程编写，所有内容往往表叙述得十分清楚，该节省字数的地方绝不啰唆，该详细的地方表述得十分翔实
	项目管理能力	一级：有实际项目管理参与的感受，对项目管理全过程有感性认识，能阐述项目管理的框架	二级：有实际项目管理主要阶段参与的感受，对项目管理全部的流程与方法基本了解，对于其中部分管理细节有实际操作经验	三级：有实际项目管理主要阶段参与的感受，对项目管理全部的流程与方法比较熟悉，对于其中主要管理细节有实际操作经验；掌握其中的主要问题的处理方法；基本具备一般项目的管理能力	四级：对项目管理的全部过程有实际操作经验，对其中所有流程与方法十分熟悉，对所有管理细节的处理都能进行实际操作，掌握所有的项目管理问题的处理方法，完全具备一般项目的管理能力，基本可认定有重大项目管理的能力	五级：不仅仅对项目管理的所有流程与方法十分熟悉，对所有管理细节的处理都能进行实际操作，而且能够对公司项目管理的方法进行整体改进，特别擅长处理难度在重大项目以上的管理	五级：不仅仅对项目管理的所有流程与方法十分熟悉，对所有管理细节的处理都能进行实际操作，而且能够对公司项目管理的方法进行整体改进，特别擅长处理难度在重大项目以上的管理；认定有特大型项目的管理能力

续表

		一级工程师	二级工程师	三级工程师	主任工程师	资深技术专家	首席专家
技能	计划能力*	一级:管理个人短期目标:掌握编制个人计划的方法,能够在上级要求下制订自己的工作计划并控制个人日常工作。关键事件:高效完成日常工作(如列一份必做事物清单,为会议做好充分准备;排好每天/每周必须完成的关键工作顺序,计划工作日程)	一级:管理个人短期目标:掌握编制个人计划的方法,能够在上级要求下制订自己的工作计划并控制个人日常工作。关键事件:高效完成日常工作(如列一份必做事物清单,为会议做好充分准备;排好每天/每周必须完成的关键工作顺序,计划工作日程)	二级:管理短期目标:掌握对年度计划或大项目计划进行细化的方法,管理短期目标;在年度或整体的项目计划框架下,为自己及别人开发并执行预测未来短期的、逐周的计划。关键事件:确保计划有清晰的目标与里程碑,利用计划程序来系统有效地管理项目,设计合理的行为顺序	二级:管理短期目标:掌握对年度计划或大项目计划进行细化的方法,管理短期目标;在年度或整体的项目计划框架下,为自己及别人开发并执行预测未来短期的、逐周的计划。关键事件:确保计划有清晰的目标与里程碑,利用计划程序来系统有效地管理项目,设计合理的行为顺序	二级:管理短期目标:掌握对年度计划或大项目计划进行细化的方法,管理短期目标;在年度或整体的项目计划框架下,为自己及别人开发并执行预测未来短期的、逐周的计划。关键事件:确保计划有清晰的目标与里程碑,利用计划程序来系统有效地管理项目,设计合理的行为顺序	二级:管理短期目标:掌握对年度计划或大项目计划进行细化的方法,管理短期目标;在年度或整体的项目计划框架下,为自己及别人开发并执行预测未来短期的、逐周的计划。关键事件:确保计划有清晰的目标与里程碑,利用计划程序来系统有效地管理项目,设计合理的行为顺序
	日常沟通能力*	一级:能够进行简单信息交流:通过倾听获取别人的信息,并能直接表达自己的意图。行为示范:在做一般沟通时,基本能够准确地理解、记住或记录有关事实;能够像别人说清楚自己要表达的意思	二级:能够与不同受众同时进行交流:选取适当的内容、表达风格进行思想、计划和决策方面的交流。关键事件:在沟通中运用非语言信号证明自己在注意倾听;能用言语提示别人正在倾听;能够准确地记住或记录有关事实;能够向不同的受众表达清楚自己的意思,并且重点突出	二级:能够与不同受众同时进行交流:选取适当的内容、表达风格进行思想、计划和决策方面的交流。关键事件:在沟通中运用非语言信号证明在注意倾听;能用言语提示别人正在倾听;能够准确地记住或记录有关事实;能够向不同的受众表达清楚自己的意思,并且重点突出	二级:能够与不同受众同时进行交流:选取适当的内容、表达风格进行思想、计划和决策方面的交流。关键事件:在沟通中运用非语言信号证明在注意倾听;能用言语提示别人正在倾听;能够准确地记住或记录有关事实;能够向不同的受众表达清楚自己的意思,并且重点突出	二级:能够与不同受众同时进行交流:选取适当的内容、表达风格进行思想、计划和决策方面的交流。关键事件:在沟通中运用非语言信号证明在注意倾听;能用言语提示别人正在倾听;能够准确地记住或记录有关事实;能够向不同的受众表达清楚自己的意思,并且重点突出	二级:能够与不同受众同时进行交流:选取适当的内容、表达风格进行思想、计划和决策方面的交流。关键事件:在沟通中运用非语言信号证明在注意倾听;能用言语提示别人正在倾听;能够准确地记住或记录有关事实;能够向不同的受众表达清楚自己的意思,并且重点突出

续表

		一级工程师	二级工程师	三级工程师	主任工程师	资深技术专家	首席专家
技能	思维能力*	一级：将简单的信息进行加工，得出一个新的结果但对该结果无法进行判断，只能进行简单的对比	二级：通过大量的信息汇总，得出一个结果并对该结果进行初步的分析，分析过程中所采取分析步骤与技巧涉及的类别不是特别多或特别复杂，分析的对象不具备高度复杂性	二级：通过大量的信息汇总，得出一个结果并对该结果进行初步的分析，分析过程中所采取分析步骤与技巧涉及的类别不是特别多或特别复杂，分析的对象不具备高度复杂性	三级：通过对大量杂乱无章的信息加以汇总，进行的深入分析，分析过程中能够或需要好几个分析步骤，并根据不同情况选择、采取不同的分析技巧来进行综合的判断	三级：通过对大量杂乱无章的信息加以汇总，进行深入分析，分析过程中能够或需要好几个分析步骤，并根据不同情况选择、采取不同的分析技巧来进行综合的判断	三级：通过对大量杂乱无章的信息加以汇总，进行深入分析，分析过程中能够或需要好几个分析步骤，并根据不同情况选择、采取不同的分析技巧来进行综合的判断
经验	学术成果	—	—	—	有学术论文发表，有一定的专业水准，但不一定强调较高的学术价值	有较高学术论文发表，但该论文不一定强调对该行业推动力	在主要专业知识的研究上有较高学术论文发表，该论文还必须得到行业认可，形成一定的行业推动力
	相关工作经验	大专 本科 硕士	大专 本科 硕士 博士	大专 本科 硕士 博士	大专 本科 硕士 博士	大专 本科 硕士 博士	—
	项目经验	参与实际一般项目工作	从事过一般项目的主要阶段（最低要求：非主要角色）	从事过一般项目的主要阶段（最低要求：非主要角色）	主持过一般项目的全过程或重大项目的主要阶段	主持过重大项目的全过程（如有过1~2个国家大型项目承接的经验），或参与特大型项目的（主要角色）主要工作及全部过程	主持并参加过至少两个重大项目的全过程

续表

		一级工程师	二级工程师	三级工程师	主任工程师	资深技术专家	首席专家
职业素养*	进取心	一级	一级	一级	二级	三级	四级
	学习意识	二级	二级	二级	三级	四级	四级
	创新意识	一级	一级	一级	二级	三级	四级
	诚信意识	二级	二级	二级	二级	二级	二级
	团队精神	一级	一级	一级	二级	三级	四级
	自信	一级	一级	一级	二级	三级	四级
	组织纪律遵守	一级	一级	一级	一级	一级	一级
	服务意识	二级	二级	二级	二级	二级	二级
	影响他人（广度）	—	—	—	要求在部门内具有一定技术知名度，能够影响本部门的项目小组（二级）	要求在本公司本专业内有较高的技术知名度，在事业部技术部门中享有较高的声誉（三级）	要求是行业内专家，具有较高的社会知名度，是本企业在该领域的学术权威，作为权威必须在整个企业有技术知名度（四级）

注：①加＊项对技术人员作为参考项目。

②经验可以作为准入的基本标准；知识与技能（除掉参考项）作为考核系数，价值关于技能中的参考项目作为参考标准可以调整知识与技能考核的分值。

③历史绩效考核达到中等以上者可以进入，但可不调整分值；历史考核连续三年达到优秀者可以上调分值（调整幅度每年由任职资格评价委员会决策）。

参考文献

[1]苏勇,何智美. 现代组织行为学[M]. 北京:清华大学出版社,2011.

[2]陈力华,邱羚. 组织行为学[M]. 北京:清华大学出版社,2005.

[3]理查德 L 达夫特. 组织理论与设计[M]. 10 版. 王凤彬,等,译. 北京:清华大学出版社,2011.

[4]斯蒂芬 P 罗宾斯. 管理学[M]. 7 版. 孙健敏等,译. 北京:中国人民大学出版社,2006.

[5]斯蒂芬 P 罗宾斯,蒂莫西·贾奇. 组织行为学精要[M]. 12 版. 郑晓明,译. 北京:机械工业出版社,2008.

[6]郑明身. 组织设计与理论[M]. 北京:企业管理出版社,2007.

[7]王春利,李大伟. 管理学基础[M]. 3 版. 北京:首都经济贸易大学出版社,2009.

[8]任浩,李信民,陶向京,李建华. 企业组织设计[M]. 上海:学林出版社,2005.

[9]郑石桥,马新智. 管理制度设计理论与方法[M]. 北京:经济科学出版社,2004.

[10]赵光忠. 企业组织管理模板与操作流程[M]. 北京:中国经济出版社,2004.

[11]王雪莉,张力军. 企业组织变革[M]. 北京:中国发展出版社,2005.

[12]陈树文. 组织管理学[M]. 大连:大连理工大学出版社,2005.

[13]张永正. 企业组织与制度[M]. 北京:中国财政经济出版社,2004.

[14]托马斯·卡明斯,克里斯托弗·沃里. 组织发展与变革[M]. 7 版. 李剑锋,等,译. 北京:清华大学出版社,2003.

[15]苏生. 公司管理制度范本指南[M]. 北京:中国民主法制出版社,2006.

[16]石明芳. 如何设计企业内部管理制度[M]. 北京:北京大学出版社,2004.

[17]杰拉德 H 赛兹. 组织行为学案例[M]. 王蔷,译. 上海:上海人民出版社,2007.

[18]刘巨钦. 现代企业组织设计[M]. 上海:上海三联书店,2007.

[19]温德尔 L 弗伦奇,等. 组织发展与转型[M]. 阎海峰,等,译. 北京:机械

工业出版社,2006.

[20]高新华．如何进行企业组织设计[M]．北京:北京大学出版社,2004.

[21]符绍珊．企业组织结构模式创新研究[M]．北京:中国经济出版社,2008.

[22]闻君,倪亮．公司管理制度制定及范例全书[M]．北京:北京工业大学出版社,2008.

[23]劳埃德·拜厄斯．人力资源管理[M]．李业昆,等,译．北京:人民邮电出版社,2006.

[24]约瑟夫 J 马尔托奇奥．战略薪酬管理[M].5 版．杨东涛,钱峰,译．北京:中国人民大学出版社,2010.

[25]彭剑锋．人力资源管理概论[M].2 版．上海:复旦大学出版社,2011.

[26]罗纳德·克林格勒,约翰·纳尔班迪．公共部门人力资源管理:系统与战略[M].6 版．孙柏瑛,等,译．北京:中国人民大学出版社,2013.

[27]吴冬梅,白玉岑,马建明．人力资源管理案例分析[M]．北京:机械工业出版社,2011.

[28]托马斯 J 伯格曼,维达·古尔比纳斯·斯卡佩罗．薪酬决策[M].4 版．何蓉,柳莉,陆文学,等,译．北京:中信出版社,2004.

[29]迈克尔·阿姆斯特朗,狄娜·斯蒂芬斯．员工薪酬管理与实践手册[M]．李剑锋,孔磊,等,译．北京:中国财政经济出版社,2008.

[30]周文,刘立明,黄江瑛．工作分析与工作设计[M]．长沙:湖南科学技术出版社,2005.

[31]乔治 T 米尔科维奇,杰里 M 纽曼．薪酬管理[M].9 版．成得礼,译．北京:中国人民大学出版社,2008.

[32]乔治·伯兰德,斯科特·斯内尔．人力资源管理[M].15 版．魏海燕,等,译．大连:东北财经大学出版社,2011.

[33]朱勇国．工作分析[M].2 版．北京:高等教育出版社,2014.

[34]朱勇国．工作分析与研究[M]．北京:中国劳动社会保障出版社,2008.

[35]安鸿章．工作岗位研究原理与应用[M]．北京:中国劳动社会保障出版社,2012.

[36]蒋志青．企业组织结构设计与管理[M]．北京:电子工业出版社,2004.

[37]王璞．组织结构设计咨询实务[M]．北京:中信出版社,2003.

[38]王吉鹏．岗位评估——解密岗位相对价值[M]．北京:中国劳动社会保障出版社,2005.

[39]威廉·乔伊斯．组织变革[M]．张成,译．北京:人民邮电出版社,2003.

[40]萧鸣政,等．工作分析的方法与技术[M].4版．北京:中国人民大学出版社,2014.

[41]萧鸣政．工作分析的理论与方法[M]．北京:兵器工业出版社,1997.

[42]许玉林．组织设计与管理[M].2版．上海:复旦大学出版社,2010.

[43]赵永乐．工作分析与设计[M]．上海:上海交通大学出版社,2006.

[44]郑晓明,吴志明．工作分析实务手册[M]．北京:机械工业出版社,2002.

[45]郑晓明．现代企业人力资源管理实务丛书[M]．北京:高等教育出版社,2000.

[46]周文,等．工作分析与工作设计[M]．长沙:湖南科学技术出版社,2005.

[47]雷蒙德A诺伊,约翰R霍伦贝克,巴里·格哈特,帕特里克M赖特．人力资源管理:赢得竞争优势[M].7版．刘昕,译．北京:中国人民大学出版社,2013.

[48]雷蒙德A诺伊,约翰R霍伦贝克,巴里·格哈特,帕特里克M赖特．人力资源管理基础[M]．雷丽华,译．北京:中国人民大学出版社,2005.

[49]R伟恩·蒙迪,罗伯特M诺埃,沙恩R普雷梅克斯．人力资源管理[M].8版．葛新权,郑兆红,王斌,等,译．北京:经济科学出版社,2003.

[50]尹隆森,孙宗虎．岗位评价与薪酬体系设计实务[M]．北京:人民邮电出版社,2005.

[51]张岩松,李健,等．人力资源管理案例精选精析[M].3版．北京:经济管理出版社,2009.

[52]张德．人力资源开发与管理案例精选[M]．北京:清华大学出版社,2002.

[53]康士勇．薪酬设计与薪酬管理[M]．北京:中国劳动社会保障出版社,2005.

[54]文跃然．薪酬管理原理[M].2版．上海:复旦大学出版社,2013.

[55]R韦恩·蒙迪,罗伯特M埃迪,沙恩R普雷梅克斯．人力资源管理[M].11版．北京:经济科学出版社,2011.

[56]董临萍．工作分析与设计[M]．上海:华东理工大学出版社, 2008.

[57]理查德·斯旺森．人力资源开发[M]．北京:清华大学出版社,2008.

[58]高艳．工作分析与岗位评价[M]．西安:西安交通大学出版社,2012.

[59]李永杰,李强．工作分析理论与应用[M]．北京:中国劳动社会保障出版社,2012.

[60]周文,刘立明．工作分析与工作设计[M]．长沙:湖南科学技术出版社,2005.

[61]威廉 P 安东尼. 人力资源管理——战略方法[M]. 4 版. 赵玮,徐建军,译. 北京:中信出版社,2004.

[62]詹姆斯 N 巴伦,戴维 M 克雷普斯. 战略人力资源管理——总经理的思考框架[M]. 王垒,潘莹欣,等,译. 北京:清华大学出版社,2005.

[63] E WENGER, W SNYDER. Communities of Practice: The Organizational Frontier[J]. Harvard Business Review, 2000(1/2):139-145.

[64]T CUMMINGS. Designing Work for Productivity and Quality of Work life[J]. Outlook, 1982(6):40.

[65]J RICHARD HACKMAN, GREG R. Oldham. Motivation through the Design of Work: Test of a Theory[J]. Organizational Behavior and Human Performance, 1976(16):250-279.

[66]E WENGER, W SNYDER. Communities of Practice: The Organizational Frontier[J]. Harvard Business Review, 2000(1-2):139-145.